书名手迹：朱德

《当代中国人物传记》丛书

杨靖宇传

《杨靖宇传》编委会 著

当代中国出版社
Contemporary China Publishing House

图书在版编目(CIP)数据

杨靖宇传 /《杨靖宇传》编委会著. -- 北京：当代中国出版社，2016.7（2024.4 重印）
（当代中国人物传记）
ISBN 978-7-5154-0712-8

Ⅰ.①杨… Ⅱ.①杨… Ⅲ.①杨靖宇(1905-1940)—传记 Ⅳ.①K825.2

中国版本图书馆 CIP 数据核字(2016)第 161407 号

本书图片绝大部分为本书编写组提供，因时间仓促，不能完全确定摄影者姓名，故未署名，特向摄影者致歉；并请相应著作权人见到本书后，与当代中国出版社总编室联系，以便我们再版时准确署名及支付稿酬。联系电话：010—66572131

出 版 人	王 茵
责任编辑	姜楷杰　王海荣
责任校对	康 莹
封面制作	鲁 娟
出版发行	当代中国出版社
地　　址	北京市地安门西大街旌勇里 8 号
网　　址	http://www.ddzg.net
邮政编码	100009
编 辑 部	(010)66572264
市 场 部	(010)66572281　66572157
印　　刷	北京润田金辉印刷有限公司
开　　本	720 毫米×1060 毫米　1/16
印　　张	22.5 印张　4 插页　插图 49 幅　453 千字
版　　次	2016 年 7 月第 1 版
印　　次	2024 年 4 月第 2 次印刷
定　　价	88.00 元

版权所有，翻版必究；如有印装质量问题，请拨打(010)66572159 转出版部。

《杨靖宇传》编委会

主　　任　张洪军
顾　　问　赵俊清
委　　员　尚金州　刘　畅　张万杰　王平鲁
　　　　　张鹏一　王惠宇　于之伟　张大庸
　　　　　徐文涛　王春林　李正军　吕勋福
　　　　　巩书民

出版前言

1982年，中共中央书记处讨论通过、中共中央宣传部发文布置在全国范围内编写出版《当代中国》丛书。根据编写计划，《当代中国》丛书依内容共分为五类，人物传记是其中之一。由于人物传记涉及方方面面，情况繁杂，且编写时间长，1991年人物传记从《当代中国》丛书中分立出来，确定为《当代中国人物传记》丛书。

《当代中国人物传记》丛书编辑委员会在丛书总序中说：

"二十世纪的中国，是一个风云际会、英杰辈出的时代。正是伟大的时代造就出灿若群星的历史伟人；也正是历史伟人们艰苦卓绝的奋斗历程和忘我建树的光辉业绩，才能充分地体现着潮流之所趋、人心之所向，才最深刻最生动地反映着奔腾前进的伟大时代。他们一生的业绩，恰恰构成了从旧中国到新中国这一旷古未有的历史性大变革的缩影。正因为这样，修撰作为中华人民共和国缔造者的一代杰出历史人物的传记，其意义自是远远超越记述个人身世的范围。这套传记丛书，无疑应当看作是，当代中国千百万爱国志士、革命先驱的杰出代表用毕生的血和汗谱写出的挽救祖国、振兴中华的可歌可泣的历史画卷，它将是永远矗立于世世代代人民心中的革命丰碑。《当代中国人物传记》丛书中的每一部传记，都可读作当代中国的救国史，中华人民共和国的开国史、建国史；每一部传记都可读作结束中国苦难危亡命运的革命史，披荆斩棘建设社会主义的奠基史、创业史。"

"《当代中国人物传记》丛书,首批编撰的是中华人民共和国建国时期的开国元勋和各方面的最杰出人士的传记。这批传记的主人公将包括:党和国家的主要领导人(其中毛泽东、周恩来、刘少奇、朱德、邓小平、陈云的传记,将由中共中央文献研究室编写、出版)、人民军队中功勋卓著的元帅、参与新中国创建大业的各民主党派的领导人和各方面的著名爱国人士、贡献突出的著名科学家、文学家和艺术家,以及为中国民主革命事业和社会主义事业做出重大贡献的国际主义战士,等等。毫无疑问,他们既是当代中国最卓越的代表,同时也是彪炳千秋青史的历史巨人。当然,如同一切历史人物一样,我们时代的杰出代表也不可能不受到历史条件的限制,也必然会具有这样那样的弱点、短处,一生中也不免会发生这样那样的某些过失。但是,所有这些,当如日月之蚀,堂堂正正公之于众亦无损于他们形象的光辉。他们为中华民族创建的功业,他们的革命精神、高尚情操,他们的鸿才睿智、嘉言懿行,无不震古铄今,垂范后世。这是中华民族一份永远值得倍加珍摄的宝贵精神财富。"

"愿人们从这部《当代中国人物传记》丛书中,以这些历史人物的光辉业绩为典范,学习他们的革命献身精神、爱国主义情操和坚定的社会主义信念,为中华民族的历史伟业做出更大的贡献。"

我社有幸承担了《当代中国人物传记》丛书的编辑出版工作,自1991年以来陆续出版了一批中华人民共和国开国元勋的传记,获得很好的社会影响。我们将继续按照丛书的编辑出版方针,把《当代中国人物传记》丛书编辑出版工作做好,以飨读者。

当代中国出版社

杨靖宇

人民英雄杨靖宇
同志永垂不朽

朱德

一九五七年七月十五日

目　录

第一章　坎坷身家世、革命初洗礼 ……………………………… **001**
　　第一节　艰辛童年 ……………………………………………… 001
　　第二节　最初的正义感 ………………………………………… 005
　　第三节　从忧国忧民到接受马克思主义 ……………………… 008

第二章　在大革命洪流中 ………………………………………… **012**
　　第一节　响应"五卅"抗争 …………………………………… 012
　　第二节　投身农民运动，争取红枪会首领 …………………… 013
　　第三节　确山暴动，响应北伐 ………………………………… 017

第三章　血雨腥风中的抗争 ……………………………………… **026**
　　第一节　领导刘店起义 ………………………………………… 026
　　第二节　扩大胜利成果 ………………………………………… 030
　　第三节　王楼伏击战与信阳地下斗争 ………………………… 033
　　第四节　上海培训班 …………………………………………… 040

第四章　奔赴东北、铁窗丹心 …………………………………… **042**
　　第一节　踏上白山黑水，领导抚顺工运 ……………………… 042
　　第二节　酷刑不屈 ……………………………………………… 048
　　第三节　在敌人法庭上 ………………………………………… 051
　　第四节　狱中斗争 ……………………………………………… 052

第五章　站在北满抗日群众的最前列 …………………………… **058**
　　第一节　在哈尔滨从事秘密斗争 ……………………………… 058
　　第二节　中共哈尔滨市委书记（上） ………………………… 063
　　第三节　中共哈尔滨市委书记（下） ………………………… 066

第六章　创建南满抗日游击队·········070

- 第一节　受命于危难之中·········070
- 第二节　在磐石力挽狂澜·········078
- 第三节　贯彻《一·二六指示信》·········084
- 第四节　建立抗日武装统一战线·········090
- 第五节　建立东北人民革命军第一军独立师·········096
- 第六节　进军辉发江南·········102
- 第七节　联合王凤阁·········110
- 第八节　组建东北抗日联军总指挥部·········113
- 第九节　创造性地运用朱毛红军经验·········118

第七章　抗日游击战争的蓬勃开展·········122

- 第一节　中共南满"一大"和组建东北人民革命军第一军·········122
- 第二节　全歼伪满军邵本良部·········127
- 第三节　长白山抗日游击根据地的创建·········140
- 第四节　中共南满"二大"和领导组建东北抗日联军第一路军·········150
- 第五节　组织西征·········167
- 第六节　卓有成效的思想政治工作（上）·········174
- 第七节　卓有成效的思想政治工作（下）·········187
- 第八节　反奸防特，"为人机警"·········199
- 第九节　冲破"东边道独立大讨伐"·········203
- 第十节　召开第一军军党部扩大会议·········209

第八章　主动配合全国总抗战·········213

- 第一节　战斗未有穷期·········213
- 第二节　党中央的关怀·········220
- 第三节　通辑铁路出奇兵·········227
- 第四节　一、二军主力大会师和第一次老岭会议·········233
- 第五节　"满洲剿匪之花"的可耻下场·········237
- 第六节　程斌叛变和第二次老岭会议·········240
- 第七节　组建少年铁血队·········246
- 第八节　岔沟突围战·········250

第九节 鲜血凝成的友谊 ………………………………… 254
第十节 "满洲国治安整顿之癌瘤" …………………… 257

第九章　走向永生 **275**
第一节 战斗的 54 个昼夜 …………………………… 275
第二节 舍身取义 ……………………………………… 289
第三节 化悲痛为力量 ………………………………… 293
第四节 追寻遗首、惩办元凶 ………………………… 301
第五节 国葬英灵 ……………………………………… 307
第六节 虽死犹生 ……………………………………… 317

大事年表（1905—1958 年）……………………………… **323**

后记 …………………………………………………………… **355**

第一章　坎坷身家世、革命初洗礼

第一节　艰辛童年

1905年2月13日（农历正月初十）①，杨靖宇生于河南省确山县李湾村（今属驻马店市驿城区）的一个贫苦农民家庭。当时取名顺清。8岁读私塾时，私塾先生依崇尚贤德之意，为顺清取学名马尚德，同时依千里马之意，又为他起了一个表字"骥生"。参加革命后，杨靖宇曾使用过周敏、张贯一（又作张冠一、张观一）、乃超、元海等化名。在所有这些名字中，马尚德和张贯一影响较大，1934年初中华苏维埃"二大"选举杨靖宇为中华苏维埃共和国中央执行委员会委员时，所用的名字就是张贯一。杨靖宇这个名字是在1933年1月担任南满游击队政委时起的，经过抗日战火的千锤百炼，这个名字永远印在了史册上、永远留在了人民心中。

确山位于河南省南部，汉代称朗陵，隋代改为朗山，宋代改为确山。它沟通南北铁路大动脉京汉线，北距河南省省会郑州约230公里，南距湖北省省会武汉约280公里，处于两省省会中间，地理位置十分特殊。

杨靖宇出生时，李湾村有近百户人家，3000多亩土地，是确山县头等大村之一。该村距县城约12公里。村东、南、北三面是一望无尽的平原，村西是连绵起伏、峰峦叠翠的秀山、乐山，属伏牛山余脉。村西头紧靠京汉铁路，郑州通往信阳的公路从村中通过，交通极为便利。村外四周有一条围绕村子、长满艳丽荷花的寨河。村内长有数十棵参天大树，自然环境古朴幽雅。

杨靖宇家祖祖辈辈都是勤劳朴实的农民，他的祖父马绥武兄弟四个，本人排行第四，是个硬汉子。其家原住河南省泌阳县的罗湾村，但那里地瘠民贫，实在是混不下去了。为生活所迫，他便带着老婆、挑着孩子，一路走，一路讨饭，逃荒至河南省确山县城北左庄，以后迁至李湾村落了脚。马绥武的两个儿子慢慢长大，老大马锡龄，老二马元龄相继娶妻生子。河南农村有大家族的传统习惯。杨

---

① 杨靖宇四婶母谈话记录（1955年7月17日，现存东北烈士纪念馆），原文为"尚德今年51岁，属蛇的，阴历正月初十生"。据赵俊清：《杨靖宇传》，黑龙江人民出版社2004年版，第1页。

靖宇的祖父母、叔、婶、父母、堂兄等都在一起生活。在这个大家族中,杨靖宇的父亲马锡龄,是个老实忠厚、善良而又能干的庄稼人,叔叔马延龄、马贺龄都是庄稼院里的好把式。

杨靖宇的祖父、父亲和叔叔开始给地主扛活,后来租了地主一些地。农闲时,他们烧过砖,卖过豆腐。他们经多年拼命劳动,勤耕节用,家里置了五六十亩地,又租地主四五十亩地,共耕种百余亩土地,家境稍有好转。杨靖宇的父亲马锡龄,与大家族的人相处得十分和睦。后来,其长辈们分了家。杨靖宇家有草房数间,其中3间堂屋,土墙小瓦接檐。杨靖宇家中有土地20亩,另租种地主土地十几亩,共耕种30余亩地,还有小件农具和耕牛,尽管如此,还是过着糠菜半年粮、艰苦难熬的生活。1909年,杨靖宇的母亲张氏又生了个小妹妹。多了一口人就多了一张嘴,往后的日子更艰难。祸不单行,1910年7月29日,杨靖宇的父亲马锡龄因长年从事繁重体力劳动,积劳成疾,被病魔夺去生命。父亲的病故,使家里失去了顶梁柱。从此,母亲带着杨靖宇和妹妹依靠二叔,与祖母、叔父家一起生活。

1911年10月,革命党人领导的武昌起义爆发。河南地处中原,确山县城位于京汉铁路要冲,南北都与省会城市连通,所以在民间中流传的"宣统皇帝被孙中山领导的革命党推翻"的消息很快传到河南确山李湾村杨靖宇的家乡。河南人民及革命党人同全国一样,纷纷举义响应革命、拥护共和。义士张钟瑞等在开封谋求独立,不幸失败,为河南巡抚齐耀琳杀害。同时就义者11人。殉难之日,他们谈笑自若,并高喊"共和万岁"等口号。革命者的鲜血使人们认识到反革命势力的残暴本性,也认识到取得革命胜利的艰难。但革命者不畏牺牲的英雄壮举,极大地鼓舞了河南无数志士仁人、英雄豪杰。

辛亥革命推翻了腐朽的清王朝,打开了中国民主进步的闸门,但是,由于帝国主义和封建势力的强大,也由于资产阶级革命派的软弱妥协,辛亥革命建立起来的中华民国,很快就被以袁世凯为首的北洋军阀所窃取,不但旧日地主官府的压迫剥削、苛捐杂税有增无减,还新添了军阀混战、帝制复辟闹剧。天灾人祸之下,小民百姓甚至连"苟全性命于乱世"都成为奢望,终日在水深火热中苦苦煎熬。孤儿寡母的杨靖宇家,其处境更加可想而知。

在那艰难的日子里,料理全家生活、抚育杨靖宇兄妹的责任,全都落在母亲张氏这位勤劳善良的农家妇女身上。从母亲那里,杨靖宇学到了自重、刚强的高贵品质。母亲除了在农忙时同男人一样要从事繁重的田间劳动外,还要担负起全部家务劳动——管家、缝衣、做饭、饲养鸡鸭猪狗和教育子女。母亲性格豁达、乐观,与妯娌、邻里都能和睦相处。

从母亲的言行中,杨靖宇看到了善良慈爱之心。母亲心地慈善,富有同情心,对南来北往逃荒路过李湾村的人,总是尽量将自己家里吃的东西拿给他们。母亲任劳任怨,不计得失,通情达理,坚毅刚强,不畏惧任何困难。母亲总是教

杨靖宇故居

育自己的儿子从小就要学好,为人要正直、善良。母亲辛勤劳动,省吃俭用,决心供杨靖宇上学读书,识文断字,将来好成为一个有出息的人。

杨靖宇自幼性格倔强,他仇恨为富不仁的人。李湾村有五家大地主,每当逢年过节,穷苦的佃户都要向东家送节礼。有一年的中秋节,叔叔有病在床,就打发杨靖宇给地主王喜送去四盒月饼,并嘱咐说:"到了王家,要规规矩矩,叫声王老爷。"杨靖宇一扭脸说:"咱们不吃他的,不穿他的,为什么要给他送礼,他姓王,又不是族门,为什么叫他老爷!"杨靖宇说着就赌气跑了。晚上,母亲把杨靖宇拉进屋里,流着泪说:"我的傻孩子,在人屋檐下,怎能不低头,往后可不能说那些话了,要是让地主听到,咱们就别想在这里住了。"杨靖宇挥着小拳头说:"妈妈,你不要怕,地主要是敢与我们过不去,我放火烧他的房子。"母亲听了这话,吓呆了,连忙捂住他的嘴巴。为了这件事,母亲把他关在屋子里好几天,不让他出门。

1913年,杨靖宇8岁,母亲把他送到李湾村的一所私塾里去读书。这所私塾里的教书先生一个叫刘景臣、一个叫关易公。这二位老先生都教了半辈子书,对"四书""五经"很精通,素守"教不严、师之惰"的古训,对学生要求十分严格。杨靖宇从小就十分懂事,他深知家境艰难,全家人省吃俭用供自己读书,十分不易,若不好好读书对不起家人。杨靖宇在学校把全部精力用在学习上。回到家里除帮助母亲打扫院子,做些零碎活计外,不是读书就是写字。加之刘景臣老先生的严格要求,因此,杨靖宇学习刻苦认真,自觉性很强。杨靖宇每天早晨早早就到学校,放学回家不贪玩,手里总是拿着书,孜孜不倦地学习。

杨靖宇喜欢描红、练字,他写的毛笔字在同学们中是数一数二的。杨靖宇读完启蒙读物《三字经》《百家姓》《千字文》后,又读少年学童难以理解的"四书"——《大学》《论语》《中庸》《孟子》。私塾的学习,使杨靖宇初步掌握了继续学习和深造的文化知识。杨靖宇学习的功课都是孔孟之道,但其中的某些民主性精华及刘景臣老先生联系时事所进行的深入浅出的讲解，对他也深有教益。

杨靖宇平时不多说话、好学习、守规矩，老师都很喜欢他，希望他成材，对他要求也很严格。但有时，杨靖宇也爱与同学们做一些小动作。有一天，刘景臣老先生有事离开了书房，让学生们自学。学生们见刘景臣老先生走了，一时高兴得手舞足蹈，把书扔在一边，痛快地玩耍起来。杨靖宇和同学们把桌凳摞起来，搭了一个"戏台"，模仿古城庙会演出的戏剧，演起官府审判罪犯的闹剧来。当演到"罪犯"因不承认"当土匪、抢人家东西"而惹怒"府台"、即将挨打时，扮演"县令"的杨靖宇及时制止，对"府台"说："不能这样审官司，不问青红皂白就打，这不会屈打成招吗？"正在"县令"与"府台"相持不下、书房里乱成一团之时，刘景臣老先生回来了，见状勃然大怒，狠狠地训斥了包括杨靖宇在内的几个"闹事"的学生。杨靖宇还被要求在放学前背诵出《孟子》的一段语录，并作说明，若背不下来，就要打手板。可没等放学，杨靖宇就拿着书本到刘景臣老先生面前，从头到尾，一字不差地背诵下来。从此，在杨靖宇的脑海里，就牢牢印下了孟子的那段论述："天将降大任于斯人也，必先苦其心志，劳其筋骨，饿其体肤，空乏其身，行拂乱其所为，所以动心忍性，增益其所不能"。近20年后，在即将奔赴抗日最前线之际，杨靖宇把一段推心置腹的话语，留给了亲密战友周保中：

> 我们是反对旧礼教的，但是可以这样了解，把"天将降大任于斯人也"改作"劳动人民之寄希望于共产党，党的寄望于共产党员也，必先苦其心志，劳其筋骨，饿其体肤，空乏其身，行拂乱其所为"。那些在革命斗争中，经不起考验而临阵脱逃的，有如朝露见阳光即散失，有如秋草经风霜即枯萎，一个普通的人都应该讲究"富贵不能淫、贫贱不能移、威武不能屈"，何况是共产党员呢？党员对党的革命事业必须具备鞠躬尽瘁、死而后已的精神[①]。

杨靖宇是这样说的，更是这样做的。这段话对于杨靖宇的一生，正是最好的写照。

杨靖宇性情耿直沉静，虚心好学，对人和善，尊敬老师，与同学们说话都是乐呵呵的。同学有不会的问题，找他问，只要是他会的，总是耐心地帮忙解答，大家都喜欢与他在一起。他善于团结人，乐于帮助人。在私塾里，杨靖宇有一个要好的同学，名叫李士芳。李士芳比杨靖宇大两岁。俩人一同入学，同村又同桌，还都是贫苦农民的孩子。刚入学时，李士芳与杨靖宇形影不离，他们俩都想好好读书，将来当个教员。李士芳的父亲身体不好，农忙时家里人手不足，他便

---

① 周保中：《松柏常青——纪念杨靖宇同志逝世二十周年》(1960年2月3日)，《周保中文选》，解放军出版社2015年版，第151页。

帮家里干农活，因此时常旷课。加之李士芳家生活困难，无力继续供他读书，他便逐渐产生辍学的念头。杨靖宇得知后，便鼓励李士芳坚持念下去，说落下的课程，由他帮助补上。常常是这样，放学以后，杨靖宇拿着书本到李士芳家，帮他补习功课。有时，李士芳写字没有纸，杨靖宇就把自己的纸递给他。后来，李士芳因无钱买书又不想念了，这下可难住了杨靖宇。一番绞尽脑汁后，他猛然想起过年时母亲曾给过自己"压岁钱"，这是母亲给人家做衣服，千针万线换来的血汗钱，自己一直没舍得花。随后，杨靖宇替李士芳交上书费。书发下来后，杨靖宇赶紧把新书送到李士芳家里，这使李士芳和他父亲异常感动。

杨靖宇从小就憎恶旧势力，同情劳动人民，敬佩历史上为民除害的英雄豪杰，萌发了强烈的正义感和爱国心。杨靖宇特别喜欢听大人们谈古论今，讲英雄豪杰舍生取义、杀富济贫的故事。河南是太平天国起义军的主战场之一，民间流传着很多太平军的故事。晚上，当一些老年人在一块唠起太平天国的故事时，杨靖宇就蹲在一旁，托起下巴，不声不响地听着。第二天，他便把从老人那听到的故事，一五一十地说给小伙伴们听。

杨靖宇博闻强记，知道不少《三国志》《水浒》《说岳全传》《杨家将》中的故事。有一次，杨靖宇和一些小伙伴们去古城赶庙会，古城乃是刘备、关羽、张飞、赵云等聚义相会的地方，大家边走边听杨靖宇讲关羽千里走单骑、过五关斩六将的故事。一路上，杨靖宇滔滔不绝地讲，竟把小朋友们给迷住了。大家没感到怎么累，不知不觉就到了古城，高高兴兴地在庙会玩了一天。

杨靖宇十分敬仰南宋抗金名将岳飞，经常在家阅读《说岳全传》，他还特别喜欢岳飞身边的王贵、汤怀、张宪、牛皋等人物。杨靖宇十分痛恨张邦昌、秦桧这样的汉奸卖国贼。清代人钱彩编著的《说岳全传》中的富有深刻意义的精彩篇章，对年少的杨靖宇起到了一种潜移默化的教育作用。在这种教育中，杨靖宇从古代英雄人物身上学到了崇高的爱国主义精神。如果说岳母姚氏将"精忠报国"四个字刺在了岳飞的脊背上，那么，幼年的杨靖宇是通过阅读《说岳全传》，把岳飞的形象和"精忠报国"四个字刻在了自己的心灵上。

杨靖宇秉性刚毅而和善，对人诚实而礼貌，乡亲们无不称赞："顺清将来必成大器。"

第二节 最初的正义感

1919 年，杨靖宇在私塾里已经度过了六个春秋，私塾课程也已全部学完。这时恰好赶上确山县高等小学招收新生，杨靖宇满怀信心前去报名。在考试中，杨靖宇的语文基础好，文笔又流畅，考得很顺利；考数学，可难住了杨靖宇，他在私塾里压根就没学过，结果是名落孙山。杨靖宇在失败面前并不灰心，他对同学李士芳说都是因为自己用功不够。杨靖宇从考场上看到了新的天地，也看到自己的不足，下决心从头开始，准备功课。

回乡以后，杨靖宇又师从关易公老先生学习。这年秋天，李湾村私塾改为信义小学，开设正规的初小课。在这里，经过关易公老先生的精心培养，杨靖宇打下了良好的基础，终于考入当时全县的"最高学府"确山高等小学校，该校学制三年，课程不是"四书""五经"，而是算数、外语、历史、地理、手工、图画、唱歌、体操等"新学"。在这里，杨靖宇接触到了新知识。

杨靖宇入学后，看着周围的同学都比自己富有，个别比自己差的，但人家有父亲。杨靖宇深感自己的母亲省吃俭用弄点粮食交学费，太不容易了，只有好好学习、刻苦读书才能对得住母亲，他不仅在学校把全部精力用在学习上，回到家里也不断读书写字，还帮助母亲打扫院子，做些零碎活计。母亲也经常对杨靖宇讲：读书才能知理，知理才能办大事。

这所学校的学生中，也有富商巨贾和地主官宦的子弟。这些人虽然不多，但能量很大，他们歧视贫寒家庭出身的学生，有时还打骂侮辱同学。刚入学时，杨靖宇只是看着不顺眼，日子久了，就难以压下心中怒火。一次，在校读书的孙财主少爷在操场上仗势欺人，非要一个小同学趴在地下给他当马骑，小同学不干，他就动手打，硬把小同学按倒在地，骑在身上，揪着耳朵，看到小同学啼哭不止，他还得意地大喊大叫。杨靖宇得知后十分气愤，便把孙少爷领到校内一间没有人的小屋里，声色俱厉地质问他为何欺负人，并将他痛打一顿。此后，那个姓孙的同学再也不敢欺侮其他同学了。杨靖宇为小同学出气的事情传开后，大家都非常敬佩他。那个孙少爷也想用糖果点心之类小恩小惠收买杨靖宇充当自己的打手，杨靖宇冷冷一笑："你够不上做我的朋友。"

杨靖宇在这所学校读书时，学校还发生了这样一件事。一天，县教育局的一个"学监"来到学校"督察风纪"，临走的时候，他说丢了一件衣服，硬赖学校的工友老李偷去了。这个"学监"依仗势力从县团防营叫来两个兵差，把老李绑在学校的明柱子上进行拷打。老李因没有偷窃，连叫冤枉。杨靖宇见此，挺身而出，为老李鸣不平，并斥问兵差。两个兵差支支吾吾，说不出所以然。杨靖宇就与同学们一拥而上，吓得两个兵差赶紧逃跑。杨靖宇和另外一个同学张家铎将捆绑工友老李的绳索解开，老李对杨靖宇等同学感激不尽。当晚，十几个团防兵差闯进校园寻衅报复，面对他们明火执仗的凶相，杨靖宇毫不畏惧，手持火柴爬到第三讲堂的屋顶，喝令兵差立即退出，否则点火烧房，兵差见势不妙，抱头鼠窜而去。事后有人担心杨靖宇惹出乱子，杨靖宇慨然回答："我是为正义而干的，合理合法，出事我自己承担，与你们无关。"对此，教师们意见不一，支持新思潮的进步教师对他赞赏有加，而且向他传授了更多的新知识新思想；胆小怕事阿谀逢迎者则以"开除"相恐吓，杨靖宇则以"燕雀安知鸿鹄之志"回应。

读书期间，杨靖宇勤奋好学，刻苦努力，善于钻研，不仅学到了很多的文化知识，观察事物的能力也越加成熟。

学得愈多，思考愈深。从自己家的悲惨遭遇，杨靖宇想到了整个国家民族，脑袋里装着好多问号：为什么军阀连年混战？为什么地主欺负穷人？为什么外国军队要来打中国人？他想帝国主义要瓜分中国，我们要按照书上孔孟讲的那样，只讲仁义，对侵略者只磕头作揖，岂不更坏事了。但是究竟应该怎样，杨靖宇也找不到答案。

正当杨靖宇苦苦思索的时候，中华民族正经历着天翻地覆的巨变，马克思主义的传播、五四运动的爆发、中国共产党的建立，使中国革命进入了无产阶级领导的、人民大众的、反对帝国主义和封建主义（以后又增加了官僚资本主义）的新民主主义革命阶段。

浩浩荡荡的历史潮流，冲刷着古老的神州大地，也激荡着小小的确山县城。1920年，确山人民响应五四运动的号召，奋起开展抗日救国、抵制日货的斗争，杨靖宇积极参加罢课，带领十几名同学到街头发表演讲、张贴标语，呼吁国民行动起来，争取中华民族的强盛。

当时，确山县的一些奸商为牟取暴利，甘心充当日本资本家的走狗，大量倾销日货，杨靖宇就和同学们一起，经常到确山火车站和街市上检查日货，并要求货主将日货自行停售或退回，否则没收销毁。在抵制日货的斗争中，学生们得到了铁路工人的有力支持和配合。工人阶级的高度政治觉悟、鲜明而坚定的阶级立场、巧妙灵活的斗争艺术，给杨靖宇留下了很深刻的印象。学生们和铁路工人们友爱相处，配合得很默契。只要火车一到站，铁路工人就把货车运载的详细情况告诉学生。所以，杨靖宇和同学们抵制日货的斗争，开展得很顺利。

夏季的一天，杨靖宇和同学们从一家商店里查出一大批新买来的日货。唯利是图的店老板贿赂反动当局出面干涉，将学生的爱国行动诬为"胡闹"，强令解散，杨靖宇义正词严地答复说："以前这家商店就进过日货，他不知悔改，这次又进日货，全不把国家存亡放在心上，这日货一定得没收、销毁。"官府碰了一鼻子灰，竟气急败坏地给学校去了公函，要学校严加管教。校长害怕了，先是"规劝"，后是"勒令"，并以"开除"相威逼。这样，就更激怒了学生。在杨靖宇等人的带领下，学生们举行了全校性的大罢课。校长慌了手脚，反动当局也惧怕由此引出更多的麻烦，就不再干涉了。学生们的斗争胜利了。那批日货被学生们引火点着，他们围着那熊熊火焰，欢庆着这场斗争的胜利。

在查处社会上贩卖使用日货的同时，杨靖宇还教育同窗学友率先垂范、以身作则。有一天，杨靖宇和同学们一起去火车站检查日货，看到同学王祖善穿着用日本洋布制作的长衫。杨靖宇便劝他赶快脱掉，换上土布衣服来参加抵制日货的斗争。王祖善听从了杨靖宇的劝说，扭身跑回去脱掉了长衫。

在社会斗争中，杨靖宇受到了初步的锻炼。尽管年少的他还不可能从理性上认识到黑暗社会的根源和改造社会的方法，但毕竟这是他第一次经历社会斗争的风雨。在斗争中，杨靖宇最大的收获是看到了群众的力量是巨大的。正是由于工人、学生联合起来，在社会舆论强大压力下，才使充斥市场的日货被抵制、被烧毁。

五四运动以后，《新青年》《东方杂志》《少年中国》等刊物所宣传的社会主义思想、马克思主义原理，如灿烂的阳光一般为进步青年照亮了前进的道路。杨靖宇与许多进步青年一样在探索解救中国、改造社会的道路。从那以后，杨靖宇的性情也改变了许多，一反过去的沉默寡言，经常出现在群众面前，发表政治演讲。这期间，杨靖宇写过许多宣传材料，他通过这些活动，增强了反帝爱国的自觉性，他立志一定要成为对中华民族有贡献的人。

20世纪20年代在开封读书时的杨靖宇

1922年，杨靖宇依家乡早婚的习俗，由家人做主，与杨桥村农家姑娘郭莲结婚。婚后，杨靖宇继续求学。

第三节　从忧国忧民到接受马克思主义

1923年暑期，杨靖宇以优异的成绩，考入河南省立第一工业学校。他的入学考试命题作文为《劳工神圣论》，全文立论得当，论理充分，深受学校老师的赞赏。

河南省立第一工业学校的校址在河南省开封市北道门，这所专业学校分为初级班和高级班两个阶段，学制各为三年。初级班为普通中学，高级班分纺织、印染两个专业。因此，也称纺织印染工业学校。杨靖宇是该校初级班学生。他之所以报考这个学校，正如他自己所说："是为了给世世代代穿不暖、过着苦日子的中国同胞做漂亮衣服穿"。

杨靖宇由县城来到开封，大开眼界。开封在当时是河南省的政治、经济和文化中心，又是六朝古都，文化古迹触目皆是。学校后边的小花园里就有一处宋代点将台，传说岳飞曾在此台调兵遣将抗击金军。杨靖宇对这一地方兴趣极浓，常常在此流连忘返，他感慨于岳飞的爱国壮举，立誓效法岳飞、毕生报效国家民族。

在开封学府,杨靖宇更加刻苦地学习专业知识,以期奠定来日实现理想的基础。现在保存在哈尔滨东北烈士纪念馆的《与友人论修学方法书》,是目前所能见到的杨靖宇的处女作。在文中,杨靖宇首先写道:"夫学问之道,理深义广,取之不尽、用之不竭"。随后批评了"闭户潜修,外事莫顾"、"口不绝吟,手不释卷,朝夕诵读,兀兀穷年"的书呆子,认为"若朝夕诵读,而不加详细考察,将恐流于学而不思则罔之弊。若闭户潜修,仅目力达到之地,能一一贯彻,亦恐未免流为思而不学则殆之消"。提倡广征博引、不耻下问:"旁博访咨,遇有先觉之老成,虽寄宿异己,亦不妨负笈屈求,犹如孔子云我非生知之者,好古敏以求之者也。事有未达,必详细参考,勿妄以臆度。逢较劣己者,务静心恭询,犹如论语孔文子敏而好学,不耻下问是也"。老师阅稿后,批语是"格局完整,词旨稳练,炉火纯青候也"。①

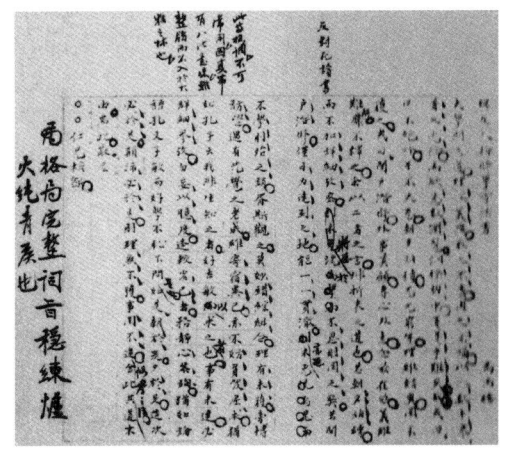 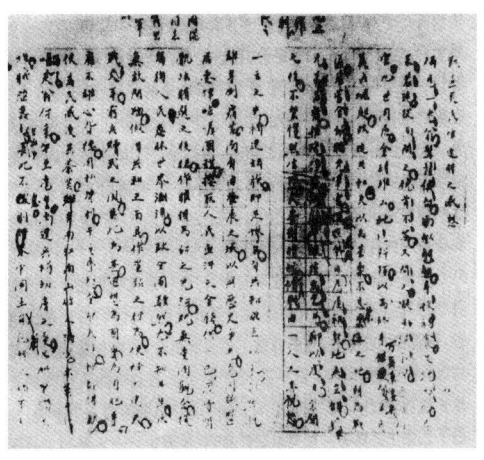

杨靖宇读书时写的作文

也是在开封学府里,杨靖宇从进步教师李清庵、贺光吾(中共党员)、刘梦真那里,接触到了更多的新知识、新思想,他如饥似渴地阅读中国共产党的《向导》《新青年》等杂志,初步接触了马克思主义,更加痛恨反动政府卖国残民的罪行,入学不久,正值直系军阀头子曹锟贿选总统、第二次直奉战争爆发。中原大地又一次沦为军阀争权夺利的战场,中原人民又一次遭受兵匪蹂躏。面对此情此景,杨靖宇怒不可遏,挥笔撰文《战区灾民生还时之感想》。文中记述了一位老人在军阀混战中家乡惨遭蹂躏、本人沦为乞丐的不幸遭遇,引发出忧国忧民的无限感慨:

---

① 转引自赵俊清:《杨靖宇传》,黑龙江人民出版社2004年版,第14页。

偶见一老翁，髯须俱白，面似魍魉，身披褐衾，足跣而行，若呆若迷。从而问之，俛首不答，又问之，凝目泪下曰：吾祖仕官，九世同居，金积堆山，地连阡陌，以为终身万无冻馁矣。自辛亥义兵崛起，改造共和，更以为荣乐，不意荣乐之地，颇为战区，蕴蓄金银输充军需。延至今日，房屋被焚，地无立锥，族家兄弟苗裔，摧残净尽，渺渺一躯，落为乞丐，聊以度日。余闻之后，不禁懔然生悲。夫专制时代，赏戮由一人之喜悦怒，一言之失，祸连诸族，即足惨矣。自共和成立以来，彰然脱离专制痛苦，向自由发展之域，以与历史争光，竟国贼盘踞要津，咕嗫图谋，攫取人民血汗之金钱，供一己之靡费。开骫法贿选之后径，作狼狈为奸之先河。既无爱国观念，复刍狗人民，愚昧世界潮流，以致全国骚然。犹不知足，反无辜开衅，假借共和之面具，作盗跖之行为，使烽火连天，战声交耳，穷兵黩武之风莫此为甚。迴想为国乎，为同胞乎？靡不离心背德，图私营利，干戈叠起，金融大绌，押都借款，使万民感受其荼苦，虽有南山竹之，海冤亦莫可诉噫。呜呼，是翁何辜至耄耋尚遭兵祸切肤之忧，又加旱涝不均，盗贼蜂起，若战争长此不息，则中国土崩瓦解之祸不远矣。①

本是"九世同居，金积堆山，地连阡陌"的官宦后人，竟在军阀混战中家破人亡、仅以身免，以致在"髯须俱白"的垂暮之年，只能以乞讨勉强维持生命，即便如此，仍是朝不保夕。普通百姓的命运更加可想而知了。以犀利的笔锋，用简洁的语言，杨靖宇不但记述了民不聊生的惨景，更进一步探究这天灾人祸的根源，发出了对独夫民贼的控诉。尤为难能可贵的是，在当时曹锟气焰熏天、直系军阀挟"二七"屠杀人民之余威，极力推行"武力统一"，遍燃战火之际，杨靖宇身居直系军阀耀武扬威之地，却毫无畏惧地将矛头直指"贿选总统"曹锟，还其"盘踞要津、狼狈为奸、穷兵黩武、图私营利、荼苦万民"的本来面目，指斥其为"国贼""盗跖"，字里行间，已然透出铮铮铁骨。"呜呼，是翁何辜至耄耋尚遭兵祸切肤之忧，又加旱涝不均，盗贼蜂起，若战争长此不息，则中国土崩瓦解之祸不远矣"，全文最后一句，为忧国忧民点睛之笔。对于这篇文章，老师的评语是："笔意依然畅达，惟审题布局均欠精审"。的确，这前一句可见文章言简意赅，而后一句，也就足见文章针砭时弊、"粪土当年万户侯"之深之切了。

杨靖宇在开封求学时，如饥似渴地吸吮着来自五四运动发源地北京传来的带有异样气息的新理论和新思潮，并经常与同学徐子荣、张化宇等人探讨政治理论和社会现实问题。在学习探讨中，杨靖宇决心接受马克思列宁主义，好好学习、掌握和运用这个学说，为共产主义事业奋斗终生。为此，他参加了"北京大学马克思主义研究会"，为通讯会员。这个研究会是在李大钊的倡导和支持下，于

---

① 转引自赵俊清：《杨靖宇传》，黑龙江人民出版社2004年版，第15—16页。

1921年11月17日成立的，发起时有19人，以后会员扩大至151人，实际上是中国共产党北方党组织的外围机构，当时具体负责会务工作的罗章龙，在其回忆录《椿园载记》一书中附有《北京大学马克思学说研究会发起人及部分会员名录》，详细记载了每个会员的姓名、籍贯及所在单位地址。其中就有"马尚德，河南确山，河南开封师范"的文字记载。其中"河南开封师范"实际应为"河南省立第一工业学校"，可能是年深月久罗章龙记忆有误。

近40年后，在《松柏常青——纪念杨靖宇同志逝世二十周年》一文中，周保中回顾了杨靖宇走上革命道路的历程：

> "五四运动"、"中国大革命"时期，靖宇同志正当青年时代，一方面，他亲眼看到，在旧中国"天下有事，中原必争"的河南省故乡的土地上，代表封建地主、买办资产阶级、帝国主义的军阀、官僚、政客、土豪劣绅怎样的横行霸道、残酷无情压迫着千千万万的劳动人民；旧中国不独立、不自由、不民主、不进步，毁坏着中国民族的生机，首先毁坏着亿万劳动人民的生机；另一方面，他受到俄国伟大十月社会主义革命的影响，特别是受到中国"五四"运动和中国大革命的趋势发展以及中国共产党对中国革命当前的政治主张的思想影响，从而抛开了在开封纺染工业学校时的"烦闷"，找到了自己毕生的出路——为中国民族解放、为被压迫阶级解放，贡献出自己的一切。①

---

① 周保中：《松柏常青——纪念杨靖宇同志逝世二十周年》（1960年2月3日），《周保中文选》，解放军出版社2015年版，第148—149页。

第二章　在大革命洪流中

第一节　响应"五卅"抗争

1925 年,"五卅"惨案的烽烟,再一次打破了杨靖宇平静的学习生活。从惊闻英、日帝国主义在上海屠杀中国人民噩耗的那一刻起,杨靖宇就如同当年在确山高等小学校响应"五四"一样,又一次站在了反帝爱国斗争的最前线。

1925 年 6 月 1 日,上海流血事件的消息传到河南。河南各地民众反抗英、日帝国主义情绪顿时激昂起来,广大民众尤其是进步青年积极响应。河南开封各界群众在中国共产党组织领导下,纷纷成立沪案后援会,开展宣传、示威、抗议和募捐等各种活动。6 月 2 日,中州大学、河南省立第一师范等学校学生提议罢课。5 日,第一工业学校等 22 所开封学校代表集会,决议通电声援上海爱国同胞、与英日经济绝交、各校罢课示威、学生分区讲演宣传等。6 日,开封大中小学万余学生在公共运动场举行抗议集会,会后游行全城,罢课演讲等随之开展。

杨靖宇作为省立第一工业学校的代表,旗帜鲜明地投入到这场斗争洪流中去。他身穿长衫,每日四处奔波,检查英货,发表演说,从早到晚,辛苦异常,显现出一定的组织领导能力。他站在通往车站的一个街口宣传台上,激昂地挥着拳头,高声演讲,洪亮的声音震荡在街头,爱国激情感动着水泄不通的听众。

6 月 14 日,开封市又举行了一次大规模的示威游行,四万余市民学生游行队伍有七八里长,沿途扬旗呐喊,震天动地。这期间,杨靖宇废寝忘食、东奔西走,为进行沪案后援会确定的各项工作日夜操劳。由于杨靖宇积极组织学生检查英、日货,开封市抵制仇货斗争开展得比较彻底。开封北土街三庆公司因贩运英国纸烟,被各界将其货底毁弃,闭门歇业。所有仇货概行封存停售。马道街中英大药店老板登出广告,声明其纯为华股,并改"中英"二字为"中国"二字,从此不再售英、日药品。全市洋货店均改为国货店,省内自产的布匹、香皂、毛巾等畅销一时。

7 月初,开封市教育当局令各学校提前放暑假。各学校学生大部返乡,少数继续留校开展斗争。随着形势的发展,杨靖宇和一些同学遵照党组织的指示,在暑假期间回乡开展宣传工作。他们回到农村后,分别在县城高等小学、东关和南高庙办起三所夜校，共有百余人参加。杨靖宇担任夜校教员，教授文化和时事，进行反帝爱国宣传。此外，杨靖宇还带领同学向农民开展宣传活动，启发农民的觉悟，鼓动广大农民投身于反帝反封建斗争中来。

随着斗争形势的发展，在党团组织领导下，各学校开始公开成立学生团体。在开封主要有河南青年社、青年学社、青年救国团、青年干社四大团体。1926年1月，这四个团体合并成立一个统一集中的学生组织——青年协社。河南省立第一工业学校也建有青年协社团体，杨靖宇是这一团体主要成员之一。对于这个组织，杨靖宇非常热心，积极参加该组织的各项活动，把它作为团结进步青年学生的阵地。

同年7月9日，北伐战争开始，10月10日，以共产党员为骨干的北伐军第四军叶挺独立团攻克武昌，消灭直系军阀吴佩孚主力，打开了进军河南的道路。这期间，杨靖宇在第一工业学校校内外大力宣传北伐战争的意义，采取集体或个人的方式，进行公开和秘密活动。杨靖宇广泛找同学谈话，揭露军阀欺压民众的事实，鼓动同学迅速行动起来，反对军阀，响应北伐。杨靖宇讲话时有事实、有理论，慷慨激昂，同学们反映他讲的话有说服力、有魄力、有鼓动力。一些同学听了杨靖宇的谈话，都积极参加到宣传活动中来，受到了很好的教育。

因北伐军节节胜利，眼看打到河南，反动当局以时局紧张为借口，遂对学生开展的革命活动进行血腥镇压，实行戒严、搜查、逮捕、封锁等反动政策。一次，杨靖宇越墙到校外开展宣传活动，险些被敌人逮捕。

杨靖宇在开封第一工业学校学习期间，经受了大革命洪流的洗礼和革命斗争的实际锻炼，立志做一番为国为民的事业。他曾说："有些人在学生时代很能唱高调。一到社会上真正要做番为国为民的事业却什么也不是，甚至很多人违背了原来的志愿，走上了没落的道路。这些人为什么那样没有骨格呢？"

1926年秋，经张耀昶、姚建宇介绍，杨靖宇在省立第一工业学校，光荣地加入了中国共产主义青年团。从此开始在党的旗帜下，为中华民族的解放事业而斗争。10月，杨靖宇的小学同学、上海大学学生、共产党员张家铎来到河南确山，其任务是配合河南地下党组织开展农民运动，以迎接国民革命军的胜利北伐。这时，杨靖宇已从省立第一工业学校初级班毕业，按学制应升入高级班再学习三年。但基于北伐军节节胜利即将进军河南的形势，根据革命斗争的需要，杨靖宇遵照党的指示，毅然辍学返回确山，与张家铎共同从事组织、发动农民运动，迎接革命高潮的到来。

第二节 投身农民运动，争取红枪会首领

河南位居中原，是中国的农业大省。早在1925年6月，中共中央就根据李大钊的提议，派王若飞以中央特派员身份前来河南主持工作，10月，以王若飞为书

记的中共豫陕区执行委员会正式成立，随后开始发动组织农民，开展农村斗争。

当时，河南全境在吴佩孚的统治之下，全省驻军30万左右，年总收入2000万元中，军费支出竟占1969.2万元，实业教育几乎被完全摧垮，正如当时中共北方区委机关刊物《政治生活》所言："反赤就是烧、杀、掳、掠、军用票"①，人民无时无刻不在水深火热之中，确山县的情况尤为严重，当时确山全县人口30万，农民占三分之二以上，拥有千亩土地以上者有80余人。县内驻有直系军阀武装魏益三部（"讨贼联军第八军"）的一个旅。县里有魏呈典（河北省议员）、楚本固（县保卫团团总）、何鸣一（县公款局局长）、田斐卿（城内奸商）四大劣绅，他们与军阀串通一气，相互勾结，鱼肉民众。县政府中为军阀部队服务的兵差局更是肆意欺压剥削确山百姓，派粮派款、要猪要草，且大肆挥霍，中饱私囊，当时每年征缴的田赋钱粮已超过清王朝时期六倍，如此犹嫌不足，竟预征到了1937年，致使民不聊生，怨声载道。

杨靖宇回到家乡后，面对这样严峻的形势，立即深入到李湾、川东、板桥、驻马店、竹沟、石公河等地开展活动。他与张家铎、张耀昶（均系驻马店人）、徐中和、徐中耀（子荣）、孔凡懿（王坡人）等人一起，昼夜奔走各乡，四处串连鼓动，发动青年积极分子，动员他们出头露面，抗捐、抗粮。杨靖宇等人或找农民谈话，或召集秘密会议，进行革命宣传，做发动群众工作，并着手建立农民协会组织。对小学时的同窗好友李士芳，杨靖宇动员说："咱们要打官济贫，穷人受土豪劣绅的剥削太厉害了，不打倒土豪劣绅，穷人的日子就没法过好。"又说："要打倒这些家伙，穷人非得联合起来，一条心不可，你和我一块干吧！"在杨靖宇的动员下，李士芳参加了革命。

杨靖宇回到李湾村后，母亲十分高兴。当母亲发现自己的儿子一天到晚不回家，又听到村保长要自己"好好管教儿子，不要闹事，不要宣传共产、打倒土豪劣绅"的"告诫"，很是担心，便主动询问杨靖宇，于是，便有了这样一段母子对话：

尚德，你怎么总是在外边跑？整天也见不着你的面，到底跑些什么呀？你别叫娘提心吊胆地惦记着你！

娘，您听说过有这样的国家吗？在那里没有财主，也没有穷人，大家都过着平等自由的生活，没有谁欺负谁。

哪有这样好的地方呀？

有的，苏联就是这样，那里的穷人是国家的主人，工人、农民当家作主，咱们现在也要照他们那样做。咱们县大部分地区的穷人都已经开始组织

---

① 《政局发展的新趋势》，《政治生活》第78期，转引自《李大钊传》编写组：《李大钊传》，人民出版社1979年版，第212页。

起来，拿起武器，不久就要向财主、军阀开火了。

知子莫若母，母亲终于明白，儿子还是像以前一样朴实忠厚，他的辛苦忙碌，正是为了让穷苦人过上太平日子。她以坚信、期待的眼光看着儿子，嘱咐儿子小心仔细，言谈中流露着慈母之爱。

1926年11月，中共河南省委为加强对豫南地区农民运动的领导，决定成立中共驻马店特别支部，张家铎任书记。这时，杨靖宇根据党的指示，与张耀昶一起来到驻马店，到张耀昶父亲开的宝和堂药店站了脚，开展工作。杨靖宇按照豫陕区委交待的联络地址和暗号，来到街道东侧一个挂着"杨记旅馆"的大门前，绕过东西五间客房，来到了后院。这里就是新成立的中共驻马店特支所在地，也就是特支书记张家铎的住处。

张家铎是驻马店镇西一里远张楼村人。1920—1922年，他和杨靖宇一起在确山县立高等小学读书，比杨靖宇高一个年级。当时，他们两人都是关心国事，积极参加反帝爱国运动的有志少年。1922年，张家铎考入信阳省立第三师范。1925年"五卅"惨案后加入中国共产党。不久，由党组织推荐到中共中央专门培养共产党干部的上海大学学习。杨靖宇对张家铎，可以说是非常熟悉，而且又是十分投缘的好朋友。他们久别重逢，为了共同的革命目标走到了一起，又多了一层革命的情谊。

张家铎父母早亡，他和胞弟是在胞姐段张氏抚养下长大的，这个"杨记旅馆"实际是段张氏的家宅，有房近百间。由于房子较多，胞姐段张氏就把临街的房子和前院的房子租给一个姓杨的开旅馆，两家从一个大门里出入。平时旅馆来往客人较多，驻马店特支设在里边，不会引起外界注意，比较安全。11月的一天下午，张家铎就在这里主持召开党、团特支扩大会议。从上海派到驻马店工作的王心恒、张绍曾，从开封派回的杨靖宇、张耀昶等八人参加了会议。张家铎首先介绍了中共中央关于党应从各方面准备北伐，必须在北伐军必经之地尤其是京汉铁路沿线，加紧开展群众工作的指示。杨靖宇也提出，在河南要开展轰轰烈烈的农民运动，对红枪会的改造是不可忽视的观点。经过大家认真的分析讨论，会议最后认为确山工作的重点，应放在对红枪会的改造和利用方面。为加强对确山农运工作的指导，中共驻马店特支决定建立中共确山回乡青年小组，由张家铎任组长，杨靖宇、张耀昶负责县北。会后，大家分头回到确山，开始新的工作。

这时，河南广大农民出于对土匪溃兵扰乱社会的自卫心理和抗捐抗税的要求，已经自发地组织起红枪会、黄枪会（义和团）、绿枪会、白枪会、黑枪会。其中红枪会分布较广、人数最多、势力最大，当时已遍布河南各地，各色枪会组织对外皆以红枪会为代表，几乎村村设堂、庄庄开馆，群众称之为办"红学"，男性青壮年农民大部都参加到这一组织中来。这种情况诚如李大钊所言："红枪会其蔓延的猛迅，完全是因为外国帝国主义和本国军阀兵匪所压迫所扰乱，而自然发生的反响。"①

枪会组织在河南较为普遍，但由于其首领出于不同目的，因而组织成分、性质也较为复杂。有的是由地主武装演变而来，有的完全是由农民组织起来专门反对军阀官府的，也有的是土匪与当地劣绅相勾结，打着为民请命旗号组织起来的。这些枪会在组织方面不够健全，从派系上说，有乾门、坎门、离门之分，是散漫而不集中的；在政治方面，无明确斗争纲领，是以吃符念咒、刀枪不入为号召的。又因所信奉的菩萨不一、道法各异，加之其首领多为流氓无产者，门户之见甚深，内部极不团结，常因自夸道法高强，蔑视其他枪会而发生冲突。因而这种组织在行动上也极易被军阀利用，受土豪劣绅所左右。

确山县枪会是以地域为划分依据，分东、西、南、北四路的，每路有总指挥一人。东路为欧阳炳炎，西路为刘世彦，南路为李述曾，此三人皆为红枪会首领。北路为徐耀才，徐为黄枪会首领。每路三保为一团（全县共分四十一保，每路保数不一），团下设队、支队、甲、牌。枪会虽有此种组织，但十分松散。不作战时，会员皆为农民、工人，作战时左臂围以标帜，右手持一红缨枪，即为战士。其召集方法有三种："练牌"，为召集会员训练的号令；"亮牌"，为召集会员检阅、示威的号令；"传牌"，为作战的号令。各枪会皆有法师，法师是枪会的主要人物，专为传法画符。作战时引领枪会会员俯首向东南合掌念咒三遍，即称有菩萨护身，刀枪皆不能入。

红枪会组织带有浓厚的封建迷信色彩，属于原始的自发的自卫组织，但它是农民为反抗沉重的政治、经济压迫而兴起的。因此总的来说，红枪会群众是农民反抗军阀统治的一种重要力量，其中不乏有能够被争取过来的力量。对于自耕农和佃农出身的首领所组织的红枪会，若能予以正确领导，是完全可以在反抗军阀的斗争中，促进其农民阶级意识不断增强，使之站在农民利益的立场上的。对此，中共中央已有认识，在1926年1月举行的第三次中央扩大执委会上，通过了《对于红枪会运动议决案》，指出："必须努力引导这个力量，并要努力使这个力量不为军阀土豪所利用……眼前须利用红枪会发展农民协会，待农民协会的发展普遍充实后，当使红枪会成为农民协会之武装力量"②。

红枪会以确山人数为居多，有十多万人，散布于县东县南部；黄枪会次之，有四万多人，散布于县北；绿、白、黑枪会较少，合计万余人，分布于县西山区。

根据这一情况，杨靖宇等遵照党的政策策略，分头积极对农民出身、反封建军阀思想比较强烈的枪会首领做争取工作。杨靖宇通过对县北到驻马一带枪会组织的分析，认为开展农民运动与枪会组织在根本利益上是一致的。确山县城以

---

① 《鲁豫陕等省的红枪会》，中国李大钊研究会编注：《李大钊全集（最新注释本）》第5卷，人民出版社2006年版，第128—129页。

② 中共中央文献研究室、中央档案馆编：《建党以来重要文献选编（1921—1949）》第3册，中央文献出版社2011年版，第308页。

北到驻马店周围,最出名、最有声望的枪会首领一是徐耀才、二是张广汉,共有五万余人,这是杨靖宇的首选目标。

徐耀才是黄枪会的首领,驻马店西北不远的田庄村人,贫苦农民出身,父母早亡。杨靖宇认为他出身及思想素质都很好,就因势利导,向他介绍帝国主义对中国的残暴侵略、封建军阀统治的黑暗。并告诉他,现在唯一的出路便是组织起来,配合北伐军,推翻军阀政权。杨靖宇继而对他做更细致的思想工作。徐耀才听后十分兴奋,竟想与杨靖宇结拜兄弟。杨靖宇虽没有思想准备,但马上意识到,要想与枪会的会首一起共事,换帖拜把子是不可少的。只有这样,才算是"真心实意"。于是,杨靖宇与他拜把子。张广汉是驻马店东南庄户村人,为人耿直,富有正义感,且与张耀昶是族亲。杨靖宇就利用这个关系做他的工作。经过杨靖宇、张耀昶的启发教育,徐耀才、张广汉表示拥护革命主张,他们领导的黄枪会和红枪会可以听从指挥。徐耀才还将一把能指挥调动黄枪会会众,被视为宝物的"七星剑"赠送给了杨靖宇。随后,杨靖宇又把工作范围扩大到县东,争取了县东红枪会首领张立山。此外,还争取了县东南普会寺一带的枪会首领。

由于杨靖宇等人的艰苦工作,争取枪会的工作取得显著的效果。到 1926 年底,全县基层区、乡农协会建立四十多个,会员发展到一万多人。这样,一支由共产党领导的确山农协自卫军武装建立起来。对此,时任中共豫区执行委员会技术书记的林壮志回忆说:"1926 年 10 月,河南省立各中学停课,学生被迫回乡,河南省委(当时称中共豫区执行委员会)于是乘此时机指示回乡学生党团员全力去搞农民运动。在确山经过几个月的努力,取得显著成绩。首先,张耀昶、马尚德争取了东北乡红枪会头人、自耕农张广汉接受革命思想和我们的领导,作为我们的基本力量。另有张智才接受了他祖父的红枪会,成为我们在南乡的基本武装力量。在这种实力基础上联络各乡红枪会。一些小绅士出于政治投机,也愿跟我们走。到年终,我们基本掌握了全县农民武装,控制了大部分农村"。①

第三节 确山暴动,响应北伐

1927 年,这是中国革命的重要年头,也是杨靖宇一生的重要年头,就在这一年,杨靖宇指挥的确山农民暴动,成为中国共产党直接发动和领导武装斗争的成功尝试之一,也是杨靖宇军事生涯的第一步。

1927 年岁首,中国政局再度发生剧变。元月 1 日,在北伐胜利的凯歌声中,

---

① 林壮志:《确山暴动》,全国政协文史委编:《革命史资料》第 6 辑,文史资料出版社 1982 年版,转引自赵俊清:《杨靖宇传》,黑龙江人民出版社 2004 年版,第 15 页。

国民政府定都武汉,革命力量从珠江流域发展到长江流域。但在欣欣向荣的景象中,也潜伏着革命失败的危机,已经羽翼丰满的国民革命军总司令蒋介石掌握军权,正欲背叛革命,在既推翻革命政府又取代北洋军阀的基础上,建立新的大地主大资产阶级独裁政权。与此同时,奉系军阀张作霖见直系实力损失殆尽,无力与国民政府抗衡,而国民革命军又久战疲惫,遂欲坐收渔人之利,乘机独霸中原。为取得"打倒列强除军阀"的最终胜利,国民政府与国共两党都必须加紧进行军事斗争。中共中央指示河南党组织要加强对农民运动的领导,在北伐军到来之际,组织农民举行武装暴动,特别是豫南地区。河南省委根据周恩来的指示,对河南革命运动作了重新部署。派林壮志任驻马店特支书记,张家铎回确山领导农民运动。

为确保北伐的胜利,中共河南省委派王开馨与张家铎、杨靖宇一起在确山开展农民运动。王开馨一到确山,就把杨靖宇吸引住了,他是那时杨靖宇见到的职务最高的中共领导人。王开馨的思想气质,对杨靖宇产生很大的影响。王开馨与张家铎、杨靖宇一起分析确山的政治形势,研究并制定了斗争的策略和步骤,还给他们讲了许多革命道理。2月8日,中共确山支部在县北洪沟庙正式成立,张家铎任书记。随后,党支部召开扩大会议,传达驻马店特支对确山农运工作的指示,决定召开全县农协代表大会。这时,经过回乡党团员夜以继日的工作,已经广泛争取了红枪会首并发动了群众,杨靖宇和张耀昶首先在北乡几保组织起农协会。接着,党在县东县南掌握的枪会组织,亦纷纷成立了农协会和农民自卫军,并注意搜集枪支弹药。根据形势发展,建立全县农民协会和农民自卫军的条件已经成熟。

1927年2月15日,中共驻马店特支利用正月初四玉皇庙庙会之机,在洪沟庙镇玉皇庙召开全县第一次农民协会代表大会。参加会议的有各保农协代表和共产党员、共青团员,共七十多人。会议由张家铎主持,杨靖宇作报告。杨靖宇讲了县农协成立的宗旨、意义和成立经过,他的讲话赢得与会代表的阵阵掌声和欢

确山农民协会会旗

呼声。大会一致通过了确山县农民协会章程、告全县人民书、确山县农协成立宣言。确定了县农协基本任务是：（1）团结广大农民群众，取消一切苛捐杂税，坚决维护农民利益；（2）反对黑暗政府，打倒土豪劣绅；（3）推翻封建专政，反对封建军阀，支援国民革命军北伐。确山县农民协会的建立，标志着确山农民运动进入了一个新阶段。

就在这次大会上，杨靖宇被选举为确山农民协会执行委员会委员长，张家铎、张立山、张耀昶、徐耀才等11人当选为县农民协会执行委员会委员。这时，杨靖宇刚满22周岁，他的人格和才能受到组织和人民的认可，更没有辜负组织和人民的期望。

就在农协会成立的当天，吴佩孚的"讨贼联军"第八军数十名全副武装的官兵，冲进城东北五里的董庄，以催收给养为名抢夺群众财物，杨靖宇闻讯立即组织红枪会员和广大群众，组建农民自卫军，挥动大刀、长矛、锄头、镰刀，于当日至17日分路出发，包围县城。县知事王少渠惶惶不可终日，忙向省署发电报急。其实，他很清楚冲突的起因："自去秋至今，驻军太多，军饷军粮催逼不已，稍能自给者，均已逃避远方，仅剩此嗷嗷垂毙之民，仍欲日日供应军队给养，军士在乡不免有滋扰情事，于是百姓一心与官军抵抗，觉不与官军抵抗，财尽粮绝，亦万无生存之望"①。即是"民不畏死，奈何以死惧之"，王少渠就更不敢采用镇压手段，唯恐造成官逼民反无法收拾的局面，危及自己的乌纱帽，于是他两边讨好、左右逢源，一面泣求驻军暂缓出兵，一面派县府和乡绅代表与农会谈判。最后，在王少渠答应驻军和官府不再下乡勒索的条件下，杨靖宇等农民协会领导人同意解除对县城的包围。但为显示群众的力量，同时督促官府和驻军切实履行协议，县农会又于3月1日举行了声势浩大的群众示威。

确山人民的英勇斗争，甚至在军阀统治的中心——北京和天津都引起了轰动。3月12日，天津《大公报》以《河南纷告民变》为题发表消息，次日，北京《晨报》也以《豫省民变——确山、信阳人民抗捐抗税》为题进行报道。在这些新闻报道中，如实记述了军阀的横征暴敛和人民的顽强抗争。其内容如下：

《大公报》："昨日（四日）汝阳道尹于庭鉴电致省署，言确山、遂平两县之百姓因靳军勒派前敌给养太重，民力难支，现已次第联合，聚众抗拒，情形危急。确山各乡纷纷民变，或聚一二万人，或聚三五千人，声称即将丧亡，何如任军队之枪毙，较零星屠宰为快。其聚众多者已与军队冲突。军队亲自下乡催给养者，已为人民扣留，情势急迫，大局可危"。

《晨报》："靳云鹗、魏益三、田维勤之军队云集信阳迤北各县，所有各军给养皆责诸县百姓之身。即以确山论之，每天需索给养七千串，否则按天供给米面

---

① 《确山红枪会与军阀部队冲突》，汉口《民国日报》，1927年5月16日，转引自赵俊清：《杨靖宇传》，黑龙江人民出版社2004年版，第31页。

三万五千斤。自秋及春业已五月之久，近因各军亲自下乡捉人，以致触动全县人民之怒。确山县全县人民因供给给养实在无力，已于三月一日鸣锣集众至数万人，初则要求与县官见面，继则见军队即扣留，该处驻军欲与开仗，无如愈聚愈多，大有拼命一死之意。当时道署派员前往劝导，正在无法可想之时，信阳、汝阳、正阳之百姓亦于三月一二三日同时举事。按各军驻防境内，给养全取之地方，居民不堪至扰，人心已变，豫南危急情形，达于顶点"。①

正当确山农民运动高潮即将到来之际，1927年3月15日，河南武装农民代表大会在湖北武昌中央农民运动讲习所开幕，出席代表69人，代表45个县的40万武装农民。18日，毛泽东到会作湖南农民运动状况报告；19日，李立三代表全国总工会出席会议并作中国职工运动报告。两个报告对工农联合的意义作了精辟阐述，给代表们以巨大鼓舞和启迪。20日大会结束时发表宣言，号召根据新经验、新知识、新方法，扩大武装农民的力量，誓和全国农民、工友及一切被压迫同胞联合起来，为自身利益而奋斗，不达到完全解放的目的决不罢休。

这时，确山县内有群众斗争、外有有力支援，革命力量占据优势，中共驻马店特支遂决定趁热打铁，举行大规模农民暴动。为此，杨靖宇、张家铎、张耀昶、王泽显、黎则清等于3月中旬在县城北大街赵凯文家举行集会，确定暴动具体方案如下：

一、组织武装示威，按红枪会习惯，定名为"亮牌"，时间为农历三月初三（4月4日），地点在县城东关大操场。

二、以红枪会名义"传牌"，会场竖起农民协会犁头旗。

三、根据《国民革命歌》歌词（"打倒列强，打倒列强，除军阀，除军阀，国民革命成功，国民革命成功，齐欢唱，齐欢唱"——引者注），提出口号："打倒帝国主义""打倒军阀""打倒贪官污吏""打倒土豪劣绅""反对苛捐杂税""欢迎北伐军"等。

四、要求清算魏呈典、楚本固、何鸣一、田斐卿四大劣绅并清查县府账目。

经过半个多月的紧张筹备，"亮牌"于4月4日如期举行，这天早晨，太阳刚刚升起，杨靖宇就与张家铎、张耀昶等领导人来到县城东关大操场，升起农会旗帜，以数张八仙桌摆为主席台。上午10时起，两万余农民，从四面八方汇集而来。中午时分，张耀昶宣布"亮牌"开始，杨靖宇身着粗布短衫，手持"七星剑"发表讲话，杨靖宇讲述开展农民运动、欢迎北伐军的意义；历数四大劣绅欺压民众的罪行；最后，杨靖宇作为群众代表，与被迫到场的反动县长王少渠谈

---

① 转引自赵俊清：《杨靖宇传》，黑龙江人民出版社2004年版，第31—32页。

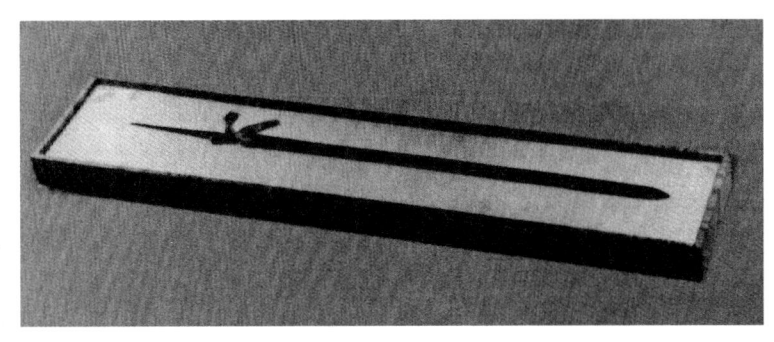

杨靖宇领导确山农民暴动时使用的七星剑

判,并提出四项条件:一是立即交出四大劣绅并严加惩处;二是清查县政府的账目,取消一切苛捐杂税;三是打倒贪官污吏,不准抓夫派车;四是立即释放因抗捐抗税而被关押的农民。王少渠慑于广大农协会员和红枪会群众的声威,只好同意这些要求,答应回城即办。

5日,"亮牌"继续进行,群众蜂拥而至,声势更加浩大,已呈包围县城之势,暴动指挥部也由东关移至火车站。正当群情激愤之际,反动当局竟又火上浇油,王少渠回城后,不但放走四大劣绅,而且命令士兵闭关守城,并拒绝会见进城追索的农会代表,仅委托第八军参谋长李省三推托应付,群众闻讯,怒不可遏,至6日,围城群众已达五万余人,除大刀长矛外,并拥有步枪二百余支、土炮十余门。老人、妇女、儿童自动往返奔走,给围城农军送茶送饭。《国民革命歌》响彻县城上空。当日上午,信阳道尹于庭鉴应李省三之邀,专程来确山同农军进行谈判。正当杨靖宇、张家铎、李则青登上火车同于庭鉴进行交涉时,城头上士兵突然开枪,打死两名农军战士,谈判当即破裂,于庭鉴被群众赶走。

鉴于形势的发展,中共驻马店特支决定立即举行武装起义,当晚,在杨靖宇、张家铎、张耀昶指挥下,五万群众猛攻县城,杨靖宇带头冲杀。一时城头上硝烟翻滚,四周杀声震天。围攻西门的农军头顶浸水的棉被直攻到西门口,堆起柴草,把城门烧了一个洞。架在南山上的九节雷(土炮)一连几炮打塌了城东南角的炮楼,接着几声巨响,打到第八军旅部的门口,借助炮火的威力,农民军爬城墙,架云梯向城内冲杀。城内的敌军惊慌万状,经两天战斗,敌军不支,于8日雨夜在已用土封闭的西城门挖开一条通道,从被火烧毁的城门洞口爬出,仓惶逃命。由于天黑下雨,道路泥泞,路径不熟,出城便迷失了方向。农军迅速将其分割围歼,毙敌二百余人,参谋长李省三、杨团长仅以身免,县知事王少渠被活捉,"镣押看守所"。4月9日黎明,一面绣有黄色犁头的大红旗,飘扬在确山城头。杨靖宇领导的确山农民暴动取得胜利,首次解放了确山县城,这也是河南最早的一次农民暴动。

确山农民暴动成功后,杨靖宇、张家铎、李鸣岐、刘青凡等在驻马店曾编写了一篇唱词《打确山》,称颂确山农民暴动。这篇唱词石印后大量散发,在群众中广为流传:

日头出来红满天，受人欺侮怎心甘。要是不想当牛马，拼命和他干一番。
北方八军来得欢，他的军队出奉天。从前军长郭松龄，现任军长魏益三。
伪军要占河南省，确山县里把营安。民宅单拣堂屋住，还要银子还要钱。
每两银子六十四，另外又加特别捐。还要米来还要面，又要柴来又要钱。
白天出城把树锯，夜晚出城把人拴。群众逼得无其奈，组织起来和他干。
正月十四把火点，一直烧到三月三。红枪会、义和团，提刀拿枪到城边。
捉住劣绅整四个，魏楚何田把名宣。欧阳炳炎张立山，带领人马有万千。
南五有个李天道，北十有个张广汉。有青年，有壮年，青年壮年一齐端。
红缨枪，一大片，红缨扬起遮满天。常言人多力量大，这话真是不虚传。
围住确山五天整，抬枪扛炮打得欢。到底群众力量大，八军劣绅都胆寒。
三月初七夜过半，打开西门窜了圈。人民武装进了城，治安委员把民安。
苛捐杂税都废除，全年钱粮豁免完。群众看了这布告，哪有一个不喜欢。

确山农民暴动胜利后，县公署及兵差局、公安局、城防局、警察所等诸机关皆于无形中消灭。旧政权顿时土崩瓦解，农民暴动领导人杨靖宇、张家铎和党派到确山从事地方工作的李鸣岐等在中共驻马店特支领导下，着手筹建革命政权。中共驻马店特支首先对参加暴动的武装农民队伍进行整编，选拔出二百余人编成了农民自卫军，留在城内负责维持社会治安，保卫将要成立的新生革命政权。当时尚处于国共合作时期，暴动农民进城不久，于1927年4月11日建立了国民党确山县党部。杨靖宇、张家铎、张耀昶、张智才、李则青等任执行委员。其中除杨靖宇是共青团员外，其余全是共产党员。这就避免了国民党右派通过县党部抢夺革命胜利果实的风险。

4月17日，国民政府派袁达时、符向一率领的北伐宣传列车由武昌出发。19日，袁达时、符向一抵达柳林。同车到达的还有于树德（当时为中共党员）率领的武汉国民党中央农民部慰劳河南军民代表团。为和于树德取得联系，杨靖宇等派人到柳林，专程向于树德介绍确山农民暴动情况。于树德听到介绍后，高度赞扬确山农民群众的壮举。宣传列车到达确山后，于树德代表武汉国民政府向确山县农民协会赠送一面写有"革命先锋"的锦旗。到了确山，于树德就建立新的县政权问题与县农民协会领导成员杨靖宇等进行了交谈。当于树德谈到建立新政权要不要设县长时，杨靖宇等说："我们不要县长，我们要搞一个新式的政权组织，现在河南还没有委员会，我们要建立一个分工负责的委员会。"在谈及政权名称时，开始想叫县政委员会。于树德认为县政委员会色彩太左，改为临时治安委员会为好，这一意见得到杨靖宇等确山暴动领导人的赞同。

4月24日，经过认真充分的筹备工作，确山县民众代表大会召开。大会邀请了正在河南开展慰劳活动的武汉国民党中央农民部慰劳代表团参加。于树德亲临大会指导，并作重要讲话。当天下午，代表们讨论了新生政权的政纲，通过选

确山县临时治安委员会旧址

举产生了确山县第一个革命政权——临时治安委员会委员。县临时治安委员会由杨靖宇等七人组成,在七人中,又互选三人为常务委员会委员,杨靖宇为常务委员之一。选举后,县临时治安常务委员会委员举行了就职典礼仪式。

确山县临时治安委员会下设四个委员会和一个治安总队,分管各项工作。具体为:财物委员会负责财政经济工作;教育委员会负责全县中小学教育;清理逆产委员会负责登记、处理劣绅和贪官污吏的财产;管狱委员会负责狱政及刑事、民事案件的处理。农民自卫军改称治安总队,分两个大队,负责维持治安,保卫新生的革命政权工作。

确山县临时治安委员会由民主选举产生;实行民主集中制,有分工负责,有集中统一;委员是广大民众利益的真正代表,各委员是人民的公仆,是为人民办事的;委员会有一个革命的政纲;有一支革命武装,作为保护新生政权的台柱子;因此,它是河南省有史以来的第一个革命政权,真正代表了广大民众的利益。

确山县临时治安委员会的创建,使全县有了统一领导革命运动的权力机构。杨靖宇等委员在行使权力过程中,为人民做了许多有益的工作:第一,临时治安委员会宣布取消一切苛捐杂税,豁免农民积欠的所有田赋,没收了魏、楚、何、田四大劣绅和贪官污吏的财产。第二,审讯、惩处了包括县长王少渠在内的贪官污吏。在通缉四大劣绅,揭露他们的罪行的同时,处理了几个民愤极大的恶棍。第三,清理了监狱,释放了因反捐抗税或因交不起租税而遭到官府关押的农民。第四,处理了一些民事、刑事案件。过去农民告状要花许多钱,新政权为农民撑腰,百姓皆大欢喜。第五,建立了各式群众组织,如农民协会、商民协会、妇女协会、学生联合会、店员工会、理发工会等十余个群众团体,各行各业的群众都被组织起来了。第六,为稳定市场,曾以商会名义印发流通券,促使市场复苏。第七,维持了社会治安。治安委员会以两个武装大队为主力,各村红枪会组成农民自卫军维持治安。对于扰民的社会势力则以武力予以解决,曾经猖獗一时的土匪被镇压下去。许多农民见确山变了模样,纷纷返回家乡。新生的革命政权受到

确山农民协会欢迎北伐军

了广大群众的欢迎。

由于确山县革命政权的建立，武汉国民革命军北伐部队（国民革命军第十一军）进入河南经过确山时，得到了全县广大人民群众的支援。北伐军抵达确山后，县临时治安委员会于5月1日在南山坡组织了规模宏大的万人欢迎盛会。整个确山城人头攒动，红旗飞舞，人民群众都沉浸在欢庆胜利的热烈气氛中。欢迎会上，农协、商协、妇协等各界代表作了演讲，他们都表示支持北伐军，争做革命先锋，直捣奉军巢穴。

北伐军在河南得到广大群众的支持，主要是因为确山政权掌握在人民群众手中，这里成为北伐军在河南的重要基地。5月13日，北伐军前线指挥部下达向奉军全面进攻的命令，在驻马店以北溱河沿岸到遂平一线布防的北伐军与奉军展开激战。杨靖宇等立即通过各群众组织，挑选二百多名青壮年，分别组成侦察队、向导队、救援队、运输队等全力帮助北伐军运送弹药和其他物资，及抢救伤员、带路、侦察敌情等，有力地配合了北伐军在河南的胜利进军。在广大民众的支持下，北伐军的军事行动进展迅速，经过北伐军将士浴血奋战，先后攻占汝南、遂平、临颍，击溃了奉军主力。5月29日占领许昌。6月1日，北伐军与冯玉祥所部会师于郑州，接着占领开封。不久，奉系军阀部队全部被赶到黄河以北。奉军败北，北伐军与冯玉祥会师郑、汴，这标志着第二次北伐取得了胜利。

河南重镇郑州、开封被攻克后，确山临时治安委员会便立即召开了由万人参加的欢庆第二次北伐胜利大会。会上，杨靖宇十分兴奋，用饱蘸浓墨的大笔书写了一副对联，贴在会场主席台两边：

庆今日克复郑汴澄清黄河水　祝他年直捣幽燕扫尽长城灰

这副对联反映了杨靖宇对北伐军攻占郑州、开封，武汉政府二次北伐取得胜利的喜悦心情和将反帝反封建军阀革命斗争进行到底的热切愿望。

在确山农民暴动的全过程中，杨靖宇不仅倾注了极大的革命热情，而且在完成党交给的每一项任务时都表现出非凡的组织领导才能，赢得了群众的爱戴和依赖。在创建确山县革命政权和在这一政权建立后的执政过程中（尽管这一过程为时很短），杨靖宇废寝忘食，不知疲倦地站在斗争最前线，经受了严峻的革命斗争考验，作出了重要贡献。也正是因为这样，中共驻马店特支于1927年6月上旬批准他加入中国共产党，并于6月6日举行了入党宣誓仪式，杨靖宇的入党介绍人和监誓人李则清回忆说：

> 特支发展了一批积极分子入党，其中有马尚德（杨靖宇）、张立山、徐耀才等。马尚德沉着、敏捷、坚毅，平时不大爱说话，但在开会演讲时讲得生动有趣、深入浅出，富有感召力，很受群众欢迎。特支为培养他，有意把他放在前台。在县农协、县政府、县党部，他工作都热情积极，表现出非凡的组织和领导才能。大约在（1927年）6月4日或5日的下午，张家铎与马尚德进行了深谈。天黑时，我送张家铎到县党部院外柏树枝搭的彩门下，张家铎又问我询问了马尚德近来的表现，我向他汇报后，他对我指示说："特支已经同意吸收马尚德入党，委托你给他举行仪式，执行特支的决定。"6月6日上午，在确山县城前大街福音堂后院小楼上的西套房里（县党部马尚德住室），我作为马尚德的入党介绍人和监誓人，为他举行了入党仪式。入党时举手宣誓，誓词大意是：服从组织，严守机密，努力革命，永不叛党。[①]

就这样，在大革命失败的前夜，在蒋介石和张作霖屠杀革命者、北方党组织已遭到严重破坏的腥风血雨中，杨靖宇发出了把自己的一生献给党、献给革命、献给人民的誓言，在以后13年的岁月里，从中原大地到白山黑水，杨靖宇用自己的一生，模范地实践着这个誓言。

---

① 李则清：《大革命时期的确山农民暴动》，《河南文史资料》第7辑，1982年，转引自赵俊清：《杨靖宇传》，黑龙江人民出版社2004年版，第42—43页。

第三章　血雨腥风中的抗争

第一节　领导刘店起义

确山暴动的成功和革命政权的建立，对于饱受军阀豪绅残害荼毒的豫南百姓而言，总算是盼到了扬眉吐气的曙光，但好景不长，确山起义成功之际，正是国民大革命即将失败之时。这时，蒋介石"四一二"反革命政变已发动近两个月，奉系军阀在北方的黑暗统治也日甚一日，特别是4月28日李大钊等20位革命者在北京就义后，国共两党在北方的组织均遭到严重破坏，几乎陷于瘫痪。在刚刚挣脱北洋军阀枷锁的中原大地，情况也极不乐观，由汪精卫主持的武汉国民政府，虽然名义上还打着"革命"旗号，实则早已与蒋介石暗中勾结，准备公开叛变，在此期间，基于国民党内部争夺权力地盘的需要，汪精卫又把河南作为"礼物"完全送给冯玉祥。而冯玉祥更在汪精卫公开叛变前，于6月20日在徐州会见蒋介石，决议一致反共，随即在所部"清党"，将共产党人和进步人士解职后"礼送出境"。河南人民还没有从北洋军阀的压迫下挺起腰身，就又被国民党新军阀置于水深火热。7月15日，距确山暴动胜利不足一百天，汪精卫也率领武汉政府背叛革命。"从广东出发的资产阶级民主革命，到半路被买办豪绅阶级篡夺了领导权，立即转向反革命路上，全国工农平民以至资产阶级，依然在反革命统治底下，没有得到丝毫政治上经济上的解放"。①

大革命的失败，使刚刚兴起的确山斗争遇到了最严峻的考验。雪上加霜的是，在大革命失败前夕，陈独秀的右倾错误也给确山斗争带来了严重的消极影响，中共豫区执行委员会发出过制止农民运动的指示，在陈独秀右倾错误主导下的党中央更派张国焘亲临确山，严令立即撤销治安委员会，农民自卫军撤出县城，将县政权交给国民党右派军官何键派来的县长。刚刚建立的确山革命统一战线急剧分化，曾经接受党的领导，与杨靖宇等共产党人合作的红枪会首领欧阳炳炎、李天道等对革命的态度也发生了转变，脱离了共产党的领导。反动势力趁机卷土重来，高举屠刀向人民反扑。7月4日凌晨，确山四大劣绅之一何鸣一勾结反动武装一

---
①《毛泽东选集》第1卷，人民出版社1991年版，第47页。

两千人包围了确山县城,攻入县城西关。当时,杨靖宇等领导人虽几次"传牌",但各路红枪会均不予理会。不得已只靠城内县治安大队两队武装约250人进行反击,经一天激战,终因敌众我寡,杨靖宇等便有组织地率领县农运领导机关及治安大队于当晚从东门撤出县城,转移至刘店、洪沟庙一带农村活动。

反动武装攻进确山县城后,城内陷于一片白色恐怖之中。外逃的劣绅纷纷回城,反动政权悬赏千元通缉杨靖宇等共产党员和曾与共产党合作过的几个红枪会领袖,全县有五十多人遭到通缉;他们还恢复了被革命政权废除的全部田赋、苛捐杂税,勒令追缴革命时期停交的一切钱粮和所欠地主的租谷、高利贷。1927年下半年,各种苛捐杂税更大量增加,人民又陷于敌人的血腥统治下。当时的一份关于确山暴动的报告中这样写道:"冯玉祥变节后,该县即入反动局势,民众所得政权又转于封建势力之手,而代表封建势力之劣绅土豪大向革命势力进攻,使我们受到了一大打击"。①

全国和家乡局势的急剧变化,对刚刚入党不足一月的杨靖宇而言,不仅始料未及,而且是巨大的冲击;但是,杨靖宇等共产党人没有被白色恐怖吓倒,撤出县城后,李鸣岐、杨靖宇、张家铎、张耀昶、张立山、李则青、刘青凡等人来到刘店双桥村,在张立山家集会,对确山暴动前后的工作经验教训进行了总结,对今后工作如何开展作出了决定。会议认为,以前工作的重点偏重上层,只注意联络红枪会首领,忽略了广大群众,因此形势发生变化后,整个活动失去了依托。鉴于此,会议决定以后工作重点应放在工农群众身上。领导人分散活动,加强联系、发展队伍、积蓄力量,准备组织发动第二次暴动夺回县城。同时,对党内各负责同志的工作进行了分工,杨靖宇和张家铎负责驻马店地区工运、农运并与士兵进行联络。

新的斗争又开始了,杨靖宇承担的第一项任务是兵运工作,此前,他在驻马店地区已与驻在当地的西北军孙连仲部一位名叫孙金宣的营长结识。原来杨靖宇经常穿一身农民衣裳到驻马店兵营与士兵拉家常。营长孙金宣见他是农民打扮,便主动向他了解地主豪绅的剥削情况,宣传穷人团结起来,打倒土豪劣绅,推翻不合理的制度,建立新社会的革命道理。同时还三番两次地向杨靖宇打探知不知道驻马店地区共产党的组织在哪里。对此,杨靖宇在一次党的会议上汇报了这个情况。会议决定继续由杨靖宇与孙金宣接触,摸清情况。经杨靖宇详细了解,得知孙为共产党员。杨靖宇根据驻马店特支决定,带孙到王楼参加一次会议。会上,孙介绍了本人身份,并说他所在的师有许多共产党员,党派他与当地党组织接头后,准备把他们一师人带出来,驻马店特支把这一情况向上级组织作了汇报。

杨靖宇等驻马店特支党员以各种方式深入到农民、工人、士兵中去进行工

---

① 刘明:《关于确山暴动工作报告》(1927年11月),转引自赵俊清:《杨靖宇传》,黑龙江人民出版社2004年版,第45页。

作，使县东部、北部农民协会恢复起来，在实际工作中取得了很大成绩。河南省委在同年9月《关于农民运动情况的报告》中说："此次孙连仲部驻确，特别骚扰，农民已有暴动之可能，于是决定重新组织旧有之农民自卫军，联合孙部下孙金宣部发动暴动，铲除豪绅，夺取县城。但据报告仅小小发动农民夺取枪支八十余杆，因冯（冯玉祥——引者注）万端恐吓索枪，虽经当地党部阻止，仍然无效，将枪缴还。不过确山来报仍准备行动。省委仍派胡健同志前去指挥，如军队压迫十分严重，即在乡村发动猛烈的铲除豪绅的斗争"。

1927年8月7日，中共中央在湖北汉口召开政治局扩大会议，对大革命中的右倾机会主义错误进行了清算。会议确定了土地革命和武装反抗国民党反动派的总方针。根据"八七"会议精神，中共河南省委（1927年6月中共豫区执行委员会撤销，建立河南省委）于同年9月25日作出《河南目前政治与暴动工作大纲决议案》《关于农民运动决议案》《关于农民运动的情况的报告》《对于枪会的决议》《关于组织工作的报告》。这些决议、报告总结了河南农民运动的经验教训，提出了在新的形势下的战斗任务，即组织革命斗争，形成潮流，使之成为有计划、有步骤的、从各地暴动汇合而成为总的暴动。根据斗争需要，河南省委拟决定成立豫南、豫北、豫中三个特委，发动群众，重新组织武装力量，以革命武装反对反革命的武装，在全省开展武装暴动。省委在《关于农民运动决议案》中特别指出："豫南区……以确山为中心，组织以前加入农民自卫军之农民为农军"。

为加强对豫南地区农民武装暴动工作的领导，同年9月下旬，中共河南省委正式决定成立豫南特委，派王克新任豫南特委书记。特委其他领导人有：秘书如桐、军事部长虞松如、宣传鼓动部长尚钺、组织部长范易。特委书记王克新是河南省委委员，曾担任农民运动部部长。这次他被派来豫南领导暴动工作，说明省委对豫南工作十分重视。豫南特委成立后，于10月初在确山设立了"驻马店办事处"；由李鸣岐、杨靖宇等人负责办事处工作，李鸣岐为主任，杨靖宇为组织委员。豫南特委还派军事部长虞松如到确山协助工作。

10月中旬一天傍晚，王克新、杨靖宇、李鸣岐、张家铎、张立山、李则青、刘青凡等在张立山家的打谷场开会。由张家铎传达了党的"八七"会议精神和省委关于武装暴动的决议。豫南特委书记王克新与大家具体研究了暴动计划，指出此次暴动的目的是："A. 杀尽土豪劣绅；B. 夺取豪绅枪支或金钱；C. 唤起民众自卫心理及其组织；D. 准备将来之大暴动"。[①]

此后，杨靖宇和张耀昶、李鸣岐、张家铎、张立山等根据豫南特委的指示，分别赴洪沟庙、刘店进行暴动前的准备工作，主要是训练基本队伍、筹集枪支弹药、号召广大农民重新拿起武器，镇压土豪劣绅。经过一段时间努力，杨靖宇等

[①] 豫南瑜玖：《关于小暴动工作大纲》（1927年10月16日），转引自赵俊清：《杨靖宇传》，黑龙江人民出版社2004年版，第47页。

又筹备长短枪十余支,购得子弹、手榴弹数箱,训练了四十余名武装队员。在这期间,驻马店办事处决定在政治上先给反动势力一个打击,要以突袭的方式镇压一批罪大恶极的土豪劣绅。据此,10月17日,武装队员镇压了县北最大的劣绅范天培。杨靖宇还带二三十名武装队员于深夜包围袭击了确山四大劣绅之一楚本固的寨院。但因鸣枪过早,楚乘机越墙逃跑。自范天培、楚本固遭到打击后,农民们又行动起来,组织起农会,开始展开新的斗争。

为发展革命形势,领导暴动斗争,中共豫南特委和驻马店办事处决定以杨靖宇、李鸣岐、张家铎、虞松如、张耀昶等组成暴动总指挥部,把全部力量集中于刘店,以土地革命为号召,在此地发动武装暴动。10月下旬一个晚上,杨靖宇等驻马店办事处成员在刘店北吴庄召开会议,具体部署了暴动行动计划。

刘店是确山县城东部一较大镇子,地处确山、汝南交界处,反动势力相对薄弱,又是确山县的东大门,占据此镇可直接威胁确山县城反动势力;同时刘店群众基础好,便于发动。该镇李广化是县东一大劣绅。北伐军抵达确山时,他逃往汝南,在军阀岳维峻部下张德枢旅买了个团长当,纠集百余人盘踞汝南。大革命失败后,李将团部移到刘店,组织反动民团武装,作为还乡团头子,疯狂向革命群众反扑,血债累累,民愤极大。消灭他既可为民除害,又可扩大革命武装。

1927年11月1日,杨靖宇和李鸣岐、虞松如等集合同志及农民军六十余人,于夜半之后向刘店进发,秘密接近刘店四周寨门。同时通知附近各村农民前来参加斗争。黎明之际,杨靖宇指挥农民军包围了李广化的民团团部大院。李部团丁多系土匪出身,当发现团部已被包围后,便凭借高厚院墙负隅顽抗。双方激战数小时。激战中,杨靖宇一方面指挥农民军作战;一方面不顾危险大声向顽抗的团丁喊话:"团丁弟兄们,你们是穷苦出身,生活没办法才来当团丁的,是好兄弟,只要缴枪,决不杀你们。我们只找李广化算账,你们不要替李广化当走狗。"在杨靖宇的攻心战术下,敌团丁纷纷缴枪投降,刘店即被农民军占领。恶霸李广化因属岳维峻部下张德枢旅之编制,于头天晚上去县城与张接洽,当日晨,其在回返刘店途中听到枪声,仓皇逃回县城。

刘店被暴动农民占领后,中共豫南特委书记王克新来到确山刘店。11月3日上午,确山县农民代表大会在刘店召开,出席代表有40余人,代表20多个保(全县为41个保)。会议决定成立确山县革命委员会,选举出李鸣岐、杨靖宇等11人为县革命委员会委员,李鸣岐任主席;决定组建农民革命军。农民革命军编为一个大队,三个中队,由杨靖宇任总指挥。下午,豫南特委书记王克新宣布,正式成立中共确山县委,李鸣岐任书记,杨靖宇等为委员。

刘店暴动胜利和县农民代表大会召开的消息很快传开,全县民众都异常高兴,他们奔走相告,到处呈现着胜利后的欢乐景象。刘店回到人民手中,收捐税者再不敢往县东走一步,生怕遇到农民革命军。这期间,在县委领导下,杨靖宇率领农民革命军将以前在城中充当教练的恶棍李锡庄和确山南五保大劣绅徐克亮逮捕枪毙。同时，在刘店召开了有千余人参加的群众大会。当时刘店街头贴满了"打倒封建势力""打倒军阀""打倒土豪劣绅""开展土地革命"等红绿标语，几条街巷挤满了农民群众，他们都兴奋地庆祝暴动胜利。大会结束后，杨靖宇带领千余农民举着红缨枪、大砍刀进行示威游行，并包围了张庄豪绅、前确山县警察所长张化鹏住宅，将张逮捕，罚大洋600元，并实行开仓放粮，把30石粮食分发给穷苦农民。

杨靖宇等领导的刘店武装暴动是在党的"八七"会议之后，继湖南秋收暴动，于河南开展的一次重要革命活动。它再次震撼了中州大地，锻炼了确山广大农民群众，提高了他们的革命积极性和阶级觉悟。暴动成功后建立的确山县革命委员会是确山县人民政权临时治安委员会的新发展，它更具人民政权的鲜明特性，更富有斗争性。在这场斗争中所涌现出的一大批骨干力量，为在河南确山掀起土地革命风暴准备了重要条件。

第二节 扩大胜利成果

刘店武装暴动使广大群众拍手称快，敌人为之震惊，"城中大为恐慌"，反动势力采取软硬兼施的反革命策略，妄图扑灭暴动烈火。国民军三旅旅长张德枢派政治部主任前来"联络"，说："彼此都是革命的，应当联合，全县事情由大家商酌讨论"，以软化、收买暴动队伍领导人；民团亦派代表前来说项、"谈判"，提出"你们愿意收编，防地由你们自择"。但敌人的阴谋被杨靖宇等一眼看透。杨靖宇对前来游说的代表说："要收编，你们先把枪械、给养、服装送到刘店来，防地由我们自己划，行动不受你们指挥，你们干不干？""笑面虎"被识破后，敌人凶相毕露。新任县长高子元亲笔写信，发出通牒，威胁农民革命军"赶快解散，各安生业，不然严查拿办"。对此，杨靖宇等当即以革命委员会名义给他一个回谕："该伪县长来件已悉，所言尽属反革命言论，对于革命没有丝毫认识，竟敢胡说乱道，请快滚蛋，不然定把你的草包戳烂"。①

1927年11月6日晨，反动县长高子元、国民军三旅旅长张德枢纠集正规军、民团军共二百余人分两路进攻刘店。当农民革命军总指挥部得知敌军进攻的消息后，杨靖宇率农民革命军分两路狙击敌人。战士们隐蔽在寨墙后面，待敌人接近寨墙时，杨靖宇一声令下，战士们一齐向敌人开火。骑在马上的敌军指挥官被击中，翻身落马，结果敌军大乱。不甘心失败的敌军随后重新组织兵力，妄图包围农民革命军，双方对垒射击一小时。战斗中，敌死5人、伤12人。农民革命军无损伤。此时，杨靖宇等指挥部人员考虑到农民革命军两路间缺乏联络而且

---

① 河南代表李鸣岐在"六大"上关于豫南工作的报告（1928年6月25日），转引自赵俊清：《杨靖宇传》，黑龙江人民出版社2004年版，第50页。

子弹消耗殆尽，为避免遭到损失，决定退出刘店，在距刘店七里的老集集合，并通知各村准备反攻。敌军进入刘店后，大肆抢掠，焚烧房屋数十间，而后，返回县城。傍晚，当农民革命军前来反攻时，敌人已不见踪影。农民革命军数十人及五六百农民来到刘店东李广化女婿家，将其财产没收、分配，又将前警察所长张化鹏之父杀死，将其房屋烧毁。

农民革命军在杨靖宇指挥下，撤离刘店后，向南转移，经留庄、杨店，到达确山南部与信阳交界的张板桥。途中，一边打土豪，一边扩大武装，部队由撤离刘店的七八十人发展到百余人。而后，根据县委决定，杨靖宇率农民革命军转至豫南地区开展斗争。

豫南地区包括信阳、确山、汝南等县。信阳有靠近大别山的四望山。在这里有共产党员王伯鲁率领的农民军在开展土地革命斗争，杨靖宇等率部来到豫南后，先在张板桥一带活动，与四望山农民军的斗争相呼应。

在张板桥，杨靖宇指挥农民革命军于 11 月 13 日攻打大土豪张天真的大院。张天真，人称"张四先生"，是豫南占有大量良田、为富不仁的恶霸地主，周围数里之内的农民多为其佃户，每年收租粮 40 余万斤、大洋 2.6 万余元。张对农民十分刻薄，处心积虑剥削农民，竟至在饥荒岁月囤粮至腐烂，深为豫南人民所痛恨。杨靖宇率领农民革命军即将行动起来时，张天真闻讯后仓皇逃往汉口。杨靖宇率农民革命军到张板桥后，将为张家护院的家丁缴械，顺利占领张家大院，打开张家粮仓：一面将张家粮食出卖，以充农民革命军军费；一面放粮给贫苦农民。同时进行革命宣传，向民众阐明土地革命的意义。杨靖宇等指挥部人员主持召开群众大会，组织群众控诉张天真的罪行，并派出宣传队到附近村庄开展反土豪劣绅斗争的宣传。这种宣传，深受群众欢迎，外村农民都纷纷邀请宣传队到他们那里"讲道"（即讲演宣传）。杨靖宇等鼓励农民们说："对于劣绅土豪，你们应自己起来把他打倒，力量不够，我们可以帮助。"①群众听后受到鼓舞，革命情绪顿时高涨，从张店、杨店到双河、明港、李新店、新安店等方圆近百里的青壮年，纷纷前来参加农民革命军，使县农军从百余人发展到三百多人、枪一百多支。

而后，杨靖宇又率农民革命军赴信阳、确山交界处明港一带活动。在这里，杨靖宇与李鸣岐、张耀昶等利用敌人内部矛盾，一举消灭了大豪绅李文相（民团团长）、童霄九两支地主民团武装，枪毙了在确山城内包收钱粮的税务局长高国典，进一步扩大了农民革命军的声威。一时许多青壮年踊跃参加农民革命军。

在这其中，消灭李文相民团是一出"将计就计"的好戏，李文相是个长期盘踞明港镇的"地头蛇"，一向老奸巨猾，既想利用农民革命军消灭对手，又准备对农民革命军来个"螳螂捕蝉，黄雀在后"，自己坐收渔人之利。杨靖宇将计就计，佯装同意与其联合，并假戏真做，约定了联合行动的时间、佩戴标记和行动

---

① 转引自赵俊清：《杨靖宇传》，黑龙江人民出版社 2004 年版，第 51 页。

方案。11月22日,杨靖宇和李鸣岐率领农民军来到明港北边的一个村子里。杨靖宇带一部农军埋伏在村口要道,配合李鸣岐进村与李文相的"联合行动";并阻击另一支从河南前来参加联合行动的民团武装戴文甫部。李鸣岐带三四十名农军进村赴约,李文相见李鸣岐带人不多,深信不疑,遂将农军和团丁会合,李鸣岐巧妙地将农军插入民团军中,部署在司令部四周待命。李鸣岐只身随李文相进到军团司令部,利用时机将李文相击毙。杨靖宇听到枪响,马上带一部农军冲进民团团部,仅半个小时,就将李文相的民团军全部解决,缴获长短枪十几支及各种物资。随即在确山、信阳、正阳地区流传着这样一首歌:

> 明订与敌是联合,暗藏妙计入虎穴,夺枪口号"张德三",将计就计把敌歼。只听"砰"的一声响,文相马上见阎王,八方农军如天降,咦呦呦!团丁们乖乖缴了枪。

在此前后,杨靖宇率部在汤凹镇压了东八保土豪王尊荣,并将汝南境内原县知事王贻国家的粮食散发给贫苦农民,并罚王家钱款数百大洋。不久,农民革命军高举红旗,高呼"贫苦农民团结起来,实行土地革命"等口号,又返回刘店,镇压了刘店土豪东十保民团总带、县东剿共司令周宪斌兄弟二人。广大群众见杨靖宇等率农民革命军胜利归来,又镇压了周家兄弟,高兴异常,刘店到处充满了欢腾喜庆的景象。一个以刘店为中心,北起汝南县水屯,南至信阳县北部重镇明港,东抵汝南县韩庄集,西到乐山,方圆百余里的汝、确、信边红色游击区逐渐形成。

农民革命军在返回刘店期间,中共豫南特委书记王克新来到部队。11月中旬,在王克新的主持下,豫南特委驻马店办事处、确山县委、县农民革命军总指挥部召开一次联席会议。王克新、杨靖宇、李鸣岐等共同总结了暴动的经验教训,研究了革命斗争的发展问题。认为"据前几次斗争与现在的情势看,我们的力量的确还十分薄弱,原因即在我们还没有唤起广大的农民群众,而只是几个勇敢善战的同志跳来跳去,这是非常危险的。"因此,会议决定"进一步唤起群众,把确山农军与群众运动结合起来"、"号召广大群众充实我们的力量,预备与敌人作更大的斗争"、"扩大党的组织,健全党的基础"、"把恢复农协,发展农协和武装并重"、"在四乡同时爆发游击战争"、"杀土豪,没收其土地财产分给贫苦农民,并由农协宣布停止一切赋税,建立农协在乡村的政权"。会议还决定"找一形势甚佳,可战可守之根据地点作为经常争斗之中心","设法与四望山打通一条直接联络的道路"。①

此次联席会议认真分析了确山的革命斗争形势,总结了自刘店武装暴动以来

---

① 《确山工作暴动决议案》1927年11月,转引自赵俊清:《杨靖宇传》,黑龙江人民出版社2004年版,第52页。

斗争的经验教训，提出了革命斗争继续发展的方向，并对革命斗争中的一些根本性问题做出了明确的决策。特别是会议提出了"找一形势甚佳，可战可守之根据地点作为经常争斗之中心"建立革命根据地的问题。建立革命根据地是大革命失败后，中国共产党人在探索革命道路过程中遇到的一个较为重要的问题。杨靖宇等确山农民暴动的领导人是较早提出在革命斗争中建立革命根据地的领导者。

联席会议之后，根据豫南特委的指示，确山县委在张板桥对农民革命军进行了整编及组织纪律整顿。首先成立了司令部、政治部。司令部成员有杨靖宇、王克新、李鸣岐、张家铎等。部队总指挥仍由杨靖宇担任，李鸣岐任党代表（政委），豫南特委委员蔡训明任政治部主任，张立山任参谋长，张家铎任大队长。总队之下设四个中队，每个中队50人左右，整个部队有200余人。在部队整编的同时，进行了组织纪律整顿，清除了队内的奸细坏分子。林某原是一个红枪会法师，趁农民革命军扩大之机，被反动政府派来在部队当坐探。他时常向敌人密报农民革命军行踪，经查证核实，被处死。余某、王某二人原是土匪出身，经多次教育，其流氓习气仍不见改。在攻打一土豪大院时，他俩先奔女眷住屋，图谋不轨。由于及时发现，其违纪行为被制止。随后在整顿纪律中，杨靖宇将余、王二人解除武装，清理回家。农民革命军经过整顿之后，组织性、纪律性明显增强，战斗力大有提高。

第三节　王楼伏击战与信阳地下斗争

1927年11月末，正当杨靖宇等计划根据联席会议精神率农民革命军西进小乐山建立根据地时，反动县长高子元和驻确山国民军三旅旅长张德枢奉国民党河南省"剿匪"总司令部对农民革命军实行"痛剿"之命，率反动武装五百余人向活动在豫南的农民革命军展开了进攻。敌军出城后，直奔刘店，而后又掉头向汝南王楼扑来。

当时，杨靖宇率农民革命军正在汝南境内王楼地方开展反霸斗争，于11月26日捕获当地土豪吴清士、吴尊贤父子，从其家地下挖出大洋500余元及铜钱200余串，准备向群众分放钱粮。12月2日晨，正当开仓放粮之际，有农民前来报告，城内敌军已到刘店。杨靖宇等派侦探前往了解实情。但侦探尚未出庄，敌军即已来到。杨靖宇等得知敌人"进剿"王楼的消息后，即组织前来领取粮食的农民群众迅速向北撤离，同时指挥农民革命军战士分别奔赴王楼村头，在村南、村东、村西三面埋伏准备应敌。敌人见大片人群向北撤走，误以为是农民革命军惧战逃窜，便大摇大摆地进村，进至王楼村头，首先遭到埋伏在打谷场垛后的一中队的打击。而后，埋伏在村东树林和村西竹林的两个中队亦向敌人猛烈开火。敌军一时呈现纷乱状态。

战斗中，农民革命军各部在杨靖宇的指挥下，面对十倍于我的敌人，毫不畏惧，与之顽强拼搏。特别是一些无枪队员脱下棉衣，光着膀子挥舞大刀向前冲锋，表现出大无畏的勇敢精神。这次战斗，共毙伤敌兵六十多人，予敌以较大杀伤。

但后来，由于我军指挥失误，当敌军占据河堤有利地势开始重新组织进攻后，指挥部仍命令冲锋反击。结果，使农民革命军暴露在敌人火力之下。在第二次反击战斗中，"正预冲锋时，总队马尚德、特务队长张家铎一弹中腿部，一弹中右臂，由蔡训明同志将彼二人架回后方。此时正面只剩豫南特委书记王克新及李鸣岐二人，乃商议集合一起由一面冲锋。将走没几步，王克新被弹射中胸部，跌倒在地"[①]。此时，形势十分危急，为保存部队有生力量，李鸣岐、张耀昶率农民革命军撤出阵地。敌军亦不敢恋战，在王楼及附近几个村庄抢掠一阵后返回县城。

王克新、杨靖宇、张家铎负伤后，被送往驻马店南一家医院治疗养伤。王克新因伤势过重，于1927年12月8日牺牲。自1927年9月下旬王克新就任中共豫南特委书记以来，杨靖宇和他共同生活战斗了三个多月，他的牺牲使杨靖宇深感悲痛。

王楼战斗之后，农民革命军在李鸣岐、张耀昶等率领下连夜撤到县西北小乐山。次日又经汝南闫寨、李寨、大申庄至留庄。在留庄将反动红枪会头目王杰英处死。当时，农民革命军佯称请王前来赴宴。酒席上，农民革命军假借杨靖宇之名，高喊："马尚德来了！"王一听此语，吓得目瞪口呆，未等王反应过来，农民革命军即将其迅速绑起，同时将其护兵枪械缴下。当王花言巧语向张耀昶等求情时，被张一枪击毙。而后，农民革命军在张耀昶、李鸣岐等率领下，南进至信阳县境。之后，在龙门新店与信阳工农革命军会合在一起，改编为豫南工农革命军。不久，挺进四望山开创革命根据地。

至王楼伏击战时，杨靖宇指挥县农军，横扫确山、汝南、正阳、信阳边区的敌顽反动势力，在短短一个月内，进行大小战斗20多次，处决反动民团、"剿共"头领以及土豪劣绅30余人。未被袭击的大土豪劣绅等多逃到武汉、郑州等地；小一些的劣绅地主，也都纷纷逃往信阳或驻马店；心存侥幸的劣绅则闭门不出，日不思饭，夜不安寝，惶惶不可终日。特别是杨靖宇消灭李文相民团和攻打王楼战役以后，附近各县农民也都闻风而起，欲与官军争斗。确山、汝南、正阳、信阳各县的反动当局天天急电河南省府并冯玉祥呼援求救。冯玉祥除严令南路军孙连仲等部合力"痛剿"外，均以东线战事吃紧为由，复电各县坚守城池。

杨靖宇参加领导的刘店武装暴动及在豫南的斗争，遵循党的"八七"会议确定的总方针，打击了确山、信阳、汝南方圆几百里的封建势力，动摇了国民党反动派在豫南地区的统治。这一斗争，在土地革命史上占有一定地位。1928年2

[①] 河南代表李鸣岐在"六大"上关于豫南工作的报告（1928年6月25日），转引自赵俊清：《杨靖宇传》，黑龙江人民出版社2004年版，第54页。

月 6 日，中共中央机关报《布尔塞维克》刊载的《河南工农的反冯战争》一文，曾这样评价杨靖宇等领导的豫南农民武装暴动："河南过去的农民暴动，虽然做过了几件大事业，如倒国（国二军），反吴，拒奉等，但终以在豪绅地主领导之下，没有明确的政治目标，受反动的领导欺骗而失败。并且过去的农民暴动，历来是在原始的组织、迷信的宗教的率领之下。现在豫南的农民暴动，却一反往例，他们起义是有明确的政治意义——土地革命，耕者有其地——开始便是阶级的斗争，有广大的科学的组织，且在共产党领导之下，向政权的组织进行。所以豫南的暴动，将来会是河南暴动的中心，是河南苏维埃政府所在地，是整个中国革命潮流的一支！"同年 6 月，中国共产党于莫斯科召开的"六大"会议上，杨靖宇的战友李鸣岐（时任河南省委宣传主任）作为河南代表向大会详细报告了豫南刘店武装暴动情况，总结了斗争的经验教训。

杨靖宇在王楼战斗中，腿部负伤后，为躲避敌人搜捕，不得不四处转移，曾先后在汝南水屯小郭庄岳父家及张庄、驻马店南的周庄等地亲属家养伤。以后，又到驻马店普济医院治疗、养伤。

1928 年春节过后，原确山县委书记李鸣岐任驻马店市委书记，继由刘士达任县委书记，王国卿任组织部长，徐子荣任宣传部长。这时，腿伤尚未痊愈的杨靖宇，即向县委请示欲归队去四望山参加游击战争，开辟豫南农村革命根据地。这期间，正值 1928 年 2 月初召开的中共河南省第三次代表大会结束不久，此次大会确定今后要扩大豫南信阳、确山、汝南等县的农民武装暴动，加强南五县游击战争的发展，创造豫南暴动割据的局面。根据组织安排，杨靖宇任豫南特委委员，从事武装斗争的组织工作。

杨靖宇在革命斗争中，长年离家在外，虽不免思念家人，但难以脱身离开部队，顾及自己的家庭。由于杨靖宇参加领导农民暴动，名声四扬，其家庭屡遭国民党反动派摧残，共五次被抄家，牲畜家具被抢光，房屋也被一火焚之。他的母亲、妻子生活极其艰难，常常是食不果腹，衣不避寒，不得不求助亲友帮助度日。不仅如此，国民党反动派捉不到杨靖宇等农民运动领导人，便把主意打到他们的亲属身上。在艰难困苦的条件下，杨靖宇的妻子郭莲只得带着婆母张氏和儿子从云，到处躲避敌人的追捕。阳春三月，已经临产的郭莲，行走十分不便，且无处藏身。不得已，张氏就带着儿媳和小孙子四处流浪，要饭过活。3 月 23 日（农历闰二月初二），郭莲在古城东北大郭庄村外的一个不足两平方米的秫杆棚里生下女儿。第二天，张氏找来一辆葫芦头车把郭莲拉到小郭庄，郭莲在一个新搭的草棚里坐了月子。

女儿出生第五天，杨靖宇才来小郭庄看望妻子儿女。母亲让他给孩子起个名字。杨靖宇考虑了一下便给女儿起了个小名叫"躲儿"，意思是不让女儿忘记国民党反动派的迫害，让家人在李湾住不了，东躲西藏，躲到小郭庄姥姥家。杨靖宇的母亲说，"好！就叫躲儿"（后取名马锦云）。之后，他又去李湾看望二叔和四叔、四婶。这是杨靖宇和家人的最后一面。同年夏天,一伙白匪军又来抄家,李湾村的红军家属四处躲藏。杨靖宇的妻子郭莲怕投靠亲属连累人家,只好扶着婆婆带着两个孩子藏在野外,一个月后才敢回村里。8月,国民党军再次来到李湾村,杨靖宇的四叔马鹤龄(曾参加过确山农民暴动)被敌人杀害。

数年后,杨靖宇的女儿长大了。有一天,杨靖宇的母亲打开手中的包袱,对孙女"躲儿"说:"这里面有你爹的一张相片、三本书、一件衣裳。咱分开拿着,不要叫白匪军抢了去。"为了保护好这张相片,杨靖宇的女儿让妈妈把自己的小薄棉衣里子从后心拆开一块,把这张珍贵的相片缝在里面。在以后的日子里,每当家中遭到困难,遇到敌人迫害时,杨靖宇的妻子总让"躲儿"把小棉袄后心里子拆开,把杨靖宇的照片拿出来,眼含热泪看过来看过去。一次郭莲把这张珍贵的相片摆在儿女面前说:"你们把相片保存好,等革命成功了,红军回来了,拿着相片去认你爹吧。"①

以后,杨靖宇母亲的一双眼睛得了火蒙。由于忧愁,加之想念儿子,老人家一双眼睛竟哭瞎了。在国民党反动派的迫害下,在极其艰难的岁月里,杨靖宇的妹妹马爱于1930年3月12日去世,母亲于1936年8月13日去世,妻子郭莲在抗日战争刚胜利时,即1945年9月13日也离开了人间。

1928年5月2日,豫南特委召开各县代表会,布置麦收前发动豫南暴动工作,并确定最近各县工作方针。会后根据开展豫南党的工作的需要,中共豫南特委决定,杨靖宇以特委巡视员身份到信阳巡视工作并从事恢复党组织工作。

信阳党组织在1927年4月即遭到严重破坏。为了恢复这里的党组织,杨靖宇遵照上级组织的指示,不畏白色恐怖,只身来到信阳。他到信阳后,通过织袜厂地下党联络员徐炳兰找到原县委的几个同志,即着手恢复党组织工作。杨靖宇紧紧依靠原县委同志,通过耐心细致的思想政治工作和组织工作,使自农运失败以后,遭受破坏的党团工作重新得到恢复。到5月末,经过重新登记的同志已有80多人。其间,杨靖宇于5月11日向省委贺克寒汇报了信阳的情况,27日,贺克寒在给中央的报告中,引用了杨靖宇的叙述:"此处群众的表现,归纳起来有下列三点:A.仍希望积极地干起来;B.说我们没能力,不能成事;C.干也好,不干也好。A项的大半是赤贫的农民,四望山附近的群众的表现特别好;B项的大半是自耕农;C项是小自耕农……农村组织,惟南乡斑竹园、武家桥一带较好"。②

在信阳,杨靖宇住在党员徐延曾(徐炳兰之侄)家。徐家是书香门第。他和

---

① 杨靖宇之女马锦云的回忆,1978年7月8日,卓昕记录,《吉林文史资料》编辑部、政协通化市委员会文史资料委员会编:《吉林文史资料第24辑·回忆杨靖宇将军》,吉林省政协文史资料委员会1988年版,第175页。

② 转引自姬少华:《杨靖宇在信阳》,宋晓宏、高峰、傅伟编著:《永久的丰碑——杨靖宇将军资料汇编》,吉林文史出版社2005年版,第468—469页。

徐家老少相处得十分融洽，亲如一家。白天，他四处奔波，有时装扮成学生去师范学校活动，有时化装成锔锅的"锢辘匠"，走街串巷从事秘密工作。晚上，就看徐家的藏书。让他特别感兴趣的一本书是《孙子兵法》，他结合自确山暴动以来在豫南的历次战斗，反复阅读，深究内中原理。《孙子兵法》的军事思想，对杨靖宇以后从事抗日武装斗争，掌握、运用游击战争战略、战术有很大影响。

1928年7月7日，中共河南省委常委、组织部长黎光霁到信阳巡视工作，当晚与杨靖宇等人分别谈话了解情况，决定次日召开县委扩大会议，组建新的中共信阳县委，新县委由杨靖宇任书记。7月8—10日，召开了县委扩大会议，与会者16人。会议讨论信阳工作报告及今后工作方针。12—13日又召开了活动分子会，到会者12人。会议自晚10时开至次日晨6时，选举产生了以杨靖宇为书记的新县委，两次会议对信阳工作做出了全面部署。13日，杨靖宇还与黎光霁专门研究了罗山的工作，决定按照行动大纲积极发展农村斗争。当时，白色恐怖十分严重，敌人正在豫南四处缉捕杨靖宇。为了便于工作，他根据黎光霁的建议，将自己的名字马尚德改为张贯一。张是随母姓，表示永远不忘支持自己从事革命工作、饱受艰辛的慈母的恩德。"贯一"表示要革命到底，"一以贯之"。

杨靖宇担任县委书记后，主持做出了关于信阳工作的决定，指示以工人运动为中心工作；积极领导洋河等地的农民斗争，普遍发动群众；在反帝及民众运动中恢复城市工作；这时日军已侵占济南并制造了屠杀中国军民数千人的"五三"惨案，为此决定还要求"发动各路反日运动，组织广大群众"并"给群众以政治指导"①。秋冬之际，在县委和杨靖宇的领导下，群众斗争此起彼伏，其中有平民工厂党支部组织工人进行的要求按期转正、驱逐恶霸流氓厂长的斗争；有"双十节"之夜党团员在全城散发传单和张贴标语的斗争；省立第三师范党支部按照杨靖宇的指示，于10月通过发动群众和民主选举，掌握了校学联的领导权，12月又以校学联名义组织学生，抗议校方借修建礼堂搜刮民财。所有这些斗争，都为群众赢得了一些利益，学生斗争还受到社会舆论的好评。

在开展群众工作的同时，杨靖宇一如既往地重视武装斗争。这时，距湖北黄麻起义已有约9个月，起义武装已向河南发展，进入豫南光山县柴山保地区，为此，黎光霁于7月10日和杨靖宇一起参加了信阳县委常委会议，议题就是"讨论鄂东及黄安问题"。会议做出的六项决定，成为信阳开展武装斗争的指导方针，其中明确提出要"造成乡村割据局面"，这是杨靖宇和河南党组织在探索中国革命道路实践中做出的重要贡献。决定内容包括：（1）开始城市工作。（2）建立乡村的苏维埃，造成乡村割据局面。（3）开展兵士运动。（4）准备相配合相适应的发动，凡是有工作的乡村应即开始斗争，武装组织改编为红军及赤卫队，并极力

---

① 转引自姬少华：《杨靖宇在信阳》，宋晓宏、高峰、傅伟编著：《永久的丰碑——杨靖宇将军资料汇编》，吉林文史出版社2005年版，第469页。

扩大。(5) 派代表由上海与湖北省委联系，未接通关系以前，河南省委应负指导责任。(6) 在工作上应与信阳、罗山、光山等县委发生密切联系。①

其间，中共罗山县委遵照由黎光霁和杨靖宇确立的工作方针，以宣化店为中心，发动群众与反动地主和官府开展斗争，建立农民武装。在以后的革命斗争中，宣化店成为新四军的主要根据地之一，是 1946 年中原突围的出发地。

杨靖宇在白色恐怖的条件下从事秘密工作，严格遵守党的地下工作纪律，时刻保持高度警惕。遇事沉着冷静，都能巧妙应对。一次周末，杨靖宇到河南省立第三师范（位于信阳小南门内大街北），与学校党组织负责人周超平在小南门外河边沙滩上，召集一次校内党团活动分子秘密会议。会上，杨靖宇总结了"双十节"晚上游行和散发传单的成绩，又布置了下一步工作。这时，一个西北军的骑兵连长带着马队来到河边饮马。他见几个学生围在一起，便说："你们这些学生是在那里开会吧，可不要干共产党，那个搞不得！"顿时，大家都很紧张。杨靖宇却沉着地欠了欠身子摆着手向那位连长说："你可真会开玩笑，我们是星期六没事，出来转转，顺便坐下来闲聊天，谁知道共产党是啥样呢？"那个连长再没说什么，领着人马进城去了。会议继续开着，直至夕阳西下才散。

经过杨靖宇的数月努力，信阳党团组织的各项工作都恢复起来。对此，中共中央予以认可和重视，甚至将信阳作为河南省委的备选所在地，曾于 1929 年 2 月 9 日致函河南省委："如若开封不能立足，则可到信阳建立省委机关"。② 中共河南省委也给予高度评价，认为"党的力量在信阳四乡组织大致恢复以后，比较的能担负工作，县委亦比较能自己计划工作"。③ 对于杨靖宇的工作作风和化装艺术，当时和他在一起的徐德曾作了如下回忆：

> 开会经常是桌上摆着麻将、纸牌，一边来牌，一边说事……时而着装长袍马褂，貌似阔少身份，穿过敌人的层层哨卡；时而穿上中山装，以公职人员出现在闹市街头；或以市民的装束，穿街走巷。由于他工作谨慎、行动检点，虽常在敌人鹰犬监视下活动，但每次都顺利地完成了任务。④

尽管如此，在白色恐怖之下，革命者就不免随时与风险相伴。1929 年 3 月初，信阳团县委机关遭破坏。一天，杨靖宇去原县委交通员吴绍堂家，正赶上几个便

---

① 转引自姬少华：《杨靖宇在信阳》，宋晓宏、高峰、傅伟编著：《永久的丰碑——杨靖宇将军资料汇编》，吉林文史出版社 2005 年版，第 469—470 页。
② 转引自姬少华：《杨靖宇在信阳》，宋晓宏、高峰、傅伟编著：《永久的丰碑——杨靖宇将军资料汇编》，吉林文史出版社 2005 年版，第 471 页。
③ 转引自姬少华：《杨靖宇在信阳》，宋晓宏、高峰、傅伟编著：《永久的丰碑——杨靖宇将军资料汇编》，吉林文史出版社 2005 年版，第 470—471 页。
④ 转引自姬少华：《杨靖宇在信阳》，宋晓宏、高峰、傅伟编著：《永久的丰碑——杨靖宇将军资料汇编》，吉林文史出版社 2005 年版，第 471 页。

衣侦探在吴家搜查。吴绍堂的嫂嫂见杨靖宇赶在这个危险时候来她家，不由急中生智地说："我家就欠你二斗米钱，你今天一趟，明天一趟，天天来要，太逼人了。"杨靖宇一听，知道话中有话，就明白是出事了。此时，他镇定自若乘势当着那几个盯着他的便衣侦探的面，冷静地说："大嫂，你这些话我都听好几遍了。啥都是假的，钱是真的。你今天非给我钱不行，不然我这样空手回去，老板面前咋交账呢？"说着，便一屁股坐了下来，顺手拿起桌子上的水烟袋嗯噜噜地吸起来。几个便衣见此，交头接耳私语一阵。这时吴大嫂又恳求地说："你多在老板面前说些好话，缓限几天，一定给钱。"杨靖宇见几个便衣解除了疑团，慢慢地站起来，露出无可奈何的神态，将水烟袋啪的一声狠狠地往桌子上一搁说："三天后我还来。"随后便大摇大摆地向门外走去。但敌人不甘心，仍把他带到司令部。这是他第一次被捕。但由于杨靖宇巧妙应付，敌人拿他没办法，最后取保获释。就这样，杨靖宇以其胆大心细和过人的机智，在敌人的眼皮底下脱离了危险。

事后查明，敌人根据叛徒的口供共捕去八人，导致信阳党团组织全部被破坏。1929年4月12日，河南省委致函党中央报告说："信阳破坏。甲、破坏原因：原中学同志（"中学"系当时党内对共青团的代号，"中学同志""中学机关"即指共青团员、团委机关——引者注）周文新的色彩浓厚，其族谋占其财产，向二十九师司令部报告，因而有军队去捕他。适中学机关正移在他家里。住机关的女同志周其著见有军队到周家，即忙着出逃，被军队捉住，在她身上搜出了Y省委（"Y"系"CY"，即共青团的英文缩写；"Y省委"即团省委——引者注）文件二册。当问她的房子是谁给她租的，她即供出吴绍堂。军队随去捕吴。贯一不知此变，往找吴接头，当即被候在吴家中的便衣队捉获。问其来意，贯一谓找吴要账，但便衣队不信，亦将其带去。周其著经刑审不过，将女师的王其华、宋玉洁以及河南的徐延曾、徐炳兰、讲习所蔡善獣等尽行供出。军队到河南捕徐未得，将其家人及鸣一等捉获，经审了几遍，得不着口供，遂舍去。其后贯一因其应付得好，军队没办法，将其由司令部转押县政府保释。"又说："现贯一、鸣一均来省，此次损失的人数大，同志共八人。王国卿同志在驻（驻马店——引者注）被捕，解信阳枪决了。王同志在死时，还对贯一作极沉痛恳切的忠实表示。司令部在未枪决国卿以前，颇注意拷问他知道马尚德否，国卿始终说不认识。可是贯一当时却因此受着很大的刺激。"此报告还说："贯一出险，环境不容许他在信阳"。[①]

杨靖宇在豫南、信阳工作期间，正值党内"左"倾盲动错误出现之际。中共中央临时政治局于1927年11月召开的扩大会议不承认革命形势处于低潮，还要求广大农村举行暴动，同时对"八七"会议之后各地武装起义遭受的失败片面追究个人责任，甚至指责起义领导人是"犹豫动摇"，犯了"机会主义"错误。对此，杨靖宇十分不理解。由于党内"左"倾盲动错误，致使革命事业受到严重挫

---

① 转引自赵俊清：《杨靖宇传》，黑龙江人民出版社2004年版，第60页。

折，许多干部、革命分子被逮捕、判刑、枪杀。特别是战友王国卿的牺牲使他非常痛心。王国卿是确山县古城乡周庄人，经杨靖宇介绍加入中国共产党，先后担任中共洪沟庙支部书记、确山县北区委书记、确山县委委员、组织部长等职。他是杨靖宇的同志、挚友。敌人对王国卿施以重刑并逼问其知不知道马尚德，而他始终说不认识的情形总是萦绕在杨靖宇的脑际里。杨靖宇由信阳返回省城开封后，立即向省委提出应注意的问题。在省委致中央的一封信中说："尚德自出险后，鉴于党内时受组织技术糟糕，而党内尚不注意这种严重问题，致使许多的干部分子损失殆尽，非常痛心。因向省委提出许多应注意的问题和自己的要求："1. 离开河南工作。2. 要求上学研究过去在工作中的失败，求得一个结论，以改正党内组织的弱点。3. 如不能到莫斯科去上学，受短期训练，为求点理论，并证明他在工作中的经验，愿到上海工厂中做工，倘不允许他，将拟自杀"。①

在这里，杨靖宇提出"将拟自杀"，固然属于偏激，但并非要挟组织。而是杨靖宇想到王国卿为了保护他不惜牺牲宝贵生命，而自己如果不能学习掌握革命理论，认真总结斗争经验教训，进而使革命事业少遭受损失，那么就对不起王国卿同志，与死去的战友相比，自己活着也就没有什么意义。此时，杨靖宇早已把生死置之度外，这也正是省委报告中说的他所受的"很大刺激"。

当时，河南省委仅有中央派来的史文彬一人在开封主持工作，由于河南地下党连遭破坏，省委工作难以进行，中央决定改组河南省委。史文彬不能解决杨靖宇提出的严重问题，表示待新省委成立后，再进行解决。随后，史文彬一方面向中央请示；一方面决定让杨靖宇暂时巡视永城并指导工作。4月，杨靖宇来到永城，不久又以化名周敏，被党组织派到洛阳、开封工作，其间曾两次被捕，但皆因无供无证被释放。

第四节　上海培训班

1929年6月，根据工作需要和杨靖宇的要求，同时也是为了他的安全，中共河南省委派杨靖宇去上海，参加中共中央组织部举办的中央军政干部训练班。这竟成了杨靖宇和哺育他的中原大地的诀别。

那时，中共中央组织部的秘密机关设在上海市静安寺附近。时任中共中央军事部长周恩来，每天清晨或深夜都要到静安寺，阅读各地送来的报告，听取汇报，解决问题。处理问题时，周恩来总是力求细致周详，弄清实际情况，从不粗枝大叶。组织部机关的工作是十分繁重的，各地被打散或失去组织关系的同志大多到上海找党中央；从国外归国的干部通常也是到上海向党中央报到。这些干部

---

① 梁秋：《关于马尚德的问题给中央的报告》1929年4月12日，转引自赵俊清：《杨靖宇传》，黑龙江人民出版社2004年版，第61页。

分配工作后，特别是派到外地去工作的，只要有可能，周恩来总是亲自找他们谈话。周恩来对政治形势、党的组织状况、秘密工作与公开工作的关系、秘密工作的方式方法，以及具体工作怎样开展等，都谈得很详细，很透彻。各地来上海向党中央报告工作的干部要求见他时，他也尽可能满足他们的要求，详细听取他们的汇报，提出一些关键性的问题来询问，对各地的工作进行具体指导。因此，在党中央领导成员中，周恩来的工作是最忙碌的，对各地实际情况了解和对干部的熟悉也是最多的。

为了提高各地干部的思想水平和工作能力，1929年，中共中央组织部决定在上海举办秘密干部训练班，每期一二十个人，时间不超过一个月，办三期至四期。周恩来委托中央军事委员彭干臣秘密筹办相关事宜。彭干臣是黄埔军校一期生，"八一"南昌起义时担任公安局长，很有军事才能。在这次训练班学习期间，杨靖宇亲耳聆听了周恩来、李立三等人的报告，还有机会阅读了大量的党内文件和各种专题资料。这是杨靖宇仅有的一次在党中央直接领导下进行的系统政治学习，对他以后从事革命斗争具有重要意义。

杨靖宇在上海中央军政班学习的一个月，开阔了眼界，精神为之一振，思想认识飞跃到一个新的高度。通过学习，杨靖宇对中国革命的规律和特点、对大革命失败的原因及"六大"的基本精神，特别是反帝反封建，实行土地革命，建立工农民主专政的十大政纲，有了更加深入明确的认识。他紧密联系自己在豫南、信阳工作的实际，认识到了革命事业遭到挫折的主客观根源。深感"左"、右倾错误都会给革命事业造成危害。他还深切感到革命理论对革命者的重要性，只有用革命理论武装自己的头脑，才能更好地为党工作。

1929年初夏训练班结束后，杨靖宇被分配到中华全国总工会工作，他随中共中央的一个交通员，到全总秘密机关报到。全总负责人罗章龙接待了杨靖宇。这期间，他给家乡的少年同学、参加过确山农民暴动的李士芳写过一封信，告诉他自己在上海的生活情况，信中最后说："革命总会成功的！"[①]

[①] 李士芳谈话记录（1955年7月22日），转引自赵俊清：《杨靖宇传》，黑龙江人民出版社2004年版，第62页。

第四章　奔赴东北、铁窗丹心

第一节　踏上白山黑水，领导抚顺工运

1929年7月，中东路事件爆发，中苏边境武装冲突骤起，为应对形势，中共中央决定将在上海培训班学习的全部东北籍同志派回东北，同时加派一些干部到东北工作，杨靖宇就是其中之一。7月下旬，杨靖宇从上海出发，乘船由营口上岸，随即转赴奉天（沈阳），与满洲省委接上关系。从此，他在这块土地上连续战斗了11个春秋，直至把热血忠魂永远留在了这里。

这时的东北，与全国一样，沦落在半殖民地半封建社会的深渊中，尤其是日本帝国主义的侵略压榨，较关内有过之而无不及。在日本侵略者眼里，"满洲"早已不再是中国的领土，而是所谓"大日本帝国"的"生命线"。

当年领导确山暴动时，杨靖宇所面对的主要敌人就是奉系军阀中的一股势力，如今，肩负着党的重托，杨靖宇亲身来到了白山黑水，与奉系军阀，特别是与日本帝国主义侵略者，进行着艰难曲折甚至是你死我活的斗争。环境是陌生的、任务是艰巨的，但杨靖宇的信念依旧坚定、斗志仍然旺盛！

这时，中共满洲省委已成立近三年，东北革命斗争已在各地展开，但仍然存在着基础薄弱、干部能力不足、总体力量薄弱等许多问题，就在杨靖宇到东北前夕，党中央为加强对东北革命斗争的领导，经谢觉哉推荐，已于6月7日决定派刘少奇（化名赵之启）出任满洲省委书记。7月14日正式到任，杨靖宇到东北后，就在刘少奇为书记的满洲省委领导下工作。

刘少奇出任满洲省委书记后，立即对东北革命格局进行了重新部署，其中，距沈阳咫尺之遥的抚顺受到格外关注。这里是全国乃至世界知名的大煤矿，其中最著名的是千金寨煤矿，这里因煤量多质好，又有"日进斗金"的"吉兆"，已成为抚顺煤矿的代表。当时抚顺有产业工人9万余人，其中矿工6万人，满铁工厂、铁路、电厂各1万人。早在1905年日俄战争后，这里就完全沦陷在日本侵略者铁蹄之下，成为"国中之国"，不仅工矿业主要由日本人经营，更为重要的是行政管理权乃至警察权都完全由日本"行政当局"行使，中国官厅无权过问。

在这累积如山的民族仇、阶级恨之下，受害最深的，自然，也只能是矿工，当地流传着一句顺口溜："人间地狱十八层，十八层以下是矿工。"日本资本家为了疯狂掠夺煤炭资源，实行野蛮的"人肉开采"政策，强迫工人在无起码劳动安全保障的条件下，进行采掘作业，并随意延长工时、增加劳动强度。甚至对矿工们用血汗换来的微薄工资，日本资本家也不放过，他们采取了货币兑换（当时抚顺金融极为混乱，煤矿发薪用日本金票，但中国人习惯使用银元，奉系当局的"奉票"也大量发行、急剧贬值，加之兑换差价，工人工资所剩无几）、操控物价、放高利贷，甚至开设赌场妓院、贩卖毒品等方式，无非是想在中国工人的嶙峋瘦骨中再榨出几滴油来。然而更险恶的是一旦出现经济危机，日本资本家的第一要务就是裁减员工、降低成本；一旦发生瓦斯爆炸、矿坑塌顶、冒水等事故，死伤矿工就是成百上千，那些失业和伤残矿工的命运，甚至可以用"生不如死"来形容。"一到千金寨，就把铺盖卖，新的换旧的，旧的换麻袋"，这样悲惨的歌谣，记述的还只是抚顺矿工的"家常便饭"。

  1927年10月中共满洲临时省委成立后，一直把产业工人集中的抚顺与奉天、大连、哈尔滨一样作为党的工作四大重点部位之一。1928年8月，抚顺特支成立。至1929年上半年抚顺党的工作已有一定进展，秘密工作开始向炭坑、机器厂、发电所"渐次进行"，但整个工作局面尚未打开。1929年5月15日，省委在一份报告中说："抚顺最近有十二名同志，都系小铁厂工人。矿工内无组织，支部会难成，小组会同样，工作难进行"。又说："抚顺因工作人能力弱和幼稚，工作不能进展。矿工总有五千之众，总未打入。斗争日有，情绪特高，最近工作时间减而工资亦减，生活苦，需要得力同志前去发展"。同年6月7日，省委工作会议在研究各地现状讲到抚顺时说："抚顺，半年多只有十二三人，工作人无方法，需派人去"。在谈到干部人员时，认为时任抚顺特支书记安平（又名安达、关世杰、关维汉）幼稚。以上，就是杨靖宇被派往抚顺担任特支书记，开展工运工作的背景。

  赴任之际，刘少奇与杨靖宇长谈竟夜，谆谆嘱咐杨靖宇："一项新的工作必然要存在着许多困难，一个共产党员就必须想办法，克服与战胜这些困难"。[①] 短短的一句话，却饱含着沉甸甸的信任和期望。以后在抚顺工作的事实证明，杨靖宇不愧为善于"想办法克服与战胜困难"的"得力同志"。

  来到抚顺后，杨靖宇首先接上组织关系，然后在组织安排下打入煤矿，做了一名最为辛苦的矿坑工人。由于矿工中山东人居多，杨靖宇便自称是与河南省东北部毗邻的山东省曹州人氏，继续使用化名张贯一，也称"大马"或"老马"。关于杨靖宇到任前后的抚顺工作情况，刘少奇在7月29日给中央和全总的报告

---

① 转引自葛荫昆：《杨靖宇将军在抚顺》，宋晓宏、高峰、傅伟编著：《永久的丰碑——杨靖宇将军资料汇编》，吉林文史出版社2005年版，第486页。

中写道:"抚顺有同志十一人,内有五人不十分可靠,最近党派参加生产者二人,CY二人,已有二人找到工作。此地办工人小学校及工人学校很有可能,计划办一个或两个工人学校"。

开始时,工人们对这位新来的矿工不摸底细,怕是矿上派来的侦探,对他都抱以怀疑的眼光。有时工人们一起唠嗑,他一来大家就不唠了。杨靖宇想接近这些矿工,可大家不愿跟他说话。杨靖宇初到东北,对这里的情况不熟悉,加之没有在矿工中从事工作的经验,这使他很焦急。但他深深地理解矿工兄弟们,理解他们在摧残压迫下的本能反应。基于这种情况,杨靖宇和矿工们打成一片,一起吃苦涩发霉的饭食,一起在潮湿阴暗的坑下采煤。而这对于杨靖宇来讲,绝不仅仅是工作的需要,更是他对劳苦大众的本能情感。正如他在给省委的报告中所说:"在白区做工人运动,不能于工人之外,必须职业化在工人之中,和工人同寝、同食、同作、同息,才能很好地了解工人的要求,领导工人斗争,组织与教育工人,自己才能得到最好的掩护"。①

不仅如此,杨靖宇更进一步,他想方设法帮助工人解决实际困难,以取得工人们的理解和信任。1959年,东北烈士纪念馆以当事人的口述史料为基础,由工作人员葛荫昆整理撰写了题为《杨靖宇将军在抚顺》的报告稿,并发表于辽宁省委机关刊物《共产党员》杂志当年第15—16期,再现了当年的情景:

> 一天黄昏,老虎台矿里发生这样一件事情。一个六十多岁的老工人,由煤洞里出来,由于几天没有吃饱饭,全身不住地打晃,他刚爬上地面,疲惫的身子再也支持不住了,又往前勉强迈了几步,便摔倒在地上,接着吐了两口鲜血,人事不省了。醒来,他发现工头正站在他的眼前:
>
> "先生,我家六口人已经好几天没吃饱饭了,请求借我……"
>
> 老工人操着低沉的声音刚说了一半,那四楞眼睛的工头,马上咆哮起来:
>
> "混蛋,谁管你吃饭没吃饭,明天不上工就开除你!"
>
> 老工人听到工头的叱咤,无力地闭上眼睛,他又昏迷过去了。
>
> 就在这天的夜里,杨靖宇将军来到老工人的家里。
>
> "大叔,你认得我么?我是……"
>
> "啊,你不是我们矿新来的工人老马么?"
>
> "是的,咱们都是穷哥们,都是被压迫被蹂躏的煤黑子,平常苦命就连在一起,谁有个天灾病祸更要互相照顾啊!"
>
> 老工人望着杨靖宇将军那高大的身材,方方的脸型,粗黑的两道浓眉毛,觉得这小伙子太可爱了。真的,这位老工人,从矿山刚一开采就来到这里刨煤,他受的痛苦最深,他很愿意把他的苦水,向这位新来的小伙伴吐一

---

① 转引自《杨靖宇将军生平事迹》,《周保中文选》,解放军出版社2015年版,第136页。

吐，于是他把杨靖宇将军拉到床边，有气无力地说道："老弟，你还年轻，你没有受到老哥哥这样苦，我在这个煤窑里已经干了二十多年，因为我命大，多少个大灾大难都逃过去了！"接着这位老工人就把他几次躲过大水、片帮、冒顶的苦难经过细心地述说出来。

杨靖宇将军听后，马上启发他说："大叔，我们穷人为什么挨累受罪还吃不上饭呢？"

"这是命啊！"老工人低沉地说："人家那些吃香喝辣人就是天生的福！"

"不能这样讲，大叔——"杨靖宇将军说："有钱有势的人，用命里注定来欺骗我们，我们可不能信这套，我们每天每天劳动，刨出上千上万车的煤，可是我们却没饭吃、没煤烧，而那些不劳动的人，却天天吃大米白面，是我们的血被这些日本鬼子、汉奸走狗们吸干了啊！我们要团结起来，和他们斗争才有活路！"

老工人听到杨靖宇将军的话，不住点头，那枯涩的老眼，放出异样的光彩。

这时睡在老工人身旁的小孩，饿醒了，他咧着小嘴叫着："爸爸，我饿呀，我要窝窝头……"

老工人叹口气，拍着孩子说："睡吧，苦命的孩子，等爸爸病好了，领来工钱，咱们也煮上一顿香甜的干饭……"

杨靖宇将军望望窗外，夜已深沉了，他怕影响老工人休息，准备告辞。临走前，他从怀里掏出两块银洋，放到老工人的床边：

"大叔，这里有两块银洋，留着你治病和买口粮吧！"

"这怎能使得呢？咱们都是穷人！"

"不要介意，正因为咱们都是穷哥们，才要团结一致、互相帮助啊！"

几天以后，老工人恢复了健康，他回到矿井时，经常向工人们宣传杨靖宇将军讲过的道理。杨靖宇将军在工人群众中的威望大大提高了，再没人拿他当外人看待了！一到休息的时候，大家都团团地把他围住，听他讲革命斗争的道理。①

就这样，一传十、十传百，通过不断接触和同甘共苦，杨靖宇取得了工人们的信任。他身材高大，高颧骨，面目清瘦，两道浓眉下闪烁着一双有神的眼睛，显得很是机灵。他不抽烟、不喝酒，没有什么特别嗜好。工人们见他耿直、热心、关怀人，便亲切地称他为"山东张"或"张大个子"，都视他为亲兄弟、主心骨。较杨靖宇稍晚被党组织派到抚顺的邹立孟回忆说："1929年夏天，团省委让我到抚顺矿去考工，以便打入矿区搞工运。团省委组织委员陶惠明带我到抚顺

---

① 宋晓宏、高峰、傅伟编著：《永久的丰碑——杨靖宇将军资料汇编》，吉林文史出版社2005年版，第487—488页。

站附近一个闹市场靠北边的一间小屋里见马同志。陶向他传达了省委指示后就回沈阳了。我同马同志在一铺炕上住了七天。他是河南人，身体非常魁梧，强壮有力。他生活很简朴，我们每天吃的只是火勺、豆腐脑，他还边吃边说：'从前在家乡要能吃上这样饭都不容易呀！'这人讲话幽默风趣，不紧不慢，很有节奏，生动有力，我听得出神。看来他对抚顺矿区的工人斗争很熟，向我讲了许多同资本家斗争的事，我受到很大的教益。他每天晚饭后都出去，很晚才回来，后来因我身体检查不合格，没考上工，又返回沈阳"。

在同工人们的接触中，杨靖宇很快了解了抚顺煤矿的全面情况，确定了工作重点部位，他决定把工人运动的准备工作集中在抚顺煤矿的八大坑（古城子、杨柏堡、大山、东乡、龙凤、老虎台、万达屋、搭连）和南满大厂、发电所。在组织工人斗争中，杨靖宇采用多种方式接近群众，了解工人们的日常生活、思想状况及迫切要求；耐心进行宣传教育，启发工人的觉悟；注意根据实际情况，即广大工人认识水平，采取他们乐于接受的形式，如"拜把子"、组织"兄弟团"、建立音乐团、足球队、识字班（工人小学校）等，把工人团结组织起来。他不急于向工人提出马上组织暴动、开展政治斗争等过高要求，而是先从经济斗争入手，只提经济斗争口号，如建立"互助储金会"、改善劳动条件、增加工薪、缩短工时等，通过日常经济斗争，为工人群众争取实实在在的利益，同时在斗争中提高工人的政治觉悟和组织程度，这样做既符合工人思想、生活实际情况，又不会被日本资本家、汉奸工头抓住把柄，同时也能在斗争中锻炼群众，以便逐步把群众斗争提高到一个新水平，即政治斗争的阶段。

杨靖宇采用这种切合实际、由浅入深的办法，使得抚顺工人斗争在短期内取得了明显的成效，据时任满洲省委秘书长的廖如愿在给中央的报告中记述："抚顺矿工斗争，工人反对工头，改善待遇的斗争，计参加群众达八十余人，曾有多次骚动，完全为我们所领导"，"每天都有各种斗争的发动，工人看到我们的传单，奉为至宝"。

在杨靖宇的领导下，经过艰苦努力，在较短时间内，打开了党在抚顺工作的新局面，党团组织得到恢复，工人斗争逐步发展。古城子、东大井、老虎台等重要矿井和矿工居住区都有了党的秘密活动。发电所工人组织的足球队也有党团员在其间从事革命宣传组织工作。对此，日本人惊呼："特别是像张贯一是共产党满洲省委员抚顺支部书记的职务，最近来到抚顺的……积极的进行发展党员的活动。他们的目的是首先成立煤矿的全体华工的工会，然后再对他们所说的帝国主义进行打击"。[①]

杨靖宇在抚顺从事工人运动期间，所面临的斗争环境十分恶劣。遍布各地的

---

① 日方资料：《一九二九年的满洲工人运动》，中华全国总工会中国工人运动史研究室编：《中国工运史料》1982年第4期，工人出版社1982年内部版，第198—200页。

日本特务随处都在窥测党的秘密活动，党在抚顺的工作已经三次被严重破坏。在这种情况下，杨靖宇时刻保持冷静头脑，高度警惕，一改在河南轰轰烈烈开辟群众运动的工作方式，采取极端秘密隐蔽的工作方法，但又绝不因秘密隐蔽而放弃斗争。8月14日，日本资本家因"采炭所"机构膨胀、产量减少、金票毛荒，决定要裁减矿工。矿工若被裁减，就意味着失去维生活命之路，于是大家都来找杨靖宇，让他拿主意想办法。杨靖宇考虑到经过多方努力，发动工人展开斗争的条件已基本具备，应及时发动工人展开罢工斗争，要求日本资本家收回裁减矿工的决定，给矿工增加工资，改善待遇，以维护工人利益。他对矿工们说："弟兄们，我们绝不能再这么忍气吞声了，不能让日本人骑在我们的头上，要拿出力量和日本鬼子较量一下，工人的力量是大的，不能小瞧自己。我们每天刨出来的煤，日本鬼子用来开工厂、造机器，我们要不刨煤，日本鬼子的火车、轮船都得寸步难行。"然后他用两只手打着手势对大家说："我们矿工这两只手就能卡住日本鬼子的命根子。过去，把头们敢那么大胆的欺侮我们，就是因为这两只手没有卡住他们。大家要团结起来，相信自己的力量。"杨靖宇一席话，使矿工们心明眼亮，根据工人们的一致建议，在古城子坑成立了由杨靖宇领导的罢工指挥部。

8月16日，日本资本家裁减工人的布告一张贴出来，杨靖宇便果断决定罢工。他对一些矿工骨干说："我们要有步骤地干，要掌握主动权，打击敌人要打在节骨眼上。"接着他对罢工时间、步骤、纪律等作出详细部署。当日12时，随着汽笛一响，罢工开始。矿工们按杨靖宇的布置安排，立即展开了罢工斗争。发电所工人把电闸拉下，运输车停驶，机器停转，照明灯停亮。运输工人们推翻了铁轨上的翻斗车，铁轨叉线路被扳道工卡死，煤矿一片混乱。在杨靖宇带领、指挥下，各系、班、组，采煤掌子上的矿工群众冲进日本资本家的炭矿办公处，与之展开说理斗争，提出召回被裁减工人、增加工资和不准加班加点的合理要求。并表示矿上不答应工人们提出的这些条件誓不复工。这次斗争共坚持四天。8月19日，日本资本家不得不答应矿工们的要求，宣布收回裁减工人的决定，适当给工人增加工资，不再随意让工人加班加点，斗争取得了胜利。通过这次斗争，工人们再次看到了团结的力量，工人自己的力量，更加相信杨靖宇所讲的，都是为工人谋生存、求出路的正确道理。

面对工人力量的日益壮大，日本侵略者心惊肉跳，唯恐工人斗争的烈火蔓延，对组织领导工人斗争的共产党组织和党员更是必欲除之而后快，于是，警察特务倾巢出动，白色恐怖笼罩抚顺全城。当时，在反动势力严酷统治的形势下，党的工作尽管采取秘密方式进行，但仍由于某些环节一时出现疏忽，而导致党组织遭到严重破坏。更加不幸的是，名为抚顺地下党成员的范青，实际就是早在1927年即已在大连叛变投敌的内奸胡杰三，这就使抚顺地下党的处境更加危急。7月26日晚，地下党员王振祥等在老虎台附近张贴标语时被日本警察发现，虽侥幸逃脱，但敌人仍寻踪追击、加紧侦察。8月29日，范青探出王振祥住址，

《奉天每日新闻》关于抚顺地下党被破坏的报道

随即密报日本警察署。30日上午,王振祥被日本警察逮捕,挺刑不过而很快叛变,并供出杨靖宇和抚顺特支的情况。晚7时,奉抚顺日本警察署长大林太久美的命令,高等系主任蜂须贺重雄带领羽田、高山两名内勤及宋巡捕等警察特务,在叛徒王振祥引领下,将杨靖宇住地抚顺市欢乐园福合客栈包围,逮捕了刚刚返回住所的杨靖宇。至9月5日,被捕的地下党员和工会会员达十余人,抚顺特支和工会组织再次被破坏。

杨靖宇等被捕后,中共满洲省委对这一事件十分关心和重视,曾派人打探消息以便设法营救,当时在东北担任巡视员的陈潭秋直接领导了这项工作。1929年9月4日,在向中央递交的《关于满洲政治经济及党务的报告》中,陈潭秋写道:"抚顺原只在零散工人中与手工业工人中有同志七、八人,但非常涣散,不易形成组织。最近党、团各派一个负责,已在抚顺工人中发展同志三人,党亦新发展同志一人。此次破获,党团负责同志均被捕,仅团员跑出一人。昨天,党团省委及跑出来的团员同志开会讨论抚顺善后及以后工作问题(昆弟参加),决定党团再各派一人去抚顺,调查破获的情形、入狱同志的情形及准备以后工作如何进行等"。

第二节 酷刑不屈

日本警察署根据范青等人提供的情况,断定张贯一就是抚顺新来的共产党"头目",所以当天夜间就对他进行了重点审讯。

一栋两层日式小灰楼，坐落在抚顺新站七条通。这就是日本满铁附属地，抚顺日本警察署。在这栋小楼的一头，是日本警察署的高等系，它的后屋便是审讯室。晚8时，杨靖宇被带到灯光昏暗的审讯室。横烟、松尾、翻译官等都坐在审讯桌前，两侧站了好几个气势汹汹的日本刑事。

横烟看见杨靖宇进来，便假惺惺地说："张桑，你的这边请坐。"

横烟一边吸烟，一边死死地盯着杨靖宇，一言不发。室内死一般的沉寂，空气像凝固了一样。

杨靖宇曾三次被捕，早已具备丰富的对敌斗争经验。他沉着、冷静，敌人不吱声，他也不说话。

横烟突然发问："你的原籍什么地方？"

杨靖宇本来是河南省人，他却说："我是山东省曹州府人。"

问："你什么时候入党的？"

杨靖宇却所答非所问："我来千金寨，想开个杂货铺。"

横烟见他不正面回话，便直接提关键问题："炭矿的罢工、华工街、老虎台的传单你的知道？"

杨："我什么也不知道，从来未听说那件事。"

横烟很恼火，几次离开桌子狠狠抓起杨靖宇的脖领子逼供："你的共产党有？通通讲出来！"

杨靖宇很从容地回答："什么是共产党？我不知道，在山东老家听说过，在这儿我没见到……"

横烟阴险地笑一笑说："张桑你看看这是什么？"他一按电铃，墙上的大铁门开了。

一股阴森森的寒气逼来，里边是一间没有窗户的半地下刑讯室。铁索上吊着一个满身是伤，已是奄奄一息的青年人，血从脚尖滴滴流下，地上已是一摊血了。烤人火炉、老虎凳、灌水器械、夹棍，各种刑具应有尽有，几个掌刑的日本胖汉凶神似的站在里边。

横烟狞笑着："张桑，你的看看这是什么地方。"这场面对一个胆小鬼来说，也许会吓得魂飞魄散，但对杨靖宇这位久经考验的革命者来说，却是毫无作用的。杨靖宇微微摇摇头，脸上还露出一丝冷笑。

几个小时的刑讯，敌人一无所获。最后，横烟冷笑一声，对杨靖宇说："警察署不光有物证，而且还有人证，你的回去考虑考虑吧！不要自找苦吃的。"[1]

日警察署后院有一栋日式平房——日本警察署的拘留所。杨靖宇被关在一个八平方米的单人牢房里。屋里除了一个草垫子和一个尿桶外，什么也没有。夜深人静，杨靖宇躺在草垫子上，反复思索着如何对付明天更加严峻的局面。

---

[1] 《中共满洲省委狱内斗争史料之四》杨靖宇专卷，第42—58页。

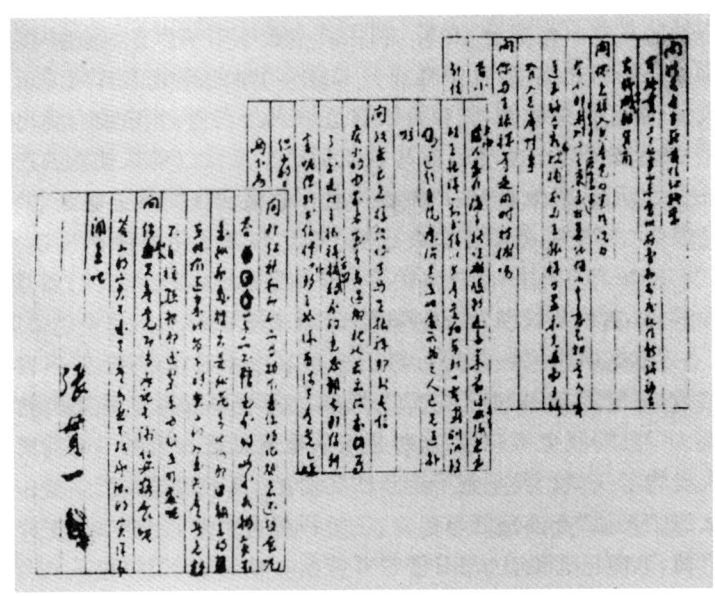

杨靖宇在抚顺县公安局巧妙回答敌人的讯问记录

第二天早晨,日警署高等系主任峰须贺重雄,对审讯又作了重新布署。8点多钟,杨靖宇再次被提来到审讯室,由须贺主审,横烟帮办兼做打手。阴森森的审讯室里,气氛紧张而严峻。

一束强光照在杨靖宇的脸上,更显出他的刚毅和冷静。

峰须贺重雄除重复昨夜提的问题外,重点追问抚顺地下党的情况,杨靖宇仍断然否定自己是共产党。敌人带来一个叛徒与杨靖宇对质。杨靖宇拒不承认和叛徒相识。他挺胸昂首,用蔑视的眼光盯着敌人。

横烟和其他几个日本刑事早已按捺不住了,疯狂地扑上来,狠狠地抽打杨靖宇。一个人打完推给另一个人继续打。面对残暴的敌人,杨靖宇毫不畏惧,他不但不承认自己是共产党,而且还将口中的血水喷吐在打手们的脸上。

须贺见他不低头,气极败坏地说:"拖下去!给他点厉害尝尝!"几个日本刑事把杨靖宇拖到地下刑讯室。将他双腿紧紧绑在一个特制长凳上。这就是"老虎凳"。上这种刑就是往脚下不断垫砖加高,每加一块砖,大筋就要抽长一毫米,受刑者会感到如筋断骨折一般的疼痛。

当加到第二块砖时,横烟问:"你是共产党么?"

杨靖宇回答说:"不是!"

横烟让掌刑的再加第三块砖。这时杨靖宇昏死过去。

敌人向他泼了一桶凉水,他醒过来。敌人继续追问,杨靖宇依然拒供。

敌人又将他吊起来,边问边抽打他的后背,衬衣被打飞了,血肉又模糊了。

由于他拒不招供,残忍的敌人拿起烧红的烙铁,往他后背的伤口上烙。一声惨叫、一股油烟,血、油同时从背上流下……杨靖宇再次昏死。

就这样反复审问,反复用刑。灌"辣椒水""压杠子",连续折磨他达五六个昼夜。所有的刑罚都用过了，最后，日警特竟将遍体鳞伤的杨靖宇扔进了齐胸深的水牢里。伤处受水浸后，如刀割针刺一般的疼痛。更甚者，水牢里装了一枚大电灯泡，正悬在杨靖宇的头顶，初秋的东北是小蚊小咬肆虐的季节，杨靖宇不仅要忍受刑伤的剧痛，而且还要承受成群的蚊虫在头上叮咬的痛楚。

尽管敌人对杨靖宇施以种种惨无人道的酷刑和折磨，可他始终没吐露半点党的机密。原抚顺日本警察署高等系主任、战犯峰须贺重雄，1954年6月2日在抚顺战犯管理所亲笔供词中写道："横烟对其30岁左右的被捕者进行讯问，这人意志非常坚强，不谈抚顺的组织"，"横烟残暴地殴打他，脊背受伤……"这里的"30岁左右的被捕者"就是杨靖宇。

残酷的刑讯，水牢中的浸泡，使杨靖宇的伤口大面积感染，加之毒蚊的叮咬，他脸面红肿变形，身体开始发高烧。口干舌燥，想要一口开水喝都没有，杨靖宇只好喝脏水，不幸又患了赤痢，每天上厕所十多次。在奄奄一息之际，幸好当时"号里"有几个被捕的矿工冒险通过关系，搞到两块大烟给他灌进去，这才将他救活。但他仍站不起来，只能躺在"号里"，一切全靠难友们照顾。

第三节　在敌人法庭上

在刑讯近一个月而毫无所获的情况下，1929年9月28日，日警署以"治安维持法违反犯"的罪名，将杨靖宇解到抚顺县公安局看守所羁押。10月3日，抚顺县公安局局长刘克羽向抚顺县政府监督写了一份《为报羁押人犯张贯一患病由》的报告，其中写道："钧府羁押日警署引渡人犯张贯一名，当该犯入所之时即身负重伤，现伤痕虽属稍愈，惟又添患头痛之症，势甚沉重，恐有危险。理合签报。"这份简短的报告清楚地说明了杨靖宇在日警署被行刑致伤的严重程度。

10月3日上午，抚顺县公安局审讯官孙金城，不顾杨靖宇身负刑伤，行动艰难，继续进行审讯。孙金城装腔作势地按惯例询问了杨靖宇的姓名、年龄、性别、职业、原籍等自然情况，杨靖宇均按在日警署讲的一一作了回答。

孙突然单刀直入地问："你怎么入的党？"

杨："我是七月十一日（阴历）由家来到千金寨，是打算做生意，不料受人牵连，到'福会客栈'就被捕了。我与王振祥没见过面，无晓有入共产党的事情……"

问："你与王振祥是同时被捕的吗？"

杨："是和他们一天被捕的，不差，但被捕的原因应另当别论。我到'福会客栈'居住第二天后，经日警署检查，说我是上海人，形迹可疑。又说我带的硼酸是毒药，最后搜出张若云给王振祥的一封信，硬说我是共产党，带到日警署刑讯致伤。"

问："张若云怎样给你写与王振祥的书信？"

杨："我由家来青岛，遇乡亲张若云，给我写了一封信，是叫王振祥关照我的意思。我并不知王振祥是共产党。"

问:"从你住处搜出的《红旗》及印刷品等,不是你的证据吗?你怎么还敢狡辩呢?"

杨:"药和信是我的,其他东西是从范青处搜来的。假如我是共产党,怎敢不自检,把那些违禁品放在明处呢?请能给予详查。"

1929年10月3日,抚顺县公安局《堂单》有这样的记载:"查该犯既与范青、王振祥等有牵连,且有与王振祥之书信,该犯已自供认,而日警署并搜出一些证物,谓该犯系共产党之首魁,尚非尽属臆断,着收押,即速函送法院,以便与王振祥、范青之案合并侦讯。此谕。"

1929年10月中旬,抚顺县公安局将张贯一案及抚顺日警署"解送书"一道,转送抚顺地方法院检查处审判。满身伤病的杨靖宇在抚顺地方法院检察处的法庭上,对着中国法官慷慨陈词,揭露日本帝国主义残酷践踏中国人民、肆意践踏中国法律的罪行:"法官先生,你们看我这满身的伤痕,"杨靖宇将自己上衣当众解开,显露出胸前和后背的一道道血印和烙铁烧的黑紫色伤痕,悲愤地讲,"我作为中国的一个老百姓,却在中国土地上被日本人严刑拷打成重伤,作为官府不仅不能保护中国人民的生命安全,反而替日本人来审判我⋯⋯"

法官说道:"张贯一,这是法庭,你要冷静些,法庭会做出公正裁决的。"

杨靖宇以法庭当战场,继续质问那些法官:"公正裁决?你们能做些什么好事呢?对日本人奴颜婢膝,为虎作伥,做敌人的鹰犬,反而在老百姓身上作威作福,来残害自己的同胞,你们还有一点中国人的良心吗?枉做中国人⋯⋯"

法官张口结舌,无言可对,只好草草地结束了庭审。

1929年10月下旬,抚顺县法院将他解往辽宁高等法院,羁押在奉天高等法院看守所。12月25日,辽宁高等法院检察处检察官陈士杰以反革命嫌疑罪对杨靖宇予以起诉:"被告意图宣传共产主义所为,实犯反革命治罪法第六条之未遂罪,应依刑事诉讼法第253条,送付公判。"起诉书送达杨靖宇两日后,辽宁高等法院正式开庭,以"反革命嫌疑罪"判处杨靖宇有期徒刑一年半,杨靖宇未上诉。

第四节 狱中斗争

1930年1月初,杨靖宇被解送到辽宁第一监狱,因他有文化,字写得好,看守长将其留在南监杂居监当杂役。据时任看守李景(外号李迷糊)讲:"民国18年冬或19年初这个样子,我在南监一舍当看守,从'北未决'送来两名政治犯,其中有一个姓张的河南人,他头发、胡子很长,很清瘦、高个子⋯⋯"[①]

[①] 何成湘:《和杨靖宇同志三次会见》,宋晓宏、高峰、傅伟编著:《永久的丰碑——杨靖宇将军资料汇编》,吉林文史出版社2005年版,第207页。

杨靖宇到南监后，首先研究了监狱总的情况，并积极寻找在押的共产党及其他政治犯，同他们联系，进行思想工作，建立狱内斗争领导核心，同时注意争取教育狱内的下级管理人员，着重做看守的工作。在不长的时间里，他争取了贫农出身的李景。这个人没有文化，有朴素的爱国主义思想，他见到被日本人打伤的犯人就同情。后来杨靖宇又通过李景认识了李景的把兄弟主任看守赵某。在李、赵二人的努力下，杨靖宇很快就当上了杂役头。他利用这个合法身份，常去狱内工场（厂）、炊场、医务所和部分监舍活动。在难友中宣传革命思想，揭露日本帝国主义残害中国同胞的罪行。当时的难友杨一辰于1960年8月23日回忆说："我们在监狱中也有活动，在我入狱前，监狱是杨靖宇负责……"

旧监狱中的犯人大多数没有文化，因此要想写张呈子和书信都得求人，而写一张呈子就得花一两块钱。那些穷苦的犯人，往往是苦于没钱，申诉也没有办法。杨靖宇看到这种情况后，除自己写以外，还动员其他政治犯为穷苦难友们写呈子、写家信，他还积极帮助不识字的犯人学文化。当时的看守人员从农村来的多，大多数没文化，杨靖宇有时也帮看守们写请假条和买房典地的文书之类的东西。因此他受到了难友们的尊重和爱戴，同时也感化争取了看守人员，为他在狱中开展党的工作创造了有利的条件。

狱内清扫队有一个叫赵小六的纵火犯（判有期徒刑十年），他家住在沈阳附近的一个村子里。因为本村一个姓王的老财要霸占他家的三亩坟地，被陷害入狱。他入狱两年多来一直喊冤，多次申诉都被法院驳回，他本人和难友们都不抱希望了。

奉天第一监狱外景

杨靖宇了解到这个情况后，就主动与赵交谈，听完赵小六子的叙述后，杨靖宇的内心很不平静，他决心要为赵小六平冤。他认为制服王老财只有采取斗争的方法才可奏效。他问小六子："你好好想想，你村那个姓王的老财有什么缺德事没有？最好有犯法的事。咱们抓住他，就不愁这老家伙不垮了。"

小六子想了半天说："有了！三年前我在王老财家扛活，一天，王老财叫我给北大沟看瓜的李罗锅子送了一封信，没过几天，西村王老财的仇人于八爷就被胡子抢了。事后李罗锅还特意找到我，不许对外人讲送信的事。讲了就会掉脑袋。"

杨靖宇听后说："好！有办法了！"回号后马上替赵小六给于八爷写了一封信：

于八爷：

　　小侄被本村王老财所害，正在奉蹲大狱。如你能帮我打官司，我可将您被抢的拉线人提供给您。

小侄赵小六
民国十九年春

　　三年前于八爷被土匪抢了两千块大洋，还被打伤，差点没送了老命。他曾怀疑是东村王老财干的，他们是在抢河套地时结的仇，但因没有证据没法治他。突然接到赵小六的来信，于八爷真是喜出望外，马上到沈城花钱运动了典狱长，破例见到了小六子。问明情况后，于八爷对他说："小六子，你放心，你的官司我包打了，听信吧！"

　　几天以后，于八爷就到沈阳警察局花了几百元现大洋，通过王督察长告发了王老财通匪并诬陷赵小六。王老财、李罗锅被拘审后，在人证面前和于八爷的追诉下，不得不全部招供，承认他家场院着火是他孙子放鞭炮造成的，而嫁祸于赵小六子，其目的是为了霸占赵小六子的三亩坟地（此地作为赔偿失火的损失，已归王老财）。王老财还招认，为土匪送信抢劫于八爷是出于报复。最后王老财以通匪、陷害罪被拘押。赵小六无罪释放，并判决王老财退还三亩地，赔偿赵小六住狱损失费三百元。

　　释放这天，赵小六给靖宇叩了三个响头说："我全家一辈子也忘不了你的大恩大德啊！"

　　两个月后，赵小六带着老婆孩子专程来狱中看望杨靖宇。见面时杨靖宇深情地对他讲："王老财没有了，还许有李老财、赵老财呢，你要处处小心呀！"

　　这件事在狱内产生了轰动，"大老张"在狱中的威望越来越高。

　　1930年夏天，从吉林转来一个青年"犯人"，屁股被打开了花，已发臭化脓流水，血肉把内外裤全沾在了一起，脱不下来。到医务所治伤时，需要把裤子剪开，才能上药。从医务所回来后这个青年人光着身子躺在"号里"，发高烧无人管。杨靖宇见到后非常同情。把自己的一件灰色大褂撕开，托监狱缝纫厂的难友做了两个大裤衩，给这个青年人穿，又从外边搞了点退热消炎药。几天后，他的伤就好转了。这个青年人感动得直流眼泪。后来杨靖宇常与他谈心，了解到他是吉林一个学生领袖，因闹学潮而被捕入狱。敌人怕关在本地熟人多不好看管，就解到沈阳狱中。杨靖宇对这个青年人进行了许多革命思想教育，谈了祖国和东北的形势，这位青年深受鼓舞，表示一定要坚持斗争下去。三个月后这个青年被保释出狱了。回吉林后，他给杨靖宇来了一封信，并寄大洋30元。信中表示一定按杨靖宇指的路走下去。

1931年春节到了。狱方规定正月初一这天，早饭是纯白面馒头，一碗粉条炖猪肉。旧监狱"犯人"一年难得吃上这么一顿白面和猪肉，难友们都很盼望初一这顿美餐。杨靖宇头天晚上从李景那儿知道，馒头里掺苞米面了，猪肉下的量也不足。杨靖宇听罢火冒三丈，以杂役头的身份，晚间借故到炊场亲自看看，发现面里有三分之一的苞米面，犯人炊事员说："年前七八天，看守长就叫我们准备苞米面往白面里掺。"回到监号后，杨靖宇将这个消息告诉了其他"政治犯"，让他们到各号去串连。众难友一听都非常气愤，大骂监狱长，群情激昂。这时杨靖宇提出正月初一早上开始绝食，大家一致响应。

大年初一早上，杂役将掺苞米面的馒头送来了，大家坐在号里无人去拿。老看守感到意外，往常这顿好饭都争先恐后地去吃，今天这是怎么了？一小时过去了，饭菜都凉了，还是没人吃，他明白了，这是要绝食了。去年除夕晚"北未决"不就干了一次吗？弄得典狱长年都没过好。看守报告了狱方。二科科长立即来到监舍，询问怎么回事，杨靖宇代表难友向狱方提出质问和抗议。二科科长无法回答，只好向典狱长报告。上午10点钟，典狱长来了，他怕节日犯人闹事，不好向法院交待，马上表示初二早饭给补上，希望大家先吃饭，并说今后一定按规定办。第二天早饭，果然是纯白面馒头和炖猪肉。这只是一个很小的胜利，但难友们却受到了很大鼓舞，认识到在狱中只有斗争才能生存。

在旧监狱里，只准犯人看经书之类的书籍，其他书报不但没有，而且也不准看。但由于杨靖宇很有成效地做了看守人员的工作，使他能看到许多"犯禁"的书刊。看守李景常从外边给他买来报纸和其他进步书籍。他就利用当杂役头的条件和夜间帮看守坐班的机会，经常阅读书报，有的还做了笔记。因此，他虽然被关押在狱中，但通过一些报刊，还能及时了解社会上的一些政治情况。

电网、高墙、铁窗、大锁，只能限制人身自由，却无法束缚共产党人的革命思想和信念。杨靖宇不仅个人在狱中不倦地刻苦学习，对同牢里的难友，特别是那些爱国青年学生，也不断宣传革命道理和党的主张，进行爱国主义教育。一年多的时间里，狱中有数十名青年受到他的教育和启发，"九一八"出狱后，许多人投入到了火热的抗日战争中。

1931年元月，国民党政府为装点御用"国民会议"的门面，宣布实行"大赦"。为此，2月4日高等法院检查处向东北边防军长官公署呈报了一份特赦政治犯的报告，报告中写道："张贯一名，系未经自首之共产党犯"，"依政治犯大赦条例第四条，不在赦免之列。"由此就可以看出，杨靖宇在狱中一直保持着革命气节，从未对敌人低头。

杨靖宇被捕后，在狱中度过了六百多个日日夜夜，终于在1931年4月下旬刑满出狱。残酷的监狱生活，丝毫没有消磨掉他坚定的革命意志。他一出狱就马上找到了党组织。当时接待杨靖宇的中共满洲省委组织部长何成湘回忆说："一奉天高等审判厅检查厅呈文,内中写有"张贯一一名系未经自首之共产犯……不在赦免之列"

天,有个人来找我,这人瘦高个儿,四方脸,因为衣服的破烂,加上那一头蓬乱的不肯驯服的头发,使人感到生活把这个年轻人折磨得不轻。那风尘仆仆的模样象是经过长途跋涉而来的。可是,他那双浓眉下面的大眼,却闪闪有光,这眼光给人一种坚强不屈的感觉。这就是刚刚出狱的杨靖宇同志。"①

省委让他先看看文件,等待分配工作。当时他住在沈阳市内一家旅馆内,这所旅馆里还住有互济会的同志。互济会是一个专管救济狱中我党同志的组织,他们为了了解狱中情况,请杨靖宇参加了他们的会议。不幸的是,杨靖宇出狱仅三天,互济会的一位同志被捕,在他身边的笔记本里,敌人发现了杨靖宇出狱后的住址。于是杨靖宇第二次被捕,关押在奉天高等法院看守所。这是一个十字形监舍,有中心岗,围绕中心岗,四条号筒子(走廊)向外辐射,每个条号筒子有十间牢房,平时号筒子不锁门、监舍不锁门(因为厕所在号筒子的一头)。四条号筒子分别有一个名字——"孝""悌""忠""信",中心岗后面是病监,对面是死囚监,后面是杂役房(茶炉)和看守宿舍。在这里,杨靖宇"重操旧业",又一次当上了杂役头儿,住在外边杂役房内,他活动较自由,以送饭送水名义,可与其他政治犯沟通情况或传递信息。

9月18日,蓄谋已久的日本侵略者炸毁柳条湖南满铁路,然后以此为借口炮轰北大营,攻打沈阳城,中国的东北从此成为"法西斯侵略战争首先爆发的火药库",②当夜外面炮声响起时,在押犯人都醒了,很紧张,不知道外边发生了什么事。有的同志提议趁乱冲出去,大多数同志较为谨慎,提议听一听"山东张"

---

① 何成湘:《和杨靖宇同志三次会见》,宋晓宏、高峰、傅伟编著:《永久的丰碑——杨靖宇将军资料汇编》,吉林文史出版社2005年版,第207页。
② 周恩来:《第十一年的"九一八"》,《周恩来政论选》上册,中央文献出版社、人民日报出版社1993年版,第413页。

（杨靖宇）的意见，杨靖宇得知后说："这是一件很危险的事，我在河南住监狱时发生两次越狱，都未成功，就因为外边没有接应的军队，都失败了。还牺牲了好几个同志，我有个建议，去病监请示一下李子芬书记吧！"随后，在已被争取过来的看守王惠凤掩护下，杨靖宇以给病人送水吃药的名义来到病监，向满洲省委书记李子芬汇报，李子芬听后明确表示："希望大家不要盲动，外边没有接应，越狱不会成功，等待省委的安排，千万别动。你们想想炮声一响敌人会放松警惕吗？肯定比平时要加强的。"事实上也的确如此，据敌伪档案和看守回忆记述，奉天第一监狱在10点钟炮击北大营之后就接到市公安局值班室的通知，加强监狱警戒，当时四个岗楼都架上轻机枪，院内看守发枪，严格巡逻，如犯人有行动立即镇压，下半夜监狱落入日寇之手后，临时负责监管的日军少佐也下令紧锁号门，停止放风，如犯人越狱就地枪毙。

1931年"九一八"事变后，监狱敌伪人员、警察、宪兵想发外财，受贿成风，当时交一千元钱的赎金，就可以从监狱里赎出四五名犯人。因此，满洲省委向党中央申领了一笔经费，于1931年11月初通过地下党的关系将杨靖宇等同志营救出狱。

第五章　站在北满抗日群众的最前列

第一节　在哈尔滨从事秘密斗争

1931年11月，在凛冽的寒风中，杨靖宇带着狱中生活的"纪念"——满身的伤痕，从沈阳来到哈尔滨。这时，哈尔滨是东北唯一尚未沦陷的大城市，刚刚被日本侵略者破坏的中共满洲省委也从沈阳迁到了这里。

一踏上哈尔滨的土地，杨靖宇就拖着疲惫已极的身体，找到了位于今南岗区光芒街的满洲省委，在这里，他见到了新到任的省委书记、中央政治局候补委员罗登贤。这位经过省港罢工和广州起义千锤百炼的工人领袖，正肩负着民族、人民和党赋予的神圣使命，实践着自己的钢铁誓言：①

> 我们中国共产党人一定与东北人民同患难共生死，敌人在哪儿蹂躏我们的同胞，我们共产党人就在哪儿和人民一起与敌人抗争！不驱逐日寇，党内任何人不能提出离开东北的要求，谁如果提出这样的要求，那就是恐惧动摇分子，就不是中国共产党党员！

从罗登贤那里，杨靖宇了解到当前形势和党的任务，当谈到具体工作时，罗登贤考虑到杨靖宇刑伤未愈又跋涉千里，决定先让他休养一段时间。面对"国破山河碎"的现实，杨靖宇先是感谢党和上级的好意，继而说："在监狱里，并没有累着我，只要我活着，就要斗争，现在国难当头，我怎么能待得住？"最后，党组织和罗登贤接受了杨靖宇的要求，安排他担任全满反日总会党团书记，领导群众抗日斗争，同时兼任哈尔滨道外区委书记（当时哈尔滨市委已被撤销，设立直属满洲省委领导的道里、道外两个区委）。

雷厉风行从来就是杨靖宇的工作作风，这一次自然也不例外。走上工作岗位后，杨靖宇立即在满洲省委组织部长何成湘（化名小李）的陪同下，与原全满反日总会党团书记冯仲云接头，听取了冯仲云关于工业大学、各中学、三十六

---

① 冯仲云：《东北抗联创始者罗登贤同志》，《解放日报》1946年9月21日。

棚（原是中东路工人最早搭建的窝棚数目，后沿袭成为中东铁路工人聚居区的称呼）、中东铁路机车修理厂、松花江北呼（兰）海（伦）路机车修理厂、江北船舶修理厂、老巴夺卷烟厂等单位的工作介绍。在详细了解了情况以后，杨靖宇的身影便出现在哈尔滨这座塞外冰城的街头巷尾，出现在工农商学兵不同阶层的群众中间，除上述单位外，杨靖宇还实地指导过法政大学、一中、二中、贫民女子工厂和市郊农村的反日会工作。杨靖宇废寝忘食的工作，很快就收到了明显成效。何成湘记述说：

"反日会"是党所领导的反对日本帝国主义的一个群众性的组织。这个组织开始在哈尔滨等中心城市建立，逐渐发展到广大的农村，成为极普遍的群众反日组织。由于日本帝国主义的残酷镇压，反日会的工作是一种秘密的地下工作。尽管进行斗争困难，但在靖宇同志领导下，在哈尔滨的工厂、铁路、邮政、学校、近郊农村，甚至连伪满的警察当中，都建立了反日会小组或发展了个别会员。积极开展反日活动。经常在一夜之间，街头上、居民中，甚至伪满机关的办公桌上，都出现了我们散发的反日小报和反日传单。[①]

除了真抓实干的工作成绩，杨靖宇朴素的生活、热情的态度、诚挚的谈吐，也长久地留存在战友们的记忆中：

在哈尔滨地下工作的同志中，人们都亲热地称他为"老张"，老张经常穿着件灰布大褂，那件大褂早就变得又旧又破了，脚上的鞋子经常是"张嘴"的，哈尔滨的冬天，风刮在脸上像刀削般的痛，这话可一点也不假呵！可是，我们的老张却经常光着头在老北风里行走！吃的可就更差了，那时地下工作的同志每人每月九块"哈大洋"（每块哈大洋值伪币十二角），哪里还谈得上吃什么大米白面，吃得上粗粮就算不错了！可老张仍然是笑嘻嘻的，好像革命明天就会胜利似的。……

为了避免暴露组织秘密，我们都是单线联系。那时，我和靖宇同志常常在街道上或公园里碰头。记得我们去得较多的地方是中山公园（现在的兆麟公园）。除了研究工作，偶尔我们也谈到彼此的过去、家庭情况，以及对于未来的想望，他曾经告诉过我，在他的家乡河南还有叔叔，年纪已经很大了，也有妻子和儿子，因为他参加革命，发动过豫南四望山的（刘店）农民起义，组织红军，反动派就把他的家人拉进了监狱，不知道是否还活着。说到这些情况时，他的笑容收敛了，常常凝视着天空，发出一声轻微的叹息。但很快地他又

---

① 毕方整理：《和杨靖宇同志三次会见——何成湘同志回忆》，宋晓宏、高峰、傅伟编著：《永久的丰碑——杨靖宇将军资料汇编》，吉林文史出版社2005年版，第208页。

更加劲头十足地谈开学习和斗争,又是那个生气勃勃和蔼可亲的"老张"了。

杨靖宇同志很善于宣传鼓动,人们都喜欢听他讲话,他那说话的神气,那穿着打扮,就像个道道地地的农民,很难看出他还是个大学毕业的知识分子哩!那时候,他的住处是很不固定的,在这人家住几天,又搬到别一家住几天,有时也到郊区农民家里开展工作。他住得较多的地方是道外的一个修理皮鞋的工人老孟(也是地下工作同志)的家里,和老孟一家人相处得亲亲热热,如果不是他那口河南话,简直就像是一家人了。①

1931年底,日本侵略军进攻哈尔滨已是箭在弦上,为此,满洲省委决定"用一切力量通过反日会发动群众起来抗日,准备形势的突变"②,这个决定也经由冯仲云传达给了杨靖宇。杨靖宇立即把满洲省委的决定贯彻到反日会的各项工作中去。当时,黑龙江省会齐齐哈尔虽已沦陷,但由马占山指挥的江桥抗战仍在继续,作为进犯哈尔滨的准备工作之一,日军对马占山采取了进攻和诱降双管齐下的策略,在兵临城下之际主动邀请马占山在松花江北松浦举行谈判,以期城下之盟。杨靖宇得知情况后,立即赶赴松浦,在呼海路反日会员和工人中揭露日本帝国主义者的侵略阴谋,并通过呼海路党组织提示马占山不要上当受骗。为防止日军进攻马占山部,杨靖宇和呼海路党组织领导铁路工人连夜将松浦站机车车辆全部开往绥化,将呼兰铁路桥拆毁,断绝铁路交通,最终迫使敌人的计划破产。

1932年1月底2月初,"关东军"大举进犯哈尔滨,驻防哈市的爱国军队,在东北义勇军将领李杜、冯占海等指挥下,进行了英勇的保卫战,1月30日,中共满洲省委发表《为反对日本帝国主义进攻哈尔滨告士兵群众书》,杨靖宇根据这一文件精神,组织党团员深入发动和组织群众,积极支援前线,当时,许多工人、学生、市民积极为前线将士送水送饭,主动护理伤病员、募集捐款。中东路"三十六棚"工人捐献工资四千余元,哈尔滨市商会捐款两万余元。人民的支援,极大地鼓舞了前线将士的爱国热情,在双城、哈尔滨市郊等地,爱国将士浴血奋战,歼敌数以百计。

哈尔滨军民众志成城,奋勇抗敌,迟滞了日军的前进速度并予以重创,但终难以改变敌强我弱的总格局。2月5日,在农历腊月二十九除夕之际,日本法西斯的铁蹄践踏了哈尔滨。白色恐怖笼罩全城,斗争环境更加困难,但杨靖宇仍然是那样的沉着、坚定:

记得在"二七"纪念的前夕,靖宇和我们十来个同志在哈尔滨道外的一个地方开会,准备组织群众进行一个反日示威游行。会还没开完,只见街上

---

① 毕方整理:《和杨靖宇同志三次会见——何成湘同志回忆》,宋晓宏、高峰、傅伟编著:《永久的丰碑——杨靖宇将军资料汇编》,吉林文史出版社2005年版,第208—209页。

② 冯仲云:《追怀忠烈》,转引自赵俊清:《杨靖宇传》,黑龙江人民出版社2004年版,第89页。

人们纷纷奔跑,大人喊、孩子叫,原来日军已进入哈尔滨市了。当时靖宇同志表现得很镇静、坚定。我们都很清楚,斗争将更加尖锐、激烈和艰苦了!但我们也坚信,胜利一定是我们的!就这样,我们立刻分手隐蔽起来,准备投入那更加艰苦的斗争。①

哈尔滨沦陷后,党组织和抗日群众团体的活动被迫完全转入地下。就在这时,以罗登贤为书记的满洲省委收到了上海党中央出版的《红旗周报》,报上刊发了周恩来于 1931 年 10 月以伍豪名义撰写的《日本帝国主义占领满洲与我们党当前任务》一文,指出:"我们要领导工农及一切被压迫民众自己组织武装的救国义勇军"②。以周恩来的指示为基础,罗登贤指示由时任满洲省委军委书记的周保中主持,起草了《抗日救国武装人民群众进行游击战争》的纲领性文件,明确表示:"党要支持援助和联合非党的一切抗日武装力量共同反抗日本帝国主义的侵略"③。在协助周保中起草文件的工作中,杨靖宇做出了重要贡献,他"事先搜集了有关资料,结合东北具体情况,作了详尽地研究,他意识到,中国民族的危机与中日的民族矛盾,将因东北被占领,而扩大加深,阶级矛盾将退到次要地位。但解决这一民族矛盾,反抗日寇侵略,必以中国共产党和他所领导的工农劳动人民群众的力量为主流,东北尤其是如此。东北人民迫切需要并且有条件,武装自己,拯救自己,对日寇进行较长期的游击战争"④。上述意见均被中共满洲省委所采纳。

哈尔滨的沦陷,标志着辽吉黑东三省已完全沦入敌手,日本法西斯欣喜若狂之余,加快了拼凑汉奸殖民政权的步伐。1932 年 3 月 9 日,在"关东军"司令官本庄繁临场监督之下,溥仪、郑孝胥、张景惠等一群卖国贼沐猴而冠,伪"满洲国"在长春正式出笼。不甘做亡国奴的东北人民,立即以各种方式展开了反对伪"国"成立、傀儡登台的斗争。在杨靖宇领导下,哈尔滨市党团员和爱国群众不惧刽子手的刀斧,撒传单、贴标语之外,还巧妙地将墨水装入鸡蛋壳,抛掷在街头日伪竖起的牌匾壁画上,一时间,全城所有的日伪宣传牌匾,无不以"大花脸"的丑态,点缀着"建国"的"万象更新",日伪当局煞费苦心拼凑的提灯游行,也被搞得支离破碎。如此这般,日伪吹出的"普天同庆"的牛皮不攻自破,敌寇汉奸"庆"无宁日,大煞风景。自 4 月 5 日至 5 月,哈尔滨邮务、中东铁路、老巴夺卷烟厂工人先后举行了抗日爱国、纪念"五一""五卅"的罢工和集会,邮务工人不顾敌人的威胁利诱,全体撤退入关,使伪满邮政一度瘫痪。

---

① 毕方整理:《和杨靖宇同志三次会见——何成湘同志回忆》,宋晓宏、高峰、傅伟编著:《永久的丰碑——杨靖宇将军资料汇编》,吉林文史出版社 2005 年版,第 209 页。
② 《东北抗日联军史料》(上),中共党史资料出版社 1987 年版,第 247 页。
③ 《东北抗日联军史料》(上),中共党史资料出版社 1987 年版,第 249 页。
④ 周保中:《松柏常青——纪念杨靖宇同志逝世二十周年》1960 年 2 月 3 日,《周保中文选》,解放军出版社 2015 年版,第 151 页。

杨靖宇来哈尔滨开会住过的地方

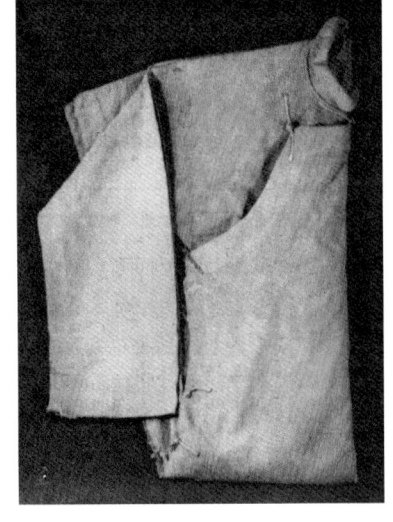
杨靖宇在哈尔滨工作时穿过的长衫

1932年4月,杨靖宇在哈尔滨与新任省委秘书长、曾在豫南并肩战斗的聂树先(尚钺)重逢。从尚钺那里,杨靖宇得知在自己离开豫南后,李鸣岐、张耀昶等战友仍在四望山坚持斗争,参加确山农民暴动的四叔马鹤龄已牺牲,自己的家多次被白匪军查抄,母亲、二叔、妻子郭莲和儿女饱受迫害、颠沛流离。杨靖宇听到这些消息,一时心绪难平。

此后,杨靖宇以更加炽热的斗志投入到工作中去。周保中记述了那难忘的一幕:

> 当我同靖宇同志在哈尔滨一同工作的时候,常常发现他每当寒风凛烈、砭人肌骨的凌晨,出现在大江中同摆冰滑子的工人一块劳动,借此联系群众进行秘密工作。有时又出现在铁路和工厂中,同工人、青年知识分子分别接触,进行商讨;他深更半夜在自己住房来回踱着漫步,深思熟虑地准备着明天的工作,或伏案写作党的文件、宣传教育材料等等。他善于使用不同的语调,向不同的人们解释和答复问题。语句明了、具体、生动,引人深思,鼓人劲头,给人们信念。他象戏剧演员一样,妆扮什么就象什么,他要做什么就会做什么,或者一定学会做什么。他常常以机智的技巧动作结合大胆勇敢的行动,躲过敌探走狗的跟踪,冲破敌人的防范。的确,他是一个革命工作的艺术家。他个人生活是俭朴的,能忍受艰苦,宁可自己省吃俭用,经常洗补自己的衣服、鞋帽,节省住房燃料。他从不乱花党的一文经费,相反的,常常把自己的生活费贴用到工作活动上,或其他同志身上,以帮助解决困难。他的身体是健康的,生活情调是高尚的。①

---

① 周保中:《松柏常青——纪念杨靖宇同志逝世二十年》1960年2月3日,《周保中文选》,解放军出版社2015年版,第254页。

在哈尔滨工作的日子里，杨靖宇和周保中相交益深、相知益切，在抗日革命的斗争中结成了生死之交。1932年4月，按照中共满洲省委的指示，周保中前往吉东地区（今黑龙江省牡丹江一带）开展工作。

第二节　中共哈尔滨市委书记（上）

周保中离开哈尔滨不久，杨靖宇的工作岗位也发生了变化。1932年5月初，中共满洲省委决定撤销哈尔滨市道里、道外两个区委，成立哈尔滨市委，并任命杨靖宇为市委书记，不久又增补为满洲省委候补委员、委员。

担任哈尔滨市委书记的杨靖宇，完全称得上是"受命于危难之际"，但在他不眠不休不屈不挠的艰苦奋斗之下，党在哈尔滨的工作还是有了新的进展：

> 特务们千方百计地企图破坏中共省市委的组织，斗争是多么艰苦呵！但靖宇同志是善于领导同志们进行秘密活动的，就在那样艰难的情况下，我们的党组织仍然一天天发展壮大了，在铁路职工中、平民工厂中、皮鞋作坊、邮政局、学校、伪满的警备部队以及街道中都有党的支部或小组。①

在担任哈尔滨市委书记期间，杨靖宇领导市委，向哈尔滨人民广泛宣传揭露国际联盟派出的"李顿调查团"作为日本帝国主义帮凶的本质，号召哈尔滨人民抛弃对帝国主义列强的幻想，依靠自己的力量驱逐侵略者。随后又根据省委指示，部署了呼海路、电业、中东铁路（东铁）、印刷业工人反剥削、反压迫、反裁员的斗争。在杨靖宇和市委的领导下，东铁工人包围了铁路当局，印刷业工人罢工一周，迫使资本家答应每月工资增加二元、改善伙食（给工人吃馒头）、不开除工人。呼海路和松浦机车修理总厂二十余名工人参加了义勇军。对于青年工作，杨靖宇也十分重视，他主持成立了哈尔滨市团委，并在市团委成立大会上讲话，号召青年积极参加抗日斗争。

尤其值得指出的是，杨靖宇还特别重视文艺工作，发挥革命文艺教育人民、打击敌人的作用，培养革命文艺骨干。在他的领导下，由东区（道外）区委宣传委员、作家罗烽和西区（道里）区委委员金剑啸主持，创办了抗日油印小报——《民众报》。此后，金剑啸一直在东北坚持斗争，1936年被捕后殉国于齐齐哈尔；罗烽、白朗等先后入关转赴延安，参加了1942年延安文艺座谈会，成为中国革命文学的骨干力量。

1948年12月，当年由杨靖宇亲手培养的作家白朗，在《知识》杂志上发表

---

① 毕方整理：《和杨靖宇同志三次会见——何成湘同志回忆》，宋晓宏、高峰、傅伟编著：《永久的丰碑——杨靖宇将军资料汇编》，吉林文史出版社2005年版，第208页。

《忆先烈》一文，再现了与杨靖宇在一起的日日夜夜：

"老张"这一被大家尊敬和爱戴的名字，曾经被我们多么亲热的呼唤着呵，现在想起来，却已经是很久很久的往事了。

事隔十六年余，我虽健忘，但"老张"那硕健的身影、坚毅的神态以及经常穿在他身上的蓝布长衫，还深深地、长久地留在我的记忆中，仿佛昨天还见过一样。尤其使我不能忘记的是他给予我的启示和教育，使我认识了阶级、认识了革命，更认识了帝国主义的凶残和蒋党的庐山真面。我之所以能够不屈于敌人的威逼利诱，能够毫不动摇地在革命的道路上勇往前进，首先是应该归功于"老张"的教导和影响的。

"九一八"事变当时，我不过是一个二十岁的平凡青年，不但愚昧无知，而且正在深居简出，做着家庭的主妇，仅仅由于故乡——沈阳——的沦陷，才引起了我模糊的民族仇恨和对敌人的强烈憎恶，但那不过是青年人一种冲动的热情，是没有什么基础可言的。虽说不久便参加了反日会的组织，可是自己连想也没敢想过：能不能坚决反抗到底，忠贞不屈。假如敌人挥起屠杀的大刀，自己不会在刀下战栗吗？不会中途退缩吗？

那时，反日会的宣传部就设在我的家里，那引进足以招致杀身之祸的油印机，五红六绿的传单标语小册子，都藏在我的床下，毫无斗争经验的我，确是时刻在担着心思，要是敌人突来搜查，便什么全完了。

忽然有一天，身着蓝布长衫的"老张"在我家里出现了，而且不一会，便陆续地跟踪而来了那么多人，有青年知识分子，也有铁路的员工，我不知道他们是来做什么的，到会议开始，才明白原来作为宣传机关的家，同时又成了秘密的会场。我还是第一次参加这种秘密集会，预感着灾祸就要到来了。我虽力持镇静，但掩盖不住地焦虑已经暴露在面上了，我紧张不安地站在那里，每个人的神色我都观察一遍，心想："他们为什么个个都比我镇静呢？"而最镇静的还是担任会议主席的"老张"，他历数着蒋介石的不抵抗政策以及帝国主义的侵略阴谋和他们的滔天罪行。他的声音是低沉的，但却有着奇妙的威力，他的每一句话，都深深地打在人的心坎里，既具体、生动，更有着无比的煽动力。它使人悲愤，促人奋起，更叫人敢于勇往直前，毫无畏惧，连他的每一个手势都是多么有力的撼动着我的心弦呵。我的情绪由不安而变为镇静了，我的恐惧变成无畏了，在一小时之前还是模糊的民族仇恨，在他的启发诱导中逐渐强烈而清晰，并且开始生根了。从此，这个表面看来与一般同志没有什么差别的老张，在我的心目中遽然的神圣起来、伟大起来，我是以无限的尊敬把他牢牢的记下了。

从那时起，老张的影子便常常在我的小屋中出现，我对他的敬佩和拥戴也一次比一次加重加深。他总是悄悄地来了又悄悄地去了，而在这来去之中逐渐教育着我和许多同志,他使我们更坚决,更有勇气。在革命道路上奠下了不可摇撼的基石,在灾难深重的东北土地上撒下了革命的种子。

但是不久,他没有正式向我们告一声别,便悄悄地离开了哈尔滨,离开了被他领导教育的一群。以后他的消息便石沉大海了。我曾经为他的安全而久久不安过,也曾为遽失导师而苦恼过。他留给我的每一句教言都在哺育着我的思想,使它迅速地发展壮大,以至使它变为行动。

十六年的日子是长的,许许多多的人和事都已模糊不清了,有的甚至连根忘掉,而伟大的老张却不曾在我的记忆中淡去,每一思及,都还有着深切的感激和惦念,他在时刻地鼓舞我前进、前进,坚决地前进。①

在"夜幕下的哈尔滨",杨靖宇凭借着丰富的地下工作经验,机智地避开了侵略者的魔爪,与同志、同胞们保持着密切的联系:"他善于同支部同志接近,善于联系群众,善于作教育工作,他态度和蔼,充分表现一种'诲人不倦'的精神,同时他又能够虚心学习。经过了一再被捕和两次监狱生活的经验,他的政治警惕性很高,秘密技术很好,很能应付秘密的环境。所以在他工作的时期,党和群众的组织很少破坏"②。当年的哈尔滨团市委宣传部长姜椿芳,就曾亲身感受过杨靖宇的机智和巧妙:

> 杨靖宇同志是一个相当老练的地下工作者。有一次我们约好在松花江边碰头。那时刚开江,大大小小的冰块从上游漂浮下来。我们坐在江边上,一面看着冰块,一面谈话。一架日本飞机从江南飞往江北,然后在松花江大铁桥的上空转了一圈,又飞往江北。杨靖宇同志对我说:"日本帝国主义向

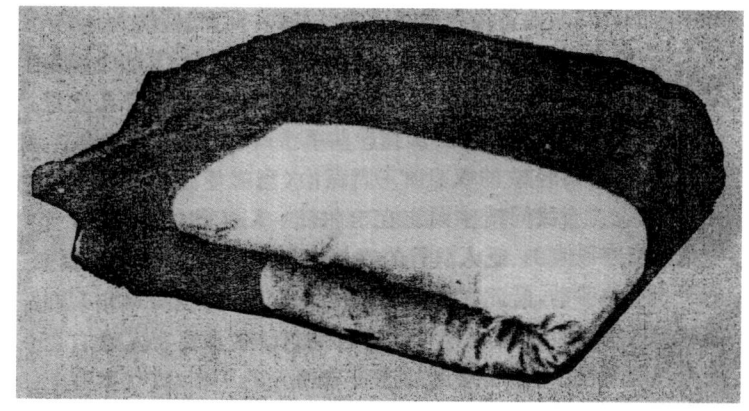

杨靖宇在哈尔滨工作时用过的褥子

---

① 宋晓宏、高峰、傅伟编著:《永久的丰碑——杨靖宇将军资料汇编》,吉林文史出版社2005年版,第314—315页。
② 何成湘:《悼杨靖宇同志》,《东北日报》1948年9月18日,宋晓宏、高峰、傅伟编著:《永久的丰碑——杨靖宇将军资料汇编》,吉林文史出版社2005年版,第212页。

我们示威来了。"正在这时候,他突然放声大笑起来,接着又很悠闲地捡起一颗石子向江心一个大冰块掷去。我觉得有些奇怪。过了一会,他才解释说:"刚才发现一个人站在我们后面的江岸上,我们板着脸谈话会增加他的猜疑,只得用一声高笑把他打发走。"于是我们站起来,脸上堆满笑容,赏玩着江景,边走边说地谈着我们的工作问题……①

在哈尔滨期间,杨靖宇的职务在变、工作内容在变、住址也在变,但不变的依旧是炽热的斗志、真挚的情感,还有那艰苦朴素的作风:

> 他生活是非常艰苦的,当时党的经济非常困难,每月不到十元"哈大洋"的生活费还常常不能接济,他身体又不很健康(还有痔疮),但我们从没有听见过他叫过一声苦提过一次生活上的要求。在雪地冰天的冬日,他始终穿着他那一件灰布的薄旧棉袍。他艰苦奋斗的精神,使所有同志们都深深敬服。②

第三节 中共哈尔滨市委书记(下)

正当杨靖宇在哈尔滨市委书记的岗位上奋力开拓新局面之际,东北抗日斗争却受到了"左"倾错误的严重干扰。在传达贯彻"北方会议"精神和以后的工作中,杨靖宇对"左"的危害有了切实认识。

"九一八"之际,恰值王明领导的中共中央全面推行"左"倾冒险主义政策的时期。这时,虽然刚成立的中共临时中央政治局及时揭露了日本帝国主义侵略中国的罪行和南京国民政府的"不抵抗主义",并向全党全国人民发出过几个较正确的指示和文件;虽然以罗登贤为书记的满洲省委领导东北人民,坚决贯彻党的指示,把一些分散细小的抗日武装汇集成为伟大洪流。但是,正如1945年党的六届七中全会通过的《关于若干历史问题的决议》指出的:"新的中央对于这些事变所造成的新形势,一开始就作了完全错误的估计。它过分地夸大了当时国民党统治的危机和革命力量的发展,忽视了'九一八'以后中日民族矛盾的上升和中间阶级的抗日民主要求,强调了日本帝国主义和其他帝国主义是要一致地进攻苏联的,各帝国主义和中国各反革命派别甚至中间派别是要一致地进攻中国革命的,并断定中间派别是所谓中国革命的最危险的敌人"③。因此,也就不能对当时风起云涌的全国抗日民主运动和在东北地区开展的抗日民族战争给予正确而有

---

① 姜椿芳:《忆杨靖宇同志》,《人民日报》1958年2月23日,宋晓宏、高峰、傅伟编:《永久的丰碑——杨靖宇将军资料汇编》,吉林文史出版社2005年版,第215页。
② 何成湘:《悼杨靖宇同志》,《东北日报》1948年9月18日,宋晓宏、高峰、傅伟编:《永久的丰碑——杨靖宇将军资料汇编》,吉林文史出版社2005年版,第212页。
③《毛泽东选集》第3卷,人民出版社1991年版,第965页。

效的指导。

1932年6月24日,在博古、张闻天、康生、李竹声(后叛变)的主持下,中共临时中央在上海举行直、鲁、豫、陕、满省委联席会议(北方会议),通过了《革命危机的增长与北方党的任务》《开展游击运动创造北方新苏区的决议》等文件。在王明"左"倾错误路线指导下,会议不顾东北地区革命力量薄弱、中日民族矛盾占首位的事实,把对关内革命斗争的"左"倾指导方针生搬硬套到东北,对东北党组织和抗日游击队提出了一系列不切实际的指导方针,其核心内容是片面夸大抗日统一战线中的阶级矛盾,实行"左"倾关门主义,强行指示东北进行土地革命和建立苏维埃政权,要求把反日战争与土地革命密切结合起来,在义勇军工作中片面强调反对上层勾结,甚至要求:"使义勇军转变为工农红军,创造苏维埃的政权"①。

其实,在领导东北抗日斗争的实践中,罗登贤主持下的满洲省委,对东北情况已作了较为深入的分析,得出了下列结论:(1)满洲与关内隔开,关内的情况与关外不同;(2)日本帝国主义占领了满洲,满洲已成为日本帝国主义殖民地,民族矛盾是主要矛盾,满洲已经成立了殖民政府——伪满洲国;(3)东北工业基本上掌握在日本帝国主义手中,满洲经济命脉被日本殖民主义者控制;(4)满洲人民文化水平很低,文盲多,伪满洲国定都长春,加上日本帝国主义在东北时间很长,奴化教育很严重,满洲群众是比较落后的。因此,党在东北应采取与南方不同的策略。②

受罗登贤的委托,何成湘在"北方会议"上向中央作了汇报,但这一切不仅没有被坚持王明路线的中央所接受,还换回了"满洲特殊论"和"北方落后论"两顶大帽子,无限上纲为"实际上企图将中国南部与北部间隔与对立起来,企图否认革命危机在中国北方的存在,企图曲解正确的革命不平衡的理论为北方的革命运动的完全消沉。这种理论的结果,必然要走上取消主义的道路"③,甚至被视为"富农路线的实质"④和机会主义动摇。所有这些,正如"北方会议"主持人之一博古在七大发言中所检讨的,"就是把冒险盲动的政策推广到北方去"⑤。

北方会议的召开,成为王明"左"倾错误在东北地区全面贯彻的起始。为从组织上贯彻执行"左"倾错误路线,临时中央于会后撤销了罗登贤的职务,改任华岗(来东北途中被捕)、李实(魏抱一)为满洲省委书记。李实到任后,于7月12日在哈尔滨市南岗区召开了省委扩大会议。与会者共14人,有罗登贤、杨靖宇、何成湘、金伯阳、杨一辰等,会议传达了北方会议决议,批判"满洲省委的

---

① 《建党以来重要文献选编(1921—1949)》第9册,中央文献出版社2011年版,第386页。
② 张广恩主编:《中共满洲省委简史》,辽宁社会科学院地方党史研究所,1987年,第149页。
③ 《建党以来重要文献选编(1921—1949)》第9册,中央文献出版社2011年版,第348页。
④ 《建党以来重要文献选编(1921—1949)》第9册,中央文献出版社2011年版,第380页。
⑤ 中共中央党史资料征集委员会、中央档案馆编:《遵义会议文献》,人民出版社2009年版,第112页。

领导陷入了机会主义泥坑，形成了右倾机会主义路线"。①会议正式宣布撤销罗登贤职务，调回上海。此后，罗登贤继续在沈阳工作至年底，返回上海后担任上海中央执行局常委兼中华全国总工会上海执行局书记，组织领导上海工人的抗日斗争。1933年3月28日因叛徒出卖罗登贤被捕，8月29日在南京雨花台英勇就义。

限于当时的历史条件和党的组织纪律，杨靖宇在会上一般地表示了对"北方会议"的支持，并对以罗登贤为首的满洲省委的工作提出了错误的批评。会议讨论中，在当时的历史条件下，杨靖宇也曾受到"左"的倾向影响，跟着错误地批评省委"本身是右倾机会主义"。他说："省委过去机会主义领导葬送了满洲工作，不是尾巴主义，连尾巴也赶不上。"在谈到接受北方会议要了解什么问题时，他说："接受北方会议要根本了解：（1）日本帝国主义在满积极准备进攻苏联（关东军司令部移长春，八站强行接收等）。（2）苏区红军之伟大胜利与两个政权之对立，拥护苏联与创造北方地区、红军的任务是不可分离的。（3）宣传红军的胜利，为红军募捐，劳动群众是欢迎的，征调工人到红军中去，发动满洲游击战争，必须有具体布置。（4）工人运动应加强，哈总是空的，应从小组织组起（赤色小组等）。（5）两条战线的斗争应从实际工作中发展。"②杨靖宇在讨论中的发言虽然有正确成分，提出了"发动满洲游击战争，必须有具体布置""工人运动应加强"等具有重要意义的意见，但其发言总的倾向是支持"北方会议"错误立场的，特别是抹煞省委工作成绩，称"机会主义领导葬送了满洲工作"，甚至"连尾巴也赶不上"，这是言过其实的。

会议结束后，杨靖宇和其他同志一起，按照满洲省委的部署，继续传达贯彻"北方会议"精神，就在这时，新的斗争任务又摆在了杨靖宇面前。日寇汉奸的"人祸"正在肆虐，又赶上了天灾，1932年8月7日，百年不遇的特大洪水袭击了哈尔滨，导致全城28万居民近半数流离失所。作为共产党人，杨靖宇再次站到了斗争的第一线，他和魏拯民（关有维）、杨一辰（杨德如）等一起，遵照省委8月14日《关于水灾的决议》部署，"日日夜夜地到灾民中去工作"。③他们用各种方法与灾民接触，了解灾民的疾苦和需求，向灾民揭露日本侵略者和汉奸伪政权贪污挪用市政治水经费于灾前、又坐视黎民百姓啼饥号寒于难后的罪行，杨靖宇曾多次到南岗区极乐寺等地，通过演说和谈话，号召难民："同胞们，我们不能做无知的愚民，大家要想想：是谁不修江堤，不顾我们的死活；是谁在敲诈勒索！"

在惨重的天灾人祸面前，经过杨靖宇等共产党员的教育启示，灾民们很快识破了日伪当局及其御用的和尚道士们求神拜佛的假仁假义，奋起要求解决现实问题、处理灾情善后。在灾民的巨大压力之下，日伪当局不得不成立了"市水灾

---

① 张广恩主编：《中共满洲省委简史》，辽宁社会科学院地方党史研究所，1987年，第153页。
② 赵俊清：《杨靖宇传》，黑龙江人民出版社2004年版，第102页。
③ 李实：《1931年中共满洲省委活动情况》1960年7月29日，转引自赵俊清：《杨靖宇传》，黑龙江人民出版社2004年版，第105页。

非常委员会",并在地势较高、难民较多的南岗区极乐寺、文庙等地设立难民收容所,然而,这些收容所的实际作用,对于日伪当局是盗取"救灾"美名的假面具,对于劫后余生的灾民难民却是名副其实的集中营。衣食医药全无、打骂饥寒皆有。当了解到"收容所"的内幕后,杨靖宇又及时组织难民,向日伪当局开展反饥饿、争生存斗争,并提出了要求"收容所"必须履行的四个最低限度的条件:(1)要饭吃,每日两餐,每餐两个馍;(2)不许打骂难民;(3)及时为病人治疗,发给药品;(4)改进居住条件,搭建席棚。

在杨靖宇领导下,经过灾民骨干的鼓动和带领,难民们集会示威,包围了吸吮灾民膏血的"市水灾非常委员会",面对愤怒的灾民,日伪当局无计可施,不得已答应了全部条件。

随着洪水退去和"收容所"的解散,杨靖宇又在为灾民的生计操心,他指示金剑啸、罗烽、萧军、萧红等同志积极开展革命文艺工作,为灾民募捐。此后,金剑啸等同志于11月联合其他画家举办了"维纳斯助赈画展",展出了一批反映工农辛勤劳动和苦难生活的作品,募集了一笔义捐款项。

在杨靖宇、魏拯民等共产党人领导下的救灾斗争,挽救了成千上万灾民的生命,有力地扩大了党在哈尔滨人民心目中的影响。正如中共满洲省委1932年9月2日给中央的报告中记载的:"党领导了收容所两千余人包围水灾非常委员会,开展一天吃两餐饭的斗争,结果胜利。在难民中党组织了包括七八百人以上的斗争委员会,在难民中开始组织难民中的反日会,发展了党的组织。"

也就是在救灾斗争中,杨靖宇和魏拯民走到了一起。在以后的十年里,这两位分别来自河南和山西的共产党员,为了民族独立和人民解放,并肩战斗在白山黑水,直至热血染长白、忠魂上九霄。

经过救灾斗争和其他各项工作的检验,杨靖宇越来越感觉到"北方会议"的错误方针与实践格格不入,更难以得到基层同志的认同。于是逐渐改变了满洲省委扩大会议的工作方针。在"九一八"一周年之际,以杨靖宇为首的哈尔滨市委针对白色恐怖严重的现实,没有举行"飞行集会",这是一种由党团员和革命骨干在城市繁华之处撒传单、喊口号、演说后迅速离开的斗争方式,因其迅速而得名,当时被认为是城市斗争的主要工作,但极易暴露自身力量,杨靖宇和哈尔滨市委没有采取这种斗争方式,而是坚持从实际情况出发,立足于抗日斗争的实际需要,抓住群众的迫切要求,领导群众斗争取得实际成果,使群众在事实中受到教育、提高觉悟。

在哈尔滨市委书记的岗位上,杨靖宇进行了四个月卓有成效的工作。1932年9月,中共满洲省委决定撤销哈尔滨市委,重新设立两个区委,但将原道里区委和道外区委改称为东北区委和西区区委。随后,中共满洲省委任命杨靖宇接替周保中,担任省委军委书记。从此,杨靖宇开始了他人生中最为壮丽的武装抗日斗争时期。

第六章　创建南满抗日游击队

第一节　受命于危难之中

1932年11月，根据中共满洲省委决定，杨靖宇以省委特派员身份去南满磐石、海龙等地巡视指导工作，从此走上了武装抗日斗争的第一线。

自"九一八"事变起，不甘做亡国奴的东北人民就揭竿而起，冲破蒋介石集团"不抵抗"的束缚，开始了群众性的抗日救国武装斗争，中国共产党积极支持和领导这一斗争，周恩来代表党中央发出号召："领导工农及一切被压迫民众自己组织武装的救国义勇军"。中国共产党，特别是身处抗日救国最前线的东北党组织，派出大批干部投身义勇军斗争，同时在地方党组织力量较强、群众基础较好的地方，组建党直接领导的以工农为主体的民众武装——反日游击队。

在领导抗日武装斗争中，南满磐石地区一直被中共满洲省委作为重点区域。该县位于吉林省中部偏南地方，地处吉林哈达岭丘陵区，与桦甸、永吉、双阳、伊通、东丰、海龙、辉南等县相邻。境内山峦起伏，河流纵横。哈达岭山脉横亘于该县中部，饮马河、辉发江（今称辉发河）以及呼兰河、富太河、挡石河（皆为辉发河支流）流经其间。吉（林）海（龙）铁路连通南北，贯穿全境。这里地广人稀，当地除汉族外还有许多朝鲜族居民在此居住。中国共产党自1929年起就派党员到这里开展革命活动，并于1930年8月成立了中共磐石县委，当时有党员42人。1931年8月改组为中心县委，其工作分布在以磐石为中心的南满北部，即磐石、双阳、伊通、永吉、东丰、海龙、辉南、西安（今辽源）、桦甸等县。中心县委机关先后设在小城子、西玻璃河套两个地方。随着"九一八"后抗日斗争形势的发展，为了保证县委机关的安全，1932年2月，磐石中心县委成立了以李红光为队长、成员共7人的小队伍，随后铲除了亲日朝奸组织"保民会"中的一些奸细走狗，群众人心大快，"打狗队"美名不胫而走。

在磐石革命斗争中，与其他朝鲜族居民聚居区一样，朝鲜革命者发挥了重要作用，其中大多数是流亡到中国东北的朝鲜共产党党员，这是因为共产国际在1928年第六次代表大会上决定解散朝鲜共产党，其成员中凡在中国从事革命斗争者，均按"一国一党"原则以个人身份加入中国共产党。自1930年下半年起，磐石县境内的朝鲜共产党党员大部分加入了中国共产党，使磐石县党员数量大增。"九一八"后，这些朝鲜族党员在中共磐石县委领导下，站在抗日斗争的最前列，李红光就是其中最为优秀的代表。

自1932年初起，磐石人民的抗日斗争逐渐进入高潮，当年2月9日、4月3日、5月7日，县委就先后组织了三次规模较大的反日、惩治汉奸走狗、破坏敌人交通（吉海铁路）的斗争。这三次大规模斗争，扩大了党的政治影响，提高了党在群众中的威信，起到了动员、组织、教育群众的作用，极大地激发了广大群众投身于反日爱国斗争的热忱。在此期间，中共满洲省委先后派杨君武（又名杨佐青，北满特委军运负责人）、张振国（又名张汝珩，省委驻吉林市特派员）、杨林（省委军委书记）来磐石巡视，指导开展武装斗争。在磐石中心县委的领导下，"打狗队"在半年时间内扩充4倍多，达到30余人，于6月4日正式改建为"磐石工农反日义勇军"，队长张振国、政委杨君武。开始时，磐石工农反日义勇军仅有8支步枪、3把手枪和20余门洋炮（当时东北民间流行的一种土枪，多为打猎使用）。队员中朝鲜族占五分之三，汉族占五分之二。活动地点主要在磐石东部的郭家店、蛤蟆河子一带。这是党在南满地区最早建立的反日武装，随着这支武装的建立，南满地区的反日斗争进入了一个新阶段。

磐石工农反日义勇军刚成立，就引起日伪当局、反动分子的恐慌。因受"左"倾错误影响，工农反日义勇军打起红旗，在大路上游行示威，对地主大搞分粮斗争，直接侵犯了地主阶级利益，一些反动分子乘机挑拨民族关系，造谣说："义勇军是高丽胡子"、"老高丽要造反"。在这些反动分子指使下，地主武装、"会兵"（因由"保民会"而得名的反动地主武装）、土匪互相勾结，趁磐石工农反日义勇军立足未稳之际，急于将其扼杀在摇篮中，6月14日，于郭家店在敌人夹攻下，工农反日义勇军政委杨君武负伤离队，3名队员牺牲，损失了10支枪。从8月6日至8月16日，反动势力又先后数次攻袭工农反日义勇军，大肆逮捕反日群众，义勇军战士和反日群众中有26人牺牲（其中党团员各3人），5人受伤，7人被捕（其中党员5人），革命力量受到很大损失。为向省委汇报磐石党组织和抗日武装等工作情况，请求省委指示，8月下旬，县委派工农反日义勇军队长张振国赴哈尔滨。

张振国走后不久，县委书记全光认为斗争环境恶劣，为保存已有武装力量，决定取消"反日义勇军"的队名，并入山林队"常占"队。10月2日，张振国回到已经发生巨大变化的部队中。10月5日，在党团县委联席会议上，他传达了省委关于在铁路沿线开展游击活动，夺取日本军队武器武装自己，不断扩大自己的武装队伍等指示。同时，会议决定部队仍以"常占"担任队长，加派张振国任政治委员。不久，队内党团同志发现"常占"秘密与驻黑石镇伪满军宋营勾结，妄图缴杀游击队武装，杀害游击队的干部。为防止"常占"改变工农反日义勇军的性质，根据全光的意见，乘"常占"外出之机，工农反日义勇军队员于

10月21日采取行动，处决了"常占"的"二当家"和两个心腹，携缴获的枪支开到郭家店。随后又进至桦甸蜂蜜顶子，于23日在此地举行各队党小组代表会议，决定以"五洋"报号，在桦甸独立活动。此时，工农反日义勇军约有120名队员，其中朝鲜族队员近半数。拥有武器装备长枪75支，短枪65支。全队分4个大队，每队30人。总队长由孟杰民担任、副队长为钟仿服，政委由张振国担任、政治部主任为王耿、参谋为满汉生。

此时，距磐石工农反日义勇军成立仅四个多月，但在敌伪进攻和复杂形势下，已是三易旗号，始终未能较为顺利地打开斗争局面，队内政治工作薄弱，领导成员有的主张回磐石，有的主张去东满，甚至有人想去苏联"避难"，队员思想更加混乱，士气日益低落，甚而弃枪离队，有的干部不愿再做工农反日义勇军的工作。地方党的工作也不容乐观，县委干部间的意见分歧愈演愈烈。至1932年11月初，磐石党组织和工农反日义勇军的斗争面临着严重的危机。

对于危急形势，磐石党组织也有认识，8月30日，在给中共满洲省委的报告中，磐石中心县委详细汇报了当前斗争形势和面临的问题，肯定"目前磐石党已在存亡的紧急关头"，提出须用"十二万分的力量"克服目前的严重危机，同时请求省委"速派巡视员前去，召集磐石县代表会，改组县委，彻底解决磐石工作问题"，"速派去富有经验的军事工作同志去组织强有力的军委，领导义勇军的游击战争"。并根据县委等领导机关多为不懂汉语的朝鲜族同志担任领导的情况，要求派来"北方的中国同志"，以便于从事领导工作。

中共满洲省委在听取张振国关于磐石工农反日义勇军情况的报告及接到磐石中心县委的"紧急报告"之后，对报告中提及的磐石斗争形势和所请求予以解决的问题十分重视。于9月30日给磐石中心县委发出指示信，着重指出磐石党组织和群众工作遭受很大打击与损失的根本原因，是由于磐石党的机会主义的领导所致。它的表现是由于对于客观形势的机会主义的估计不足，因此对于党的阶级路线表现着机会主义的动摇，没有坚定地执行在反日运动中的阶级路线，积极地独立领导反日的民族革命战争。信中指出，磐石党组织目前的中心任务是创造磐石的游击区域与苏维埃区域，坚定地领导与发展游击战争——纠正过去分散义勇军的错误，要很快的把分散的各队集中起来，使之能互相呼应，便于集中指挥；加紧领导工农群众的斗争——抢粮、分粮、抗租、抗税、不还债的斗争及灾民的斗争；发动领导这些斗争发展到更高阶段，实行游击战争、土地革命、扩大反日运动，扩大反日会、反帝同盟组织；揭露敌人挑拨离间、分裂民族关系的阴谋，建立中韩劳苦群众联合战线。在这封指示信中还提出：省委提议把目前的义勇军改名为"中国工农红军三十二军东北游击队"，以这样鲜明的旗帜把广大的工农劳苦群众团结于它的周围。

省委指示信对于磐石工作所做的具体指导，对磐石工农义勇军在困难条件下，继续坚持斗争起到了鼓舞作用，但由于当时省委贯彻执行的是"北方会议"

精神，因此对县委的批评和具体指示也有许多不切实际的地方，如提出在建立游击区域进行反日游击战争的同时，还提出要创立苏维埃区域与实行土地革命。同时，指示信也受着一定局限，强调团结各种反日武装力量不够，相反，过于强调执行反日运动中的阶级路线。另外，把斗争遭到挫折、受到损失的原因，全部归结为磐石中心县委的机会主义领导所致，这也是不公正的。

但是，尽管如此，这封指示信确实体现了省委对磐石斗争形势及其发展的关注。省委指示信中特别指出："为着工作发展的便利与加速，省委立即准备中国同志干部到磐石工作，同时帮助磐石党办中国同志训练班，训练磐石党中国同志干部人材。"中共满洲省委一直是把磐石的工作作为省委工作的重点部位之一，始终摆在重要日程上来的。同时，也投放了主要力量。同年10月1日，中共满洲省委在所制定的十月份工作计划中，明确地把开展磐石等地的工作作为首项任务："以磐石的游击队、巴彦和汤原的武装队伍作基础，发动南满以磐石为中心与松花江从巴彦到汤原这一区域的游击战争。"并说"这三个地方，省委必须派五个以上的得力干部去工作"。11月2日，在满洲省委关于最近工作给中央的一份报告中认为："（磐石）现在的问题，不是下级同志与战斗员的问题，而是如何改造这一领导机关，从县委到队伍中的领导者来一个彻底的改造。"又说："省委为了指挥灵便，使磐石的工作与海龙的工作、磐石游击队与海龙九路军（即唐聚五领导的辽宁民众自卫军第九路军余部——引者注）的工作配合起来，为了彻底改造这两个地方的党部工作，加强省委的领导，决定派一个代表经常住在那里指导工作"。这里所说省委要派一个常驻磐石代表的人选，就是省委代理军委书记、革命斗争经验丰富的杨靖宇。在此期间，团省委也说要派一名巡视员去磐石巡视团的工作。

1932年11月初，杨靖宇根据省委的工作计划安排，肩负着党组织的信任、希望和重托，以特派员身份，作为省委代表前去南满磐石、海龙等地巡视。任务是正确处理那里出现的复杂问题，整顿磐石、海龙两县委和游击队，扭转那里濒临颓败的危机形势，开拓反日斗争的新局面，使党的工作、义勇军的斗争顺利发展。然而，这个任务是十分艰巨的，因为当时存在着一系列的复杂矛盾。不仅敌人是凶恶强大的，党领导的武装力量还比较弱小，更主要的是在客观上东北已成为日本帝国主义的殖民地，中日民族矛盾上升为主要矛盾，而在主观上还必须根据省委要求贯彻"北方会议"精神，并以其为指导，在进行反日斗争的同时，要打土豪、分田地、建立红军和苏维埃、搞土地革命。在这种主观与客观相分离的情况下，要指导革命斗争取得成绩，其本身就是一个两难问题。

满洲省委对杨靖宇是十分信任的，对他去南满磐石、海龙等地巡视工作寄以厚望。在满洲省委于1932年11月2日给中央的报告中，对杨靖宇曾作过这样描述："这个同志，政治上在满表现得最坚决的。曾坐过五次牢，在工作上表现是很艰苦、深入与努力。只是大的政治问题方面了解得少一点，这是长期牢狱生活而缺少训练的关系。他是省委候补委员，河南人，知识分子，担任哈尔滨市委一个时期的工作，在政治上各方面都比较有大的进步。"

1932年11月初，杨靖宇化装成商人，身穿黑棉袍、黑制服裤子、黑棉鞋，与省委交通员老刘从省委所在地哈尔滨经吉林去磐石。因为杨靖宇不知道工农反日义勇军已从"常占"队分离出去，及"常占"队与工农反日义勇军已反目为仇的情况，所以杨靖宇和老刘到磐石后，便先去找"常占"队。数日后，他们终于在烟筒山附近找到了"常占"队。然而这时又产生了新的问题，忌恨分家之仇的"常占"把杨靖宇等当作是磐石工农反日义勇军的人给抓了起来并企图加害。

两手被反绑着的杨靖宇说："你们别误会，都是自己人。"

"常占"骄横地说："什么自己人？是张瞎子（指原队伍政委张振国，张是近视眼，外号"张瞎子"）和全胖子（指磐石中心县委书记全光）派你来的吧？不是你们提出要分家的吗？"

接着，"常占"手下的人吵吵嚷嚷，说正好给"二当家"报仇，拉出去，枪毙算了。一时，气氛凝重、紧张。

杨靖宇见情况有变，便迅速分析判断眼前的形势。他镇定自若，冲着"常占"说："我是省委代表，这次就是专为解决分家拆伙这件事而来的。我特意来与你和好，你却用绳子绑我，太不够朋友了！"

接着，他向"常占"陈述团结抗日，讲两家应和好的道理。终于"常占"被说服，释放了杨靖宇。杨靖宇被释放后，返回吉林。途中，在烟筒山，他又被山林队"六国军"误认为是日本人派来的密探，给抓了起来。原来，他衣兜里有一张为防备敌人查问，伪造自己身份的"大久保洋行采办"名片，被翻了出来。杨靖宇向他们解释说自己不是密探，是专来找"常占"的。名片是为了对付敌人用的。因"六国军"与"常占"有关系，"六国军"见杨靖宇让他们去"常占"那里调查，又听到他讲的抗日救国道理，便释放了他。杨靖宇离开"六国军"时，对他们痛恨日本侵略者，警惕性高，给予了赞扬。

杨靖宇到吉林后，住在吉林支部书记李维民家，由交通员老刘前往磐石寻找中心县委、工农反日义勇军。这期间，杨靖宇与李维民研究了吉林支部工作，感到吉林是省会城市，支部归磐石中心县委管辖，不利于城市工作开展。他写信给省委，建议改吉林支部为特支，由省委直接领导。以后，省委接受了这个建议，将吉林支部改为吉林特支。数日后，交通员老刘找到了磐石中心县委。而后，磐石中心县委书记全光等来吉林把杨靖宇接到工农反日义勇军（当时报号"五洋"）驻地——桦甸县常山屯。

此间，工农反日义勇军处境十分困难。为决定队伍今后行动的方向，队内党支部召开过几次会议，但意见不统一。在11月初的一次会上，52名同志中有10名主张回磐石，42名主张去东满。主张回磐石的同志认为，我们的队伍归磐石党组织领导，应当回磐石活动；主张去东满的同志认为，磐石的群众基础已被敌人破坏，回磐石也会遭到"常占"队的报复。由桦甸直走东满，万一环境再恶劣时，还可避难于苏联。一时，争论不休，各持己见，意见难于统一。最后，决定派张振国到磐石看看省委是否有人来。如果无人来，就再去省委要求立即派政治上、军事上负责的同志来这里，解决一切问题。张去磐石，未见省委来人，又去省委。以后留省委工作。1934年8月，省委派其赴珠河（今尚志），任东北人民革命军第三军政治部主任。8月29日于娄家窝棚遭敌袭击牺牲。当时队伍行进到桦甸与永吉交界处，由于种种困难无法东进。一时间，大部队员情绪低落、悲观、消极、失望，感觉没有出路。在这一关键时刻，杨靖宇来到了队上。

杨靖宇抵达工农反日义勇军驻地当天，正赶上大家吃午饭，他立刻和队员们吃在一起。队员们见他平易近人、和蔼可亲，给人以一位"庄严政治家"的感觉，大家都很尊敬他。为解决队伍面临的问题，杨靖宇首先找队内党团员进行个别谈话。通过谈话了解队内情况和队员思想状况。同时，积极开展思想工作，稳定党团员同志的情绪，鼓励大家坚定信心，带动一般队员，克服眼前的困难。工作中，杨靖宇不是以上级派来的特派员身份采取命令主义的办法，压服下级，让他们去干什么或不干什么，而是在倾听干部和战士意见的基础上，采取启发式办法，引导同志们在讨论中对存有分歧意见的问题得出正确结论。

当时，大家对队伍前进方向问题争论很大，各有各的道理，谁也不服谁。一次，杨靖宇参加第二大队党小组会议，听取同志们的讨论。这时，夜深人静，灯碗里的油快耗尽了，灯火也逐渐地小了起来。杨靖宇见此，便站起来用手指着油灯意味深长地说："你们看这盏灯，没有碗就盛不住油，光有碗没有油，灯就点不着。咱们游击队还不是磐石的子弟兵，在那里土生土长，那里山深林密……没有根据地，就像没有家，我们为什么要做没油的灯芯？"经他这样一说，大家都觉得有道理，思想豁然开朗。

还有一次，杨靖宇来到游击队员中间问大家："打鬼子靠什么才能胜利？"

一位战士不假思索地回答："枪！"

杨靖宇问周围的战士："大家都说说，除了枪还有什么更重要的？"

战士们你看我，我看你，不知说什么好。

杨靖宇说："打鬼子除了枪，要不要粮食啊，可粮食又从哪里来？"

这时，大家都明白了。一位战士说："省代表，是咱根据地的群众。"

杨靖宇说："对了，是群众。群众是游击队的命根子。游击队比如是鱼，群众就是大江大河里的水，鱼离开水就得死。咱们打鬼子离开群众就不行。"

就这样，在杨靖宇的耐心说服下，大家思想逐渐趋于一致。同志们都同意返回磐石，在玻璃河套、红石砬子一带建立根据地，深入发动群众，开展游击活动。

之后，杨靖宇在充分调查研究的基础上，主持召开了全队党的扩大会议。在会上，杨靖宇分析了抗日斗争的形势，统一同志们的思想认识，批评了队内领导同志的右倾错误，纠正一些党团员中存在的悲观、失望的情绪和退缩、消极的倾向。他没有完全按照"北方会议"规定的那一套去做,而是根据磐石斗争的实际情况,对当前的斗争作出部署。他重申了省委关于"坚定的领导与发展游击战争","在群众斗争有基础的地方(如磐东郭家店)来进行游击战争,坚定地在这些地方创造游击区域"的指示精神,并强调说,我们是共产党领导的游击队,不能起山头报号,应当把共产党的旗帜亮出来,应当有自己的根据地,我们应当回到磐石。最后,与会人员一致表示接受省委指示,并决定队伍行动方向仍在磐石、伊通等地,开展游击战争,开辟游击区创造根据地;同时取消"五洋"报号,按省委指示,队伍名称改为"中国工农红军第三十二军南满游击队"。

杨靖宇初到游击队,就以自己的工作给广大队员留下了好印象。一个队员曾撰文说:"11月间,杨靖宇受中国共产党的指派来到我们队伍上。我们初次见着他,就感觉到他是一个庄严的政治家。他的态度很沉静,待人接物和蔼可亲,而观察事理又深刻敏锐。因此,大家爱戴杨靖宇。""杨靖宇到队后,立即将队内政治工作,对民众的宣传与组织工作,以及军事计划等等加以指示与整顿。并率队回磐石。"① 在率队回磐石途中,每至一地都召开群众大会,进行抗日宣传,在蜂蜜顶子附近还把反动地主的粮食分给农民,受到群众的欢迎。

队伍回磐石后,于石虎沟地方,在杨靖宇帮助下整顿了部队,肃清了队伍内的流氓胡匪,改变了队伍成分。同时,建立了新的领导核心,南满游击队总队长仍由孟杰民担任,副总队长王兆兰、政治委员初向臣、宣传主任李红光、参谋长穆景山。队内下设一个教导队,三个游击大队。经过杨靖宇对磐石反日义勇军的整顿,这支党领导的反日队伍从挫折中跃起,开始以新的姿态战斗在南满大地。在位于磐石、桦甸毗邻地带的郭家店,游击队处决了闻名南满的反动地主于宪庚,并缴获大小新式武器二十余支。这一胜利,使南满游击队全体人员深受鼓舞,当地群众也拍手称快、倍感振奋。

在南满游击队取得初步胜利,队伍得到进一步巩固后,杨靖宇又在石虎沟指导中共磐石中心县委召开了党的第三次代表大会,批评了原中心县委负责人全光在领导方针上的错误,他严肃指出:"我们每一个共产党员必须正确看到,东北的革命形势由于中日民族矛盾的尖锐化,出现了蓬勃发展的高潮,在这个高潮中,当然也出现有局部的暂时的低潮。这是由于地区不同,条件不同所决定的。但作为一个革命者,必须要经得起形势的严峻考验,去进行艰苦的群众工作。那种要放弃武装领导(指与"常占"队的合并——引者注),正表明这些人看不到革命形势发展的前途。那种要退出根据地,另寻别路的想法,是错误的"。这次会议改组了县委,产生了新的中心县委领导班子,由朴元灿任书记,改变了"全县整个工作均行停顿"的状况,恢复了过去的组织,取得了新的成绩。对此,中共满

---

① 松五:《东北最坚强的抗日武装:东北抗日联军第一军》,巴黎《救国时报》1937年9月18日,转引自赵俊清:《杨靖宇传》,黑龙江人民出版社2004年版,第117—118页。

洲省委给予了肯定。1933年1月7日，省委给磐石中心县委和游击队的信中说："在省委代表×××同志（即杨靖宇——引者注）的正确领导下，将过去磐石党领导的义勇军从土匪化的队伍挽救过来，开始了一个大的转变，成立了红军三十二军南满游击队。在不到一个月的时间获得了许多成绩……这些成绩是磐石党和游击运动今后发展的基础与前提。"

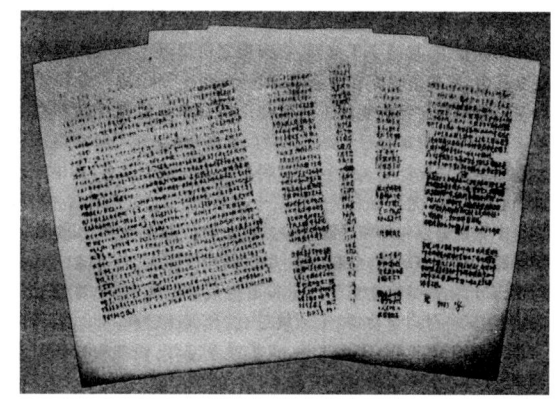

杨靖宇巡视南满后给省委写的报告

继整顿磐石党组织和工农反日义勇军部队之后，杨靖宇在李红光陪同下，又于11月中旬起巡视吉海铁路沿线，整顿党组织，恢复重建了反日会和铁路工会等群众组织，明确其斗争方向，使铁路沿线以铁路工人为主的反日斗争进一步开展起来。接着又去海龙县巡视指导。在海龙，杨靖宇整顿了中共海龙县委和县委领导的抗日武装——活动于通化、柳河、辉南、临江毗邻地区（即龙岗地区）的海龙工农反日义勇军（由原海龙游击队和辽宁民众义勇军第九路军余部组成，80余人）。将这支工农义勇军改编为"中国工农红军第三十七军海龙游击队"，队长王仁斋，政委刘山春。并指示游击队负责人在龙岗地区坚持开展反日游击战争，壮大队伍，不断扩大游击区域。

杨靖宇在磐石、海龙等地巡视期间，废寝忘食，不辞辛苦，所做的工作是富有显著成效的。他根据省委指示，解决了磐石、海龙两县委和吉海路沿线党组织工作中存在的问题，整顿了党领导的刚成立不久的抗日武装，使磐石、海龙两县委的核心更加坚强有力，党内团结进一步加强，红军游击队进一步巩固，为继续发展深入开展反日斗争打下坚实基础。

与此同时，杨靖宇在南满磐石、海龙两县及其他地方巡视过程中，还做了大量的城乡社会调查工作。在调查研究中，他特别注重对南满地区政治、经济情况和党内情况的了解，认为在南满之所以还不能更大地推动抗日战争，完成反日民族革命任务，最主要的原因是得不到党正确的领导和党的工作薄弱。鉴于此，他着重对磐石党团工作进行调查，详细掌握了全县党团组织情况：至1933年5月，磐石县有党员162名，其中游击队中有92名。党员成分20%是雇农，40%是贫农。党员中有25%为朝鲜族同志。妇女党员占6%，全部是朝鲜族。全县团员90余名，其中游击队中有团员50余名。在党内工作方面，杨靖宇在充分肯定其取得成绩的同时，也看到其不足，党组织自身力量薄弱，干部缺乏，教育训练工作不够，因而一些工作，如工运工作、士兵工作、宣传鼓动工作，没能很好地开展起来。

杨靖宇在南满磐石、海龙等地巡视期间对社会政治、经济状况的调查和对党内情况的了解，为省委对南满斗争作出正确决策提供了可靠的依据，他自己也更加了解了南满的实际情况，奠定了以后领导南满抗日斗争的实践基础。

第二节　在磐石力挽狂澜

经过杨靖宇领导下的全面整顿，磐石游击队走出了低谷、摆脱了混乱，开始了新的发展，但天有不测风云，就在杨靖宇巡视吉海路沿线和海龙等地之际，磐石抗日斗争出现了新的危机。

当时在磐石有一个名叫张辅卿的大地主，家藏15支长枪。杨靖宇走后，磐石中心县委指示游击队总队长孟杰民将队伍开赴张家所在地——位于磐石、伊通两县交界的长胳膊（地名），以武装为后盾，要求张家捐献枪支、粮食、生猪等物资支援抗日。11月27日，孟杰民率队伍赶到距张家大院约二里处，然后令队伍隐蔽待命，自己和参谋长穆景山带领一名士兵先去张家大院，并约定如发生意外情况以鸣枪为号，枪声一响，队伍就包围张家大院，以武力解决张家地主武装。令人意想不到的是，张家不仅拒绝了抗日要求，还自恃手里有枪，枪杀了孟杰民，逮捕了同去的战士，穆景山虽按原定计划鸣枪示警并逃脱虎口，但当大部队赶到时，局势已无法挽救，经一昼夜激战，游击队负伤两人，耗费大量子弹，仍未攻下张家大院，只得主动撤离。45天后，1933年1月11日，游击队在磐东地区活动时，被东吉昌子（呼兰镇）高锡甲地主武装包围，遭到袭击。战斗中，游击队代理大队长王兆兰、政治委员初向臣牺牲，第三中队政治指导员和五分队队长受重伤。

连续两次重大挫折和主要负责人的牺牲，使刚刚有所振奋的军心士气再次波动起来，从战士到领导者，消极畏缩的情绪有所滋长，有人提出埋藏武器、人员分散活动，这无异于自动解散，结果，许多队员开了小差，队伍由160余人降至100余人。南满游击队的命运处于紧要关头。

为尽快解决磐石抗日斗争的新危机，中共满洲省委于1月25日致信杨靖宇并转县委及游击队同志，要求磐石县委和游击队的领导者彻底转变盲动冒险攻坚的"左"的路线，坚持发动与领导群众斗争，"把两次事变的教训深入到每个同志与游击队员中"。对于杨靖宇（化名乃超）的工作，省委指示说："乃超同志应该部分的时间留磐石工作，以一部分时间指导海龙工作。目前不应回省委"。遵照省委指示，刚在海龙巡视完工作的杨靖宇与李红光又回到磐石。

这时，团省委派来磐石巡视工作的巡视员刘过风也由哈尔滨来到磐石。刘过风坚决反对把队伍分散开来进行活动，批评了队内错误思想，使队内情绪稍许稳定下来。尔后，在海龙巡视完工作的杨靖宇以省委特派员的身份召集磐石县委会议和队内特支扩大会议，研究面临的局势和对策。会上，杨靖宇传达了省委给磐石中心县委及游击队的指示信精神，坚决而又严厉地批评了县委和队内党的领导干部思想中存在的悲观失望、畏难情绪等不正确观念。他阐述了党中央的领导抗日武装斗争的总方针，重申了省委交付给磐石党组织的任务，以此统一同志们的思想认识。指出，只有在党中央和省委领导下，坚决地丝毫不动摇地为巩固、发展红军第三十二军南满游击队而斗争才是出路。进而使县委领导同志、队内骨干的认识归于统一，坚定了大家的一定要把游击队建设好，与日本侵略者斗争到底的决心。

根据严峻的形势和实际情况，为了打开磐石地区反日斗争的新局面，杨靖宇果断地采取了三项措施：

杨靖宇给省委的报告

第一，召集全体队员会议，追悼先烈。杨靖宇在部队举行的悼念自游击队建立以来先后牺牲的孟杰民、王兆兰、初向臣等干部战士大会上指出，为革命牺牲是无上光荣的。他号召："我们未死的同志们应脚踏着死者的血迹走上前去，完成革命伟大任务。"追悼大会的召开，激发起干部、战士继承先烈遗志，积极开展反日斗争，誓把日本侵略者赶出中国的斗志，从而恢复了部队的士气。

第二，再次整顿队伍，宣布对新任领导干部的任命。通过整顿，加强了对干部、战士的思想教育，提高了对革命艰巨性的认识，增强了与失败、挫折斗争的信心。杨靖宇为把这支党领导的游击队建设好，决定留在游击队任代理政委。为便于工作，稳定部队情绪，他考虑到因伤离队的首任磐石工农反日义勇军政委姓杨（杨君武），人称杨政委，便也改姓为杨。所以队员把他（张贯一）也叫杨政委。特别是队内朝鲜族战士叫杨政委的音很似杨靖宇，于是，他说："我的名字就叫杨靖宇吧！""靖宇"含有铲除变乱，平定四方之意，表明了他矢志抗日的坚强决心。同时，这个名字与朝鲜语杨政委又近似谐音，战士们叫起来也方便（当时队内朝鲜族战士占有近半数）。从此，杨靖宇这一名字就叫开了，也就和东北抗日游击战争紧紧联系在一起。经过再次整顿的南满游击队新的领导人是：游击队总队长袁得胜、政委杨靖宇（代理）、参谋长李松波；教导队队长李明海、政委李红光；第一大队队长朴翰宗、政委严弼顺；第二大队队长韩浩、政委朴四平；第三大队队长王平山、政委王绍文。部队新的领导干部名单的宣布，特别是杨靖宇留任游击队政委，对游击队全体干部、战士是个很大鼓舞，使同志们对斗争的前途充满了信心。

第三，主动出击，开展游击活动。队伍整顿过后，于1933年1月下旬（春节期间），杨靖宇率队主动向蛤蟆河子反动地主武装"保民会"的"会兵"及据点"会房"展开了进攻，缴获"会兵"武装长短枪10支，逮捕包括有"会兵"头目在内的5名汉奸地主，没收其猪羊、粳米、白面、衣服等物品若干，并将没收的粮食分给贫苦农民，扩大了党的政治影响。随即，杨靖宇率队（70余人）于吉海路沿线老爷岭，在铁路工人配合下，击败日本关东军独立守备队（以下简称日军守备队）一小队（40余人），毁坏敌人铁甲车一辆，毙伤日寇30余人。之后，又率队（100余人）在庙岭与伪满军500余人展开战斗，敌死伤20余人。这两次军事行动的胜利使游击队士气为之大振，队内干部、战士欢呼雀跃，情绪高涨，一扫过去愁眉紧锁，满面阴云的景象。

队内的稳固和斗争的初步胜利，使杨靖宇很快在队伍中树立起了威信。县委和游击队全体同志一致公认，自从杨靖宇由海龙赶回磐石，再次整顿游击队并出任游击队政委后，磐石地区的反日斗争有了新面貌。游击队开始置于党的正确领导之下，队内情绪大为改观，红军在群众中树立起很高的威望，广大群众抗日斗争情绪也日趋高涨。工农群众热烈欢迎红军游击队，主动募捐，送慰劳品，许多青壮年积极要求参加南满红军游击队。

南满游击队获得新生后进行的几次战斗使日伪当局感觉到这支赤色游击队及其他反日部队的存在对其在南满的统治实是心腹之患。1933年1月下旬，伪吉林省省长、大汉奸熙洽利用所谓"冬深木落，匪失凭藉"之机，发布"围剿"反日军通令："令各县长自奉命后，迅即整饬警团，严重痛剿，务将零星小股，克日歼除，以靖地方。"① 于是，从1月末起，日伪当局派出大批伪满军配合日本侵略军，前来磐石地区"围剿"南满红军游击队及其他抗日武装。

面对敌人的"围剿"，杨靖宇领导南满游击队同敌人展开了激烈的反"围剿"斗争。从1月末开始，这次"围剿"与反"围剿"斗争持续到5月份才结束。无疑，这次反"围剿"斗争对于刚整顿恢复不久的南满游击队是一次严峻的考验。在四个月的时间里，南满游击队在杨靖宇的指挥下，与敌人进行大小战斗60余次，其中最为激烈的有4次。英勇的南满游击队指战员以不畏牺牲、压倒敌人的英雄气概，终将凶恶的敌人全部击溃，获得了巨大胜利。此后，南满游击队声威远震，城乡各地，义勇军、山林队乃至伪满军中都议论着"红军"与敌人英勇作战之事。在该阶段反"围剿"斗争中，有"杨靖宇率领游击队冲破敌人四次围剿"之荣称：

---

① 《盛京时报》1933年1月22日，转引自赵俊清：《杨靖宇传》，黑龙江人民出版社2004年版，第127页。

第一次冲破敌人"围剿"。1933年1月29日，日军及投降日伪的土匪"东江好"（驻烟筒山）及毛团（即伪满军毛作彬团，驻吉昌子镇）共三四百人，于上午11时向南满游击队根据地玻璃河套进攻。敌军闯进玻璃河套后，大施淫威，枪杀了团省委巡视员刘过风，肆意拷打群众，奸淫妇女，抢掠财物，使玻璃河套惨遭蹂躏。因当时南满游击队在海龙三十一户地方活动，敌人未寻到游击队。1月30日，敌兵大增。当时南满游击队行抵一个叫大坑的地方驻下。在此，游击队受到敌军千余人的"围攻"。上午10时，"东江好"六七百人，由北面向南满游击队驻地攻来。杨靖宇指挥游击队当即与其展开战斗。游击队员一面反击，一面发动政治攻势，高呼"士兵不打士兵"，"红军是穷人的队伍"，"哗变过来，杀死你们投降日本的走狗长官，投向红军"，"劳苦兄弟联合起来，去打共同的敌人——日本帝国主义！"在游击队英勇猛烈的反击下，敌人败退。同时，"毛团"本部及其所辖的"四季好"共约300人又由南面用机关枪向我军阵地猛射，敌人虽屡次向游击队阵地冲锋，但都遭到了迎头痛击，他们占领游击队阵地的图谋终未得逞。

当游击队大部分在大坑与敌人激战时，杨靖宇调动游击队一小部转到三棚砬子，包围了退到那里的敌人——"东江好"。敌军毫无防备，被打得措手不及，死伤多人。最后"东江好"力不能支，落荒而逃。游击队占领了三棚砬子。不多时，又有从西面、西南分别由二道岗和三栋顶来的"会兵"向游击队发起进攻。游击队员毫不畏惧，越战越勇。他们依据有利地势，沉着应战。战至傍晚，敌人见势不利，损失巨大，便逐渐收兵。此时，游击队在杨靖宇指挥下，也乘机经拐子坑转向红石砬子撤出战斗。天亮时，游击队各部会合于玻璃河套大生菜地方。

此次战斗，由日寇指挥的敌军共计千余人，南满游击队与敌人激战了一整天。敌军死伤二十余人，损耗弹药无数，机关枪也被游击队打坏。南满游击队牺牲队员一名，伤一名。这次战斗旗开得胜，粉碎了敌人的第一次"围剿"，显示了南满红军游击队应有的战斗力。

第二次冲破敌人"围剿"。2月27日，南满游击队驻在砖庙子。翌日，有敌军——日寇率领指挥的"东江好"、"毛团"六七百人，为围剿游击队先向砖庙子扑来，并把南满游击队一部包围。为避敌锋芒，占据有利地势，杨靖宇指挥游击队战士有计划地退至浅草沟山顶。之后，游击队突然向敌人展开猛烈射击。由于游击队占据有利地势，居高临下，敌人虽屡次冲锋，但皆被击退。作战时，游击队战士精神振奋，高唱革命歌曲，向"毛团"士兵喊话，高呼"弟兄不打弟兄！""共同去打倒我们的敌人——日本帝国主义！""拖枪哗变过来！"等口号。此次激战历经三小时，敌军死12人，伤10人。游击队牺牲1名队员，伤1名队员。此战敌军败北，红军大胜。不久，日伪当局将战败的"东江好"缴械，"毛团"也不被信任。"毛团"首领毛作彬基于形势所迫，举旗哗变，倒戈抗日。"毛团"

曾多次为日伪当局驱使，与南满游击队交战。这次"毛团"首领率队哗变反日，其本身就是对日伪当局的一个打击。同时，磐石地区广大群众莫不感到振奋，极大地扩展了南满红军游击队的政治影响。

第三次冲破敌人"围剿"。1933年3月底，日伪当局在其"讨伐队"连续遭到两次失败后，又调动日军守备队700余名向南满游击队展开进攻。日军守备队携带机关枪、大炮等轻重武器，自磐石、小城子等地出发至玻璃河套，向驻在杨宝顶子的南满红军游击队包围过来。在杨靖宇指挥下，游击队布开狭长阵线准备迎战。敌人用两门大炮、四五挺机关枪集中火力向游击队猛烈射击，并在炮火掩护下，多次向游击队阵地冲击。游击队从容迎战，向冲上前来的敌人瞄准射击。敌人在明处、游击队在暗处，敌人集中、游击队战线狭长，敌人在游击队的准确射击下应声而倒。此战由下午1时战至夜幕降临。日军守备队长以下十几人被击毙，伤数人。傍晚，敌人见大势已去，全部溃退。游击队无一伤亡。

这次反"围剿"斗争的胜利，游击队员们更加兴奋。当地群众也兴高采烈，他们说，只有共产党领导的红军游击队才是真正彻底的反日武装；只有红军游击队才有这样的战斗力，才能够给敌人以沉重的打击。

第四次冲破敌人"围剿"。上次大规模进攻一个月后，敌军于4月底又向南满游击队展开第四次大规模"围剿"。这一次敌人派出大股部队，从小城子出发，动用三门迫击炮、七八挺机关枪，向游击队驻地萝卜地包围过来。杨靖宇得知敌人袭击的消息后，迅即指挥游击队转移到萝卜地附近的大泉眼地方。中午时分，正向萝卜地贸然开进的敌军行至大泉眼地方，突遭埋伏于此的游击队的打击。敌人惊魂未定，仓促架起迫击炮、机关枪向游击队阵地开火。此时，杨靖宇指挥游击队于正面和敌人交战，伺机又派出部分马队抄袭敌人背后，并设下埋伏，准备敌人逃窜时予以堵击。战斗中，敌人见正面冲击无法得逞，又受到背面围攻，便急速集合夺路而逃。敌人溃逃时遭到了事先埋伏好的游击队小股部队的迎头痛击。这次战斗毙敌10余人，其中有日军6人，伤敌20余人。游击队方面毫发无损。

这四次反对敌人"围剿"的斗争，共消灭日伪军100余人。在反对敌人"围剿"斗争中，南满红军游击队发展至230人，武器齐备。队员人数较"五洋"队时期增加三倍。这四次反"围剿"斗争影响很大，中共苏区中央局机关刊物《斗争》曾以《南满赤色游击队的新胜利——冲破日本帝国主义的四次进攻》为题，进行了详细报道。反"围剿"斗争的胜利，让游击队声威大震，游击队员扬眉吐气、精神振奋。磐石、伊通、海龙等地的广大群众倍受鼓舞，深感抗日有望。一些义勇军、山林队看到共产党领导的游击队确实有力量，便开始主动靠近南满游击队。同时，南满红军游击队的活动也对伪满军产生了一定的影响。在磐石、伊通一带的一些伪满军中，有人提议："我们与红军没有仇恨，再让打红军的时候，我们不瞄准打了。"南满游击队在磐石一带开始稳固地扎下了根，并成为各抗日武装部队的模范和核心力量，推动着旧奉天省东边道地带及安（东，今丹东）沈（阳）铁路沿线抗日游击运动的新高涨。与此同时，在海龙县委领导下的工农反日义勇军，自杨靖宇于1932年12月间赴海龙巡视将该队改编为"中国工农红军第三十七军海龙游击队"后，在海龙、柳河、清原一带也积极开展活动。

红军游击队的存在和发展，使日伪当局惊恐异常，深感共产党领导的游击队继续发展，将对其在南满统治构成威胁。日本侵略者的喉舌《盛京时报》，尽其污蔑之词，1933年5月4日，该报以《海龙县境一带红军跳梁》为题载文报道说，"以磐石西方、海龙县境一带为势力范围，狂奔扩大其党势之共产党，由首领南方人，参谋磐石人统率之，最近自称为红军第三十二军开始积极运动。普遍袭击附近富豪，强夺财物，分与附近贫民，并向附近各地派遣宣传员，努力宣传，故附近农民之加入红军者日益增多，其数已达二三千名，若再不讨伐，恐陷于不可收拾之状态。故海龙、磐石两县警察队，对此近将开始彻底的讨伐，以一扫祸根云。"从敌人的这篇报道中，可以看出敌人不仅视南满游击队为"祸根"，且恐其继续发展，"陷于不可收拾之状态"。当然，文中所载红军已达"二三千名"不算属实，说得偏大，但游击队确实比"五洋"时期大有发展。

在当时，南满各地不仅广大民众、义勇军在谈论红军游击队的事情，而且在其影响下，一些伪满军也发生了动摇。驻吉林市的伪吉林警备第五旅步兵第十四团士气十分低落。该团迫击炮连在红军游击队胜利斗争的影响下，在党组织派入该连队内部的共产党员曹国安、宋铁岩及张瑞麟（起义前两日入党）的策动下，反日情绪高涨，积极准备起义。1933年4月下旬，伪满军第十四团迫击炮连随团部开进吉林南山"讨伐"反日军。士兵们对"讨伐"十分反感，故意放空枪，打空炮。"讨伐"结束后，部队移驻磐石县烟筒山临时驻防。迫击炮连驻在"成德源"烧锅院内。此时，曹国安等认为起义条件已成熟，要不失时机展开行动。5月28日（端午节）夜，伪满军十四团迫击炮连100余名士兵，在曹国安、宋铁岩、张瑞麟领导下举行起义，在击毙反动连长后，携带迫击炮1门，炮弹80发，步枪100余支，子弹2万发，奔赴石虎沟。翌日，起义连队与前来迎接的南满红军游击队取得联系，奔赴游击队根据地玻璃河套，在那里参加了南满红军游击队，被编为游击队迫击炮大队，曹国安任队长，宋铁岩任政委。

伪满军十四团迫击炮连起义，是在敌人对南满游击队连续发动四次"围剿"后发生的。这支伪满军加入南满红军游击队，极大地扩展了红军游击队的政治影响，震惊了日伪当局，一些伪满军更加动摇。迫击炮连哗变后，受其影响，7月13日，同步兵十四团机枪连第一班6名士兵携轻机枪1挺、步枪6支加入南满游击队；7月22日，同团士兵30名，携带步枪33支、弹药300发，参加了南满游击队。上述部队的加入，增加了游击队的有生力量，改善了部队装备，特别

杨靖宇使用过的武器及物品

是携来一门完好的迫击炮,使南满红军游击队有了重武器,更加积极有效地打击日寇驻军,破坏日伪军事设施,增强了人民抗日武装实力。

第三节 贯彻《一·二六指示信》

1933年5月,杨靖宇到磐石工作已有半年,领导开创了磐石地区抗日斗争的新局面,正当乘胜前进之际,杨靖宇接到了中共满洲省委的通知,要求他尽快返回哈尔滨参加省委扩大会议。

接到通知后,杨靖宇迅速安排了工作,日夜兼程于5月中旬赶到哈尔滨,按照党组织的安排,他住到了当年在哈尔滨工作时期的老战友姜椿芳家里——道里中国十一道街(现西十一道街)13号的半地下室。杨靖宇对这里并不陌生,早在1932年,他就在此与姜椿芳一家人相识,"彬彬有礼,平易近人,和蔼可亲,特别善于照顾老人,常找空和老人拉家常,同两位老人建立了友好的关系",[①]这就是姜椿芳对杨靖宇终身难忘的记忆。

杨靖宇刚到姜椿芳家里,就遇到了来传送文件的省委交通员。杨靖宇读到的是党中央《一·二六指示信》,此时他敏锐地认识到,党中央对东北抗日斗争的指导方针开始转变了。

事情还得从一年前的"北方会议"说起,在那次会议确立的"左"倾方针指导下,东北抗日统一战线的建立受到严重阻碍,党在失去了抗战同盟者的同时,也丧失了掌握领导权和建立自己的抗日武装的最有利时机,而在日本帝国主义的疯狂进攻之下,加之旧军队和民众武装自身的弱点,导致一度达到三十余万人

[①] 姜椿芳:《中共满洲省委扩大会议前后的杨靖宇》,宋晓宏、高峰、傅伟编著:《永久的丰碑——杨靖宇将军资料汇编》,吉林文史出版社2005年版,第218页。

的义勇军只坚持了一年左右,东北抗日斗争的第一个高潮就此付诸东流。对此,共产国际和中共中央十分重视。于是,在1932年8月召开的共产国际执委会第十二次全会上,制定了《关于国际状况和共产国际各分部任务的提纲》,指出:"在进行民族革命斗争的口号下,动员群众去反对日本帝国主义者及其他帝国主义者,争取中国的独立和统一。"①

根据这次全会精神,1933年1月26日,中共驻共产国际代表团以中共中央名义发出《给满洲各级党部及全体党员的信——论满洲的状况和我们党的任务》,史称《一·二六指示信》。4月,该信先由莫斯科送至中共满洲省委吉东局,又由吉东局送至哈尔滨满洲省委。

《一·二六指示信》具体分析研究了"九一八"事变以来的东北状况,指出其最主要的特点是:"因为日本侵略军的民族压迫,及广大群众政治经济地位的日益恶化,于是不仅满洲的工人农民苦力小资产阶级(小手工业者,学生,城市贫民)对日本侵略者及其走狗表示极端敌视,而且有一部分的有产阶级直到现在对侵略者抱敌视态度,因为他是他们利益的竞争者。正因此,日本帝国主义所谓满洲国,直到现在还未能造下坚固的社会靠山,而且,虽然中国共产党的影响和组织十分薄弱,但满洲的游击运动,却逐渐更多带着群众的性质。"②

东北抗日斗争特别是武装斗争的广泛性,正体现了这一斗争的"群众性质",在《一·二六指示信》中,中国共产党对东北民众抗日武装进行了分析,将他们划分为四个不同的组成部分,其中有纯属旧东北军的部队、有包括旧东北军但以农民小资产阶级甚至工人为主体的部队、有以农民为主自发组织的游击队、有中国共产党组织和领导的赤色游击队。

从这一实际出发,《一·二六指示信》强调:"在满洲群众运动现在发展的阶段上,我们总策略方针,是一方面尽可能的造成全民族的(计算到特殊的环境)反帝统一战线来聚集和联合一切可能的,虽然是不可靠的动摇的力量,共同的与共同敌人——日本帝国主义及其走狗斗争。另一方面准备进一步的阶级分化及统一战线内部阶级斗争的基础,准备满洲苏维埃革命胜利的前途。"③而要做到这一点,正如指示信要求的那样,"无论在什么时候,都坚持和保存自己政治上和组织上的独立性,即无产阶级的政党自由和不留情的批评和揭穿统一战线内同体中的一切不彻底,动摇,叛变,变节,投降的企图和事实。坚决的无情的反对右倾分子把夺取无产阶级领导权的策略,变为投降和作资产阶级尾巴的一种企图和趋势。但同时要和'左'倾关门主义,及在政策的实际工作中想跳过现阶段的企图和趋势宣布无情的战争,因为这可过早的破坏或完全不可能造成现在所规定的

---

① 《建党以来重要文献选编(1921—1949)》第9册,中央文献出版社2011年版,第654页。
② 《建党以来重要文献选编(1921—1949)》第10册,中央文献出版社2011年版,第37页。
③ 《建党以来重要文献选编(1921—1949)》第10册,中央文献出版社2011年版,第43页。

必须的统一战线。并在这在客观上实际是帮助日本帝国主义。"①

最后,《一·二六指示信》特别指出:"满洲党组织的基本弱点之一,在于他未经过一九二五—二七年大革命的学校,然而满洲党是我们党不可分离的及组织的部分。因此一九二五—二七年革命有丰富的教训,以及最近几年中国中部及南部胜利的苏维埃革命极宝贵的经验,和联共伟大胜利的经验,都应当有系统的被我们在满洲的组织在中央指导之下所利用。"②

《一·二六指示信》有助于东北党组织冲破"北方会议""左"倾错误的束缚,广泛发动群众,团结一切可以团结的力量,建立和扩展抗日民族统一战线,组建中国共产党领导的抗日武装,掌握东北抗日斗争的领导权。在东北党组织的领导干部中,杨靖宇是较早认识到这一点的人,也正因为这样,他对《一·二六指示信》的学习是反复而认真的:"如获至宝,细细研读,甚至对个别字眼一再推敲,反复体会。读完后,他激动地说:'中央和国际总是这样站得高,看得远,抓得准,说得深。我们在这里,在现场,在接触实际的地方,却看不清楚,不会分析,把握不定……'这封指示信,他一连读了好几遍,第二天、第三天,他还拿出来阅读。"③

按照满洲省委的通知,杨靖宇到哈尔滨是来参加省委扩大会议的,但因路途遥远,待杨靖宇到达时,省委扩大会议已经结束。5月15日,会议通过了《中共满洲省委关于执行反帝统一战线与争取无产阶级领导权的决议——接受中央一月二十六日来信》,自我批评说:"显然的省委以及许多地方党部执行了左倾机会主义路线",④指出今后工作重点是"联合一切反日力量,开展反日反帝斗争与反日游击运动。真正的进行布尔什维克的群众工作,夺取和巩固无产阶级的领导权,建立选举的民众政府与人民革命军,发展党巩固党建立党在反帝运动中强有力的领导"。⑤在学习《一·二六指示信》的同时,杨靖宇也学习了这个决议,对今后的工作重点和方向有了更加清醒的认识。

在姜椿芳家里,杨靖宇进行了将近十天的学习。5月28日端午节这天,满洲省委书记李实和李耀奎、何成湘等来到姜椿芳家里,以节日聚会为掩护,当面传达了《一·二六指示信》和省委5月15日决议精神,并听取了杨靖宇的汇报,共同研究了在南满贯彻《一·二六指示信》问题。会上还传达了两个省委决定,一是取消"中国工农红军第三十二军南满游击队"番号,在较短时期内建立东北人民革命军第一军独立师;二是正式任命杨靖宇为领导南满工作的省委代表。

---

① 《建党以来重要文献选编(1921—1949)》第10册,中央文献出版社2011年版,第44页。
② 《建党以来重要文献选编(1921—1949)》第10册,中央文献出版社2011年版,第54页。
③ 姜椿芳:《中共满洲省委扩大会议前后的杨靖宇》,宋晓宏、高峰、傅伟编著:《永久的丰碑——杨靖宇将军资料汇编》,吉林文史出版社2005年版,第218页。
④ 《东北抗日联军史料》(上),中共党史资料出版社1987年版,第62页。
⑤ 《东北抗日联军史料》(上),中共党史资料出版社1987年版,第66—73页。

"杨靖宇同志在会上提出的唯一问题是怎样、特别是在什么时候,把已经受到群众拥护和东北各地武装力量领袖重视的中国工农红军的旗帜卷起来,打出人民革命军的旗帜,也就是说,要对群众做哪些换旗的宣传准备工作,他认为,在充分做好宣传解释工作之前,不能遽然换旗、换口号。"①

此时,杨靖宇也以张贯一的名义夜以继日地起草报告,向满洲省委报告南满政治经济情况和党的工作。5月31日,这个长达数千字的报告终于完稿。在杨靖宇的笔下,日本帝国主义"王道乐土大满洲国"的真相暴露无遗:

工人:"吉海路奉海路工人大批被开除、逮捕,日本本国人和他的走狗韩人,拖欠工资,曾数个月一文不发,容纳二千多人的西安煤矿,曾完全停工,嗣虽经日帝经手把坑开工不过仅收过去人数五分之一,且工作时间原来十小时或者八小时,延长到每天工作十八小时,工资过去每天赚一元五六毛的工人,现在最高限度,只能得到国币八毛,很清楚的,比张学良时代尚减少二分之一。待遇上因公死伤,不善加诊治抚恤,且打骂工人,野兽行动,时有所闻,弄得工人日食不饱,精神颓废,面黄骨露状似魍魉。尤其是沿鸭绿江流域,造船缫丝伐木等等工人,完全陷入失业,城市里大小商店逐渐倒闭,手工业时常关门。"②(吉海路指吉林至海龙路,奉海路指奉天至海龙路;西安煤矿即今辽源煤矿;"国币"指伪满国币——引者注)

灾民:"无衣无食居处无定的中韩灾民难民大街小巷时时聚集成群嗷嗷待哺,惨不忍闻。日本帝国主义为欺骗韩国劳苦群众,曾在较大城市设立韩国难民收容所,名义上广泛收容韩国群众,凡衣食住各种迫切要求,好像均代为妥善解决,实际上每人每日仅发几两小米,每人每日食不过两顿稀饭,男女老幼杂居一处,肮脏臭气充人肺腑,传染病盛行,无医诊治,最多的每处有日死三〇〇人之谱。据山城镇有一收容所内,孤儿寡妇或较小儿童完全皆无,以该处灾民人数过多,日死一二百人,年轻壮年尚自顾不暇,更无余力照顾幼小儿童,以致死亡殆尽。"③

农民:"农村里大半破产农民无地耕种……目前大半失业,并很多无家可归……日本帝国主义及其傀儡政府'满洲国'到处种大烟,无微不至的征收苛税及其会兵层出不穷的给养等税,弄得广大劳苦群众目前叫苦连天,无法维持生活。"④

一言以蔽之,南满人民和整个东北人民一样,地无分城乡,人无分民族,"于'九一八'事变遭受东方大强盗日本帝国主义掠夺之后,不但形成广大劳苦群众

---

① 姜椿芳:《中共满洲省委扩大会议前后的杨靖宇》,宋晓宏、高峰、傅伟编著:《永久的丰碑——杨靖宇将军资料汇编》,吉林文史出版社2005年版,第218页。
②《东北抗日联军史料》(上),中共党史资料出版社1987年版,第76页。
③《东北抗日联军史料》(上),中共党史资料出版社1987年版,第76—77页。
④《东北抗日联军史料》(上),中共党史资料出版社1987年版,第77页。

失地失业啼饥号寒叫苦连天无法生活，且整批日趋死亡的道路"[1]。在这亡国灭种的奇灾大难之下，"便发动了风起云涌的抗日怒潮，产生了成千累万的抗日军、义勇军、大刀会、武圣会、赤色游击队等等武装组织，艰苦英勇的实行对日作战"[2]。也是在杨靖宇的笔下，记述了无数无名抗日英雄的形象：

> 如东丰、清原、柳河、蒙江等县，国民党系下的唐聚五部下四十几路自卫军，兰司令抗日军，磐石宋司令抗日义勇军等，豪绅地主之江好善义勇军，胡子头殿臣国军领导的抗日义勇军等，共产党领导的中国红军第三十二军南满游击队，东丰海龙红军第三十七军游击队等，表面上日本帝国主义好像统治了一切，在他的机关报《盛京时报》、《大同报》、《吉林日报》、《大晚时报》等登的今天把某股胡匪已打溃散，明天已把某股胡匪消灭，建设东方的乐国"满洲国"，实质上日本帝国主义"满洲国"的统治，仅仅限于奉吉海铁路沿线和大城市，且遭破坏不通火车，时时发生恐慌动摇，农村里大部分在抗日军、义勇军、赤色游击队统治着，特别是在磐石一带，因为中国红军第三十二军南满游击队逐渐发展，战胜了日本帝国主义第四次"围剿"，加强了自己的战斗力，大大的提高党在群众中的威信，声势上威胁着南满各大城市，而更较广泛的推动起抗日的怒潮，创造了红石砬子一带东西南北几十里的农民协会的根据地。故日本帝国主义"满洲国"的统治更是仅仅限于城市内和铁路沿线，在乡村中完全在游击队、抗日义勇军和三五成群的胡子统治着……今年阳历二月底红军游击队在老爷岭一带击破了日本帝国主义的铁甲车，枪毙了日帝官兵七名，受重伤两名，后一般互传红军要进攻磐石县城，全城围困，连夜赶筑战壕，一天四次警号，晚六点即关闭城门。农村方面农民更是破产，较大的地主早已跑到大城市去了，下剩的穷苦农民，不但很多的无力耕地，目下已形成十室九空的状态，抢粮、分粮、吃大户进而走向游击战争的前途更是日益发展着，工人不愿给日帝作工，为自己目前切身利益而斗争的怠工罢工，参加抗日武装团体实行积极抗日，更是天天爆发着。士兵哗变反对长官压迫的斗争浪潮日益爆发和酝酿着。[3]

在南满人民的抗日斗争中，和整个东北人民的抗日斗争一样，站在最前列的是共产党人，具体地说，就是在杨靖宇指挥下的磐石游击队：

> 在旧历年关进攻蛤蟆河子会兵，缴获会兵武器数十支，逮捕五个地主，内有会兵头一名，没收地主许多猪羊糠米白面衣物，士气为之大振，特别是

---

[1]《东北抗日联军史料》（上），中共党史资料出版社1987年版，第76页。
[2]《东北抗日联军史料》（上），中共党史资料出版社1987年版，第77页。
[3]《东北抗日联军史料》（上），中共党史资料出版社1987年版，第78页。

在老爷岭处打了日本帝国主义的铁甲车，红军的威信在群众中更大大的扩大起来，不但给日帝很大的威胁，即投降日帝国民党领导的队伍如毛团等，亦不敢正面相视。凡我们所影响到的群众都说只有红军，才能抗日。自阳历一月三十号到五月初，这三个月当中，日帝国主义虽曾四次动员"围剿"，每次动员武装队约千人左右，头两次是日帝国主义带着他的走狗降队毛团、东江好等用手提式机关枪的进攻，后两次是日本帝国主义亲自出马，如吉海路剿匪游击队十四团等，更用了很多的机关枪、大炮来施行他进攻革命势力更残酷的手段，但以我红军英勇战斗的结果，均大获胜利，日匪军以杠抬死伤官兵狼狈而逃。总计自五洋队转变为红军三十二军游击队，五个月内大小六十次的战斗……新式武器二百三十八（细目另详），较五洋时代增加三倍，旧式武器如洋炮支杆子刀杆等没收约一百五十谱。（原文如此——作者注）①

在报告中，杨靖宇还记述了磐石党团组织和游击队的宣传、组织工作，对工作中的缺点错误作了认真严肃的自我批评，特别强调了统一战线和争取领导权的重要性：

> 自"九一八"事变迄今不能更大地推动起抗日战争，完成南满反日民族革命任务，最主要的原因是得不到党正确的领导和我们党的工作薄弱，红军游击队放弃反日民族革命战争的领导任务……我们党领导下的红军游击队过去只是积极的怎样扩大自己的组织，对国民党胡子头领导下的抗日武装团体不但不去领导他们怎样夺取下层群众和领导权，且时常尖锐的对立起来，以致红军游击队虽英勇的时时战胜敌人，给日本帝国主义很大的打击，处处得到广大群众拥护和爱戴，但以党的领导和工作上的薄弱，队伍又陷于孤立狀态，不能更大的推动起反日民族革命战争。②

杨靖宇在姜椿芳家里待了将近一个月，这是他短暂的一生中最后一次在大城市里的时光。在这一个月里，杨靖宇还和上一年一样，"饮食起居都很随便，真像自家人一样。他经常帮助我父母扫地，收拾房间，做些家务事，有时出去还带回些吃的给老人，我们和睦相处，关系融洽"。③

也是在这一个月里，姜椿芳最后一次与杨靖宇朝夕相处。当时的情景多少年后他依然历历在目：

---

① 《东北抗日联军史料》（上），中共党史资料出版社 1987 年版，第 81—82 页。
② 《东北抗日联军史料》（上），中共党史资料出版社 1987 年版，第 78—79 页。
③ 姜椿芳：《中共满洲省委扩大会议前后的杨靖宇》，宋晓宏、高峰、傅伟编著：《永久的丰碑——杨靖宇将军资料汇编》，吉林文史出版社 2005 年版，第 218 页。

杨靖宇同志在我家前后住了一月之久，像一家人一样，一有空就帮着我们做家务。他也常常和我们谈起战斗的故事，讲到刘过风（满洲团省委巡视员——引者注）同志怎样手拿一张正在起草的文件被敌人追逐而逃往山上去的时候，中弹牺牲。那张草稿纸戳在树枝上像一面旗子在风里飘动，一向跟着他一起一位有肺病的中年同志，一次激战时沉不住气，拿着枪冲下山去，在他还唤着他站住的时候，那位同志已中弹滚下山去了……

杨靖宇同志的鼻子里经常流下清水鼻涕。他告诉我们，那是有一次他被敌人捉住，被倒吊在给马修脚掌的木架子上，敌人用马尿灌进他的鼻子里，从此他的鼻子便弄坏了。

他讲起游击队怎样受到群众的拥护，有一次在山上作战，山下有一个老太太摆了香案，叩头求菩萨保佑红军打胜仗。磐石一带的老百姓那时真有人不相信我们的游击队是普通工农组成的，他们传说这是天神天将，是天上派下来救老百姓逃出日伪火坑的。有些胡匪性质的首领，与杨靖宇同志"碰马"，往往一骨碌滚下马来，向他下跪。还有一个胡匪头目，下了马，不是下跪，而是拱拱手，口称"总队员"。杨靖宇同志觉得这三个字用得很有趣味。

杨靖宇同志一有空便看报看书。他还努力学唱歌，有几次我们用口琴轻轻地伴奏学唱"国际歌"，我们还试着编"东北人民革命军军歌"，但没有编成。①

经过一个月的学习，杨靖宇信心百倍，迫切希望返回磐石战场，和战友们一起执行党的指示，掀起抗日斗争新高潮。6月中旬的一天，杨靖宇踏上了归途，出发前，姜椿芳目击了这样一幕情景：

他换上了一身半农民半商人的短裤褂，把脱下来的一件灰色哔叽大褂和一床花布褥子，送到当铺当了，让我母亲替他保存当票。他说："我把衣服和褥子存在当铺里，当来的钱好在路上花销，等我下次来哈尔滨再赎出来穿用，请你代我存着这张当票。"我母亲说："当票一年期满，到时候一定要赎出来，不然就成'死号'了。"杨靖宇同志说："我不到一年就要再来哈尔滨的。"②

第四节　建立抗日武装统一战线

离开哈尔滨，杨靖宇日夜兼程，恨不能一步跨回磐石根据地，回到朝夕相处

---

① 姜椿芳：《忆杨靖宇同志》，《人民日报》1958年2月23日，宋晓宏、高峰、傅伟编著：《永久的丰碑——杨靖宇将军资料汇编》，吉林文史出版社2005年版，第216页。
② 姜椿芳：《中共满洲省委扩大会议前后的杨靖宇》，宋晓宏、高峰、傅伟编著：《永久的丰碑——杨靖宇将军资料汇编》，吉林文史出版社2005年版，第219页。

的战友们中间,这时,在他的"锦囊"里,已经装满了党中央和满洲省委给予的"妙计"——《一·二六指示信》、省委扩大会议"五一五"决议,还有团省委给正在磐石工作的巡视员傅世昌(傅天飞)及团县委的紧急指示信。杨靖宇深信,在这些正确方针的指导下,在自己和战友们的手中,磐石乃至南满的抗日斗争必将迎来更大的胜利。

一回到磐石,杨靖宇就把旅途的疲劳抛到脑后,立即召集县委和游击队全体领导同志,详细传达中央和省委精神,遵照满洲省委"假使能运用正确的策略,如象中央所指示的分别对待各种游击队进行下层统一战线以及某些游击队的上层统一战线,有时经过上层统一战线来顺利的实行下层统一战线,并且某些游击队可以与之进行反帝联盟的形式。只要合乎下列条件:(1)坚决反日;(2)不侵犯劳苦群众的利益,能予民众以民主权利(集会、结社、言论、出版、示威、游行等自由);(3)不反对共产党,准许共产党以绝对活动的自由。我们的赤色游击队可以与之建立抗日联合军指挥部的组织,进行反日的战斗,保证我们的党在里面绝对的领导,便利我赤色游击队顺利的向前发展,争得赤色游击队在反帝运动中的领导权。任何游击队我们可以而且必须实行下层统一战线,订立反日作战的协定"①的指示,杨靖宇和他的战友们,更加注意团结、联合在磐石、伊通一带活动的抗日武装,建立和扩大抗日民族统一战线。

这时,南满地区的抗日形势十分危急,几乎与杨靖宇启程去哈尔滨同时,日军日野支队便开始了对磐石一带抗日义勇军的"讨伐",而等到杨靖宇返回时,面对的敌情更加严峻,除日野支队外,日军又调来了驻守铁岭的独立守备队,并令伪军旅长兼吉林省防区司令邢士廉(后任伪满军事部大臣,因其效忠日寇,血债累累,东北人民有民谣《骂老廉》以讽之)调遣骑兵配合,还对义勇军首领"殿臣"(傅学文)开出了"生擒一万五千元,首级八千元"的"赏格",而反观抗日武装方面,虽然有"老常青""赵参谋长""赵旅""马团"等不下数十股,但多各自为战、互相猜忌,且有的与群众关系恶劣,他们武器装备陈旧、战略战术呆板,不仅易于被敌人各个击破,而且在敌人大举进攻面前难免动摇甚至投敌。这种千头万绪、一盘散沙的格局,无疑是对杨靖宇的严峻考验。

面对危局,杨靖宇挺身而出,以建立抗日统一战线为中心,广泛联系各路义勇军头领,晓以合作抗日之大义和联合则存、分裂则亡的利害,指出:"若是我们各队还不能真诚团结,仍继续保存门户之见,互骂、冲突,就上了日寇的阴谋大当"②,除亲身前往外,杨靖宇还起草了许多信件和传单,派其他同志到义勇军、山林队中开展统战工作。

争取义勇军的头目固然劳心费力,赢得群众的理解也毫不轻松。在将近一年

---

① 《东北抗日联军史料》(上),中共党史资料出版社1987年版,第66页。
② 赵俊清:《杨靖宇传》,黑龙江人民出版社2004年版,第141页。

的时光里,磐石一带的群众已"领教"了义勇军山林队们的苦头,而对纪律严明的红军游击队则是有口皆碑。如今见"红军头领"天天与"胡子头"们热情见面、来往不断,自然是丈二和尚摸不着头脑,一时间议论纷纷,对此,杨靖宇耐心地向群众解释:"凡属中华国民,除少数汉奸,皆我同胞,不问其信仰、阶级及党派,只问其是否抗日救国,凡抗日救国者,皆我战友,应当联合一致及争取、改造、利用这些武装,增加抗日力量,只有这样才能打败日本侵略者。一个大拇指比一个小拇指是大的,但是一个大拇指力量还不够大。如果把五个指头握成拳头,打击敌人不是更有力量吗?"[1]群众听着杨靖宇的解释,看着他有力的手势,更重要的是亲眼见到那些义勇军山林队们在与红军游击队联合抗日后,也逐渐学着红军的群众纪律,再不是"打粳米、骂白面"那一套了,于是也明白了抗日民族统一战线的道理。

为建立抗日民族统一战线,杨靖宇做了不少"言传"的工作,但他更注重"身教"——英勇作战、纪律严明、舍己为人。当时活动在磐石北部的义勇军"赵旅"(又称"赵团")、"马团"就是最初被杨靖宇的"身教"争取过来的友军之一。这两支部队都是旧吉林省防军,"赵旅"首领赵宝林,"马团"首领马立三。从"九一八"事变起,他们就踏上了抗日沙场,是磐石地区活动最久的抗日义勇军之一,也确有一定实力,于是,赵、马二人就凭借着这点本钱,对杨靖宇领导的红军游击队玩起了"大鱼吃小鱼、小鱼吃虾米"的把戏,多次袭击游击队以图缴械自肥。然而在他们被敌人包围自身难保之际,得到的却是杨靖宇的"以德报怨"。

一次,这两支队伍在板凳沟遭到日伪军包围,虽数次突围皆未成功,形势极其危险。当时,杨靖宇正率队在玻璃河套活动。他听到这一消息后,立即决定率队助其解围。行前,杨靖宇向战士们作动员说:"我们不能顾念旧怨,要以大局为重,救出马、赵二团,就是给抗日事业增加一份力量。"于是,杨靖宇率部向日伪军后路抄去。敌人见身后有部队来袭,便调转头来应付身后的攻击。顿时,敌军混乱起来。此时,马、赵二团乘敌混乱之机展开勇猛冲锋,敌军因腹背两面遭袭,丢下几十具尸体后仓皇逃走。

战斗结束后,"赵团""马团"首领与杨靖宇相见,感谢红军在他们危难之时予以帮助。赵团长十分感慨地说:"我非常惭愧,以前我打了你们,过去很对不起弟兄们。今天你们救了我们,这一回我算知道了谁是我的朋友,以后我姓赵的如果再有三心二意,对不起磐石父老,天理良心不容。"马团长也一再讲:"过去不识真假人,红军不记私仇,真够朋友。"杨靖宇对他们说:"过去的事情,就不要提啦,只要我们能够紧紧地团结起来,依靠群众,枪口一致对外,胜利终归是我们的!"[2]

---

[1] 赵俊清:《杨靖宇传》,黑龙江人民出版社2004年版,第142页。
[2] 赵俊清:《杨靖宇传》,黑龙江人民出版社2004年版,第143页。

还有一次，杨靖宇率领游击队行军，巧遇义勇军"毛团"（因首领为毛作彬而得名），该部是一支哗变反正的伪军队伍，在伪军时期曾与游击队作战，如今"仇人见面"，该部官兵担心游击队算旧账缴械，个个心里七上八下，正在这时，杨靖宇主动上前，热情地与"毛团"官兵见面，讲演共同抗日的道理，并说："假使你们不是哗变反日的，今天一定要缴你们的械了"[①]。讲演完毕，毛团士兵耳闻目睹红军游击队大仁大义，纷纷感叹："红军不记私仇，是真正反日的。"加之杨靖宇派来的宋铁岩卓有成效的工作，"毛团"也开始向游击队靠拢。

正当磐石地区抗日民族统一战线稳步推进之际，1933年6月下旬，日伪军又发起了大规模进攻，为打击敌伪、振奋士气，杨靖宇决定攻打位于磐石、伊通两县交界处的大兴川伪军兵营，此处据我军玻璃河套根据地45里，驻防伪军百余人。战前，杨靖宇派人与"赵旅""马团"商定了联合作战方案，确定出动300余人，四面围敌攻打，其中游击队出动160余人，承担两面作战任务，"赵旅"出动70余人，"马团"出动80余人，两部各承担一面作战任务。在与友军商定作战方案后，杨靖宇又召集游击队各大队长会议，组织了以教导队队长李明海（绰号"老当兵"）为队长的冲锋队，并确定教导队政委李红光为前线指挥。

6月24日夜，游击队以急行军向大兴川前进，于25日拂晓接近阵地并与友军取得联系。随即联合投入战斗，不料友军误将伪军营房附近一座地主大院点燃，导致伪军警觉，整个白天，战斗未分胜负。夜间，游击队又联合友军继续攻打敌营，前锋占领距敌炮台三十步远的一座小屋，但终因游击队和友军后续部队未能跟进，无法攻破伪军防线，天亮前，游击队和友军主动撤出战斗，是役毙伤敌十余人，游击队冲锋队班长小李牺牲，另有一人负伤。伪军经此激战，丧魂落魄，待天亮确知抗日部队已然撤走，竟也仓皇放弃营房，逃往另一据点营城子。

这次战斗是杨靖宇指挥的游击队与友军首次有计划有步骤地联合作战，也是《一·二六指示信》精神在南满地区的初步贯彻，游击队的精密部署和英勇战斗，受到友军的一致赞扬，战后伪军惊恐自退，更使游击队声名大噪。从一定意义上说，大兴川战斗已经成为南满地区抗日民族统一战线的奠基礼。

大兴川战斗后不到一个星期，中共满洲省委于7月1日致函磐石中心县委和南满游击队，信中写道："听了杨同志的报告，经过省委和杨同志共同的讨论之后，省委在改正自己的错误路线，接受中央一月二十六日正确的指示之下，给你们以书面的指示，希望你们能够以斗争的精神在中央与省委新的指示之下积极工作。"在充分肯定南满抗日斗争成绩的同时，信中也批评"左"倾错误说："过早地提出建立苏维埃与红军的任务，对于那些武装反日的队伍，采取用宗派主义的态度，对于广大的反日民众是关门的。"关于纠正错误和当前的任务，信中指示："巩固和发展赤色游击队，树立党及赤色游击队领导权，扩大游击战争，改变游

---

① 赵俊清：《杨靖宇传》，黑龙江人民出版社2004年版，第144页。

击队的名称，迅速的在发展中改为东北人民革命军，运用反帝统一战线联合各式反日游击队，和他们共同反对共同的敌人，组织与领导群众的斗争，广泛地武装民众，建立最宽广的组织，发展党的组织，建立巩固党的领导。"最后，省委指示信指出："省委相信磐石党与赤色游击队每个同志必能继续以英勇斗争的精神为执行中央与省委的指示而斗争。"在发出指示信的同时，省委还派常委金伯阳来磐石巡视并协助杨靖宇工作。

磐石游击队频繁出击，已对日伪的统治构成极大威胁。7月7日，在日军独立守备队井上司令官指挥下，日伪军开始了新的一轮"大讨伐"。为此，中共满洲省委于7月12日作出《关于反对日本帝国主义及其走狗满洲国围攻东边道反日游击队的决议》，指出："为了争取无产阶级反日游击运动的领导权，为了使反日战争不致为日本帝国主义各个击破，取得战争的胜利，掀动更多更广泛的反日群众参加反日战争，全党专以战斗的动员，冲破日本帝国主义及其走狗'满洲国'对东边道的围攻，这是目前满洲全党工作中心的重要链环之一。"

遵照省委指示，杨靖宇率领游击队，联合各路抗日义勇军，采用灵活机动的游击战术，发扬不怕疲劳连续作战的传统，主动出击，自7月12日至20日，连战连捷，军威大振。

7月12日，杨靖宇指挥游击队联合友军，击败伪警察第一、第六两个中队250人，攻克伊通三区营城子镇。这里本是6月25日大兴川战斗后伪军逃来托命的"避难所"，但仅隔半个多月，伪军警不仅"讨伐"不成，反而落得"避难"无地的下场，13日，游击队又联合友军击退援敌，日伪机关报《盛京时报》在7月21的报道中惊呼："匪众，抵御非常之难。"

攻克营城子镇后，杨靖宇率部向伊通县境南方转移，途中又袭击了三道沟伪军营房，一度将敌人围困于营房院内，终因三大队政委擅自带队撤退，导致伪军反扑而功败垂成。事后杨靖宇主持游击队领导干部会议将其撤职。尽管如此，南满游击队的英勇作战和主动出击，已给各路友军留下了良好印象，部队由三道沟返回玻璃河套时，一个活动在海龙、西安的红枪会首领率20余人主动前来商议参加游击队事宜。

早在日伪"大讨伐"开始之前，杨靖宇已于7月上旬召集了反日义勇军代表会议，"马团""赵团""毛团""孙团""韩团"等部均派代表参加。会议决定各部队共同作战，将吉林至海龙铁路中段自磐石至烟囱山120余里内的车站、铁路、伪军兵营摧毁无遗，截断敌伪运输要道。其中袭击小城子（今明城镇）及距其以南10公里的老爷岭两座兵营的任务确定由南满游击队和"马团"负责。

初步击退"大讨伐"后，7月18日夜，南满游击队联合"马团"，在杨靖宇统一指挥下，同时向小城子和老爷岭伪军出击，攻势极为猛烈，很快即占领小城子伪军营房并破坏了老爷岭铁路。因老爷岭伪军依托营房负隅顽抗，南满游击队使用重炮轰击，毙敌5人，俘敌6人。战斗中，伪满军班长喊话要求游击队报出名称，游击队告以"红军"，不料该伪军班长与领导烟筒山伪军迫击炮连起义的曹国安相识，当即询问曹国安是否在场，时任游击队迫击炮大队队长的曹国安立刻挺身回话，并要求伪军哗变，伪军班长回答："我们现在还不能立时哗变，你们别打了，我们炮弹很多，工事坚固，你们可以去破坏铁路，并在路上多给我们留些传单，明天我们去取"，并答应在发饷后哗变。游击队遂退出战斗。与此同时，其他义勇军也按照统一部署主动出击，烟筒山以北地区的战斗尤为激烈。

仅仅两天后，杨靖宇又率部乘胜前进，剑锋直指日伪军重兵把守的吉林市第七区和第八区，这两个区是吉林市与桦甸交界处，有两个市镇即八道河子和横道河子（均在桦甸县境），设有数座伪军兵营。7月20日，杨靖宇一声令下，南满游击队和"毛团""马团""赵团""殿臣"各路义勇军共1500余人发起总攻，一举攻入七区中部和八道河子，歼灭沿途全部汉奸地主武装，缴获大量马匹、衣物等军用物资，驻守八道河子的伪军八连哗变反正。是役毙伤敌30余人。

以上所有战果，都是在短短八天之内，由南满红军游击队联合各路义勇军，在杨靖宇统一指挥下取得的。红军游击队的勇敢和机智，令总数千余人的各路友军刮目相看，各路义勇军纷纷提出与红军游击队联合。杨靖宇敏锐地抓住这一良机，在反"讨伐"告一段落后，即于7月下旬在八道河子附近主持开会，到会者除南满游击队外，还有"马团""赵团""毛团""宋团""韩团""许团""殿臣""三江好""四季好""串江龙""常占"等各路义勇军领导人70余人及各部官兵千余人。大会开始时，杨靖宇被一致选入主席团，宋铁岩代表南满游击队发表了讲话，受到全场瞩目，大会产生了反日联合军参谋部，全体一致选举毛作彬为总司令、杨靖宇为政委、李红光为总参谋长、傅殿臣（学文）为军需长。参谋部下设六个科室即：作战计划科、侦探科、军医科、政治科、技术科、交通科。选举结果一经宣布，全场千余人欢声雷动。这次大会由此成为南满抗日民族统一战线进一步扩大的标志。

反日联合军总参谋部成立时，日伪军的"大讨伐"仍在进行，刚刚实现联合的各路抗日武装士气旺盛、纷纷请战，于是，反日联合军总参谋部根据杨靖宇的提议，调集各路抗日武装1500余人，于8月13日至16日联合攻打磐石东部重镇东集昌子（今呼兰镇），战斗中击退来援伪军骑兵200余人，击毙日军指导官中岛等5人、伤敌16人，俘40人，更为大快人心的是，卖身附敌鱼肉乡里的汉奸地主、杀害磐石游击队代理大队长王兆兰和政委初向臣的刽子手高锡甲也受到了应有的惩罚，而南满游击队仅牺牲3人（其中党员2名、团员1名）。战后，高锡甲被击毙的喜讯迅速传遍磐石城乡，群众人心振奋、奔走相告，游击队威名远扬。

东集昌子战斗结束后数日，杨靖宇接到群众报告，东集昌子一股敌人近日将去磐石县城领取武器和给养，于是率部预先设伏于敌人归途必经之地哑吧梁子，一仗下来，敌人除死伤10余人外，还给游击队做了一次"运输队"。逃敌们无奈发出"到哪都遇到红军"的悲鸣。

自7月7日至8月中旬，日伪军兴师动众一个多月的"战果"，以"损兵折将"四字足以尽之，更令敌伪惊恐的是，就在距伪都"新京"咫尺之遥的"磐石、双阳、伊通、桦甸等县胡匪充斥，势甚猖獗，扰害日益加厉"，《盛京时报》1933年7月24日的报道，无异是给"王道乐土"一记响亮的耳光。为此，伪吉林省警备司令官吉兴于8月19日亲赴烟筒山，召集邢士廉以下各团长召开军事会议，研究部署"剿匪计划"。31日，日伪军再次出动步骑兵近2000人（内日军数百人），兵分吉海、吉敦（化）、吉长三路"讨伐"，但在南满游击队和各路义勇军的迎头痛击下，这次"讨伐"也不外来势汹汹，收场灰溜溜。也就是在此期间，在苏剑飞领导下的抗日义勇军"苏营"与海龙游击队合并，并主动要求南满游击队收编，杨靖宇得知后，于9月中旬委托省委巡视员金伯阳前往辉南，将"苏营"整编为南满第一游击大队，任命苏剑飞为大队长、刘山春为政委、周建华为政治部主任，下设五个中队，成员180余人。进一步扩大了游击队的力量。

　　在《一·二六指示信》的指导下，经过杨靖宇的积极努力，终于打开了磐石抗日斗争的新局面。1934年1月7日，在《关于反日游击运动的现状与团的工作情况报告》中，满洲团省委将反日联合军参谋部的成立和"参谋部设政治委员一人（党省委代表、人民革命军政治委员张冠一同志担任）"作为"运用统一战线上主要的成绩"。1933年8月27日，中共南满中心县委（9月改回磐石中心县委）在扩大会议决议中赞誉："路线转变以后的成绩是，红色游击队是用了反帝爱国主义统一战线策略与抗日军毛司令、马团、赵团、殿臣等建立上层统一战线，领导三四千抗日军攻打吉林七区、伊通营城子、八道河子、横道河子、东集昌子等镇，给予日本帝国主义及其走狗'满洲国'势力以严重打击，他们动摇和恐慌，客观上大大地增加了在反日民族革命战争中的政治影响……各抗日军的下层群众，不但希望和欢迎红色游击队和共产党（各处抗日军抗日要投入红军和或有以三十二军红军的名义活动），而且他们毫无疑义地接受我们党的主张，在各地方路线转变后造成了客观上、主观上非常顺利的条件。过去抗日军和地主们暗杀、造谣、进攻我们的事实是消灭了，以后我们的活动上有了非常顺利之条件。"

第五节　建立东北人民革命军第一军独立师

　　为贯彻《一·二六指示信》精神，中共满洲省委在"五一五"决议中提出了"建立选举的民众政府与人民革命军"的任务，指示："以最好的游击队为基础建立人民革命军，其成份必须是大部分的工农，保证党与无产阶级领导的骨干，建立人民革命军的政治工作与政治部政治委员的制度，加强军队的政治教育，培养成为革命的铁军，保卫人民政权，彻底的推翻帝国主义在满洲的统治"[①]。作为中

[①]《东北抗日联军史料》（上），中共党史资料出版社1987年版，第72页。

国共产党创建和领导的"最好的游击队"中的佼佼者,由杨靖宇指挥的磐石游击队率先承担了这一任务。

早在哈尔滨学习期间,杨靖宇就了解并支持满洲省委的这一意图,并筹划如何将其付诸实现。回到磐石后,在积极与敌作战和建立统一战线的同时,杨靖宇和中共磐石中心县委更加注重部队建设,在扩大会议决议中,对部队建设的缺点作了严肃的自我批评:

——机械地运用统一战线的策略。仅与义勇军上层建立统一战线,注重上层外交,没有争取义勇军下层群众的组织。

——忽视和忘却了扩大游击队本身,放松了队内的工作,队内党部的工作薄弱。

——战斗中,没有很好运用游击战术进攻敌人的后方,而是冒险攻坚,硬攻硬打。

——在吉海路工人中没有发动他们开展斗争,忽视了征调他们到游击队的工作。

——农民运动虽有反日会、农委会组织,但没有很好地开展反对修公路、捐大界,反对走狗造谣、欺骗等斗争,造成部分农民失望。

——党的自身工作还没有打破关门主义倾向。党组织狭小,党内教育工作不够,工作方式从县委到支部缺乏集体的个人负责制,而多是个人包办、命令主义。

针对上述问题,杨靖宇和中共磐石中心县委认为,必须坚决执行反日斗争纲领,征调大批工人到游击队里去,广泛吸收贫雇农和中农成分的农民参加游击队;按照军事活动需要扩大游击区域,向辉南、桦甸、金川(今已并入辉南、柳河等县)、柳河、海龙等地发展;在党的领导下,组织农民群众开展各种形式的反日斗争,普遍建立农民委员会,扩大农民自卫队武装;在游击队内要吸收大批先进的工农分子入党,发挥其骨干核心作用;在运用反日统一战线和争取无产阶级领导权问题上,要向广大抗日军下层群众广泛宣传,揭露部分义勇军首领的降敌阴谋,派得力同志到义勇军中建立下层统一战线,以此促进上层工作,争取无产阶级领导权。

中共满洲省委一直关注着磐石游击队的斗争,在7月1日给磐石中心县委及南满赤色游击队的信中,指示将"中国工农红军第三十二军南满游击队"改名为"东北人民革命军第一军",并在现有编制扩大一倍左右时立即成立第一师,编制法采用三三制,以班为单位,十人为一班,三班为一排,三排为一连,三连为一团,三团为一师。进行游击战争时以连为独立行动的主要单位,连部必须有强有力的政治指导员和得力的军事指挥员。

经过杨靖宇和战友们几个月的努力,截至1933年9月,游击队先后与敌作战90余次,发展到300余人;磐石中心县委在8月一个月内支援指导员80余人、反日会员2000余人、农民自卫队员100人;群众斗争日益发展,当日伪军强迫拐子坑群众修筑公路时,被当地群众联合反日军驱逐。在此基础上,杨靖宇于1933年8月15日在磐石召集南满游击区和红军南满游击队代表会议,会议确定当前主要战斗任务是"扩大发展游击队组织,完成东北人民革命军第一军独立师的建立,组成反日统一战线,争取无产阶级领导权,冲破日伪在东边道的新围攻,发动领导群众的反日的日常斗争",并在"九一八"事变两周年之际,正式组建东北人民革命军第一军独立师。9月3日,磐石中心县委向省委呈递报告说:"我们根据省委指示,在九一八变红军游击队为人民革命军第一军独立师正在准备一切中。"

1933年9月18日,中共磐石中心县委在磐石县第三区石虎沟举行群众大会,以东北人民革命军第一军独立师的成立回应日本帝国主义的侵略和屠杀。杨靖宇被一致推选为师长(同时称司令)兼政委,李红光、宋铁岩分别担任参谋长和政治部主任。下辖第一团、第三团、政治保安连、少年营,共300余人,全师装备迫击炮一门、捷克式轻机关枪一挺、各式步枪550余支、手枪150余支,均为缴获的杂牌武器和土枪,杨靖宇本人使用的是匣枪。

东北人民革命军第一军独立师成立之际,以全体指战员名义发表了成立宣言:

全东北三千万民众们!

今天是磐石人民革命军第一独立师成立的一天,是最有意义的一天。自国民党把满洲送给日本强盗后,一年来咱们民众受尽一切残暴虐待,土地财产牲畜被夺去,妇女被强奸,房屋田园被焚毁,家破人亡,失业挨饿,天天成群的被日本强盗飞机大炮轰炸屠杀、枪毙、监禁,强迫民众造营房、筑铁路,如不愿意轻则严刑拷打,重则活埋枪毙,纵侥幸未被打死捉去,但是没有工作,失了土地牲畜财产,捐税之重,无以复加,这一切说不尽的痛苦,都是日本强盗统治东北的结果,都是国民党出卖东北的结果。

……

磐石赤色游击队与日本强盗及走狗"满洲国",作长期的残酷的武装斗争,多次冲破日满匪军的"围剿",获得广大群众的同情拥护。磐石赤色游击队过去、现在和将来,都为驱逐日本一切海陆空军出满洲,收复东北而战,为中国民族独立解放与国土完整而战,为推翻"满洲国"统治,建立民众自己的政权而战,为东北三千万民众的利益而战。为达到上述目的,全体赤色队员奋不顾身的与日本强盗及走狗"满洲国"作英勇的流血战争。

现在赤色游击队正式成立东北人民革命军第一军第一独立师,全体指挥员与战斗员深深知道成立独立师以后,我们的任务更重大百倍。咱们全体战斗员及指挥员,誓与日本强盗及走狗"满洲国"斗争到底达到收复东北失地,驱逐日本强盗出满洲,推翻走狗"满洲国"的统治,建立民众政府的重大任务。东北人民革命军第一军独立第一师是东北三千万民众的武装力量,咱们全体战斗员热烈的希望,并欢迎工人、农民、士兵、警察、贫民、学生,成群结队的来参加游击队,共同的与日本强盗及走狗"满洲国"作战。更希望工厂中、农村里、兵营中、学校里,广泛的组织反日团体,扩大反日战线,早日达到收复失地,打倒日本强盗及走狗"满洲国"统治的目的。谨此宣言。

东北人民革命军第一军独立第一师全体战斗员及指挥员叩①

这个宣言发表后,迅速在全东北流传开来,并为中国共产党领导的其他抗日武装接受和贯彻,有力地促进了东北抗日民族统一战线的形成和发展。在这个过程中,周保中和李范五贯彻最为积极、贡献最为巨大。在他们的努力下,吉东地区以杨靖宇创建和领导的第一军独立师为榜样,打开了统一战线工作的新局面。直到半个多世纪后,李范五仍然记得1934年2月在宁安八道河子密营,周保中将这个宣言交给自己时的激动与兴奋:

> 一见面,他就高兴地交给我一份印的"东北人民革命军第一军第一师宣言"。他说:"这个宣言是在中共满洲省委召开扩大会议贯彻《一·二六指示信》之后产生的。听说这个宣言发布以后,许多抗日部队主动地找到杨靖宇,有的要与杨靖宇订攻守同盟共同抗日,有的要求人民革命军收编他们。可以肯定地说,南满的抗日队伍将出现一个迅速发展壮大的新局面!"他有一种难以抑制的兴奋,催我看宣言的内容:"你看,这第一条联合一切抗日武装,共同进行反日斗争。不分政治派别和信仰,一律联合起来共同抗日,这就充分地体现了广泛地抗日统一战线。"②

作为中国共产党领导下的人民军队——"执行革命的政治任务的武装集团"③,东北人民革命军第一军独立师区别于其他抗日武装的最根本之处,在于明确而又切实可行的政治纲领和建立在自觉基础上的严格的政治军事纪律。所有这些,都体现在由杨靖宇主持颁布的《东北人民革命军独立师政纲》和《东北人民革命军独立师暂行规则》中。

《东北人民革命军独立师政纲》共10条,主要内容是:(1)推翻日本帝国主义及其走狗"满洲国"政府在东北的统治,驱逐日本帝国主义海陆空军滚出东北及全中国。(2)没收日本帝国主义在东北的银行、矿山、交通工具、海关及其他企业和日本帝国主义的财产,作为反日军费及分配给一切反日战士、雇农、贫农和救济灾民、难民。(3)武装民众并予以民主权利(言论、出版、集会、结社、罢工、二八分粮的自由)。(4)造成民族统一战线,彻底进行反日反帝民族革命战争,打倒日本及一切帝国主义。(5)打倒出卖民族利益的国民党及一切反革命派别。(6)建立东北民众选举的人民革命政府。(7)拥护对日宣战和争取全中国

---

① 《东北抗日联军史料》(上),中共党史资料出版社1987年版,第85—87页。
② 《李范五回忆录》,中央文献出版社2012年版,第117页。
③ 《毛泽东选集》第1卷,人民出版社1991年版,第86页。

的独立统一和领土完整的中华苏维埃临时中央政府和红军。(8)拥护正确坚决领导民族革命战争的中国共产党。(9)汉、朝鲜、蒙古被压迫民族亲密联合起来,打倒共同敌人——日本帝国主义及"满洲国"政府。(10)拥护世界反帝大本营苏联和苏联的亲密友谊联盟。

这十大政纲的意义集中到一点,就是指明了中国共产党组建和领导的东北人民抗日武装的本质特征,在东北人民面前树立起一面崭新的旗帜。因此很快被中国共产党领导的东北其他抗日武装所接受和贯彻。1933年10月9日,李兆麟化名张玉华,起草了《中共满洲省委老张关于珠河游击队的检查和布置的报告》,向满洲省委报告了珠河党组织和游击队领导机构的十项决议,其中第五项就是:"队伍经常斗争目标:可以执行盘石(应为磐石——引者注)人民革命军的斗争纲领,以这纲领推动群众斗争和一切行动中去执行(短期、用密写给珠河邮去)。"

《东北人民革命军独立师暂行规则》共20条,详细规定了奖惩办法和原因,特别强调了对违反群众纪律的惩处。在全部20条内容中,有关群众纪律的部分就占4条,与叛变逃跑的内容相等。

独立师成立之日,杨靖宇还主持发布了《告反日义勇军弟兄书》,宣告:"一切反日武装弟兄们,磐石赤色游击队又名红军,现正式成立为人民革命军第一军独立师,愿在下列条件下与任何反日队伍结成反日作战同盟:(一)不投降,不卖国,反日到底;(二)允许民众言论、出版、集会、结社等自由;(三)允许民众武装起来,共同进行反日战争。"

9月30日,中共满洲省委为东北人民革命军第一军独立师成立发来贺电,高度评价杨靖宇和全体同志的贡献,指出了今后的战斗任务,特别强调部队必须依靠群众、发动群众:

> 你们与日本强盗及满洲国走狗作残酷的流血战争;多次冲破日"满"匪军的围剿,获得伟大的胜利,这完全是战斗员英勇作战及指挥员坚决的指挥的成绩。……
>
> 你们的任务是要驱逐日本一切海陆空军出东北,收复失地,保护中国领土的完整与民众的独立和解放,打倒满洲走狗的统治,建立民众政府,这一重大任务需要更大的决心来完成。……
>
> 冬天将到,高粱将倒,青纱帐的掩护就要没有,你们是不是感受到失去掩护的困难呢?但是你们要了解广大群众的拥护比之青纱帐要胜过几千倍几万倍,你们要帮助群众斗争,把秋收与武装反日斗争密切联合起来,就会千百倍的增大反日的力量。

东北人民革命军第一军独立师的成立,把磐石乃至整个南满地区的抗日斗争推向一个新的阶段,在杨靖宇的领导下,抗日战士们给予日本侵略者更加沉重的打击，使日寇汉奸惶惶不可终日，"日本最有名的广濑师团长（北满日军最重要的军官，经常驻哈尔滨）亲自到吉林磐石视察，直接计划指挥，几月来动员了日满匪军到了几万人，作了无数次的大的'围剿'，所谓东边道的'围剿'，其主要目标就在消灭磐石人民革命军"[①]。1933年11月24日，在《关于最近满洲工作的报告》中，时任满洲省委组织部长的何成湘将"磐石人民革命军的创立与党在人民革命军中的工作"作为"满洲反日游击运动总的形势是在日益发展和深入更带着群众的性质"的标志，他写道：

> 自从中央一月二十六日信到，磐石省委代表（即杨靖宇——引者注）来省委讨论工作后，根据中央新的指示，开始转变游击队（过去的红军三十二军游击队）的路线，提出了创造磐石人民革命军，扩大磐石游击区域的中心任务。在"九一八"两周年纪念日已经把磐石人民革命军正式成立（名东北人民革命军第一军独立师），开了十余处地方共约两千多人的群众大会，庆祝人民革命军的正式成立，在大会中作了对于人民革命军广大的宣传同时进行募捐运动，成绩很好，得到了广大群众极热烈的拥护。人民革命军成立，发表了他的斗争纲领、宣言以及人民革命军优待条例等重要文件。人民革命军人数约三百几十人（这是一月余以前的统计，最近人数不详），枪械都是新式武器，每个队员都有（以前还有一人两支枪的），成份绝大多数是贫农，以及一部分雇农，工人很少，党团员共约一百六十人。人民革命军的战斗力是比较强的，一年以来（特别是今年五月后）曾与日本及其走狗"满洲国"磐石地主豪绅的武装——"会房"，作过几十次大大小小的激烈战争，除了几次很小的失利，每次都是得到胜利的。主要的如几次冲破日"满"匪军大的"围剿"（多至几千人的"围剿"），打败日军，击毙了日军的指挥官，打死日军多名，打下了日本的铁甲车，已使得日军非常恐惧。南满最有名的反动地主高锡甲（曾作团长）在一次战争中把他击毙，在群众中取得了非常大的信仰与威信。此外如攻下营城子，进攻吉林的七区，截击吉海路的火车等经过了不少大的战斗，有的得到了许多胜利，所以队员游击战争的经验有很大的进步，在继续不断的残酷斗争中锻炼了这些游击队员，游击队的战争一天天的加强了，队员的政治觉悟也大大的提高了（如队员的坚定性是增加了，过去有的队员在斗争中表现动摇害怕而"挂号"回去的，现在都纷纷的仍要求回到队伍中来，队伍内的政治教育比以前开始改善等），队伍一天天的巩固起来了（以前还是很散漫，许多队员常常表现动摇，要"挂号"回家）。队员的物质上的困难（如服装衣履等）也相当解决了。此外必须着重指出的，就是党与游击队的政治影响迅速的扩大，在劳苦群众中，在南满反

[①]《东北抗日联军史料》（上），中共党史资料出版社1987年版，第94—95页。

日义勇军中,南满兵士群众中,他们都知道与认识磐石"红军游击队"(他们简称"红军")是真正彻底反日的,是保护劳苦群众的,是穷人自己的军队,所以广大劳苦群众热烈欢迎与拥护红军游击队(群众自动参加游击队的斗争,在磐石红石砬子游击队最有基础的地方,游击队曾离开过一个短时期,日军曾到过,作了许多欺骗群众的活动,但我们的队伍回去后,群众是很好的),南满其他义勇军下层兵士热烈要求我们的领导,反对长官的投降,进攻"红军"的"满洲国"兵士热烈要求叛变到"红军"中去(曾先后有两次叛变去了,有已叛变出来的,要求我们的领导)。……

磐石游击区域是相当的扩大了,从前只在红石砬子一带,现已扩大到其他地域其他县份去(如伊通、双阳、吉林七区等地)。

路线转变后,运用反帝统一战线的策略,曾经很快的建立南满抗日联合军指挥部的组织,形成了我们的游击队与其他反日游击队——毛团、宋司令等,联合反日的统一战线(约一千多人)开始形成了我们的领导,共同作过许多次大的反日战争,给予日本帝国主义很大的打击。[①]

第六节　进军辉发江南

在打开磐石地区的抗战局面后,1933年10月27日,成立刚刚40天的东北人民革命军第一军独立师在杨靖宇的指挥下,挥戈直指辉发江(今称辉发河)南,这是独立师成立后第一次大规模长途军事行动。

这次军事行动,是当时形势下的必然产物。这时,日本侵略军不但已经占领包括热河(1955年撤销省建制,辖区分别划归河北、辽宁和内蒙古自治区)在内的东北全境,而且通过《塘沽协定》切断了东北与内地的联系,事实上迫使国民党当局承认了伪满洲国的存在。在自认为已经解除"后顾之忧"之后,日本侵略军对东北人民的抗日斗争进行了更加疯狂的镇压,尤其把磐石地区这一各路抗日武装活动的中心地区作为心腹大患。在5月至12月的7个月中,连续三次发动"大讨伐"。而在这三次"大讨伐"中,又以主要针对杨靖宇领导的东北人民革命军第一军独立师的第三次"讨伐"最为凶猛。在日军广濑师团长的亲自指挥下,从骑兵包抄到飞机轰炸,2000名日军和1万名伪军如狼似虎地扑向以磐石为中心的方圆200里地面,在敌人的强大压力下,义勇军部队中许多人为国捐躯,也有相当一部分溃散甚至投敌。独立师部队尽管始终奋勇作战,但敌人太过强大,中心地带玻璃河套在10月一月之内被敌人袭击三次。在玻璃河套等被日伪军认定的所谓"匪区",日本法西斯向当地百姓痛下杀手,仅磐石镇、烟筒山、西吉昌子三地被屠杀者即达500余人,朝鲜族群众更是敌人屠杀的重点对象,被害者中甚至

[①]《东北抗日联军史料》(上),中共党史资料出版社1987年版,第103—104页。

有身患重病的八旬老人。已投降缴械的义勇军人员仍不免于被屠杀,"辉南县二区地界内有一降队,过去报号为野骡子者,缴械后,将一百多人完全绑起来用机枪射死了(只跑出来一人)"①;至于烧毁民房、强奸妇女等暴行就更是普遍了。

在日伪军铁蹄的践踏下,磐石地区的抗日武装遭受重创,县委机关被迫离开玻璃河套转移至磐北。游击区域敌踪密布、戒备森严,汉奸地主武装更是助纣为虐:"现在磐石街常驻军有300多人,烟筒山常驻军为十四团300来人,西集场子常驻军一连60多人……黑石镇常驻军300来人;桦甸常驻400来人,桦磐境处八道河子、小兴隆街,新增驻兵两连百十来人,其余在北部区的荞麦楞子、快枪会房等处皆驻敌人之兵和军队,共50来人,磐北烧锅(距烟街十余里)炮台、快枪十余及抬杆、洋炮等均有,拐子会房50余人(中有十余快枪),石咀子会房等处皆为敌人之兵站,现在敌人进攻我北部区域是比以前灵快多了。"②

在危急形势面前,杨靖宇沉着冷静地分析局势,提议调整战略计划,冲破狭小地域的束缚,向辉发江以南地区进军。关于这一进军的目的,同年12月2日,杨靖宇在以"乃超"的名义写给满洲省委的报告中作了说明:"扩大游击区域,广泛联合各抗日军,造成全民统一战线,夺取无产阶级领导权,冲破日本帝国主义及其走狗'满洲国'政府围剿东边道。"③这里的所谓"东边道"是自清末至伪满时期的东北行政区划,辖今辽宁、吉林两省的30多个县,抗日战争时期,杨靖宇指挥的抗联部队曾在其中22个县活动,有些地方还成为游击根据地的重要所在。

应该指出的是,早在8月27日,也就是日伪军第三次"大讨伐"的两个月以前,在日本法西斯的主要力量还集中于消灭义勇军部队的时候,杨靖宇和中共磐石县委就提出了进军辉发江南的任务:"团结江南各抗日义勇军武装,扩大游击区域,迅速转变在过去保守和死守很狭隘的区域的路线,按照军事之必要和将来在南满全局活动的情形,必须活动到辉南、桦甸、金川、柳河、海龙等地",并确定了五项具体工作即:进攻三源浦、进攻孤山子、解决辉发江南反动地主"会房"武装、扩大游击区、发展新队员。如今,在敌军大兵压境之下,杨靖宇灵活应对,主动跳出敌人的包围圈,寻找新的战机,在运动中歼灭敌人,扩大游击运动和游击区域。

为顺利开展进军辉发江南的工作,杨靖宇采取了一系列措施,为加强县委力量,他建议将团省委巡视员傅世昌(傅天飞)调到县委工作、省委巡视员北杨(金伯阳)随人民革命军第一军独立师活动,在部队内开展党的工作。关于各部队的任务,杨靖宇确定师司令部率主力渡江,在江南广阔地区开展游击活动。第

---

① 韩光(小孟):《南满抗日游击运动》(原题《磐石巡视报告》,1934年4月23日),中共吉林省委党史研究室、吉林省东北抗日联军研究基金会编:《韩光党史工作文集》,中央文献出版社1997年版,第465页。
② 韩光:《南满抗日游击运动》(原题《磐石巡视报告》,1934年4月23日),中共吉林省委党史研究室、吉林省东北抗日联军研究基金会编:《韩光党史工作文集》,中央文献出版社1997年版,第466页。
③ 转引自《杨靖宇将军生平事迹》,《周保中文选》,解放军出版社2015年版,第139页。

一团仍留守磐石、伊通、桦甸等处坚持斗争,钳制敌人。

经过周密准备,1933年10月27日,杨靖宇亲自"随带八九连、政治保安连,由磐石过辉发江,前赴桦甸、蒙江、辉南、金川、通化、柳河、清原一带活动。北杨同志为赴海龙巡视起见,亦随司令部前往。"①部队离开磐石玻璃河套生财沟后,经过小城子、石咀等地,在黑石镇附近越过敌人的防线,来到了辉发江边。

辉发江是松花江的支流,也是吉林省的重要河流之一。这时已临近11月,东北地区早已滴水成冰,这年的冬天来得更早,气温剧降。待大队人马赶到江边时,只见江面漂浮薄冰,桥船一切俱无。能否顺利过江,成为部队出师后面临的第一个考验。这时,肺病在身的杨靖宇毅然决定徒涉过江,他对战士们说:"这道江,我们一定要过去,我们连枪炮都不怕,能叫江水吓住吗?"说罢,他把战马让给个子小的同志,带头步入齐腰深的冰河。在他的身后,是由不畏艰险的钢铁硬汉组成的浩荡人流。

渡江后,杨靖宇立即设法与南满游击队接头,"当时是我们的海龙队(红军三十七军)与他合为一的,因互相有不满意故分开。但苏营(南满游击队)那时要求我们派代表或政治委员去领导,北杨同志以省委代表之名义去接谈后,将我军司令部政治部主任派去当政治委员"②。在杨靖宇和金伯阳的协调下,对原由海龙游击队和义勇军苏剑飞部(即"苏营")合编组建的"独立师南满第一游击大队"进行了整编,海龙游击队被改编为独立师游击一连并随司令部活动,"苏营"继续使用"游击大队"名义,苏剑飞继续担任大队长,调宋铁岩担任政委,活动于辉南、柳河一带。随后,杨靖宇率政治保安连和第三团活动于桦甸、蒙江、金川、通化、柳河、清原一带。

经过半个月的活动,11月15日,杨靖宇率部途经金川界汉龙湾时,在金伯阳参加下,举行了政治保安连党支部会议,不料会议正在进行时,伪军邵本良部突然来袭。原来,此时南下部队的行踪已引起日伪军极度关注,唯恐南满地区的抗日力量壮大,遂令邵本良率一旅之众尾随"进剿"。金川界汉龙湾的战斗,揭开了历时三年之久的抗联经典战例——全歼邵本良的序幕。

战斗持续两个小时,邵本良部没有占到任何便宜,"鼠窜而逃"之外,还付出了7人被击毙、4人重伤、2人轻伤、丢失枪械7支的代价。南下部队则牺牲4人、轻伤3人,这一仗给予敌人以沉重的心理打击:"当时南满鼎鼎有名之邵本良受这样从未有过的巨创是不会甘心的,但其士兵,受巨创后,大部动摇,要求请假不干,所以对我军也未能执意立即进攻"③。但这次战斗毕竟也使南下部队

---

① 杨靖宇给满洲省委的报告,1933年12月2日。
② 韩光:《南满抗日游击运动》(原题《磐石巡视报告》,1934年4月23日),中共吉林省委党史研究室、吉林省东北抗日联军研究基金会编:《韩光党史工作文集》,中央文献出版社1997年版,第473页。
③ 韩光:《南满抗日游击运动》(原题《磐石巡视报告》,1934年4月23日),中共吉林省委党史研究室、吉林省东北抗日联军研究基金会编:《韩光党史工作文集》,中央文献出版社1997年版,第473页。

遭受了第一个重大损失——金伯阳牺牲。

金伯阳又名金永绪,化名北杨或北洋,满族,1907年出生在享有"北方明珠"美誉的大连市,他是大连中华工学会的创始人和领导人之一,参加领导了"福纺"(即原大连纺织厂)1926年"四二七"百日大罢工。1933年7月,时任中共满洲省委常委的金伯阳奉命到磐石巡视,在此期间给予杨靖宇的工作以有力协助。南下后,他又协助杨靖宇,以省委代表名义解决了南满游击队的内部协调问题,在进军辉发江南的第一个大战斗中,年仅26岁的他献出了宝贵生命。1935年,中共中央和中华苏维埃政府在《为抗日救国告全体同胞书》即《八一宣言》中,将金伯阳列入"为抗日救国而捐躯的民族英雄"行列,1938年9月29日,在党的六届六中全会开幕式上,毛泽东、张闻天曾率全体代表为他起立默哀。如今,在大连市旅顺口区金伯阳塑像的基座上,镌刻着薄一波的亲笔题词:"抗日民族英雄金伯阳"。

金伯阳的牺牲,点燃了杨靖宇和战友们心头的怒火,为烈士报仇,成为全体南下部队的一致呼声。但是,杨靖宇并没有被激愤冲昏头脑,经过冷静思考,他一方面决定寻找战机,痛歼邵敌,以巩固南下成果、振奋军心民气,进而摆脱敌人的"追剿",打开辉发江南抗日斗争新局面。另一方面,他也指示司令部告诫部队:"此处乃邵本良之防区,我们应该特别注意,无进攻命令不进攻,无退守命令不退守,违者按军法处置",在沉着冷静中出敌不意,寻找战机。

经过周密侦察,杨靖宇的目光聚焦在东边道中部市镇柳河县三源浦,这里是"海龙、柳河、金川交界中心镇市",四周群山环绕,地势极为险要。为避免与据险固守的敌人硬拼,杨靖宇巧施调虎离山之计,首先派王仁斋率独立师游击一连组成别动队,佯攻邵本良另一据点凉水河子,邵本良果然中计,幻想率队出战,与据守凉水河子的伪军夹攻南下部队,立即率混成第六旅七团开赴凉水河子,连其日本主子"人民革命军真厉害,碰到要当心"的告诫都弃于脑后,在三源浦只留了一个第九连。然而,邵本良的酣然美梦刚刚开始,就在人民革命军战士的枪声中灰飞烟灭。

11月24日晚6时,杨靖宇"和全体将士一致奋发,实行袭击日帝狗窝",奇袭守敌空虚的三源浦。战斗打响后,200余名战士如飞将军般从天而降,城内伪军乱作一团,当时正在此地的日本驻通化"领事馆"总稽查和当地3名汉奸被击毙,伤俘敌近30人,缴获大小枪支及望远镜3件,"焚烧其营房数十间及马厩多间,队员是年冬衣完全解决了"[①]。战斗结束后,人民革命军战士军纪严明,"本街之小店火房一文未动"[②],遍贴抗日反"满"标语,召开群众大会宣传中国共产

---

① 韩光:《南满抗日游击运动》(原题《磐石巡视报告》,1934年4月23日),中共吉林省委党史研究室、吉林省东北抗日联军研究基金会编:《韩光党史工作文集》,中央文献出版社1997年版,第473页。

② 韩光:《南满抗日游击运动》(原题《磐石巡视报告》,1934年4月23日),中共吉林省委党史研究室、吉林省东北抗日联军研究基金会编:《韩光党史工作文集》,中央文献出版社1997年版,第473页。

党的抗日救国方针，群众深受鼓舞，高呼"中华民国万岁！"

经过五个小时的活动，11月25日凌晨，杨靖宇率部撤离三源浦，此役极大地振奋了当地群众的抗日斗志："第二日街里之商户均杀猪设酒买面送给我军，以热烈欢送。于是红军之名声震柳河一带了。该地所有抗日军最初不敢与我军接头，疑为日本派来的便衣队，待这一战斗之后，皆纷纷前来接头，表示要接受领导。"①

三源浦战斗的胜利，为进军辉发江南地区打下了基础，但正如杨靖宇在12月2日写给满洲省委的报告中指出的："我军虽在政治上影响很大，到处得到广大群众的拥护，然在组织上收获寥寥无几。"关于这一窘境的原因，杨靖宇写道：

> 过于缺乏干部……刻下司令部本身，我不但担任政治委员兼司令，即秘书长及外交亦由我负责，政治部主任及党内专门负责同志均虚悬无人，余仅是几个韩国同志，说中国话亦较为困难。因此，我的意见，省委应当站在工作立场上，立即酌量情形，抽调几个得力干部，前来工作。特别是许多各抗日军中，我们的干部缺乏，不能派送，在工作上，受了很大的损失。

收到报告后，满洲省委也对杨靖宇部干部奇缺的状况表示同情，并于1934年1月27日上报党中央："队伍里的领导仅生肺病很重的张观（贯）一同志一人，县委仅不会说中国话的韩国同志一人，北洋及其他三干部，此次在日兵进攻中全牺牲了。队伍以及县委的领导人很成问题，他们坚决要求派一军长，一政治部领导人，县委一人去。当然的，在南满工作的重要性以及目前的严重情形，的确急于派得力的干部去加强，盖观（贯）一同志如病倒不能工作，或偶然事发生，能够影响到队伍的塌台。"

其实，杨靖宇所面临的窘境，也正是当时东北抗日斗争新高潮下各地党组织和抗日武装的共同遭遇。尽管如此，但受王明"左"倾错误路线影响的满洲省委，既未向党中央请求派来干部，尤其是派来具有丰富实战经验的军事干部，也没有重视在东北抗日斗争实践中培养本地干部。这样一来，"的确急于派得力的干部去加强"，也就成了满洲省委开出的一张空头支票。杨靖宇除继续事必躬亲外，就只有依靠临时派遣而来的省委巡视员解决临时性的问题。在1933年4月至1934年4月的一年里，满洲党团省委先后派遣巡视员傅天飞（即傅世昌，1938年牺牲）和小孟（晓梦，即韩光）前来，他们在工作中与杨靖宇建立了深厚的革命友谊，收集了大量真实可靠的第一手材料。1934年1月18日和30日，傅天飞先后起草了《老傅关于海伦、磐石党、团、军情形的报告》和《老傅关于磐石

---

① 韩光：《南满抗日游击运动》（原题《磐石巡视报告》，1934年4月23日），中共吉林省委党史研究室、吉林省东北抗日联军研究基金会编：《韩光党史工作文集》，中央文献出版社1997年版，第466页。

人民革命军、反日游击运动情况的报告》，共计 1.5 万字左右。4 月 23 日，遵照满洲省委关于向北满部队传达杨靖宇统一战线经验的指示，韩光又起草了长达 17000 余字的《磐石巡视报告》。

起草报告后不久，傅天飞于 2 月用整整一昼夜时间，将报告内容介绍给老同学、共产党员作家舒群，再经舒群介绍向萧军和萧红作了叙述。6 月，萧军和萧红按照党的指示转移到青岛，在鲁迅的指导下，以四个月时间写出了著名长篇小说《八月的乡村》，经鲁迅审定编为《奴隶丛书》之二，于 1935 年 5 月由上海容光书局出版，鲁迅在序言中赞誉该书"显示着中国的一份和全部，现在和未来，死路与活路"[1]。实际上，这也是对以杨靖宇为代表的东北抗日战士的热情褒奖。毛泽东曾读过《八月的乡村》，并于 1938 年称赞该书"作用很大"。[2]

三源浦战斗结束后，杨靖宇率部进行了短暂休整。休整后重新踏上抗日战场的战士们，用胜利的枪声送走了 1933 年。12 月 23 日，杨靖宇率部攻克凉水河子，"第一次邵本良之狗窝被掏后，他更相信红军是不好惹的，于是将他所属之兵力三个连共 240 多悉数调出进攻。但经久而未能详知我军下落后，忽知我军之行踪，便连派大批队伍于拂晓来包围。但我军已于昨晚闻信移于五里地外之处宿营，故此来袭不果，但他却知道我军大概之方向，故写一虚之调兵信，故意传到我军处，以便中他军计。然而我们已估计到这点，当日亦发一同性质的虚信，当晚绕道到他后方，将其另一个据点凉水河子（兵皆出发空城一座）攻下，占约四时多，枪毙日韩走狗数人，逮捕数人"。[3]

上文中提到的两封"虚信"，就是早已传为佳话的杨靖宇"将计就计"的一幕。当时，邵本良给他的一个营长写了封信，指令他无论兵力如何单薄，也要死守阵地，严防杨靖宇率部突围，并告知东面的布防兵力可随时前来增援，其实，这封信完全是写给杨靖宇看的"钓饵"，为使这个"钓饵"发挥作用，邵本良又指令送信人员走大路，果然，连人带信均被杨靖宇部哨兵俘获，正当同志们都为缴获如此"重要情报"而高兴之际，杨靖宇却格外冷静，他敏锐地抓住了送信人被俘前后的疑点，看穿了邵本良的"调虎离山"诡计，遂决定将计就计，钻敌空隙，于夜间率部从敌人真正兵力薄弱的东面突围。

这时，在三源浦和凉水河子两次丧师失地的邵本良已成惊弓之鸟，"极力将兵调回街市，此后再不敢留空城了"[4]。杨靖宇见状，遂于 12 月 24 日故布疑阵，

---

[1]《鲁迅全集》第 6 卷，人民出版社 1981 年版，第 287 页。

[2] 1993 年毛泽东诞辰 100 周年之际萧军夫人王德芬访谈。中央文献研究室、中国人民武装警察部队政治部、中国电影资料馆、西苑出版社、辽宁人民出版社、中国中央电视台联合摄制 12 集大型文献纪录片《毛泽东》。

[3] 韩光：《南满抗日游击运动》（原题《磐石巡视报告》，1934 年 4 月 23 日），中共吉林省委党史研究室、吉林省东北抗联军研究基金会编：《韩光党史工作文集》，中央文献出版社 1997 年版，第 473 页。

[4] 韩光：《南满抗日游击运动》（原题《磐石巡视报告》，1934 年 4 月 23 日），中共吉林省委党史研究室、吉林省东北抗联军研究基金会编：《韩光党史工作文集》，中央文献出版社 1997 年版，第 474 页。

传出调兵攻打斫木台子的消息,邵本良得此军情,非常紧张,于是,就出现了下面的一幕:

> 至敌人又得信红军将攻斫木台子,故大部力量调往西去,以防斫街被袭。但我军秘密向东南移去,敌人又寻踪没及了。故邵本良说:"我就够诡的了,红军的杨司令比我还诡。"他的兵说:"红军我们打不了。"又说:"红军是真救国救民,我们打他干吗?"一时,邵本良已不派兵来打了。听说我军在这儿他就往那儿去,听说我军在那儿,他又往这儿来,继续半月之久。①

在这半个月中,杨靖宇又联合义勇军田麟部队攻打了八道江镇,激战一夜,因缺乏重武器,未能攻克敌人坚固防守的炮台,但我军无一阵亡,仅五六人负轻伤。随后,部队在向清源前进途中,在报马桥与邵本良部三天激战三次,在总计13个小时的战斗中,毙伤日本指挥官以下16人,另有8名敌兵逃走,我军仅牺牲2人、伤1人。

在杨靖宇所部的连续重创之下,邵本良伪军惊恐万状,于1934年春节前夕仓皇逃回老窝柳河。"这路红军八天打了四仗,我们什么也没有得着,还死伤五六十,日本人还有几个,可是红军却未怎的。"②邵本良部士兵的谈话,记述了日伪当局煞费苦心的讨伐"赫赫战果"。

进军辉发江南的胜利,圆满实现了杨靖宇和中共磐石县委的预期目标,有力地推动了南满地区的抗日斗争,形成了轰轰烈烈的新气象:

开辟新游击区:"现在我们的游击区域长达五六百里,可分为三部区域来说:即北部区域——磐石全境,伊通东部、桦甸西北及吉林七区;中部区域——辉南东部、濛江南西北部、桦甸南西(同时计划往安图发展);西南部区域——金川、柳河之大部,通化、临江之北部(同时计划往清源发展)。在这些游击区内,北部为老区,群众多有斗争经验及我们的洗礼,并已有我们的群众组织基础(吉林新区为新区,无群众组织)。至于西南部区只是有我们的影响,而没有我们的群众组织基础,在柳河区内有我们的地方工作及组织,为海龙县委直属之下的。"③

团结义勇军共同抗日:"待我军司令部过去后,继续与满匪作战,连续攻下三源浦、凉水河子,积极发展和领导斗争,在事实上证明反日运动的乐观前途,及实际领导他们干,于是西南部一带潜伏着的雄厚抗日力量,渐渐活跃地活动起

---

① 韩光:《南满抗日游击运动》(原题《磐石巡视报告》,1934年4月23日),中共吉林省委党史研究室、吉林省东北抗日联军研究基金会编:《韩光党史工作文集》,中央文献出版社1997年版,第474页。
② 韩光:《南满抗日游击运动》(原题《磐石巡视报告》,1934年4月23日),中共吉林省委党史研究室、吉林省东北抗日联军研究基金会编:《韩光党史工作文集》,中央文献出版社1997年版,第476页。
③ 韩光:《南满抗日游击运动》(原题《磐石巡视报告》,1934年4月23日),中共吉林省委党史研究室、吉林省东北抗日联军研究基金会编:《韩光党史工作文集》,中央文献出版社1997年版,第460页。

来。这样,最近才能看到西南部地区的抗日运动又轰轰烈烈地开展起来了。不积极干的抗日军(老常青等)也积极干了;要投降的抗日军(赵参谋长和保国等)也不投降了;悲观失望的也都乐观有望了。大的、小的,所有鸭绿江北沿老龙岗山一带主要的抗日军,皆向我们靠拢,完全在我们领导之下。"①

扩大群众影响的效果尤其显著,在老区:"经过一个时期,抗日军和群众又听到红军在江南攻陷了三源浦、凉水河子,伪军绿杠队(指当时驻磐石县呼兰镇的伪骑兵队,其服装上饰有绿杠)又有一部被红军缴械等,于是他们对于红军的影响又恢复与增高了,都觉得红军真是能干的,他们才信日本帝国主义者虽派出大量军队围攻,可是对红军没有什么关系,不能吃他的亏。"②在新区:"至于群众,都说我们才是真正抗日的,看我们的队伍如同救星一般……就是敌人的士兵中也能听到:'咱们打红军干什么,人家才真是抗日救国的呢!'"③

杨靖宇率领东北人民革命军在辉发江南掀起的风暴,转瞬之间,就将埋藏在人民心中抗日救国的火星,燃烧为燎原升腾的烈焰。广大群众在实践中认识到只有中国共产党及其创建和领导的人民军队,才是唯一能够引导抗日斗争走向胜利的救星,"群众对于共产党的信任,真大大增高了"。④韩光记载了这样一个感人至深的场面:

> 有一件最有意思的事,即是唐聚五兵工厂一位马技师,反日情绪极高,在唐失败后到现在,已稍患精神病了。某日他访我军,到司令部后,即与杨司令和个别抗日军头子,谈起抗日工作等情,谈至中途,忽有一人起来为马技师介绍说:"此位即是红军之杨司令"。马技师听罢即忙立起,垂立地下不坐,静听我司令之讲话,并口口声声称道:"这回我才得真正抗日救国的我的司令了!"约一小时多,杨将讲话完,他跪地下叩了三个响头,然后坐下并说:"这回我才有座。"其后他还告诉我司令很多军事秘密,表示出反日的真诚。此人兵工技术很好,诚一极有用之人也。⑤

此后,这位没有留下名字的马技师成为杨靖宇部队军械修理的技术骨干,在

---

① 韩光:《南满抗日游击运动》(原题《磐石巡视报告》,1934年4月23日),中共吉林省委党史研究室、吉林省东北抗日联军研究基金会编:《韩光党史工作文集》,中央文献出版社1997年版,第463页。
② 韩光:《南满抗日游击运动》(原题《磐石巡视报告》,1934年4月23日),中共吉林省委党史研究室、吉林省东北抗日联军研究基金会编:《韩光党史工作文集》,中央文献出版社1997年版,第459—460页。
③ 韩光:《南满抗日游击运动》(原题《磐石巡视报告》,1934年4月23日),中共吉林省委党史研究室、吉林省东北抗日联军研究基金会编:《韩光党史工作文集》,中央文献出版社1997年版,第463—464页。
④ 韩光:《南满抗日游击运动》(原题《磐石巡视报告》,1934年4月23日),中共吉林省委党史研究室、吉林省东北抗日联军研究基金会编:《韩光党史工作文集》,中央文献出版社1997年版,第464页。
⑤ 韩光:《南满抗日游击运动》(原题《磐石巡视报告》,1934年4月23日),中共吉林省委党史研究室、吉林省东北抗日联军研究基金会编:《韩光党史工作文集》,中央文献出版社1997年版,第464页。

杨靖宇的支持下，他在凉水河子东榆川沟修建了一个小型修械所。为抗联部队的武器补给发挥了不可替代的作用。1935年不幸被日伪军包围，在激烈战斗后，马技师和妻子、儿子及两名朝鲜族徒弟全部壮烈牺牲。当地群众将东榆川沟改名为兵工厂沟以示纪念。这位默默无闻的无名英雄，正是辉发江南地区千千万万抗日志士的缩影，是杨靖宇进军辉发江南掀起抗日风暴的见证。

第七节　联合王凤阁

在广泛联合抗日武装、建立抗日民族统一战线的工作中，杨靖宇最成功的一项工作是与义勇军王凤阁部的合作。1938年5月1日，原中共驻共产国际代表团满洲问题委员会委员、抗联吉东特委书记、时任中宣部常务副部长的杨松（吴平）在延安中共中央党刊《解放》发表文章《再论七年来东北抗日运动的经验和教训》，将杨靖宇和王凤阁列为东北抗日民族统一战线的第一对榜样，以后的事实证明，也是最成功最壮烈的榜样。

王凤阁，字阿亭，1895年出生于奉天省通化县（今吉林省管辖）一个富裕的家庭。家中有500多垧地，还有伐木场和商号。王凤阁从小爱习武，曾拜东边道武林高手程东阁为师，练就一身高超过硬的武功。1925年曾被东北军汤玉麟部聘为中尉武术教官。1927年因不愿为军阀卖命而辞职还乡。1931年"九一八"事变后，王凤阁看到国土沦丧，就动员母亲卖掉20间房子、20亩地购买枪械弹药。之后，在通化与临江县交界处的红土崖起事，被称为"辽东民众义勇军"，众人公推王凤阁为司令。后来，王凤阁又参加了唐聚五的"辽宁民众自卫军"任第十九路军总司令。1934年4月的一天，王凤阁部队伏击了驻鸭绿江沿岸的日伪军后，转战在果松川一带。杨靖宇闻讯后，非常高兴，立即派人联络与王凤阁会见的地点和时间。王凤阁接到邀请后，异常兴奋，高兴地接受了邀请。

5月4日，王凤阁命卫队旅长万国祥集合队伍，他站在一块大石头上说，"弟兄们，咱今天要见一位大人物，我们在天黑前一定要赶到约会地点。"随后，800余名壮士急行军，午后4点到达黑瞎子沟上堡子。王凤阁留下600人待命，带领200人直奔中堡。这时，只见前面路上走来10余人，黄军服、黄军帽、黄胶鞋，全佩短枪，走在最前面的大个子就是杨靖宇。20步外，杨靖宇就热情地向自卫军招手。杨靖宇与王凤阁见面后，二人并肩走进堡子里，交谈了半小时的抗战与敌情后，约定8点钟正式会谈。

会谈地点设在一个烧锅大院，正房五间，室内临时摆了两个长条桌和几个长木凳，桌上放了一些文具纸张、茶水及瓜子等。正面挂了一条标语："热烈欢迎友军王凤阁部到独立师来！"当王凤阁走进会场时，杨靖宇起立鼓掌，热烈欢迎友军的到来。杨靖宇首先发言，他代表独立师全体官兵，热烈欢迎王凤阁战友的到来，并通报了最近的战况和敌人的动态。王凤阁激动地说，早就有面见杨司令的愿望，今天终于实现了，感到万分荣幸。同时，王凤阁讲述了近日在鸭绿江沿岸，同日军交战的情况及日伪军春季讨伐特点等情况。会议一直开到深夜12点，李红光参加了会谈，双方达成七条协议：

（一）救国抗日，决心把日寇赶出中国领土。收复失地，彻底推翻伪政权。

（二）不论任何党派，要组成抗日统一战线，共同消灭日寇及伪军，双方协同与敌作战。

（三）百姓供给红军部队粮食、服装及其它物资时，自卫军方面不得扣留堵截；百姓供给自卫军部队粮食、服装和其它物品时，红军方面也不得扣留堵截。

（四）划分双方游击区域，无特殊情况，各按自己区域行动，打击敌人，不得冒充他人作坏事，一旦发现此种情况必追查责任者。

（五）双方设定联络地点，并提出联络人员姓名及暗号。制定电台密码，可随时联系。部队可随时会师，以便通报敌情，并计划消灭敌人方案。

（六）对枪支弹药、作战物资，应双方互相补给，不得袖手旁观。如双方共同袭击敌人，获得战利品时，应双方分得，不得一方留用。

（七）如果任何一方与敌作战时，另一方必须尽全力支援，共同一致打击敌人，消灭敌人，不得一旁观望。

以上条文是这次会谈的内容。双方必须向所属部下贯彻并立即执行。

5月5日晨，杨靖宇让伙房为王凤阁部官兵做了一顿猪肉炖粉条子、高粱米干饭。晨5时，杨靖宇为王凤阁送行。临走前，王凤阁送给杨靖宇部队最近缴获的几十袋洋面、几百斤大马哈鱼、一部分电池等物品。杨靖宇表示十分感谢，他让后勤部准备了两挺新缴获的日式把子机枪和一千多发子弹，赠给王凤阁。两天后，王凤阁回到防地，召开中级军官会议，传达了这次同杨靖宇部的会议精神，指示各部队贯彻执行。

杨靖宇和王凤阁两部，在东边道地区同日军作战达十个月之久，攻占捣毁了许多据点、哨所、警署甚至县城，炸毁了许多桥梁和铁路。日伪军调集上万人部队进行了疯狂的"围剿"，两军虽然战果辉煌，但部队伤亡很大。杨靖宇考虑有必要再次同王凤阁商谈，沟通情况，共同对付敌人的夏季攻势。通过联络官联系，约定1935年3月7日，在八道江石板沟岭上会见。

石板沟岭山高林密，无村落人烟，不通公路，日军讨伐队不敢进入。这里是抗联的密营，杨靖宇在这一带休整部队。3月7日一早，杨靖宇带一个警卫营赶到约定地点。虽是春天，但依然飘着雪花。王凤阁部顶风冒雪，强行军一夜，7日11时才到达石板沟岭，用旗语联系后，确认是杨靖宇部队。杨靖宇和王凤阁热情握手，互致问候。他们在山上找一个向阳坡，席地而坐，谈了三个多小时，确定双方必须配合周密，奋勇杀敌，要尽全力支援，行动要一致，并肩作战，消灭敌人，生死在一起，剩一兵一卒也要杀到底，直至把日寇消灭掉为止；同时分析了形势，讨论了如何对付敌人克服困难的办法，共渡难关；针对当前两军粮食、弹药、医药等物资无来源的问题，双方决定从敌方夺得，不怕牺牲人力，争取最后胜利。今后部队要经常会师，采取共同行动。会谈结束后，杨靖宇送王凤阁到山坡下，王凤阁一边走一边深情地与杨靖宇告别，带着部队向回头沟前进。

分手之际，战友之间紧握双手，吐露着心声：

王凤阁："这一走，我们再见面的机会就很难说了。"

杨靖宇："我们争取在祖国光复的那天，在奉天城会师吧。"

王凤阁："但愿能看到这一天到来。"

杨靖宇："凤阁，咱们并肩作战好几年，结下了战斗友谊，战争是很残酷的，你我很难说能否看见光复那一天，不管我们是否活着，我坚信，祖国会光复的。"

杨靖宇和王凤阁的团结是牢固的，是以中国共产党抗日民族统一战线政策为基础的，但在实际工作中，误会和摩擦也在所难免，对此，杨靖宇一向主张坚持原则，顾全大局，维护团结抗日局面。就在1935年，王凤阁所部对东北人民革命军第一军采取了一些错误行动，带来了一些损失，为此，杨靖宇抓住这个现实问题，采取民主讨论的方法，给战士们上了一堂生动的统战政策课，提高了战士们对统一战线的认识，王传圣回忆说：

> 1935年秋天在八里哨住下的时候，一天外面下大雨，雷电交加，天暗得很。部队不能出去，就集中学习讨论。杨军长给大家出了个题目："对王凤阁部队怎么办？是打掉呢，还是团结共同抗日救国？"
>
> 这题目一出，大家讨论可就热烈了。有人坚决主张打掉王凤阁部队，说王凤阁部队今年春天把我们一师六团的一个连给缴械，把连排长给枪毙了，后来又袭击了一师少年营。王凤阁是敌人的帮凶，留着只有坏处没有好处。我也同意这种看法。
>
> 另外一种意见不同意打掉抗日的队伍，现在上级有指示，叫搞统一战线，我们不能与抗日队伍火拼，而要团结他、统一他。至于怎么团结统一，却说不出更多的道理。持这种意见的人，不是很多。我们把他们叫做"妥协派"，他们又叫我们"激进派"。还有一种认为打掉也有道理、留着也有道理，怎么办，由上级来决定。我们叫他们"中间派"。几种意见争论得脸红脖子粗，谁也说服不了谁。
>
> 这天傍晚，杨军长来到会场，先问了讨论情况。大家把三种意见都说了出来。然后，杨军长说出了自己的看法："我们这是同志之间的讨论，是人民军队内部战士之间互相谈看法，目的是提高我们的认识。这就不是什么这个派呀那个派的，更不能扣上'妥协'、'激进'、'中间'的帽子。大家讨论

中要养成一种尊重别人、虚心听取别人意见的风气。你们大家说对不对？"听到大家肯定的回答后，杨军长接着说："现在，我谈谈自己的想法，错了，你们大家可以批评。不同意见，还可以讨论。同志们，我们人民革命军是干么的？是打日本的、推翻'满洲国'的，抗日救国么！抗日救国光靠我们人民革命军行不行？不行！要动员人民，要依靠人民，要搞抗日统一战线，谁抗日，我们就去联合他，王凤阁部队是一支抗日武装，他打日本人，日本人也打他。在这种情况下，我看不能打掉他。应该联合他起来共同抗日，这就是搞统一战线。……其他的抗日武装，我们也不能打掉，我们要联合各种反日部队共同抗日救国。人多势众，互相牵制敌人，把敌人就给扯散了。我们要号召一切爱国人士、进步人士、反满抗日部队，联合起来共同抗日救国。同志们，王凤阁打我们，我也很气愤，但气愤不能代替政策，我们要从大局着想。"杨靖宇军长一番深入浅出的讲话，把我们的认识全解决了，再也没有想不通的了。①

通化，这座长白山下的小城，见证了杨靖宇和王凤阁的苦战，安葬着杨靖宇和王凤阁的忠骨，至今流传在这里的一首民歌，充分说明了杨靖宇和王凤阁的亲密关系：

  鸭绿江水流不停啊，不灭日寇气不平。长白山上英雄多呀，数着那杨靖宇杨司令。杨靖宇战友王凤阁呀，还有那朝鲜金日成。

第八节　组建东北抗日联军总指挥部

正如杨靖宇所指出的，进军辉发江南的目的之一就是"广泛联合各抗日军，造成全民统一战线，夺取无产阶级领导权"，在辉发江南地区的激烈战斗中，杨靖宇仍然尽最大力量团结教育各路义勇军，实现各路抗日武装在中国共产党领导下的大联合。针对当时"南满日军势雄力强，枪械精良，高垒固守，我等欲战而力不胜"②的实际情况，杨靖宇对症下药，指出："在这一带有上万群众性的抗日队伍，就是需要组织起来，扭成一股绳儿！但是那些头头，还不相信党的力量哩！要争取他们，团结他们，必须显示一下我们的力量。"③

---

① 王传圣：《深切的怀念》，宋晓宏、高峰、傅伟编著：《永久的丰碑——杨靖宇将军资料汇编》，吉林文史出版社2005年版，第223—224页。
② 韩光：《山河欲裂征马鸣》，中共吉林省委党史研究室、吉林省东北抗日联军研究基金会编：《韩光党史工作文集》，中央文献出版社1997年版，第216页。
③ 韩光：《山河欲裂征马鸣》，中共吉林省委党史研究室、吉林省东北抗日联军研究基金会编：《韩光党史工作文集》，中央文献出版社1997年版，第214页。

杨靖宇的分析十分恰当，进军辉发江南的胜利，令各路义勇军对共产党刮目相看，争先恐后地向杨靖宇领导下的东北人民革命军第一军独立师靠拢，"如老常青说：'我就信服共产党了，他不但公正而且还能干，没错。'现在，老常青和我们，以及他的队伍和我们的部队一点隔膜都没有。赵参谋长得到我们的宣传品不放手，口口声声说：'真对真好'。"[①]甚至有的义勇军部队还主动接受杨靖宇的命令，协助人民革命军作战和联络。八道江战斗后第三天，杨靖宇在率部行军途中遭到邵本良伪军袭击，杨靖宇和四名战士与部队失散，危急关头，义勇军部队发挥了巨大作用：

> 司令等五人当夜追队不得，第二日夜在某处遇一小帮抗日军，当时司令令该小帮抗日军送信给青林（抗日军）。待青林得信后，连夜赶来接（全队弟兄并说杨司令五人作战滑出来了，我们豁出上半截也得接他去）。是日又与老常青接头，这时司令即与老常青、青林等一百多人活动起来了。过半月之久才与我军集合。[②]

在以胜利成果鼓励义勇军斗志的基础上，杨靖宇趁热打铁，主动提出与义勇军联合作战，同时，针对义勇军部队军纪败坏、群众反感情绪甚大的事实，积极居中协调，一方面劝告群众"豺狼入门，外患为重，要联合起来对付日本帝国主义者"，[③]另一方面劝告义勇军部队改变对群众的态度，在杨靖宇的教育下，加之切实感受到义勇军部队态度的变化，群众也逐渐接受了中国共产党的抗日民族统一战线政策，积极协助义勇军抗日。"百姓对我们的态度全变啦！好啦！军中粮草充足，一片兴旺！"[④]义勇军首领田麟的话，道出了南满义勇军的一致感受。

至此，在中国共产党领导下，以杨靖宇指挥的东北人民革命军第一军独立师为中心，实现南满抗日武装大联合的条件已经成熟。另一方面，成立于1933年7月的"反日联合军参谋部"因当时被推选为总司令的毛作彬叛变投敌，实际上已经解体。从实际情况出发，遵循满洲省委在1933年"五一五决议"的指示，杨靖宇在李红光和韩光的协助下，"给各抗日军领导人写信，说服他们参加联合

[①] 韩光：《南满抗日游击运动》（原题《磐石巡视报告》，1934年4月23日），中共吉林省委党史研究室、吉林省东北抗日联军研究基金会编：《韩光党史工作文集》，中央文献出版社1997年版，第464页。

[②] 韩光：《南满抗日游击运动》（原题《磐石巡视报告》，1934年4月23日），中共吉林省委党史研究室、吉林省东北抗日联军研究基金会编：《韩光党史工作文集》，中央文献出版社1997年版，第476页。

[③] 韩光：《山河欲裂征马鸣》，中共吉林省委党史研究室、吉林省东北抗日联军研究基金会编：《韩光党史工作文集》，中央文献出版社1997年版，第216页。

[④] 韩光：《山河欲裂征马鸣》，中共吉林省委党史研究室、吉林省东北抗日联军研究基金会编：《韩光党史工作文集》，中央文献出版社1997年版，第218页。

的抗日武装组织，请他们来参加会谈"。①

杨靖宇和东北人民革命军第一军独立师的呼吁，立即受到南满地区各抗日武装的积极响应，经过认真筹备，1934年春节过后，杨靖宇率部与各路义勇军部队联合行军，经过三道老爷府，来到距白浆河南20里三岔子附近的城墙砬子（今属靖宇县），在这里停留八天。当地以伐木为生的"木帮"群众以猪肉白面热情劳军，军民共度新春佳节。不少"木帮"工人参加了人民革命军。

1934年2月21日（农历正月初八），东北抗日斗争历史上一次极为重要的会议——城墙砬子（韩光记为陈泉砬子，据赵俊清考证，"陈泉砬子"实为"城墙砬子"之谐音——引者注）会议，在"联合抗日"的口号声中开幕了。

连同杨靖宇本人在内，共有17支抗日武装的领导人参加了会议，代表着他们率领的4000余名战士。杨靖宇以中共满洲省委代表的名义首先讲话，"他着重分析了东北的形势，阐明了我们党的抗日主张，劝诫各抗日军领导人：'斗争是长期的，今日联合，万不可遇难而退'。"②

这次会议的最重要成果，就是产生了统一领导南满地区抗日武装的"东北抗日联军总指挥部"。当时参加会议的韩光在事后两个月即4月23日的追记中，仍能感受到当时的热烈和激动：

关于抗日联军总指挥部的问题——参加这一个组织的有以下的抗日军，共编成八个支队。至于我军已经是按团、连、排的编制则不必改。老常青为第一支队，四海为第二支队，臣军为第三支队，朱司令为第四支队，双胜为第五支队，保国为第六支队，东边好为第七支队，赵参谋长为第八支队。在陈泉砬子这个会议上，连我们共大小有17个队头。会场形式非常隆重。正式通过决议很多，最主要的即是斗争纲领、宣言及目前之工作。宣言归总指挥负责起草，发出不用再经全体会议通过。抗联的斗争纲领即是我军的斗争纲领，又加上三条：（1）不投降，坚决抗日到底，如有勾结敌人叛变等情，一经查觉，得由总指挥部下命令解除该队武装以军法行事。（2）在各队游击区内反日群众或反日工作人员得任意进行工作，队伍应给以保护。（3）允许并帮助反日群众武装起来，并帮助群众进行反日斗争。至于选举总指挥部人员的时候尤为郑重，皆采用投票法，当时室内则鸦雀无声，选总指挥票17张，16张写着杨司令。选总参谋长，我们得九票，赵参谋长七票，结果还是我们的参谋长（即李红光——引者注）当选了。所以形成了我们的司令部即是总指挥部。老常青为副总指挥。赵参谋长为外交部长。余各为参谋委员

---

① 韩光：《山河欲裂征马鸣》，中共吉林省委党史研究室、吉林省东北抗日联军研究基金会编：《韩光党史工作文集》，中央文献出版社1997年版，第219页。
② 韩光：《山河欲裂征马鸣》，中共吉林省委党史研究室、吉林省东北抗日联军研究基金会编：《韩光党史工作文集》，中央文献出版社1997年版，第219页。

等。抗联成立后,各支队部对总指挥部来往,皆无形中采用了很正式的格式和手续。同时还有朱司令公开出一张布告,声明取消过去的山头(大善人),底下落款为'抗日联军第四支队司令朱××',这些表明他们对于总指挥部的信任了。目前,在南满区抗联之成立是有很大意义的。这是已经完全在我们领导之下的统一战线的形势,已经有可能将南满一切抗日的队伍组织在这一组织内,这是南满反日战争的新阶段。①

城墙砬子会议产生的"东北抗日联军总指挥部",由杨靖宇任总指挥、老常青(即隋常青)任副总指挥、李红光任参谋长、宋铁岩任政治部主任(因当时宋铁岩仍在苏剑飞部工作,实际由独立师政治部主任韩光代理)、赵铭思(即赵参谋长)任外交部长,不久增补为副总指挥。这是第一个完全由中国共产党创建和领导、在广泛统一战线基础上建立的抗日领导机构。也就是从这时起,"东北抗日联军"这个光辉的名字,开始出现在中国人民抗日战争暨世界反法西斯战争的史册上。

会议结束后,与会人员发表联合宣言,庄严宣告:"我们,南满的抗日军领袖们,在祖国山河欲裂、严重危难之际,向三省同胞宣誓:我们一致拥护中国共产党的坚决抗日主张,不分见解、信仰,枪口一致对外……我们一致联合起来!"②

"东北抗日联军总指挥部"成立后,在领导抗日武装斗争的同时,也对各路抗日武装进行教育改造,使之成为中国共产党领导下的人民抗日军队,尤其注重改善军民关系、维护群众利益,为此,杨靖宇和赵铭思以正副总指挥名义,于4月联名发布了《东北抗日联军总指挥部布告》:

> 东方的强盗日本帝国主义侵略我国领土,惨杀我群众,又烧毁山里的房屋,欺骗群众归乡,任意杀戮,满足其战欲,民间的痛苦已达极点。
>
> 而出卖民族利益的国民党直到今天四年有余,仍未出动一兵一卒,拱手将东北送给日本帝国主义。于是我抗日军兴起,挺身负起保护抗日民众的责任,山里一带地势崎岖、人烟稀少,久为我抗日各军涵养实力之地,需严加保护,以图提高生产,或互相联合抗日。但最近有抗日军的败类,明面标榜抗日名义,暗中作出强奸、抢夺等非行。对于这些大胆不法之徒极有彻底铲除的必要,因此本军与真正的抗日友军会同协商,与大众共同铲除鼠贼。此外并许可广大群众组织反日会、农民委员会,协议抗日事项,以洋炮、大刀、棍棒成立农民自卫队。
>
> 在此布告后,倘仍有这种败类存在时,一定将其消灭,本军誓为群众的

---

① 韩光:《南满抗日游击运动》(原题《磐石巡视报告》,1934年4月23日),中共吉林省委党史研究室、吉林省东北抗日联军研究基金会编:《韩光党史工作文集》,中央文献出版社1997年版,第479—480页。
② 韩光:《山河欲裂征马鸣》,中共吉林省委党史研究室、吉林省东北抗日联军研究基金会编:《韩光党史工作文集》,中央文献出版社1997年版,第219页。

后盾,仰各安生切勿惊慌,因各地群众未察知本联军的宗旨,特此布告周知。

在杨靖宇的感召下,各路义勇军共同实践着抗日救亡的宗旨。在以后严酷的斗争中,有人落伍,有人叛变,但更多的是英勇的斗争和壮烈的牺牲。在经过5年的战斗之后,当年的义勇军首领田麟于1939年用热血染红了祖国和家乡的田野。牺牲时,他已经是一位担任抗联第一军第五团团长的共产党员。直到他牺牲41年之后,韩光依旧记得他的心路历程:

> 一天,我们正行进在龙岗山的大森林里,忽见三匹快马疾驰而来。近了一看,原来是同我们一起攻打八道江镇的田司令,和他手下的两个队长。田麟一见杨司令,便向他手下的两个队长说:"这就是大家都闻名的杨司令!"他部下听了,赶快下马给靖宇同志磕起头来。
> ……
> 我们高兴地谈了好久。最后他感叹地谈起他十几年来所经历的失败、艰险和痛苦。尤其是"九一八"事变以后,他亲眼见过多少抗日好汉一帮帮揭竿而起,又一伙伙失败溃散;见到国民党军阀、政客一批批投降日寇当了汉奸。他曾拔刀盟誓,要为国雪耻,可是又感叹自己势单力薄、力不从心。他正为东三省的局面不可收拾而悲观的时候,杨靖宇、共产党来了,从此混乱的局面一天天好起来。讲到这里,他突然勒住马,凑近我,郑重地说道:"我要跟共产党走,请给我派个政委吧!"
> 这个长白山的木工,在铁一般的事实面前,终于认识到有了中国共产党的领导,抗日救国才有希望。晚间宿营时,我向杨靖宇同志汇报了和田麟的谈话,他兴奋地说:"很对,很好!这说明党的正确主张深入了人心!"[①]

杨靖宇创建的"东北抗日联军总指挥部",和他以前参加创建的"反日联合军参谋部",曾受到"左"倾路线不点名的错误批评。1934年2月22日,党中央在给满洲省委的指示信中称:"磐石人民革命军与宋司令毛团组织的联合军总司令部,其结果是上层勾结代替了下层统一战线,而至于完全破产。这些错误,都必须迅速的纠正过来。"[②]但实践证明,杨靖宇的这一创举,实现了南满地区抗日力量在中国共产党领导下的团结统一,奠定了建立抗联第一路军的基础,极大地推动了东北抗日斗争,成为东北抗日民族统一战线的最初范例。1938年,在《论七年来东北抗日游击运动的经验和教训》一文中,杨松高度评价说:"第一军杨靖宇……终因其领导人不怕困难,正确执行抗日民族统一战线政策,纠正过去

---

① 韩光:《山河欲裂征马鸣》,中共吉林省委党史研究室、吉林省东北抗日联军研究基金会编:《韩光党史工作文集》,中央文献出版社1997年版,第218页。
② 《建党以来重要文献选编(1921—1949)》第11册,中央文献出版社2011年版,第242页。

的错误,很快地改善了与各抗日友军之关系,早在1933年冬(原文如此——引者注)就曾成立抗日联军总指挥部,联合各抗日部队,共同击溃敌人的讨伐,没有中敌人挑拨离间和各个击破的奸计。"①

1951年10月12日,《毛泽东选集》第1版正式出版,在第1卷《论反对日本帝国主义的策略》的注释中,对东北抗日联军作了如下介绍:"一九三一年日本帝国主义侵占东北以后,中国共产党号召人民武装反抗,组织了抗日游击队和东北人民革命军,援助了各种形式的抗日义勇军。一九三四年后,一切东北抗日的队伍,在中国共产党领导下,组成为统一的东北抗日联军,以著名的共产党员杨靖宇为总指挥,长期坚持了东北的抗日游击战争。"②

《毛泽东选集》第1版注释之所以把东北抗日联军的成立时间确定为1934年,并指出杨靖宇是东北抗日联军总指挥,正是以"东北抗日联军总指挥部"的成立为基础的。

第九节 创造性地运用朱毛红军经验

由于历史的原因,东北地区的革命力量较为薄弱,武装斗争只是在"九一八"事变后才广泛展开,经验极度缺乏。而在这时,由朱德、毛泽东领导的井冈山和中央苏区斗争已形成新局面,积累了许多宝贵经验。在领导抗日斗争的实践中,东北地区的共产党人特别注重学习运用朱毛红军的经验,杨靖宇在这方面既是首倡者,又做出了特殊的贡献。

在联络不畅的情况下,东北地区的党组织和共产党人,多方设法收集有关朱毛红军的资料,经过多方努力,特别是经过地下交通线的努力,一些记载朱毛红军历史和经验的小册子相继传入东北。对于这些资料,杨靖宇进行了认真的学习研究。60多年后,韩光仍清晰地记得当时的情景:

> 我在与杨靖宇的接触中,感到他确实是个博学多才的卓越的政治、军事领导者。他随身带有从中央红军那里传来的几本游击战争小册子,经常阅读研究。③
>
> 他搞游击战,有声有色,随身揣着一本从中央红军那里得来的有关游击战的小册子,随时阅读,并讲给干部战士们听。④

---

① 刘晶芳编:《杨松文集》,人民出版社2013年版,第292页。
②《毛泽东选集》(1—4卷)合订本,人民出版社1966年版,第161页。
③ 韩光:《抗日英雄杨靖宇》,中共吉林省委党史研究室、吉林省东北抗日联军研究基金会编:《韩光党史工作文集》,中央文献出版社1997年版,第187页。
④ 韩光:《杰出的军事指挥员杨靖宇和他的得力助手李红光》,中共吉林省委党史研究室、吉林省东北抗日联军研究基金会编:《韩光党史工作文集》,中央文献出版社1997年版,第194页。

在所有这几本小册子中,有一本记述最为详尽,对杨靖宇的影响也最为深刻。据当时担任吉东特委书记的李范五于 1983 年 4 月 15 日回忆,这本小册子是由中共驻共产国际代表团送到中苏边境海参崴工作站,再经国际交通线送至吉东特委,转交满洲省委和东北各党组织的。[①] 关于这本小册子,韩光作了详尽地回忆:"1933 年至 1935 年之间,我参加东北抗日游击战争,曾经得到一本中央苏区传来的关于游击战争的小册子,讲的是朱、毛领导的红军在敌强我弱形势下如何进行游击战争,根本点是真正依靠人民群众,密切军民间的鱼水关系,游击战就是人民战争。当时我任中共满洲党、团省委特派员,经常到各地巡视工作,看到杨靖宇、赵尚志等著名抗日游击队领导人都把这本小册子带在身边,学习苏区游击战争经验,使用于抗日战场。从这时开始,我就日益加深地产生了向往朱、毛领导的红军的心情,设想如果能见到他们,该是多么令人高兴的事啊!"[②]

在中共中央文献研究室编撰的《毛泽东传》中,对这本小册子也记述说:"七月间(1934 年——引者注),中央政府和中革军委迁到瑞金以西的梅坑,毛泽东也搬往高围乡云石山一个大庙里居住。依据共产国际关于主力转移时开展游击战争以配合的指示,中革军委布置他写一本关于游击战争的小册子,经过将近一个月,他写成了约三万字的《游击战争》一书,共分三章。第一章《概论》,论述游击队的任务、组织以及游击队如何发展成为红军。第二章《游击战术》,论述游击队战斗动作的要责、袭击驻止和行动的敌人、破坏敌人的后方、对付敌人的"围剿"和追击、关于行军宿营给养卫生等事项。第三章《游击队的政治工作》,论述游击队政治工作的目的、游击队部队内的政治工作、游击队在地方居民中的工作、游击队破坏敌人部队的工作……到红军大转移时,这本书才下发到各部队。"[③]

综合韩光的回忆和《毛泽东传》的相关记载,关于这本小册子的内容是基本一致的,因此可以断定,这本小册子就是毛泽东于 1934 年 7 月起草、10 月由中央革命军事委员会印发的《游击战争》(即《中央革命军事委员会关于游击队活动的指示》)一书。1934 年 11 月,中共南满第一次代表大会在杨靖宇主持下通过决议,要求"各参谋部根据'游击战术的小册子'和自己宝贵的经验,来经常研究讨论在归大屯附近活动的新的游击战术"。

在学习贯彻朱毛红军经验的过程中,杨靖宇特别注重从东北地区实际出发,创造性地运用这些经验,逐步形成了具有东北特色的抗日游击战争战略战术。在

[①] 李范五:《吉东地区的抗日斗争(一九三三年——一九三六年)》,辽宁社会科学院地方党史研究所编:《中共满洲省委时期回忆录选编》第 3 册,第 135 页。

[②] 韩光:《回忆亲临毛主席教诲的几件事》,中共吉林省委党史研究室、吉林省东北抗日联军研究基金会编:《韩光党史工作文集》,中央文献出版社 1997 年版,第 410—411 页。

[③] 中共中央文献研究室编,逄先知、金冲及主编:《毛泽东传》第 1 册,中央文献出版社 2011 年版,第 331—332 页。

杨靖宇的主持下，抗联第一军"军部在作战后，常召集下级指挥员开会讨论作战时之优劣点，并由下级指挥员在兵士会中传达"。与此同时，杨靖宇还十分注重干部战士的军事训练："普通军事训练、连长关于瞄准运用武装等等，经常向新队员训练"；注重侦察工作特别是发挥群众作用："在我们进攻敌人时，侦探工作比较充分，敌人情形都能了解……群众经常在敌出发时来送信，详细报告敌情"。

尤其值得指出的是，杨靖宇还创建了抗联部队官兵互教互学军事技术的战术研究会，其职能是"每到达新地点宿营时，根据该地形，假设敌人从某方面来，如何抵抗等"，这种会议一切围绕实战进行，可操作性极强，深受广大干部战士欢迎，认为"这种方法较好，因为敌人真来时，即可按讨论状况从容应战"。

就这样，通过战术研究会、战斗讲评和军事训练等多种方式，杨靖宇发挥集体智慧，总结实践经验，在战斗中注重诱敌深入和集中优势兵力，形成了被战士们概括为"杨司令三大绝招"的半路伏击、远途奔袭、化装袭击三大战术原则。形成了基本作战方针：

> 不能予敌以痛击的仗不打，于群众利益有危害的仗不打，不能占据有利地势的仗不打，无战利品可缴的仗不打。

这一方针把保存自己同消灭敌人统一起来，把战斗需要和维护群众利益统一起来，把发挥战士主观能动性同地形、战利品等必不可少的客观条件统一起来，和"三大绝招"一起，对南满抗日游击战争发挥了指导作用。在机动灵活的游击战术之下，杨靖宇率部敏锐捕捉战机，以己之长，击敌之短，成为南满抗日斗争的主力军。1935年4月29日完成的《东北人民革命军第一军报告》记述道：

> 在过去多次战争中，是采取硬打硬攻的战术（如在开战时死守山头，只知夜晚攻街等等，这样不易去解决敌人武装）。在一年多来的残酷经验教训中，我们战术相当的转变，开始更灵活运用游击战术，有以下的经验：
>
> （1）埋伏袭击敌人——如去年三团在通化山城镇汽车道旁林中埋伏，缴获械、机关枪一挺，打死日匪数十名。这是利用丛林来秘密掩护，突然袭击敌人结果。有些同志认为，这种工作夏天能作，冬天不能作，这种错误观念也在去冬被事实击破了。如缴李司令骑兵全连，活捉该连长，是利用河崖树林，很吃苦，从天未明就来埋伏好了，直至午间敌人才过来，当即将该全连武装解除，并获手提机关枪一挺。
>
> （2）利用便衣队攻城破镇——预先得知敌人，令便衣队先进城去顺利解决敌人的岗兵，而解决敌人的武装。如去年我军进攻东边道极有名的最忠实走狗邵本良根据地孤山子，便衣队先进城，把敌人岗兵完全解除武装，大军顺利入城。

利用便衣队白昼乘敌人不备而突然进攻——最近我骑兵进攻红土崖，便衣队先进城去，一般走狗在我们威力之下前来与便衣队接头（我便衣队与该走狗相当友谊关系），结果骑兵迅速进街，敌人一枪未抵抗，即解除全部武装。

（3）引诱敌人而袭击之——预先在一定地点埋伏后，故用小部队或鸣枪或虚作进攻，人另外地方即袭击之。如去夏我军后方部队夜间虚攻距三源浦较近之局所，并将该局所通三源浦大道之木桥截毁，然后虚敷之，日匪来汽车两辆，机关枪两挺，往局所前面火光处前进。当过桥时，汽车覆水中，因我军没有英勇冲锋，故未获机关枪。敌人次早方派人将所有死尸与枪械找去。

（4）利用军衣整齐，冒充"满"军缴械——如最近我骑兵往金川出发，在汽车路上利用此优点将敌公安队一部缴械。

杨靖宇神出鬼没的游击战术，令日伪闻风丧胆、百姓拍手称快。《救国时报》于1936年6月30日赞誉他是"东三省第一个执行游击战术的人"。甚至连伪满军政部军事调查部也不得不承认："第一军总司令杨靖宇有才干，是真正具有将才的人物，从人民革命军成立以来，他就是第一军的总司令。"[①] 在当年的东北大地上，至今还流传着当年的民谣：

抗联队伍有办法，穿上"狗皮"把装化。头上戴着战斗帽，腰间还把洋刀挎。粘上两撇仁丹胡，冒充太君来训话。没等训上两句半。翻译官员说了话：赶快缴枪举起手，谁动让谁回老家。敌军官兵傻了眼，一个一个被活抓。[②]

[①] 伪满军政部军事调查部：《满洲共产匪之研究》（1936年），转引自赵俊清：《杨靖宇传》，黑龙江人民出版社2004年版，第187—188页。

[②] 赵俊清：《杨靖宇传》，黑龙江人民出版社2004年版，第182页。

第七章 抗日游击战争的蓬勃开展

第一节 中共南满"一大"和组建东北人民革命军第一军

乘辉发江南战斗胜利之余威，1934年2月末，杨靖宇率独立师政治保安连二十余人由临江出发，经通化挺进桓仁，抵达老秃顶子山区仙人洞一带。这是"东北抗日联军总指挥部"成立后，杨靖宇亲自领导的第一次大规模军事行动。由于杨靖宇部队纪律严明、热心帮助群众，很快就赢得了当地群众的信任和支持。这时适逢元宵节（当年为2月28日），杨靖宇还组织了有三百余人参加的军民联欢。当高俭地秧歌队潘国权唱出现编的新词："十三大辙唱江洋，杨司令在上听其详"时，全场锣鼓喧天，喝彩声经久不息。演出结束后，杨靖宇以开水香烟招待秧歌队员和在场群众，并即席讲话号召群众全力支援抗日斗争。随后，杨靖宇认真考察了老秃顶子山区，决定将这里开辟为抗日游击根据地，并部署联络附近抗日义勇军部队，建立抗日武装统一战线。

结束在桓仁一带的工作后，杨靖宇率部返回临江，自3月至5月，正当傀儡溥仪"登基改元"成立伪满洲国之际，杨靖宇指挥部队在临江、金川等地连续与日伪军作战，在大荒沟（金川）、三岔子和林子头（均属临江）等地连续重创敌人。这些战斗除第一军独立师作为主力外，已归属抗联总指挥部统一编制和领导的义勇军"老常青""赵参谋长"等部也积极参战，并再次明确了各自的部队番号，即"抗联第一支队"和"抗联第四支队"。在杨靖宇的指挥和抗联各部队的奋勇作战下，击退了伪混成第一旅和第六旅的进攻。但杨靖宇并没有满足于这些战果，他趁热打铁、乘胜追击，率部往返驰骋奉天至海龙铁路以东、梅河口至辑安（今集安）公路两侧，不断袭扰敌人，扩大东边道抗日游击战争。在此期间，杨靖宇肺病复发、高烧不退，但仍坚持在第一线工作。5月15日，中共满洲省委致函南满党组织和人民革命军第一军独立师，指定杨靖宇为第一军独立师政委，并在无其他合适人选的情况下兼任政治部主任，实际上，由于派来担任师长的高国忠工作消极并犯有严重错误，因此师长（司令）一职也无法更换。在干部缺乏的情况下，杨靖宇不顾疲劳病痛，一身承担着领导南满抗日斗争的重责。

就在这时，日伪当局又于6月初发动了第四次东边道大"讨伐"，调集伪第一军管区，即奉天警备军四个旅又一个营共5000余人的兵力，扑向南满抗日游击根据地，其中尤以磐石为重点，敌伪喉舌《盛京时报》6月3日披露："省警备司令部顷以磐石县一带之匪终未肃清，殊为不快，现吉林警备司令官对此异常注意……限期一个月将磐石及吉海线土匪肃清。"然而，在杨靖宇率领的全体抗日将士的英勇战斗之下，"一月肃清"只不过是一句空话而已。自6月20日至7月27日，仅第一军独立师第一团就联合义勇军部队与敌进行大规模战斗5次，歼敌近百人，活捉日军1人，缴获枪支、炮弹、马匹、粮食、牲畜百余件。不仅如此，杨靖宇部队的英勇战斗，还推动了奉天（辽宁）全省的抗日高潮。据伪奉天警察署统计，仅1934年6、7、8、12共4个月中，辽宁全省抗日联军共与敌作战4690次，其中6月709次、7月759次、8月1516次、12月更高达1706次，也就是说，仅在这4个月中，杨靖宇部和辽宁其他抗日武装平均每天与敌作战超过30次，12月则平均每天55次。1946年3月18日，胡乔木、田家英在《东北问题的历史真相》中，援引了上述伪奉天警署的统计数字，指出："抗日联军的伟大事业，不但为广大的中国人民尤其是东北人民所熟知，就是敌人也无法否认……敌人并且公开承认，在初期义勇军失败以后，在东北继续抗战的只有中国共产党领导的军队。"①

1944年，由日本人岗部善修撰写的《满洲国治安小史》一书由伪满警察协会出版，在这部为日本法西斯侵略者和汉奸刽子手歌功颂德的"官修正史"的字里行间，仍然渗透着敌伪的心惊胆寒：

满洲事变后，在磐石附近活动的中国共产党县委组织了武装游击队，并称为红军，到大同2年（1933年）9月，成为全满之首的东北人民革命军第一军，军长杨靖宇，在磐石首先暴动，同年10月，南下侵入奉天省内之金川、柳河、清源各县。……

康德元年春，南下侵入省内共匪，曾使东边道的治安感到忧虑。当时以杨靖宇为首的共匪，驻在东边道东北部的柳河、金川、辉南各县。……

第一军杨靖宇则侵入兴京（今新宾——引者注）、本溪、清源等境，其势渐次扩大。

上述引文的最后一句，记述了杨靖宇在6、7月间的战斗情况，他率领司令部教导团和政治保安连在临江、兴京、蒙江、桓仁一带，联合义勇军苏子余、"两省"等部多次与敌交战，7月2日攻克新宾县城。随后又于7月12日攻打濛江县城。临江七区六道江、兴京红庙子、桓仁八里甸子、四道岭子、大清沟等地也

---

① 胡乔木、田家英：《东北问题的历史真相》，《解放日报》1946年3月18日。

先后被杨靖宇部联合义勇军袭击,其中7月23日的桓仁八里甸子战斗最为激烈,俘获日军守备队小队长秀向以下30余人,缴枪15支。此后至10月,活动于磐石、伊通的独立师一团和少年营也渡过辉发江南下,在濛江、辉南、金川一带与司令部会合。

至此,日伪"一月肃清"的梦呓已经彻底破产,不得不于9月发动第五次东边道"大讨伐"。在日军司令三毛的指挥下,日伪军以军事进攻、政治挑拨,乃至以后为东北人民深恶痛绝的"归屯并户"等残酷手段,再次向抗日军民举起了屠刀。针对日伪军的新一轮进攻,杨靖宇遵照满洲省委指示,动员广大群众、巩固抗日民族统一战线、扩大游击战争。自9月16日至11月初,指挥人民革命军第一军独立师联合各路抗日义勇军与敌作战158次,其中最有影响的战斗是9月16日的通化二密河干沟战斗。根据杨靖宇的部署,独立师第三团成功伏击了行驶在通化至山城镇公路上的日军军车队,击毁汽车23辆,击毙日军大佐铁板司令以下28人,缴获轻机枪、步枪、手枪8支及敌伪侦察抗日部队的秘密文件1份。在9月下旬的兴京大荒沟战斗中,由于杨靖宇指挥灵活,部队行动巧妙,无一伤亡。

在第五次"东边道大讨伐"的最后时刻,1934年11月21日,日伪当局在伪都"新京"举行所谓"忠灵塔纳骨"仪式,关东军司令官菱刈隆亲致"祭文":"满洲事变至今,历时三载有余,其辗转征战遍至全满,我英勇之先烈或战死敌人炮火之下或逢不虑之灾厄,致尸体暴露旷野者达二千九百余名……"①尽管这个数字是大为缩小的,但它毕竟是日本侵略者在东北人民抗日铁拳面前的难得"自供"。

正当杨靖宇率部捷报频传之际,中华全国苏维埃第二次全国代表大会的精神传达到了南满地区。

在抗击日本帝国主义侵略及国民党蒋介石反动统治的英勇斗争中,中华苏维埃共和国走过了三年的光荣历程。为总结经验、推进中国革命和抗日救国事业。1934年1月21日至2月1日,中华苏维埃"二大"在红都江西瑞金(当时称瑞京)举行,以满洲省委书记何成湘为首的东北代表团参加了会议。大会宣言重申了中国共产党抗日救国、收复东北的主张。

在中华苏维埃"二大"上,毛泽东作了开幕词、工作报告和结论。在工作报告中,毛泽东愤怒控诉了"从一九三一年九月十八日开始的日本帝国主义的强盗战争"②的滔天罪行,赞誉"东三省几十万义勇军的奋斗"③是"全国革命民众的反帝运动便极端猛烈的发展起来"④的主要标志之一。指示中华苏维埃中央

---

① 《盛京时报》1934年11月23日,转引自赵俊清:《杨靖宇传》,黑龙江人民出版社2004年版,第213页。
② 《建党以来重要文献选编(1921—1949)》第11册,中央文献出版社2011年版,第90页。
③ 《建党以来重要文献选编(1921—1949)》第11册,中央文献出版社2011年版,第91页。
④ 《建党以来重要文献选编(1921—1949)》第11册,中央文献出版社2011年版,第91页。

政府:"特别在东三省、热河、察哈尔、华北等日本帝国主义进攻地带,组织人民革命军义勇军,领导旧有的义勇军,使之脱离国民党的反动影响,而与日本帝国主义坚决的作战。"①会议期间,毛泽东还以"二苏大"主席的名义,发出了给东北人民革命军义勇军的慰问电,并接见何成湘,听取了关于东北抗日斗争的汇报。

2月1日,中华苏维埃"二大"选举产生了第二届中华苏维埃中央执行委员会,毛泽东再次当选为执行委员会主席,杨靖宇以化名张贯一当选为委员,成为唯一担任中华苏维埃中央执委的东北抗日联军主要领导人。大会结束后,何成湘返回东北,传达了会议精神和杨靖宇当选为中华苏维埃中央执委的消息。

为传达贯彻中华苏维埃"二大"精神,杨靖宇以省委代表身份,于1934年11月5日在临江县四道二岔主持召开中共南满地区"一大"。"二苏大"精神和杨靖宇当选为中华苏维埃中央执委的消息一经公布,极大地振奋了东北人民的抗日斗志。"参加会议的代表和听到消息的广大抗日军民群众,都以欢欣鼓舞的心情,拥护中华苏维埃第二次代表大会2月5日宣言和坚决抗日救国、收复东北失地的主张,并深以靖宇同志(张贯一)及另一东北工人代表当选为以毛泽东同志为首的中华苏维埃中央政府执行委员会委员为荣。"②

传达中华苏维埃"二大"精神后,中共南满地区"一大"又在杨靖宇的领导下,完成了组建东北人民革命军第一军的工作。

这时,距1933年9月18日东北人民革命军第一军独立师成立已近14个月,截至1934年8月11日,仅独立师第一团就与日伪正规军作战33次,其中胜利31次、与其他抗日武装联合作战11次。战斗地点遍及磐石、伊通、西安(辽源)、东丰、桦甸、吉林、江南。总计毙伤敌军122人、俘日军1人、伪军15人,缴获枪支84支、战马110余匹及大量子弹、军服等。在此期间,第一团还消灭伪"会房"、"壮丁团"等地方武装共18处、584人,活捉伪头目66人,缴获匣子枪、快枪45支、土枪土炮一批、各种牲畜228匹(头)。这支部队在中国共产党的领导和杨靖宇的直接指挥下,逐渐成为南满抗战的中流砥柱。

随着战斗胜利,游击区也日益扩大。1934年9月15日,《人民革命报》副刊对此作了如下记载:

> 盘石各区——盘南、盘西、盘东、盘北,这都是东北人民革命军第一军独立师之种子(中韩反日游击队时)最初发现地,是它两年以来之长成地,又就是南满游击战争发源地。第一团一年来以盘石为中心,扩大新游击区之情形大约如下:

---

① 《建党以来重要文献选编(1921—1949)》第11册,中央文献出版社2011年版,第92页。
② 《杨靖宇将军生平事迹》,《周保中文选》,解放军出版社2015年版,第139—140页。

南至辉发江沿,已与江南游击区打成一片;东至桦甸之北部松花江沿(常山屯、二十家子、蚂蚁河),以便将来与东满游击区打成一片;西到西安、东丰一部,西南到海龙小白山,快要与海龙游击区接连着;西北到伊通街附近及双阳一带,以威胁着"满"狗新京长春;东北至吉林三、七、八区,更进逼吉林省城附近。在这样的扩大巩固游击区域、缩小"满洲国"统治势力之下,在游击区内的吉海路及其附近之二三个大小城市在不断的日夜警备恐惧中过着。

1934年11月19日和20日,中共满洲省委连续发出两封指示信,要求:"把分散的部队集中统一起来,成立强有力的人民革命军",并成为"一切抗日队伍的中心力量与组织者",特别要求南满党组织在粉碎"冬季大讨伐"(即第五次"东边道大讨伐")的斗争中"成立坚强巩固的东北人民革命军两个师,完成创造东北人民革命军第一军的光荣任务"。

遵照满洲省委的指示,杨靖宇在指挥粉碎第五次"东边道大讨伐"的百忙之中,仍以相当精力关注着各路义勇军的整编改造工作,经过努力,组建人民革命军第一军的工作基本就绪。11月7日,在十月革命17周年和中华苏维埃共和国成立3周年的日子里,杨靖宇庄严宣布:正式成立东北人民革命军第一军。

东北人民革命军第一军的成立,是南满地区乃至全东北抗日斗争史上的标志性事件。杨靖宇被一致推举为军长兼政委,其他军级主要领导人还有政治部主任宋铁岩、参谋长朴翰宗、军需处长马占源。军部下辖两个师和一个游击大队,第一师师长李红光、副师长韩浩、政治部主任程斌;第二师师长曹国安、参谋长李松坡、政治部主任张云志,两个师共下辖六个团。南满第一游击大队队长苏剑飞、政委王仁斋。保卫队和教导团直属军部领导,教导团下辖两个连。全军共八百余人,另有直接领导的义勇军武装近千人。

东北人民革命军第一军组建完成后,采取分散方式发动群众,扩大游击战争和游击根据地范围。具体部署是:第一师以龙岗山脉一带为后方根据地,在临江、通化、柳河、兴京等地活动;第二师以辉发江南的濛江、金川、抚松等地为后方根据地,在磐石、吉林市与桦甸交界处、海龙、西安、伊通等地活动;杨靖宇率军部及军部直属部队在通化、柳河、濛江、金川等地活动,并同时指挥全军各部。自11月下旬至12月15日,杨靖宇又率部在柳河、金川、通化、临江等处与敌交战,歼敌近百人。12月29日,在金川境内活动的杨靖宇向满洲省委发出关于军事及干部问题的报告,总结了一年来特别是东北人民革命军成立近两个月来的工作:"我军来到东边道以来,在勇敢地多次击溃著名的强敌邵本良、廖(即曾任"第四次东边道大讨伐"司令官的廖弼宸——引者注)旅部队,胜利地攻破16个城镇,多次与日本正式军队作战,取得光荣的胜利影响下,一般的抗日军下属与小帮抗日部队对我们的影响是非常大。"

第二节　全歼伪满军邵本良部

在蓬勃兴起的东北人民抗日斗争高潮中，杨靖宇创建和领导的东北人民革命军第一军越战越勇、捷报频传。尤其是全歼伪军邵本良部一役，更是杨靖宇军事指挥艺术的最高峰。当时，在杨靖宇部队的话语体系中，战斗被称之为"做工作"，而邵本良伪军的全军覆没，也就是杨靖宇和战友们做得最好的一项工作了。

邵本良原本是个"匪龄"长达二十余年的江洋大盗，仰仗着"官匪一家"的腐败社会制度，摇身一变成为奉军军官，在军阀混战中，他以"亡命冲杀"，受到以张作霖为首的奉系军阀首脑们赏识，"九一八"前已官至上校团长。"九一八"以后，邵本良率部随其上司、东边道镇守使于芷山叛国投敌，协助日寇"清剿"各路抗日武装。邵本性凶残，其手下也多是土匪出身，作战时历来死拼硬杀，残害百姓更是家常便饭。邵本良深受日寇青睐，被伪政权授予少将军衔，其所属混成第六旅第七团成为伪东边道"讨伐"总部直属部队，日寇曾称其为"国军之精华""武人之龟鉴"。因其效忠敌寇且"用力进攻抗日军"，[①] 待遇更在伪军中首屈一指："收他过去的杂枪，换上一色三八式枪……黄呢军衣，月七八元不压薪，不灵便的子弹带换了皮盒"。[②] 这里需要说明的是，当时伪满军除溥仪卫队"护军"外，月饷仅4元有余，甚至"护军"最高的上等兵月饷也不过11元4角。仅此一项，足见邵本良部在伪军中地位之重。东边道一带的群众和抗日武装一方面对其恨之入骨，另一方面因力量不足、多次吃亏，又畏之如虎。东北人民革命军第一军从成立之日起，就以消灭邵本良部这个最凶恶的敌人为当务之急。

杨靖宇率部转战辉发江两岸时，三源浦、凉水河子、斫木台三战三捷，已使邵本良损兵折将、气急败坏，自认："我就够诡的了，红军的杨司令比我还诡"，[③] 然而这些还仅仅算是"见面礼"。进入1934年，杨靖宇又在3至5月间，指挥刚刚统一建制的南满地区抗联部队，在金川境内的梨树沟和横虎头沟与邵本良部交战，这些战斗的结果，有邵本良的自供为证："红军大概有500人，加上胡子共约1000人，的确不容易打，他们不像胡子一打就跑，不管你怎样攻，他硬在山上不退。就现在我们这500来人打不了他们。"这些战斗的胜利，也为刚刚成立的东北抗日联军总指挥部大壮声威。11月下旬，杨靖宇抓住日伪第五次"东边道大讨伐"收场之机，执行"敌退我追"战术，率军部直属部队及一师进至通化三岔河，将正在当地的邵本良伪军、伪警和日军守备队包围，战斗中毙敌30余

[①] 韩光：《南满抗日游击运动》（原题《磐石巡视报告》，1934年4月23日），中共吉林省委党史研究室、吉林省东北抗日联军研究基金会编：《韩光党史工作文集》，中央文献出版社1997年版，第466页。

[②] 韩光：《南满抗日游击运动》（原题《磐石巡视报告》，1934年4月23日），中共吉林省委党史研究室、吉林省东北抗日联军研究基金会编：《韩光党史工作文集》，中央文献出版社1997年版，第466页。

[③] 韩光：《南满抗日游击运动》（原题《磐石巡视报告》，1934年4月23日），中共吉林省委党史研究室、吉林省东北抗日联军研究基金会编：《韩光党史工作文集》，中央文献出版社1997年版，第474页。

人。11月29日的战斗更加激烈。杨靖宇先是率300余名战士在金川三区与邵本良伪军交战,后又出敌不意,在激战中敏锐把握时机,甩掉敌人,于晚8时奇袭邵本良老巢柳河孤山子镇。战况之激烈,敌伪喉舌《大同报》12月14日报道:"枪声爆起,弹雨横飞,继之以炮声隆隆"。因邵本良伪军主力均集中于金川三区战场,故城内空虚,抗联部队一攻而入,并在城内与急速回援的邵本良部主力巷战两小时,毙伤伪军20人,邵本良本人及其身边5名亲随也在十字街头受到猛烈射击,险些中弹。随后,杨靖宇部携缴获的军需品撤出城外开赴临江地区。

经此连续战斗,邵本良部伪军损失惨重、士气低落。1935年4月29日,东北人民革命军第一军在报告中记述说:"他们一方面怕我军战斗力,另外抱着极大的同情,时时不愿进攻我们。邵本良弟兄连夜追击我军,疲惫不堪,弟兄公开骂邵本良,他们抓农民代为背枪,说'这枪送给红军去,人家才是中国人'"。甚至一个排长已策划率部哗变,不幸事泄被邵本良杀害,他的妻子及他部下一个下士夫妻共三人也因而悲愤自杀,此事更加动摇了邵部军心,作战时逃亡甚多。

四个月后,1935年8月20日,杨靖宇又率军部教导团,在义勇军四海山部(即南满抗联第二支队)的配合下,在柳河与清源交界的黑石头(地名)迎候"老对手"。此前,杨靖宇本欲奔袭柳河县城,后因侦察得知守城敌军已得到增援,遂决定主动暴露行动踪迹,引敌出巢,利用有利地势设伏歼敌。经四天行军,将尾追之敌引至黑石头。

当时参战的战士、时任第一军第二师师长曹国安警卫员的王传圣,在1937年曹国安牺牲后成为杨靖宇的警卫员。他详细回忆了黑石头战斗的经过:

> 8月下旬的一天,侦察员向杨靖宇军长报告说,敌人距我部只有三十多里,估计明天可能赶到。杨靖宇军长听后,高兴地说:"太好了,我们就是要他来追。"杨军长说完后,要各连长和指导员以上的干部立即来开紧急会议,又说,请四海山也来参加会议。开会的人到齐后,杨靖宇军长说:"明天敌人就能追上来,这是邵本良的第七团。我们去沟里黑石嘴子(也叫黑石头)一带埋伏,把敌人放进我军的埋伏阵地,打他个措手不及。敌人的战斗力再强,他也无法抵挡我军的突然袭击,敌人如果负隅顽抗,就坚决消灭之。"杨靖宇军长又说:"要做好打硬仗的准备,要准备和敌人拼刺刀。"杨靖宇军长说到这里,环视了一下有力地说:"就这样决定,按部署的办。大家一定要保守秘密,不能走漏消息,谁走漏消息,对谁就按军法处理。"会后,各部进行了准备,军部立即派人去黑石嘴子察看地形,各部准备带足够一天的粮食。……
>
> 部队到了黑石嘴子后,按杨靖宇军长的部署,冲锋队一律埋伏在路北山根下,距离道路也只有几米远。山根下蒿草长得很高,战士们用手轻轻把蒿草分开,钻进去后又把蒿草按原样扶好,没有一点可疑现象。战士们埋伏好

以后，杨军长和曹师长又仔细检查了一遍，直到全部埋伏好了才算完事。道路北是蒿草，道南是一片黄豆地，一马平川，正是消灭逃跑敌人的好地方。天快放亮时，我们才随杨军长、曹师长上了北山指挥部。

杨靖宇军长有一整套机动灵活的军事原则，如埋伏袭击，即利用敌人交通要道上的树木或其它地物潜伏起来，当敌人进入埋伏圈时进行突击，予以歼灭，这次伏击战就是运用这一原则。在具体打法上，计划是待敌人队伍尾巴全都进入我军伏击阵地后，由指挥部开枪，战士听到枪声后立即突击敌人。这次军部设在北山上，看不见敌人队伍的尾部，便决定由曹师长在头道卡子后边小山头上监视敌人，并由曹师长指挥开枪。我们两个警卫员跟随曹师长向预定的小山头上去，这个山头虽然不算高，但很陡，我们费了很大劲才爬到山顶上，可是在山顶上仍然看不清道路，就又下到山坡上，我们怕一不小心滚下山去，每人就骑在一棵树根上坐下来，就是睡着了也滚不下去，在这地方有柞树林子掩护，从树缝中观察大道也非常清楚。我记得当时闷得很，一点风也没有，蚊子、小咬等直向我们进攻，我们也只好挺着，当然更不能抽烟了。

天放亮不久，不知怎的又起了雾，等太阳出来后，雾才慢慢散开。十点钟左右，曹师长说："快吃点东西吧，呆一会敌人要来了。"我们三人刚吃完煮苞米，就听到大道上有响动，不一会就清楚地听到说话声、咳嗽声、脚步声、刺刀和水壶互相撞击声，我从树缝里悄悄望出去，看见前头有三个尖兵，距大队有一百米左右，后面敌人队形密集，敌指挥官吆三喝四地喊："快走！快走！"看来毫无戒备。

曹师长也把这一切看在眼里，他打了个手势，这是叫我们把枪准备好。我们都把眼睛瞪得很大，紧盯着敌人的后尾。曹师长见后面没敌人了，喊了一声："打！"我们三人一齐开枪，顷刻枪声大作，敌人被这突然一击，顿时队形大乱，喊声、叫骂声响成一片。我们的战士也高喊："缴枪不杀！""优待俘虏！""冲呀！""杀呀！"转眼功夫，敌人溃不成军，死的死、爬的爬。我一见，心里直着急，可是又不能离开曹师长。这时，曹师长说："你看，往回跑了几匹马，还驮着什么东西，快追！"我们从山上追出去不远，就看见几个没带枪的伪军牵着马往回跑，一个马背上驮着迫击炮，另两匹马驮的是炮弹，我们把人、马和迫击炮等全缴获了。

我们回头走到大道上，看见地上躺着被打死的敌人，打伤没死的在叫喊，我就捡了一些子弹。在道边的水沟里一个敌人脑袋被炸去了半个，一顶军帽在水里，帽子里红的白的一大堆，敌人的脑浆都淌出来了。战斗后听有的战士讲，他埋伏在蒿草地里时，听见了几个伪军的对话。一个说："伙计，我今天老想尿尿。"听另一个问："尿尿怎么的？""我每次出发老要尿尿，就准要打仗。""你叫抗联都给打怕了。"这几个伪军话还没说完枪就响了。敌人吓蒙了，见北山根草高就往里钻，正撞上我们战士端着刺刀冲出来，还没等敌人明白，刺刀已捅到身上了。后边的敌人明白过来，只有往黄豆地跑，我们战士从后边追上去，喊着："缴枪不杀！""优待俘虏！"一部分敌人看看无路可逃，只好举枪投降。有一部分顽抗的敌人，被我们分而歼之了。

在这次战斗中，还发生了这么一件事。许国有连长在从路北一棵大树下冲出来时，正和一群向大树跑去的敌人相遇，许国有连长打倒几个敌人后枪不响了，七八个敌人围上来对许连长拳打脚踢，许连长拼命与敌人厮打，但还是被敌人压在底下。正在危急时，军部的李司务长从山上冲了下来，见到这种状况，连发数枪，一枪一个，打倒七个，活捉一个，救出了许连长。

这次战斗只用了半小时，毙伤敌人六十多名，俘虏敌人十六七名，只有前头出了我军伏击圈的算侥幸逃命。在这次战斗中我们还缴获战马三匹、三号迫击炮一门，炮弹八发，三八式步枪六十多支和许多子弹，还缴获了一架望远镜和两把战刀，我军牺牲七人，伤三人，其中许国有连长是重伤。四海山部分也在老岗顶上活捉敌人十多名。……

军部韩仁和秘书长对被俘的伪军讲了话，他说："我们是抗日救国的队伍，是中国共产党领导的人民军队。你们团长邵本良这个铁杆汉奸，专门和我抗日军民作对，我们就要打他。你们只要放下武器不抵抗，我们对被俘人员一律不伤害，不论是军官还是士兵，这是人民军队对待俘虏的政策。今后，你们再遇上今天这种情况，不要抵抗，你抵抗也没有用，不死即伤，何苦替日本人卖命呢！其实，你们不论是军官还是士兵，都是被日本人和邵本良驱赶来的，你们自己并不乐意来打仗。"说得那些被俘的伪军直点头。韩秘书长又接着说："你们回去告诉邵本良这个汉奸卖国贼，今后我们还要和他较量，他不是说要和杨靖宇打到底吗，不消灭杨靖宇死不瞑目吗！好吧，我们一定和他打到底，告诉他小心点。"最后，韩秘书长说："我们一天不把日本强盗从东三省赶出去，就一天不算完。日本强盗在东三省烧、杀、抢，奸淫妇女，无恶不作。你们是中国人，凡是不愿做亡国奴、有民族气节的人，应为抗日救国做些好事，不要替日本人残害中国同胞。现在，每人发五元路费，放你们回家。"当时伪军士兵都愣住了，一时不敢相信这是真的。……

这一仗对日伪军震动很大，我们的俘虏政策也对分化瓦解伪军起了很好的作用。等敌人调动大队人马来追赶我们时，我们早已转移回河里（位于吉林省靖宇县）休整了。在回到河里后，又召开了总结大会，杨军长还让李司务长介绍经验。李司务长很不好意思地说："我没有什么好介绍的，那天枪一响，我就冲下山去缴枪，等我跑到一棵大树跟前，见几个敌人围打一个人，我也没看清是谁，冲着敌人就开了火，一气打倒六个敌人，剩下两个转身就跑,我追去开枪又打倒一个,这时枪里已没有子弹了,我大喊一声,你再跑,也把你打死,那个家伙乖乖地举手交枪,他要开枪,我也完了。"听到这里大家都笑了起来。李司务长接着说:"反正打仗要勇、要猛,你又勇又猛敌人就熊了。"因为李司务长这次打死七个敌人,活捉一个敌人,受到表扬奖励。我们从此给他起个绰号,叫"七加一"。①

黑石头战斗结束后,杨靖宇率第一军军部直属部队,在柳河、金川、通化、临江交界处活动。9月11日的旱葱岭战斗,又使邵本良品尝"赔了夫人又折兵"的滋味。

战前数日,军部秘书长韩仁和侦听敌军电话,得知邵本良部伪军运输队将于9月11日从柳河孤山子出发前往八道江,届时将用十余辆大车运送伪军家属和军用物资,邵本良将派副官"刘大绝户"(绰号)率一个连护送。杨靖宇得知详情后,决定在敌军必经之路——位于金川和临江交界的旱葱岭伏击敌人。在向部队作战前动员时,杨靖宇说道:"我们连日来昼夜兼行,同志们都困乏了吧?但是我们还要凭着素来的勇气与精神,来做这一不可多得的工作,邵部第七团带许多军需品,要向八道江移防,他们必经这里,我们就在此地截击他。"②

9月11日上午10时,在旱葱岭大道的东侧,敌军"如约而至",进入了第一军预设的埋伏圈,只听杨靖宇一声枪响,战士们如同猛虎下山,转瞬间便将敌军分割包围,附近的农民自卫队也手持土枪、红缨枪、大刀前来参战,阻截逃散伪军。一时间,枪炮声、抗联战士"缴枪不杀!""中国人不打中国人!"的口号声、伪军及其眷属的惊叫哀号声响成一片,战斗仅半小时即胜利结束,伪军被击毙10人、伤15人,其余除"刘大绝户"和2个尖兵逃走外全部被俘,另俘获伪军家属12人,并缴获步枪30余支、子弹万余发、炮弹10余箱和一批冬季军服。战斗结束后,杨靖宇将部分枪支等战利品奖给农民自卫队。

这次战斗与以往有一点不同,这就是敌军中杂有不少妇孺眷属。对她们,战士们遵照杨靖宇的指示,严格执行人民军队的俘虏政策:"有些机灵一点的伪军官家属起来后,马上拿出金镏、钱、表等东西要送给我们的战士,嘴里直喊:'老总饶命'。当然,全被战士们拒绝了,因为抗联是不搜俘虏腰包的。撤出阵地后,我们对这些俘虏家属照顾得很好,她们也逐渐打消顾虑,她们原来听说什么红军共产共妻,这回说:'现在明白了,那全是造谣'。"③连邵本良的眷属也深受感动,主动承认了自己的身份。杨靖宇指派部队中的女同志对她们进行宣传教育,向她

---

① 王传圣:《抗联一军痛歼汉奸邵本良》,宋晓宏、高峰、傅伟编著:《永久的丰碑——杨靖宇将军资料汇编》,吉林文史出版社2005年版,第265—268页。
② 转引自赵俊清:《杨靖宇传》,黑龙江人民出版社2004年版,第281页。
③ 王传圣:《抗联一军痛歼汉奸邵本良》,宋晓宏、高峰、傅伟编著:《永久的丰碑——杨靖宇将军资料汇编》,吉林文史出版社2005年版,第269页。

们讲授抗日道理，几天后，所有被俘伪军及眷属都被照例发给路费释放。

值得一提的是，杨靖宇十分重视瓦解伪军工作，特别注意争取伪军眷属，通过她们影响伪军人员。为此，杨靖宇亲自与全体被俘伪军眷属谈话。1937年11月10日，中共驻共产国际代表团在巴黎创办的《救国时报》发表《东北抗日联军第一军英勇战绩追述》一文，记载了谈话的内容：

军长："各位女同胞们！你们不用骇怕，你们的性命和你们的身体，我是绝对负责保护的。我们并不是土匪，乃是真正打日本鬼子的军队。"

各位妇女都说："谢谢军长的好意！"

军长又说："你们都是谁的家眷？"

妇女们答："亲日派的家属。"

军长又问："你们的男人，都做什么呀？"

妇女们答："都当亲日走狗呢。"

军长问："既然他们都是亲日走狗，你们也即是亲日走狗的老婆，该有多么羞耻呀？你们怎么不劝劝他们呢？"

军长又问："你们知道我们是干嘛的呀？"

妇女们答："你们是人民革命军，真正打日本的军队。"

军长又问："我们把你们放回去，你们能做些什么呀？"

妇女们答："我们只有尽我们的力量来劝自己的丈夫，不要和你们真正打日本的军队来作对。可是，军长，当亲日兵的也是无法子呀！我们的话，说不上他们听不听呢！"

军长说："一日夫妻百日恩，只要你们妇女有爱国天良，架不住你们天天躺在床上劝说呀！"

妇女们又说："好了，军长，我们只有尽我们的能力就是了。现在我们看你们这样待我们好，又看你们辛辛苦苦的，吃的不好，穿的不好，去打日本子，我们也是中国人，哪能不动心呀！"

军长又向邵本良的大老婆说："你的男人就是真正的走狗，对不对？"

她答："对的。"

军长又问："那么你回去后，对他怎么办呢？"

她答："我是一妇道，说话他也不听，回去后，也只能用各种方法来劝解他，叫他不打你们就是了。"

旱葱岭一战，日伪军在人员和物资上都遭受了严重损失，1935年9月15日，《盛京时报》以《官匪大战金川》为题，报道了这次战斗，文中有"此役交战异常激烈……为剿匪以来未有之恶战"等语。更为重要的是，在事实面前，"共产共妻""杀人不眨眼的红胡子"等欺骗宣传彻底破产，令敌伪政治颜面扫地以尽，伪军军心更加动摇，他们深感杨靖宇人格高尚、人民革命军光明磊落。被俘伪军家属返回后，伪军中有人大惑不解："杨司令真傻，得着了那一帮很漂亮的女人，怎么没留下一个当老婆呢？"此话立即遭到明了事理者的反驳："杨司令不是猫三狗四的人，是真正的热心救国救民的英雄。为什么要人家的老婆呢？""杨司令肯定也有七情六欲，但他以抗日救国为天职，以模范军人相范，无私心杂念，真是一个正义的君子呀！"此后，一些伪军官兵甚至在日本指导官督战的情况下，也尽可能地对空射击打"朋友枪"，或以其他方式为抗联部队提供方便，这样一来又使日军对伪军更加不信任，日伪间的矛盾摩擦加剧。

从三源浦到旱葱岭，邵本良屡战屡败、损兵折将，而且由于他这个"运输大队长"的"辛勤工作"，杨靖宇部队获得了包括迫击炮在内的大量日本新式武器。日寇逐渐对邵本良的能力和"忠诚"也产生了怀疑，遂指使马某诬告邵本良在孤山子派人给杨靖宇送去3000发子弹，于1935年冬将邵本良逮捕入狱。

然而，1936年元旦刚过，日本侵略者就将邵本良释放并恢复军职军衔，令其重返战场。春节刚过，邵本良又在东边道一带神气活现，他万万不会想到，人民革命军正酝酿着一场歼灭战。1936年2月26日奇袭热水河子战斗打响。王传圣详细记述了战斗经过：

> 1936年2月，杨靖宇军长率领部队，从临江县一个叫西南岔的地方，秘密转移到通化县境内的水洞沟。到水洞沟住下后，就封锁了消息，只准往里进，不准往外出一个人。
>
> 两天后，王德裕同志（通化县城我地下党负责人，原名石××）从热水河子赶来军部，向杨军长报告了伪军第七团团部在热水河子驻防的情况，邵本良是这个团的团长，这个团也是邵的命根子。杨军长听了情况后，决心打掉七团团部，活捉邵本良这条老狗。
>
> 关于热水河子伪军第七团团部的情况，有不少是我们抗联的一个内线提供的。这个内线姓刘，名字不知道，我们都叫他"刘大屁股"。他是邵本良的一个马夫，经过王德裕的大量思想教育工作，开始为我们提供情报。
>
> 杨军长下了决心后，立即召开了连以上干部会议。王德裕又在会议上详细介绍了伪七团在热水河子驻防的情况。原来，热水河子是通化至八道江中间的一个小镇。地理位置很重要，伪军在热水河子驻有一个迫击炮连、一个重机枪连，这两个连驻在热水河子西头一个大院里，热水河子镇还驻有日本守备队三十多人、警察三十多人、自卫团二十多人、伪七团团部五十多人，总兵力约一个营。团部在镇中间，团部的对面是一个炮楼，里面有一个班。
>
> 介绍情况后，干部们进行了讨论。大家都认为不能强攻，要智取，采取偷袭的办法一定能成功。在大家讨论时，杨军长一言不发，待大家的意见基本讲完后，杨军长发言说："我同意大家的想法。首先，我认为要抽二十个

人组成手枪队,手枪队进去后先要解决团部对面岗楼里的敌人,这个手枪队由许团长带队。"许团长(许国有已由连长升团长)举手往后推推帽子,向杨军长说:"我一定把邵本良这个走狗抓来。"杨军长又接着说:"手枪队解决炮楼后,要跟进去一个机枪班,占领炮楼控制全街。解决炮楼后,敌人若还没有发现我们,就立即由手枪队解决团部。敌人若发现了我们,就强攻,团部是机关人员,没有什么战斗力,容易解决。在此同时派部队堵住街西头,不让那两个连过来。就是那两个连发现了我们,他们也不一定敢过来增援。要特别注意街东头的日本小鬼子,要派一个很有战斗力的排堵住。我们这次打击重点是邵本良的团部。"在干部会议上,杨军长还说:"现在是白天雪开化,晚上又冻了,在冰碴上走有响声,让战士都用麻袋片等把鞋包上,走路不能出响动。"最后杨军长又说:"就这样决定吧,军部随机枪班跟进,大队随后跟进,今晚十点集合出发。"

这天是2月26日。半夜十二点,队伍按时到达水洞沟,水洞沟在热水河子对面,处于浑江北岸。杨军长这时又叫王德裕同志立即去热水河子镇找内线老刘联系,决定过浑江的暗号和带路人等事项。王德裕走后,杨军长一个人在那想问题,一根接一根抽烟,我们知道这时不能去打搅他,他不叫,谁也不能到他跟前去。平时,杨军长是不抽烟的,现在他在仔细思考全部问题,想想还有什么漏洞需要向指挥员说清楚,不能马虎一点。直到见杨军长又说又笑了,说明事情考虑得很周到了。这也是杨军长的老习惯了。

这次行动,我军去了三百多人,为防止误会,每个人脖子上系条白手巾。十二点半,我们听到江南岸传出三下掌声,我们也拍三下掌声。对上暗号后,手枪队和军部一同过了江。到江南岸时见王德裕和老刘等在那里,当时见杨军长和他俩说了几句,又给老刘一些钱,具体数目没看清。接着杨军长对老刘说:"请你给带路,先摸炮楼,后摸团部,到了团部门口你就走你的。"手枪队在老刘的引导下,向热水河子镇中间的炮楼摸过去,阻击部队也分头出发了。手枪队是从西面靠近炮楼的,炮楼的门在东面,我们转过去没见站岗的哨兵,也可能因为冷,哨兵进炮楼了。在我们接近炮楼时,也多少有些响动,哨兵正要拉门出来,手枪队已推门进去了,手枪立即顶在哨兵的脑袋上,这个哨兵妈呀一声,退了一步正好坐在炕上睡觉的伪兵脑袋上,原来,在炮楼底层有一铺炕,一个班的伪军正睡在炕上。睡觉的伪军被这么一坐,就大骂:"你他妈的闹什么?"正在伪军不明真相没有起来时,手枪队进去的五个人举着枪一齐喊:"不许动,把手举起来!"顺利地把他们全部缴了械,机枪班紧跟着占领了炮楼,封锁了大街。

几乎同时,老刘又领着手枪队向伪团部摸去,一到伪团部门前,许团长一挥手,老刘就一溜烟地跑了。当时,那一带还没有电灯,伪团部点的煤油大吊灯通亮。手枪队的战士一脚将房门踢开,看见有三间房,在东间南北炕上睡了两炕伪军，有三十多人。说时迟，那时快，战士们齐声喊："不许动，谁动就打死谁！"同时其他几个屋的伪军也被顺利地缴了械。

杨军长来到伪团部后，找来一个被俘的士兵问："你们团长呢？"那个士兵说："团长去通化城开军事讨伐会议还没回来。"又问他："还有谁在家？"他说还有杨副团长在家，于是就找出一个伪军士兵，叫他带路去抓这个副团长。这个任务由教导一连一排的富排长领一个班去完成。

杨军长把这事刚说完，许团长就来向杨军长报告说，后院是团部办公室，敌人大部分住在这三间房的东屋里。许团长又说："敌人枪不多，谁也不说话，这里面有问题。"杨军长问道："刘副官抓到没？""还没有。""马上查出来，他不会跑得那么快。"杨军长指着我们警卫员又说："去人找二个伪军士兵问一问。"我和另一个警卫员进到东屋，叫出两个士兵来，问他："你们为什么没有枪？"伪军士兵说："我们是手枪、匣枪，都放在枕头底下。"杨军长接着问："你们那刘副官哪去了？"伪士兵胆怯地说："他就在那屋里，你们去看看，谁的个头高谁就是。"伪士兵又说："有他在场，什么也不敢说，谁说什么，你们一走就得遭殃。"这伪士兵又战战兢兢地说："你们千万可别说是我说的呀。"杨军长一看那副可怜相，就安慰他说："我们绝不出卖朋友。"

我们知道这些情况后，立即进去，先叫被俘的伪军都站起来，命令他们把腰挺直。我们看来看去，只有一个大高个子，他还弓着腰，穿的士兵衣服一看就很不得体，我们问："你是干什么的？""伙夫。"我们上去一把抓住他说："你是刘大绝户刘副官吧！你出来。"我们把他拽到外屋，立即捆起来。我们又进东屋问伪军士兵，那些士兵异口同声说："就是他。"接着我们就搜枪，在搜时，那些俘虏兵说，你们不用找，我们全交出来。我们知道你们对俘虏不打不骂，优待俘虏。这样我们收缴了手枪、匣枪三十多支。有个士兵说："我这还有几发子弹。"另一个说："我脚底下还有一支匣枪，刘副官在这谁也不敢吱声，旱葱岭那次，他先跑了，我们回来反倒挨了三十军棍，这小子真坏。"还有一个士兵说："连这回我已交给你们三支枪了，不信你回去查一下枪号码。"我们问他："那你为什么还给日本人当兵呢？"他说："我们没办法，抓兵不来能行吗，家有老婆孩子，跑了也不行呀。"

正说话时，富排长带人把杨副团长抓回来了，这个伪副团长名叫杨凤武。富排长向杨军长汇报了经过说，我们赶到他家，进屋一看他没有了。我们摸一摸被窝，觉得还是热的，断定人跑的时间还不长，再一看后窗开着，我们也从后窗追出去，后院有几个草垛，我们仔细一看，一个草垛旁有团黑影，像个人，脑袋钻在草垛里，屁股露在外头，我们断定这就可能是那个伪副团长，我们一拥而上就把他缴了械。

杨靖宇军长对这个伪副团长进行了一番教育后，说："你要立功赎罪。"

杨靖宇军长要求他马上给他的部队写信,命令他们缴枪投降,叫他们不要给日本人当走狗,屠杀自己的同胞,当汉奸是没有好下场的。杨凤武马上说:"一定照办。"他随即开始写信。

这时,街上可热闹了。原来街东头的敌人弄不清团部发生了什么事情,派来一帮巡逻队问:"你们那边怎么回事?喊什么?"我们说:"没有事,误会了,你们过来吧。"他们过来就被我军缴了械。一帮过来了不回去,就又进来一帮,我们一连抓了三批巡逻队员。这时,街东头的敌人才发觉情况不妙,开始射击,双方展开了枪战,中心炮楼我军机枪也开始向敌人扫射。

被俘的伪副团长杨凤武把信写好后,找了一个伪士兵把他送到西街两个连。重机枪连连长同意把队伍拉出来,迫击炮连连长不肯投降,还架起迫击炮开炮。这时天快亮了,杨军长下达命令,队伍立即撤出热水河子镇。在撤出时,又动员群众和俘虏运出大批物资和粮食。这次战斗,俘虏了伪副团长、副官、福岳利藏(日满殖产会社的一个经理)、伪税务局局长、伪商会会长及伪军警七八十人,缴获武器有长短枪八十多支、马克沁轻机枪一挺、望远镜三架、军刀五把。特别是没收日满殖产会社的布匹、鞋等许多物资,补充了我军的需要。①

战斗结束后,杨靖宇率部队返回水洞沟,在那里对被俘敌伪人员教育后发给路费释放,对有"二邵本良"之称的铁杆汉奸"刘大绝户",则按照战士和被俘伪军警的一致意见,予以公审处决,并张贴传单,公布"刘大绝户"卖国求荣、屠杀人民、欺压伪军士兵的十大罪状。杨凤武经教育后参加人民革命军,因他是知识分子,被杨靖宇安排在后方印刷处工作,进步很快,后在临江西南岔一次战斗中为抢救负伤战士而牺牲。

人民革命军奇袭热水河子、处决刘大绝户,令民心大快、敌伪胆寒。据当地群众传说,当邵本良见到"刘大绝户"的尸体和"汉奸走狗绝没有好下场,邵本良老狗也该如此"②的标语时,气得一头栽下马来,原定令伪军士兵出钱为"刘大绝户"发丧的计划,也因伪军士兵暗中抵制而不了了之。

黑石头、旱葱岭、热水河子,杨靖宇指挥部队三战三捷,邵部伪军损兵折将、丢盔弃甲,元气大伤。热水河子战斗后,杨靖宇以寻找有利地形和战机为目标,以"敌疲我打"为目的,在桓仁、兴京(新宾)、宽甸一线长途奔袭。为此,杨靖宇告诫战士们:"还要牵着这条老狗走,领他们爬大山、走小路,看他有什

---

① 王传圣:《抗联一军痛歼汉奸邵本良》,宋晓宏、高峰、傅伟编著:《永久的丰碑——杨靖宇将军资料汇编》,吉林文史出版社2005年版,第269—272页。

② 王传圣:《杨靖宇在通化县的活动》,宋晓宏、高峰、傅伟编著:《永久的丰碑——杨靖宇将军资料汇编》,吉林文史出版社2005年版,第286页。

么办法对付我们"①,并诙谐地说,"邵本良能不能跟上来?"②邵本良伪军和日军果然中计,他们穷追不舍,逐渐疲惫不堪。为进一步诱敌深入,杨靖宇又于4月下旬指示部队不断丢弃破烂衣物家什。这时,战士们见敌人总在后面尾追,士气正旺,他们主张立即动手。杨靖宇听后哈哈大笑:"怎么,着急了。着急可吃不着热豆腐。咱们累,敌人像狗熊一样更难受,我们领他们转,叫他肥的拖瘦了,瘦的走不动了,早晚要和他算总账。"③行军期间,杨靖宇曾率部在兴京大脑子沟与敌交战,将桓仁县马圈子伪自卫团全部缴械,还用步枪打下一架低空侦察的敌机。"我军进到老秃顶子下本孟子街时,日本飞机就对孟子街周围进行轰炸,杨靖宇军长看到有的房子着了火,立即命令战士给老百姓救火,群众感动地直流泪。"④

整整一月,杨靖宇率部横跨六个县两千余里,终于在1936年4月30日,以本溪梨树甸子伏击战的胜利,为这次行军画上了圆满的句号。此前,杨靖宇率领的军部直属部队已在宽甸双山子附近与第一军第一师师部和少年营会合,总人数达五百余人,并有轻重机枪十余挺,还收到当地群众密报敌情的鸡毛信:"速向北方转移,后边追击兵力相当大,南边宽甸方面有重兵堵截,要把你们赶到安奉(丹沈)线附近围歼你们,安奉线一带今已驻有重兵,唯独北面没有敌人阻击。"⑤杨靖宇接信后即派侦查队核实敌情,确证无误后,率部向北方老和尚帽子山区转移,途经梨树甸子时,"见两条大山夹一条东西走向的大沟,地势非常险要,是一个打伏击的理想地方。杨靖宇军长和几位首长研究后,决定在此布成一个口袋阵,敌人进来就打他个伏击,敌人不来就防空。当时杨靖宇军长作了部署:一师六团埋伏在沟里,处在口袋底的位置;一师三团埋伏在沟口,等敌人进来扎口袋;军部教导一团及一师少年营、一师警卫连和军部重机枪连在中间埋伏;军的指挥部设在中间的一座小山头上。"⑥

4月30日早饭后,部队集合行军至梨树甸子,进行短时战备休整。下午1时,邵本良伪军进入埋伏圈之际,"军指挥所重机枪一响,各阵地上的同志们一齐向敌群开火。与此同时一师三团马上把口袋嘴扎上。邵本良带着伪军被突然一

---

① 王传圣:《抗联一军痛歼汉奸邵本良》,宋晓宏、高峰、傅伟编著:《永久的丰碑——杨靖宇将军资料汇编》,吉林文史出版社2005年版,第273页。
② 王传圣:《抗联一军痛歼汉奸邵本良》,宋晓宏、高峰、傅伟编著:《永久的丰碑——杨靖宇将军资料汇编》,吉林文史出版社2005年版,第274页。
③ 王传圣:《抗联一军痛歼汉奸邵本良》,宋晓宏、高峰、傅伟编著:《永久的丰碑——杨靖宇将军资料汇编》,吉林文史出版社2005年版,第274页。
④ 王传圣:《抗联一军痛歼汉奸邵本良》,宋晓宏、高峰、傅伟编著:《永久的丰碑——杨靖宇将军资料汇编》,吉林文史出版社2005年版,第274页。
⑤ 王传圣:《抗联一军痛歼汉奸邵本良》,宋晓宏、高峰、傅伟编著:《永久的丰碑——杨靖宇将军资料汇编》,吉林文史出版社2005年版,第274页。
⑥ 王传圣:《抗联一军痛歼汉奸邵本良》,宋晓宏、高峰、傅伟编著:《永久的丰碑——杨靖宇将军资料汇编》,吉林文史出版社2005年版,第275页。

击,立即乱了套,一些伪军拼命往沟里冲,他们认为我们还是放头打尾呢。这回伪军可打错了算盘,当他们往沟里冲时,迎头被一师六团的机枪给打回来。敌人扭头又向沟外冲,又被一师三团的机枪给打回来。军部所属教导一团及一师的少年营拦腰把敌人切成几段。当时阵地上枪声、'缴枪不杀'、'优待俘虏'的喊声震撼山谷,敌人几次反扑都被打回去。"①

一阵机枪扫射后,战士们以猛虎下山之势冲入敌阵,战斗转为白刃格斗,至下午6时,战斗及打扫战场工作全部结束,部队转移至三道沟宿营。在《第一军关于几个战斗情况》的报告中,记载了战斗经过:

> 他们跟我们一个月零一天到本溪县梨树甸子,军部与第一师会合,我们的力量超过敌人一倍,并有多量的重火力,于是计划打击邵本良。地势对我是很有利的,两边是山,中间是道,敌人来必须经过此路。我军埋伏于两山,轻重机枪四面八方地架着,邵的马队走入伏兵线内,四面一齐射击。敌人向南山坡抢。当时十数架轻重机枪向南山坡集中火力,结果把敌人打得落花流水,人马死得满山坡,状极悲惨。搜查阵地结果,敌人共死100多人。

这次战斗,伪军伤亡惨重,邵本良本人脚部负伤,从路边民房抢得便衣一套,化装逃走,日本指导官英俊志雄大佐钻入尸堆,脸涂污血装死,仅以身免。第一军缴获1门3号迫击炮、1部无线电台、枪械200余支,另有弹药大批、望远镜4架、军刀5把和军用信鸽等。英俊志雄的枪支、军刀、望远镜均在其中。战斗结束后,杨靖宇派人将电台送往桓仁老营沟石砬子中隐藏。

梨树甸子战斗轰动整个伪奉天省,南满敌伪军为之震惊,相互告诫不要重蹈邵本良覆辙,为给奴才打气、替走狗壮胆,日军从沈阳调集千余兵力和一个重炮营赶往梨树甸子一带,但此时杨靖宇早已率部转移,日军在当地折腾一星期后,以一无所获的"战绩",灰溜溜地收了场。无可奈何之下,敌伪只得于5月以伪第一军管区司令官于琛澂名义发布"悬赏通缉令",并于6月10日在伪《大同报》发表。

经过三个月的休养,邵本良伤愈出院,日寇认为其尚有利用价值,于是升任其为日满混成警备旅旅长,并主持"鸭绿江地区警备司令部"工作,同时补给八挺轻机枪、三个月军饷和全旅每人一套夏服,经此"激励",邵本良又耀武扬威起来,返回通化后,他纠集残部、招募新兵,准备于8月4日移防八道江镇走马上任。然而,这次等待他的是彻底灭亡。

邵本良及其伪军部队的一举一动,通过内线老刘和通化地下党负责人王德

---

① 王传圣:《抗联一军痛歼汉奸邵本良》,宋晓宏、高峰、傅伟编著:《永久的丰碑——杨靖宇将军资料汇编》,吉林文史出版社2005年版,第275页。

裕，迅速传到杨靖宇那里。在听取王德裕的汇报后，杨靖宇与家住当地的战士一起，认真研究了这一带的地形，"认为在五道江岭上是守株待兔，但容易暴露。卡紧了邵本良就缩到四道江不出来，既伤不了他的筋，又动不了他的骨"①，只有"四道江一出村，不到三里地的江边大弯子是去五道江的必经之地，而且两侧是农田，江湾一片树林"②，遂选定此处为伏击阵地，并召集了连以上干部会议和全体干部战士大会，进行战前动员。

8月3日晚8时，"杨军长亲自率领部队秘密来到四道江至五道江的中间地带，在大湾子布置了埋伏。公路南边是大片开阔地，再往南是浑江。冲锋队埋伏在路北的蒿子地里，其他战士有的埋伏在河沟的拐弯处，有的埋伏在黄瓜地里。杨军长的指挥部设在路北的小山头上，小山顶上没有大树，只有几棵小柞树和高蒿子，指挥部的人员只好趴在蒿草中。观察人员临时挖了一个小坑，周围插上一些柞树棵子伪装起来。这一切都在天亮前安排好了，在指挥部山脚下住有几户人家，谁也没有发现我们"③。

4日上午10时，邵本良伪军进入埋伏圈，杨靖宇本想放过尖兵，截击运送军用物资的大车队，不料邵本良的一个马弁见到路旁地里的黄瓜，跑来摘取，发现了埋伏的第一军战士，大声喊叫，于是战斗提前打响。此役中，日军大佐英俊志雄、大尉樱井知行被击毙，另毙伤俘敌50余人，缴获全部8辆大车的军用物资，而第一军只有两名战士负伤。

在这次战斗中，邵本良弃马而逃，不久后，做着"卷土重来"美梦的邵本良，终于在回头沟白刃战中全军覆没。他本人受伤逃回后，也因屡战屡败而彻底失去了日本主子的信任，被软禁在奉天陆军医院，一面治疗一面受审，于1937年上半年死去。关于邵本良的死因，一说是被日本宪兵队山下大佐令医生毒死，另一说系因郁闷窝火导致枪伤恶化转为疗毒不治而亡。

南满大汉奸邵本良与人民为敌数年，血债累累，最终在杨靖宇和抗联战士们的铁拳下身死军覆。一时间，捷报飞传城乡，人民兴高采烈。杨靖宇的亲密战友、毕业于云南讲武堂的周保中欣悉此役，在1936年7月16日的日记中赞誉："第一军最近将邵本良走狗军全团消灭，收缴轻机十二、步枪数百枝，邵本人被击死（此系误传——引者注）除东边道之大害，去日贼极有力之狗腿。"④中共驻共产国际代表团在巴黎创办的《救国时报》大量发表消息和通讯，向全世界宣传杨靖宇领导东北人民抗日斗争的光辉战绩。

---

① 王传圣：《杨靖宇在通化县的活动》，宋晓宏、高峰、傅伟编著：《永久的丰碑——杨靖宇将军资料汇编》，吉林文史出版社2005年版，第289—290页。

② 王传圣：《杨靖宇在通化县的活动》，宋晓宏、高峰、傅伟编著：《永久的丰碑——杨靖宇将军资料汇编》，吉林文史出版社2005年版，第290页。

③ 王传圣：《抗联一军痛歼汉奸邵本良》，宋晓宏、高峰、傅伟编著：《永久的丰碑——杨靖宇将军资料汇编》，吉林文史出版社2005年版，第278页。

④ 周保中：《东北抗日游击日记》，解放军出版社2015年版，第62页。

第三节　长白山抗日游击根据地的创建

　　武装斗争是中国革命的必然道路，农村包围城市是中国革命武装斗争的基本原则，这就决定了根据地建设在中国革命武装斗争中不可替代的重要作用。对于敌强我弱态势最为明显持久、敌伪统治完备而严密、交通条件又极有利于敌军出动集结的东北地区而言，根据地建设的重要性更加不言而喻。从东北实际出发，杨靖宇十分重视抗日根据地建设，把根据地作为抗日武装斗争的基础和依托，为中国共产党的抗日战略策略积累了经验。

　　对于建立抗日根据地，中共中央和中共满洲省委也都曾及时予以指示。1934年2月22日，《中共中央给满洲省委指示信》指示："满洲党必须把建立和扩大革命政权和根据地的任务提到实际工作日程上来"[①]，省委随即致信杨靖宇，其中专门谈到"建立临时革命政权机关与创造革命根据地"问题，指出，"针对南满游击区的情形，首先必须把现在的游击区域（北区、中区及西南区）打成一片，在巩固和扩大现有游击区的基础上来建立人民革命政府"。又说，"省委认为目前必须以北区、中区及西南区三游击区为对象来创造革命根据地。革命根据地的创造必须在下列条件下来建立：最大限度的开展游击区内的群众工作和群众斗争，尽量武装游击区的群众，组成农民自卫队、游击队等组织，摧毁一切反动的统治，镇压一切反革命的活动，建立广大群众工作和群众斗争，巩固和扩大原有游击区。"同时指出："革命根据地的创造，绝对不是死守原有游击区，恰正相反，只有扩大游击区，才能真正走向根据地的创造。"

　　遵照中央和满洲省委指示，杨靖宇等在领导抗日武装斗争的同时，积极从事抗日根据地的创建工作。其所开辟创建的抗日根据地是符合根据地建立的三项标准的，即（1）建有抗日武装部队，并消灭战胜敌人；（2）发动民众，组织民众抗日团体，发展民众武装；（3）建立和巩固抗日政权。在实际斗争中，因东北抗日游击战争是在日本独占的殖民地和日伪军不断向抗日武装展开"讨伐"的条件下进行的，所以，东北抗日武装创建的根据地经常遭到敌人破坏，难以得到长时期的巩固，往往随着游击战争的发展变化而变化。同时，在形态、内容上还不很完备，如政权形式多以农民委员会代行人民革命政府职能，明显地表现出不同于关内苏区的革命根据地和抗日民主根据地。因此，这种根据地也被称之为游击根据地。对于东北根据地与内地的不同点，李范五作了详细的说明：

　　　　各种形式的根据地，都是在东北当时具体情况下，随着敌情的变化而产生、存在和消失的，这与红军江西时期及抗战时期华北一带所建立的巩固根据地不一样。有人说东北抗联的"失败"，就是因为没有建立巩固根据地，

[①]《建党以来重要文献选编（1921—1949）》第11册，中央文献出版社2011年版，第240页。

这种说法，是不适合东北当时实际情况的。第一，东北山里居民特少，多半是季节性进山搞山货的，采蘑菇、木耳，挖人参、种大烟、打猎、烧木炭等，他们人数不多，不是常年住在山里，过了生产季节就出山了。在浅山区有些小屯、单户，边种田边搞副业，这多半是山东省"下关东"的人，人数也不多，他们的粮食自己还不够吃，那有粮供给我军。这与南方、华北山区人口多的情况大不一样。第二，敌人推行并村政策，首先把山里这些人赶出来，使我们在山里无房可住、无粮可吃。企图把我们困死在山里。第三，敌人建立"集团部落"多半在交通方便地方，如果我们袭击"集团部落"，敌军马上乘汽车就来。在上述条件下，怎能谈到建立巩固根据地？显然照搬江西办法，在东北情况下是行不通的。①

在东北抗日游击战争中建立起来的游击根据地一般有三种类型："第一种是群众性公开的根据地。第二种是密营，这就是在比较远的深山老林里建立秘密营房。第三种是群众性的秘密游击根据地。这就是在沿山与平原接壤地带，或在山区居民较厚的地带建立游击区。在游击区内及其附近，原来就有地方的秘密的群众工作基础，地方组织积极动员群众在兵源、粮食、军用品及传送情报等方面支援我军，使我军在这些地区能够顺利发展和进行活动，有力地打击敌人。这种公开军事斗争和地方秘密工作相配合的游击区，是当时比较好的游击根据地，也就是当时我们说的老游击区"。②

开始时，杨靖宇同磐石中心县委同志一道，在磐石红石砬子地方建立了最早的抗日游击根据地。这里群众基础好，是磐石中心县委较早开展党的活动的地方。以后，杨靖宇在领导部队与日伪军斗争过程中，又以此为基础，不断巩固、发展建成磐石游击根据地。这一游击根据地有党的坚强领导，有相对固定的区域，建立了人民抗日政权（以农民委员会形式出现），有群众抗日斗争活动，是红军游击队休养生息之地。

在此之前，即磐石工农反日义勇军时期，部队在磐石东部开展游击活动，尚未能建立起根据地。1932 年 12 月，磐石工农反日义勇军改编为红军游击队转至磐石西部地区活动后，才开始着手建立起以红石砬子为中心区域，方圆几十里的游击根据地。

1933 年 1 月，杨靖宇任南满游击队政委后，率领游击队活动在红石砬子一带，开始创建游击根据地，他每到一地便向群众进行抗日宣传，帮助建立党领导下的农民协会（后改称农民委员会），作为当地具有一定权威性的行使政权职能

---

① 李范五：《吉东地区的抗日斗争（1933—1936 年）》，辽宁社会科学院地方党史研究所编：《中共满洲省委时期回忆录选编》第 3 册，第 144 页。
② 李范五：《吉东地区的抗日斗争（1933—1936 年）》，辽宁社会科学院地方党史研究所编：《中共满洲省委时期回忆录选编》第 3 册，第 141—143 页。

的组织。还建立了在农民协会领导下的反日会、农民自卫队、妇女反日会、少年先锋队（童子团）等群众反日组织。同时，帮助农民协会组织群众开展各种斗争，如在玻璃河套、拐子坑等地曾发动农民开展"二八"减租斗争。为发动群众，在一些地方还开展过分粮、吃大户、抗租、抗债斗争（这种斗争在贯彻中央《一·二六指示信》后开始改变）。在游击根据地边缘地带和游击区开展过反对敌人烧杀、拉夫、修道、修营房、查户口，及收房捐、火药捐、会兵费、照相费（办理居住证即"良民证"一类证件之用——引者注）的斗争等。

随着杨靖宇所率南满游击队的艰苦奋战，游击区域逐渐扩大。1933年春，在磐石、伊通、烟筒山之间开辟了游击区域，以红石砬子为中心的磐石游击根据地不断巩固，1933年下半年很快由磐石扩展至伊通县境。

在磐石游击根据地内，党组织较为健全。1934年1月24日，中共磐石中心县委一份关于组织问题的报告记载，到1933年末，在磐石玻璃河套已有5个党支部，80名党员；磐北区有4个党支部，35名党员；伊双特支有16名党员；磐东党支部有16名党员；拐子坑特支有15名党员。在磐东、磐北、玻璃河套、拐子坑及伊通有80名团员。

在杨靖宇领导的抗日武装的协助下，磐石游击根据地成立的农民委员会、反日会、农民自卫队、农民协会等组织曾发展到很大规模。上述报告记载，至1934年1月，磐石各地共有反日会员3390名，农民委员会会员1200名，农民自卫队（赤卫队）员220名，农民协会会员290名。青少年组织也有很大发展，1933年10月5日，据团磐石中心县委统计，磐石青年义勇军有16个小队，童子团员有750名，少年先锋队员有1100名。

在游击根据地内，农民委员会实际是乡村政权机关。农民委员会是"九一八"事变后，在东北特殊环境下，由中国共产党领导的农村基层政权的一种形式。1933年1月26日，中央在《一·二六指示信》中指出："这个农民委员会应该成为实际的乡村政权机关，并且为民众政权宽广和强大的基础之一。"加之农民委员会政策符合民意，给广大群众带来了实际利益，因而具有很大权力，其决定广大群众都认真遵守，无论大事小情，都要通过农民委员会才能解决，甚至一些离婚案件也要由其处理。1934年1月18日，省委巡视员傅世昌在《关于海龙、磐石县党团军情形》的报告中记述：

> 我们游击区情形：凡是有组织地方，除伊通城及刘家店全是游击区。在这里面无敌人会兵及驻军，无一切满匪捐税，无地租（大部分如磐西、磐北、磐东）。因地主已全部被驱走，无人敢去。我们的政权组织在磐西有农民委员会，他规定向区外卖粮只限大豆、大麦、小麦三种，并规定雇农日工、月工、年工之工价，较非游击区高三分之一，没收走狗地主粮食、财产，由农委经济部管理，并领导分粮，为游击队准备粮食等。军事部领导全

区一百余（多半有武装）自卫队及四十多青年义勇军，这两部是农委组织中工作较健全的。

磐石游击根据地内基本没有地主，五分之四的农户是自耕农。每户农民耕种土地一二顷至七八顷不等。因无地主的地租，没有各种苛捐杂税，有大半以上的农民可以自给自足，这与非游击区迥然不同。农忙时，红军游击队及后来的人民革命军都对农民予以帮助，在玻璃河套地区，每到春耕时就是由红军游击队（人民革命军）供给农民马匹，使当地农民及时种上地。在那里粮食较为充足，还有几个农民专门从事日用品生意，买卖粮食、烧酒、食盐及火柴、煤油等，故玻璃河套地区一般住户日用品不很缺乏。广大农民生活状况较非游击区要好一些。

在游击根据地内建有农民自卫队、青年义勇军。他们能有效地保卫地方安全和正常秩序。土匪前来骚扰，就迅速出剿，予以打击。因此，小帮土匪不敢出来抢劫农民饲养的牛、马、驴、骡等牲畜。这里的农民有安全感。如磐西农民自卫队一个分队（约20余人）曾在蛤蟆河子消灭两股土匪，维护了地方安全，受到了群众的赞扬。农民自卫队和青年义勇军除保卫地方安全外，还经常配合游击队打击敌人或帮助游击队站岗、放哨，进行夜间巡逻。

在磐石游击根据地，红军游击队与人民群众建立了亲密的鱼水关系。广大群众在红军游击队的保护下，过着太平日子。在这里，不仅土匪不敢前来抢劫，就是其他抗日军前来活动，一般也不敢违犯群众纪律。因其长官对士兵说："这是红军地盘，不许乱来和有不好的行动。"红军游击队为了保证广大贫苦农民度过春荒，曾多次将在对敌战斗中缴获的粮食分给农民。分粮时，一般由部队政治部负责召开群众开会，按户分给，在组织工作较好的地方，贫苦者多分，较富裕者少分。在新开辟的区域，因无法调查贫富，采取平均分配。这种办法虽有不尽合理之处，但不管怎样，广大农民在春荒之际都能平安度过。这完全得利于红军游击队组织的分粮斗争。

杨靖宇经常教育干部、战士一定要与群众处好关系。他说，红军游击队是人民的抗日武装，是为群众利益、民族利益而进行抗日活动的，因此就要时刻依靠群众，不脱离群众，取得群众对红军游击队的支持。游击队员对群众十分亲热，不管走到哪里，是长驻还是暂时停留，对群众总是报以和蔼的态度，不但没有打、骂和随便支使老百姓干这干那的现象，而且游击队员还专门主动地帮助群众挑水、劈柴、扫院子、干庄稼活。住在群众家从不挑吃喝，吃饭总是按价付钱。同时，杨靖宇也十分重视开展思想政治工作，提高群众觉悟，部队经常召集游击根据地内的群众开会，讲抗日救国道理，以抗日的实际行动影响广大群众。由于部队有着严格的群众纪律，广大群众非常热爱红军游击队，视为自己的亲人，游击队每次作战撤出战斗返回时，游击根据地群众都主动前来慰劳，亲热地拉着战士们的手问长问短。有的挎来一筐鸡蛋,有的拿来精心制作的军鞋。杨靖宇穿的一双棉袜子就是根据地一位朝鲜族老大娘给缝制的。群众对红军游击队的战斗情况十分关心,对待干部、战士就像对自家亲人一样。

一次,红军游击队与伪满军在磐石道岔沟展开战斗,一名战士牺牲,伪满军被打死15人。战斗结束后,当地群众自动捐款买来一口棺材,隆重地安葬了这位牺牲的游击队员,并召开群众大会予以追悼,而对被打死的那些伪满军,群众根本不予理睬。事后,一些伪满军士兵说:"红军是为穷人谋利益而斗争的,因此群众拥护红军,当红军士兵死也光荣。我们不但没有群众拥护,死的时候,无人理。以后,我们也要参加红军。"

在游击根据地,群众一看见红军游击队,便面露笑容,热烈欢迎。一次,红军游击队在小石碇子与敌人战斗中,马匹受惊失散,被群众截住后,都牵到农民委员会送还部队。在大兴川,一位农民见到游击队军医的失物,也主动送还部队。

上述这些事例充分说明红军游击队与游击根据地人民的血肉联系是多么密切。人民军队热爱人民群众,人民群众拥护人民军队,军民关系十分融洽,亲如一家。1934年"九一八"事变三周年之际,磐石游击根据地内有十余处地方召开反日大会,共2000余名群众参加,庆祝人民革命军第一军成立,广大群众还积极募捐支援人民革命军第一军,他们视人民革命军第一军为自己的军队。

在磐石游击根据地建有后方医院和武器修理所。据1934年1月30日傅世昌《关于磐石反日游击运动情形报告》记载,人民革命军第一军在磐石设有医院和修械所。秘密医院共有三处,每所医院都有一名医生,有女同志负责煮饭,一名男同志负责打柴买东西。住在医院的伤病员能经常吃到大米饭,半月能吃到一次猪肉和白面。医院里的医生,其中有两名技术比较好。1933年4月,江北石虎医院曾被敌人破坏,三名养病战士牺牲,药品及医疗器械全部损失掉了。磐石医院曾于1934年春为躲避敌人"讨伐"而撤离。9月,又在磐西成立一个秘密医院,安置伤病员,由医官徐哲负责。在伊通有一临时医疗所安置伤员,医生是一位朝鲜同志。部队越过辉发江到江南地区后,司令部又建立一所临时医院,安置伤病员,医生也是朝鲜同志。在南满游击队有一秘密医院,一位姓高的医生负责看病,不仅医治人民革命军部队伤员,还曾收留几名抗日义勇军的伤病员。

修械所能够修理各种坏枪,有的还能制造少量子弹。游击队员每次与敌人作战后,都把打过的子弹壳拿回来给修械所,让他们重新装药再做子弹用。为防止敌人破坏,修械所地址不固定,春天时在这个山上,夏天时又搬到那个山里。除医院、修械所外,还有缝纫所,工人们自带机器,为人民革命军战士制作服装。

在当时,尽管因条件所限,这些医院、修械所、缝纫所都十分简陋,但这些设施在游击战争的环境中,为抗日武装的生存,为其取得斗争的胜利都发挥了很大作用。对于游击根据地中的医院、修械所、缝纫所,杨靖宇十分关心,常常亲自过问其工作情况,积极帮助解决困难,以使之能够顺利开展工作。

1933年10月至11月，敌人多次向磐石游击根据地展开围攻，致使游击根据地遭到破坏。但在中共磐石中心县委的领导下，在杨靖宇留在磐石活动的部队协助下，得以逐渐恢复。据1934年5月25日，磐石中心县委给省委的报告中记载，磐石游击根据地内有党员191名，其中妇女党员15名，朝鲜族党员35名，建有三个区委、三个特支（伊通特支、江南特支、吉海特支），两个直属支部（工人支部）。特别需要指出的是，不少党组织（党支部、小组）是在敌人"归大屯"的地方恢复建立的。这些党组织占磐石全部党组织的三分之二。在磐石之外，还在已"归大屯"的双阳建立了支部。在伊通发展了新区域支部。1934年8月1日，县委组织召开的反日斗争大会，参加人员达1034人。其间参加分粮斗争人数有2090人。6、7两个月开展捕捉汉奸、走狗的斗争达18次之多。在敌人"围攻"后的短短几个月中，磐石游击根据地以自卫队员为骨干的抗日群众，于各地开展肃清走狗的斗争共约200次，其中农民群众没收走狗财产5次。在人民革命军第一军独立师一团配合下，伊通自卫队和青年义勇军没收了汉奸走狗牛马、衣物、枪支、钱款。同时，还动员50余户群众开展反对砍林子斗争，取得了胜利。此外，还开展了拥护慰问人民革命军的各种活动。

1934年冬，磐石游击根据地在敌人进攻下，再次遭到严重破坏。中共磐石中心县委曾转移到濛江那尔轰根据地开展工作。1935年10月以后，中共磐石中心县委和人民革命军第一军一部又在磐石、伊通境内恢复游击根据地一些设施，并建立许多密营，以此为依托，继续进行抗日活动。1937年4月15日，日伪当局对磐石人民进行了疯狂的大逮捕，落入魔爪者达197人，磐石中心县委及群众抗日组织被彻底破坏，磐石游击根据地的基础最后丧失。

在拓展游击区域的同时，杨靖宇十分注意不断巩固旧有区域，使之发展成为游击根据地，1933年10月，杨靖宇率人民革命军第一军独立师主力南下，进至辉发江南地区后，不仅冲破了日伪当局极为残酷的大"围剿"，在血战中保存、发展了自己的力量，而且在更加广阔的地区又开辟了新的游击区域。

这新的游击区域包括桦甸（江南部分）、金川、濛江、柳河、通化、临江、辉南等十来个县。1934年春，第一军独立师又南下进至清原、兴京、桓仁、本溪等地。1935年，杨靖宇又指挥人民革命军第一军部队开拓了凤城、宽甸等辽东游击区及辑安游击区。随着游击区域的不断扩大，杨靖宇经常教育部队干部要不断提高思想认识，明确在发展抗日游击战争中，领导群众开展斗争、建立游击根据地工作的重要意义，并且要求把这两者与开展武装斗争紧密结合起来。

在杨靖宇的带动下，各部队领导都把开展群众斗争、建立游击根据地的工作放在重要地位。每到一游击区都积极配合地方党组织开展发动群众、组织群众、教育群众的工作，帮助建立农民委员会、反日会、农民自卫队、青年义勇军等组织，为建立游击根据地创造条件。据1934年9月28日的一份《关于南满游击区和人民革命军活动情形的报告》统计，1934年8月，江北游击区，在党团县委领导下的农民自卫队、青年义勇军约有1500余人。濛江、辉南、桦甸一带，由江南党团特支领导的农民自卫队、青年义勇军120余人，武器有洋炮、快枪等。反日会会员，江北共1000多人，江南200多人。在旧游击区，约有80%的农户都参加了反日会。

在反日会组织于各地普遍建立的基础上，1934年8月22日至27日，在磐石县磐北召开了南满反日总会代表大会。出席大会的有南满反日总会筹备处委员与磐东、磐西、磐北、伊通等地的反日会代表，妇女反日会代表10余人。会上选举产生了南满反日总会，选出委员9人，通过了《南满反日总会斗争纲领》《南满反日总会章程》和《南满反日总会第一次代表大会决议案》。南满反日总会成立后，各地反日会组织迅速发展。在南满地区磐石、双阳、伊通、桦甸、西安、辉南、金川、濛江、柳河、海龙、抚松、临江、清原、桓仁、通化、东丰、西丰等17个县纷纷建立起反日会。其组织系统为南满反日总会下辖县反日会、区反日会、反日支会、反日分会（分会为基本单位）。据1934年11月5日中共南满一大决议统计，南满各县共有反日会员6000余人，妇女反日会员700余人。

在游击区域不断扩展的形势下，1934年10月19日，中共满洲省委致信南满党组织和杨靖宇，指出："目前游击区域已包括二十县，暂时依照你们计划分四个区域来开展游击运动，但是必须集中主要的力量在已有的旧游击区域（第一区）及第二、第三区活动，首先巩固与发展这些区域，不要无中心无目的东游西击，顾此失彼，应当立刻准备根据地的创造与建立，但不是死守根据地，同时应当开展其他游击区域，不是死守旧的区域"。遵照省委指示，杨靖宇指挥部队不断巩固发展已有区域，积极从事开辟新的游击区域。与此同时，还在这些区域选择条件较好的地方，积极发动群众，组织抗日团体（抗日会），发展民众武装（农民自卫队），建立抗日政权（农民委员会），使游击区转化为游击根据地。就这样创造、建立了数块新的抗日游击根据地，其中主要有濛江那尔轰、桓仁老秃顶子山、本溪和尚帽子山、金川河里、"三块石"（位于抚顺、新宾、本溪三县交界处）等游击根据地。

濛江那尔轰游击根据地，位于濛江、桦甸、抚松三县结合部，东西90余里，南北200多里，呈狭长状。这块游击根据地是杨靖宇派南满第一游击大队与当地党组织于1934年初开辟建立的。在这里建有党的江南特别支部、农民反日会以及地方群众抗日武装——濛江农民自卫队第一支队。反日分会、青年团、妇女会、童子团等群众抗日组织遍布各村。1935年8月，成立了那尔轰地区抗日政权——同心乡人民革命政府。10月，日伪当局纠集濛江、桦甸、辉南三县日伪军400余人偷袭那尔轰，血洗东北岔，那尔轰游击根据地遭到严重破坏。而后，抗日军民在那尔轰地区建造60多处密营，密营种类有宿营地、粮食仓库、医疗所、修械所、印刷所、被服厂、联络点等。

桓仁老秃顶子山游击根据地，位于桓仁、兴京、本溪三县交界地带。该地区从地理条件上说，范围广大，峰峦叠嶂，方圆百里；山高林密，地势险要，不易暴露目标，进可攻，退可守，便于开展游击战争。从群众基础上说，在"九一八"事变后，该地有李春润领导的辽宁民众抗日自卫军，开展过轰轰烈烈的抗日斗争。自卫军的斗争虽遭日本侵略者镇压而失败，但广大群众抗日情绪不减，群众基础较好。所以，这里是建立新的游击根据地较为理想的地方。老秃顶子山游击根据地是1934年春人民革命军第一军独立师根据杨靖宇指示，与中共桓仁特支（1935年夏改为桓兴县委）共同创建的。同年2月末，杨靖宇率独立师政治保安连进至桓仁老秃顶子山下仙人洞等地考察后，即着手开展群众工作，对村里的老百姓挨家挨户地进行宣传，号召有钱出钱，有力出力，支援抗日。6月，在兴京碗铺等地，杨靖宇还亲自帮助建立起反日会。之后，在兴京响水河子、四方台、岔路子，在桓仁仙人洞、铧尖子、海清伙洛、高台子、大小恩堡，在本溪小四平、洋湖沟等老秃顶子山区各村屯普遍建起反日会组织。

1934年夏，杨靖宇率人民革命军第一军独立师保安连百余人，由桓仁县老秃顶子翻越草帽顶子山，开进了小四平村（位于本溪县）。当时许多老百姓对人民革命军性质不了解，看到这支队伍人人都戴有红袖标，以为是"红胡子"来了，都拼命逃跑。当地农民张锡祯在放下镐头想往林子里钻时，恰好撞到杨靖宇身边一名战士的怀里。这个战士问："你是老百姓，怎么怕人民革命军呢？"张锡祯回答说："我以为你们是土匪。"杨靖宇见他不了解人民革命军性质，就耐心地向他讲解人民革命军是什么样的军队和作战目的，宣传抗日救国的道理。杨靖宇的一席话使张锡祯受到教育，他当即表示要参加人民革命军。杨靖宇在了解他的家庭情况后，说："我们欢迎你抗日，可我们更需要你能在地方上多为抗日救国做些工作，帮助开辟抗日根据地。"此后，张锡祯按杨靖宇的指示，在大小四平一带开展地方工作。在张锡祯的积极宣传鼓动下，大小四平一带许多群众主动节衣缩食，为人民革命军第一军独立师筹集粮食，制作军衣、军鞋，递送情报，帮助救治伤病员，为部队安排食宿。许多青壮年参加了党领导的抗日部队。

1935年，在桓仁大四平村（今属新宾县）还建起县级反日救国会组织。游击根据地内有许多公开、半公开的各级抗日政权，如外三堡、海清伙洛、大四平等地，有的叫人民革命政府，有的叫政治委员会。大四平政治委员会又称窟窿榆树特区人民革命政府，下设五个科，组织机构健全。同时，还建有多支地方抗日武装——农民自卫队和青年义勇军。1934年6月，杨靖宇派其传令兵张永林在兴京碗铺组建了一支农民自卫大队（七十余人）。之后第一军独立师在大四平村建立了桓兴反日农民自卫队，下设两个大队。第一大队长赵文喜，第二大队长于殿仲。每大队下设数个分队。此外，在老秃顶子山游击根据地内还建有许多地下交通站，建有十余处宿营地、六个医疗所、一个修械所、四个粮食仓库、两个被服厂。其中在二层顶子建有一能住几百人的密营地。杨靖宇所率第一军部队依托这一被群众称为"中国地"的老秃顶子山游击根据地，广泛活动在桓仁、兴京、本溪、宽甸等县，直至1938年夏才撤离此地，北上辑安、濛江一带。

本溪和尚帽子山游击根据地，与桓仁老秃顶子山游击根据地同时建立。1934年11月，人民革命军第一军正式成立后，一师部队以此为依托开展游击活动。该游击根据地内二、三道沟建有抗日地方委员会（属乡、村抗日政权）及一支有110人组成的农民自卫队。该自卫队下设三个分队，一、二分队活动在碱厂及附近地区，三分队活动在和尚帽子山、铺石河一带。1935年秋，这里已建有10余个抗日会分会，会员分布于各村屯。在该游击根据地内修筑有许多密营，是人民革命军第一军一师休整、训练的基地。1936年、1937年的两个春节，一师主力部队就是在和尚帽子山顶两个规模较大的密营中度过的。在密营地附近建有许多附属设施，如在小东沟、倒木沟建有临时医院，洋湖沟建有印刷厂，万人沟有被服厂，大青沟有粮食仓库等。

金川河里后方基地，位于金川县境龙岗山脉中段哈尼河上游的金川、临江、柳河、通化等数县毗邻处。这里山高林密，交通不便，日伪统治较为薄弱，进可攻、退可守，是建立战略后方极为有利的地方。杨靖宇考虑到在敌人大肆推行"集团部落"政策，把在浅山区居住的农民赶到指定"集团部落"，及游击根据地不断遭到破坏情况下，党领导的抗日武装要生存必须建立可靠的秘密营地。鉴于此，杨靖宇决定在地理条件较好的哈尼河谷地河里建立巩固的后方基地（密营）。从1935年开始，原建在磐石、伊通等地的修械所、医院、被服厂先后迁到这里。同时，在这里还陆续建起新的后方医院、被服厂、小型兵工厂（修械所）、弹药库、粮食仓库等。在河里后方基地，杨靖宇命令安弼顺率约两个团的兵力作为后方部队留守此地，以保卫安全。另外，为了给医院提供制药原料，还派有小股部队在深山老林、人迹罕见之地种植一些罂粟。当金秋时节，罂粟成熟时，送至后方医院熬制成鸦片作为止疼、镇痛药品（对于鸦片使用，部队有严格规定，不许随便吸食，主要专为医用）。在当时敌人对人民革命军所需医药用品实行严密封锁的情况下，这种办法是较为有效的。河里后方医院人员因陋就简，千方百计运用中草药为战士医治伤病。其中一位医生所熬制的治疗枪伤的膏药很有效力。1935年8月23日，第一军军部给上级写信在汇报一军活动等情形后，专门谈道："二、三军如缺医生时，我们这里有一个会熬膏药的，该膏药治枪伤很有把握，且价值不贵，他们用时可以派去专熬膏药。"这表明杨靖宇在艰苦的抗日斗争中始终是关怀兄弟部队，不忘兄弟部队困难，是富有可贵的顾全大局、团结互助精神的。

河里后方基地的粮食仓库，有时一处竟存储有够四五百人吃三四个月的粮食。在这里修筑的密营，安全可靠。部队在春夏秋三季外出作战，待到冬季就返回密营进行休整训练。有时也在这里召开重要会议。河里后方基地如同先前磐石地区被老百姓称之为"红地盘"一样，这里被战士们称作是"人民革命军的老家"。

"三块石"位于抚顺、新宾、本溪三县交界，是长白山延伸辽宁省的余脉，与石棚山、四花顶三峰鼎足而立，因当地有三块高 20 余米、昂首向天的巨石而得名，这里有 112 座山峰，最高峰石棚山海拔 1131 米，山中植物物种繁多，山陡林密、溪流甚多，山、水、树浑然一体。杨靖宇早于 1934 年 2 月进军辉发江南时就曾到此考察，以后，他不仅利用这里天然屏障的优势作战，而且还于 1935 年秋至 1937 年间，在深山老林处建立了 14 个"抢子"（密营），可供千余人居住，抗联第一军第三师曾长期活动于此，并于第二次西征后在此休整。至今，在三块石小偏桥 360 米处和大偏桥 777 米处，还留有当年抗联战士用过的石磨盘。位于今新宾满族自治县大四平镇大四平村西河掌屯的蒋家大院（当时是农民蒋国恩家），是杨靖宇多次居住并指挥战斗的地方，当地人称"司令部"，后于 1939 年被日伪军焚毁。前安村夏纯厚家是第一军的联络点、堡垒户，多次为抗联部队传递情报、购备物资。"有一次，一军急需一批枪和子弹，夏纯厚便和几个车夫赶着大车去铁岭贩运大葱，他们把买来的枪和子弹压在车里，上面装上满捆大葱，大白天通过日伪卡子运回来，藏在家里，由一军派人深夜来偷偷运走。"①

在杨靖宇领导下，南满地区游击根据地建设不断加强，人民抗日武装在政治上、军事上的威信不断提高，甚至非游击区的民众也了解到共产党、杨靖宇的队伍是真正的抗日军队，是保护民众的队伍，值得他们欢迎和拥护。游击根据地农民踊跃参加开展反对汉奸走狗，没收走狗财产和抗捐税、分走狗粮食的斗争。广大反日会员积极从事抗日反满活动，为抗日部队传递信息，筹粮筹款。据日伪资料《满洲共产匪之研究》记载："桓仁、兴京反日会地方委员王德茂以下 13 人从昭和十年（1935 年——引者注）四月到昭和十一年二月间，征收现款 382 元，军饷米 81 石，作为 170 名会员义务捐款，提供给红军李相山。又，反日会于显廷以下 2 名，在同一时间作为给红军的义务贡献，从每户村民征收了 2 角至 3 角，共收现款 60 元，军饷米 11 石，交给农民自卫队队长。""桓仁县阜康村反日会地方委员闫桂铭给红军征收了衣、粮、税款，共收现款 127 元，高粱、大豆 95 石，交给红军韩部长，又收了 15 套衣服和 15 双鞋，交给了红军大队长，而且把杨司令以下的 300 名红军的宿营安排在赵文喜家。"在游击根据地，还有许多破产的青壮年农民纷纷加入杨靖宇领导的人民革命军第一军独立师的行列。许多群众也积极行动起来，为人民革命军第一军做宣传："我们这里是红地盘"，"在七八百里区域内都有红军活动"。由于杨靖宇对开创抗日游击根据地工作十分重视，在"红地盘"不断扩展的情况下，有更多的抗日义勇军主动到人民革命军第一军的游击根据地、游击区里来，要求与杨靖宇领导的人民革命军第一军建立抗日武装统一战线，密切合作，以共同开展抗日斗争。其间，杨靖宇还主持在通化城内建立了地下情报站，以原第二十一路义勇军团长关兆麟为负责人，侦察收集日伪情

---

① 徐凤侣讲述，纪松东、周仲全采写，宋澍摄影：《寻访抗联遗迹 三块石纵横山林驱虎豹》，《辽宁日报》2014 年 9 月 3 日。

报。在杨靖宇领导下建立的游击根据地，以后都成为东北抗日游击战争中的战略基地。当年记述军民鱼水深情的民谣，至今仍被后人传颂：

年三十，月黑头，巧遇抗联过山沟。挡住小分队，拽住不让走。荞面饺子野猪肉，糊米水、葡萄酒，都把亲人往炕上让。吃碗饺子喝口酒，迎来新，送走旧。军民共同逐日寇。①

第四节　中共南满"二大"和领导组建东北抗日联军第一路军

1935 年至 1936 年，这是杨靖宇率部全歼邵本良伪军的一年，更是整个东北地区风云激荡的一年，在中国共产党的领导下，杨靖宇和他的战友们，"在在都表现我民族救亡图存的伟大精神，在在都证明我民族抗日救国的必然胜利。"②

在中国共产党的领导下，东北抗日斗争从 1935 年起掀起了新高潮，战斗和胜利，仍然是杨靖宇和他的战友们在 1935 年和 1936 年的主旋律。

早在 1934 年底，东北人民革命军第一军第一师和第二师就按照杨靖宇的部署，在辽宁、吉林交界地区活动，扩大抗日游击区，第一师师长李红光（朝鲜族）还率部跨过鸭绿江，挺进朝鲜境内，攻克罗山镇和东兴镇，日本关东军惊呼："这是国境警备史上的空前事变。"由杨靖宇直接指挥的军部教导团素以战斗力旺盛著称，曾被《东北人民革命军第一军报告》誉为"战士及指挥员一闻枪响或有工作，即欢喜之至，英勇前进，自动冲锋……经常胜利作战，每战必冲锋，是敌人最怕的部队"。此时更是捷报频传，1935 年 1 月 8 日，在杨靖宇指挥下，教导团在临江红土崖设伏，袭击前往濛江换防的伪靖安军李寿山部混成第五旅第五团骑兵连，战士们首先将敌人分割包围，然后冲入敌阵展开白刃格斗，战斗共毙敌 19 人，伤敌 10 余人，其余敌人在伪正副连长带领下举手投降，缴获手提机枪 1 挺、步枪 30 余支、望远镜 1 架、战马 40 余匹。此后至 1 月 26 日，杨靖宇又率部袭击临江日本伐木场，缴获大量马匹，军部直属保卫队和教导团的两个连因此扩充为骑兵教导团。此后一个星期内，杨靖宇率部联合义勇军在临江一带又作战九次，毙伤伪满军百余人。加之金川大荒沟战斗和通化六区交通破袭战，令敌伪防不胜防、焦头烂额。《盛京时报》1 月 26 日声称："东边道通化地带近来红军匪帮益形猖獗，虽经剿匪军警一再痛剿，奈该等匪徒愈来愈众，日来更形炽盛，现将东边道山城镇至通化间唯一之交通孔道长途汽车隔绝停驶。"

然而，"长途汽车隔绝停驶"，并不能阻挡杨靖宇和他的战友们的抗日脚步。

---

① 徐凤侣讲述，纪松东、周仲全采写，宋澍摄影：《寻访抗联遗迹 三块石纵横山林驱虎豹》，《辽宁日报》2014 年 9 月 3 日。

②《建党以来重要文献选编（1921—1949）》第 12 册，中央文献出版社 2011 年版，第 265 页。

巴黎《救国时报》关于杨靖宇指挥第一军战士活捉伪通化县长的报道

3月22日至30日,杨靖宇又率部与敌交战三次,其中3月22日的临江红土崖战斗,将伪公安队全部俘虏缴械。《东北人民革命军第一军报告》记载了这一时期的战斗:"军部将临江县属红土崖街公安队四十名完全缴械,并缴获迫击炮弹七十余枚。最近一月中十余次战争都是胜利,在大道上白昼缴获金川公安队枪六支。一师司令部打汽车缴获大小枪十支,活捉通化县长徐伟儒。"

在所有这些战斗中,活捉并处决伪通化县长徐伟儒一役影响最大,当地群众有口皆碑。徐伟儒是唯日寇之命是从的铁杆汉奸,其最大"政绩"有三:一是横征暴敛、自肥私囊;二是以"通匪""给胡子上子弹"等罪名,肆意残害百姓;三是指挥当地伪军"讨伐"人民革命军和其他抗日武装。当地群众恨他恨得咬牙切齿,背地里称其"徐老狗"。3月8日,徐伟儒应召赴伪都"新京",参加为日伪军被击毙官兵举行的"慰灵祭",其行踪被当地群众密报第一军,为平息民愤、震慑敌伪,杨靖宇决定在其返回时,在通化至柳河公路上予以伏击,随后又侦察得知徐将于3月15日在山城镇下火车改乘汽车回通化,遂决定由李红光率一师部队设伏于必经之路——柳河县驼腰岭。3月15日晨8时,徐的汽车刚一出现,战斗就打响了。战斗结束后,人民革命军将俘虏的徐的家属和护送伪警19人教育释放,对徐本人则就地处决。日本人警务局长加藤富雄被俘后在押解途中潜逃。徐伟儒偿还血债,民心大快,老百姓都说:"杨军长的队伍真是打日本子的,给地方除害的,抓住徐老狗,想要什么都能得到,可却是什么都不要,为了执行群众意愿,听取群众呼声,把徐老狗枪毙了。"日寇汉奸看到徐伟儒的下场,无不胆战心惊。他们在徐伟儒毙命处立碑"纪念",当地群众对此嗤之以鼻,而伪军士兵及下级军官路过此地,则不免深思几分汉奸下场。

进入4月,杨靖宇率部挺进辽宁兴京、桓仁一带,团结当地义勇军开展抗日斗争,并准备向本溪、凤城、宽甸一带发展。4、5月间,辽宁境内敌伪军饱受杨靖宇领导的人民革命军之苦。桓仁砬子沟一役,杨靖宇以70余兵力,毙伤日伪军60余人。5月3日东昌台街(距新宾约20里)一役,击伤伪警察署长,缴获枪支20余。当年参战的赵振华回忆说:"我们骑兵部队曾换上敌人的衣服,伪装成敌兵部队……在半路上给东昌台警察署打了一个电话,说让他们准备好五百人的饭菜。我们到了那儿,地方的绅士和伪警官员们都出来迎接,我们就乘混乱之机,迅速占领了警察署,敌人还没明白过来,就被我们缴了械。"①

在此期间,杨靖宇还针对敌人大"讨伐"的实际情况,决定将成立不到半年的骑兵部队改回步兵部队,通过地方关系卖掉马匹并以此款购买枪支弹药。由于这些马匹多为临江红土崖战斗的战利品,且已经跟随战士们半年多时间,大家恋恋不舍,为此,杨靖宇召集干部会议,告诫战友们:"骑兵适合大兵团平原作战,我们现在进行的是山地游击战争,不适合骑兵作战。因为马队速度快,很容易闯进敌人埋伏阵地,遭受损失。在战斗中,我们三百多人的队伍,就要留下一百多人看马匹,只能有三分之二的人参加战斗,这就减弱了战斗力量。行军中,骑兵也不容易保守秘密,一马嘶叫,别的马也跟着叫,这就会影响行动计划,而步兵可以神不知鬼不觉地在夜间行动,等敌人发现时,咱们已经到他跟前,可以打他个措手不及。这是我的想法,请大家考虑利弊关系,讨论一下。"经过讨论,大家一致认为杨靖宇的考虑是周到深远的,顺利完成了骑兵改步兵的工作。

在以后几个月里,杨靖宇率部连续出击,重创邵本良伪军,敌伪震惊之余,于9月出动伪军精锐"靖安军"及教导队约三千人继续"讨伐"。为避敌锋芒并与第二军部队会师,杨靖宇率部转移至濛江、辑安一带活动,于10月上旬攻袭辑安榆树林子伪警察署,缴获步枪25支及弹药、布匹若干。

也就是在这时,1935年9、10月间,南满抗日斗争进入了一个新阶段:杨靖宇指挥的东北人民革命军第一军和由军长王德泰、政委魏拯民指挥的东北人民革命军第二军,在濛江县那尔轰抗日游击根据地胜利会师了。

自从"九一八"烽烟初起,白山黑水间不愿做亡国奴的人民,在中国共产党领导或协助之下,激荡着不屈的抗日洪流。与南满地区在杨靖宇指挥下建立东北人民革命军第一军几乎同时,东满地区也在以童长荣为书记的中共东满特委领导下,以1931年秋农民群众减租减息斗争为基础,经过积极努力,于1932年春夏组建了延吉、和龙、珲春、汪清、安图等县的抗日游击队。至1934年9月,全东满反日游击队已发展到900人,其中党团员占80%,1935年3月,中共东满特委在延吉三道湾张芝营抗日游击根据地组建了东北人民革命军第二军独立师,两个月后,1934年5月30日,东北人民革命军第二军正式成立,军长王德泰、政委魏拯民、政治部主任李学忠、参谋长刘汉兴(陈龙)。军部下辖4个团和1个游击大队,军部设警卫连、教导队和随军学校,全军1200余人。特别应该指出的是,早在"九一八"事变之前就已流亡东满进行抗日斗争的朝鲜共产主义者和爱国志士们,又在"九一八"事变后走在东满人民抗日斗争的最前列,成立于1932年4月25日的安图反日游击队就是由金日成直接领导的,这一天后于1967

---

① 赵振华:《难忘的战斗生活》,《东北抗日联军史料》(下),中共党史资料出版社1987年版,第562页。

年被定为朝鲜人民军建军节。

东北人民革命军第二军,开辟了涵盖延吉、珲春、和龙、汪清四县的抗日游击区,较为著名的战绩地有汪清嘎呀河、珲春大荒沟和龙渔浪村等。在1933年3月30日的汪清马家大屯战斗中,打入关东军担任司机的日共党员伊田助男以汽车运送子弹10万发赠予汪清游击队,被敌人发觉后,伊田助男饮弹自尽,留下遗书:"同去打倒共同的敌人……请你们瞄准日本法西斯军射击……祝神圣的共产主义事业早日成功"①。谱写了中日两国人民共同反对日本法西斯的悲壮颂歌。1935年共产国际"七大"全体代表为之起立默哀致敬。在东满抗日斗争中,以童长荣、崔金淑为代表的许多中朝志士血染大地,日本侵略军也受到了沉重打击。

在共同的斗争中,中共南满和东满党组织、东北人民革命军第一军与第二军一直在设法联络。早在1935年6月,杨靖宇就指示第一军第二师第八团团长李永浩派人赴东满,与中共东满特委和东北人民革命军第二军建立联系。8月,东满特委组织部长、第二军政治部主任李学忠受东满特委派遣,率第二军第二团第二连和第三连约150人,从安图出发,经抚松向濛江远征。

经过一个月的跋涉,第二军远征部队终于在濛江县那尔轰抗日游击根据地与第一军第二师第八团部队胜利会师。为庆祝这一壮举,9月3日,两军部队和那尔轰地方反日会举行军民联欢大会,与会者两千余人,14日,会师地同心乡抗日民主政府组织群众募捐制作两面锦旗,分赠第一军军部和第二军西征部队,赠送第一军军部的锦旗上书有"敬祝胜利";赠送第二军部队的锦旗上书有"欢迎西征"。18日,在"九一八"事变4周年之际,南满反日总会散发传单、第一军政治部《人民革命报》发表新闻,赞誉人民革命军第二军"英勇善战",表示今后两军将"共同配合行动"。

这时,杨靖宇正率部活动于柳河一带,并在9月11日的寒葱岭战斗中大获全胜。他得知第二军部队已到南满,十分高兴,寒葱岭战斗一结束,就率军部和军部直属教导团专程来到濛江那尔轰,热烈欢迎远道而来的抗日战友们。

10月4日,在距那尔轰约十余里的老龙岗于家沟,按照杨靖宇的提议,举行了一、二两军正式会师仪式暨军民联欢会。参加者除一、二两军部队外,还有义勇军"双胜"部及当地抗日会员暨群众千余人。大会是在当地群众于会斌家的院子里举行的。他的妻子刘世琴回忆说:

> 1935年10月4日,杨靖宇的部队和二军部队是在我家院里开的会师大会。当时我家院里比谁家都热闹,一杆大红旗在房顶上飘扬。我为他们烧水做饭。这次大会后,杨司令热情地说:"小刘同志,我们吃你家粮食,都记账了吧?等到打垮日本鬼子,我们的政府一定还给你。"我有生以来,第一

---

① 转引自李延禄:《过去的年代》,黑龙江人民出版社1979年版,第183页。

次听到有人叫我一声"同志",而且是杨司令叫的,别提多亲切啦!我想,红军战士冒着生命危险去打鬼子,吃我家点粮食算什么?我回答说:"杨司令,你们打日本鬼子不知吃了多少苦,可我们为你们做得太少了,这些粗米饭你们尽管吃,只要把日本鬼子打跑了,吃光了我家的粮食我也高兴啊!"杨司令十分高兴地赞扬说:"小刘同志真开通,支持部队打日本鬼子,抗日就需要你这样的人啊!"①

杨靖宇、李学忠、第一军政治部主任宋铁岩、第二师师长曹国安等主要领导同志都参加了会师联欢大会。杨靖宇首先请李学忠讲话,李学忠在讲话中介绍了东满地区的形势和第二军的斗争历程,然后杨靖宇发表了热情洋溢的演说,指出:"我人民革命军向以抗日救国为天职,四年来与日匪血战,屡获胜利。今日得与东满二军接头,更为光荣。因我两军战士,均奋勇冲锋,方有今日两军之会晤。此后,我东满、南满游击区打成一片,一、二、三、四、五、六军与各抗日军,共同组织东北抗日联合军,更能集中力量、统一领导,顺利地打击日匪。"因二军部队多为朝鲜族战士,杨靖宇特请军部秘书王晓文充任翻译,每讲完一句,杨靖宇都等朝鲜语翻译完毕后再讲下一句。当讲到"我东满、南满游击区打成一片,一、二、三、四、五、六军与各抗日军,共同组织东北抗日联合军,更能集中力量、统一领导,顺利地打击日匪"时,全场鼓掌欢呼声直冲云霄,反映了东北抗日战士的一致愿望。

讲话结束后,两军部队战士分别进行了文艺表演和军事演习,展现了投掷手榴弹、拼刺刀、射击等娴熟的军事技术。在清脆的机枪射击声中,伪满"国旗"和邵本良模拟像顷刻间千疮百孔,预示着汉奸走狗的可耻下场,又引来在场全体军民的阵阵欢呼。6日,《人民革命报》刊发号外,以《反日前途日趋顺利!东满南满游击区打成一片 军事力量总配合!》和《军民联欢大会之盛况!到会军民千余名 今后誓死打日本》为题,对会师情况和军民联欢会作了详细报道。

会师仪式暨军民联欢会结束后,杨靖宇、宋铁岩、李学忠等举行了"一、二军和东、南满特委联席会议",相互通报情况,确定工作重心为巩固发展游击区域、互相配合开展游击运动。并确定了两项具体工作。一是确定联合攻打安图县城,二是相互支援骨干,原南满特委江南特支妇女委员宋吉凤调二军工作;二军调派一名炮手到一军。最后,两军领导人在《抗日救国竞赛公约》上签字,约定一年内完成三项任务:(1)改善装备,为全部换成三八式步枪而斗争;(2)把一、二军完全变成能征战、必取胜的铁军;(3)互相提供对敌斗争经验。会议结束时,一军送给二军两支匣子枪,二军送给一军数枚手榴弹。会后,杨靖宇派部队护送

---

① 转引自睢雪:《杨靖宇与刘世琴一家》,中共辽宁省委党史研究室、中共辽宁省沈阳第一监狱委员会编:《关东报国珍闻录》,辽宁民族出版社1996年版,第467页。

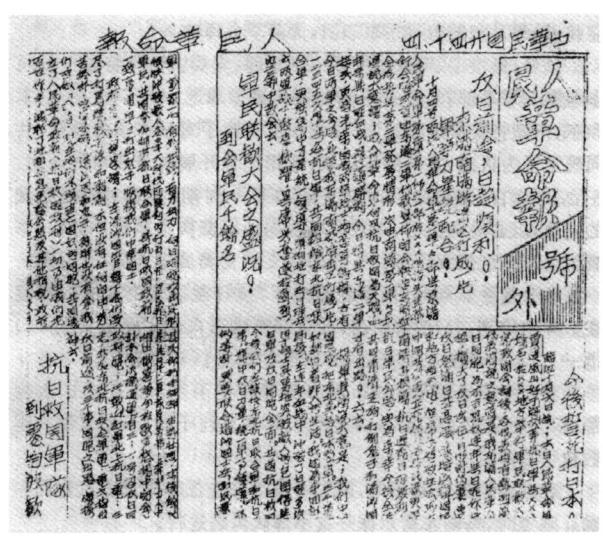 

《人民革命报》关于第一、二军会师的报道　　　《人民革命画报》刊载的表现第一、二军会师盛况的画作

李学忠等二军战友踏上归途。

一、二两军的会师，实现了中共东南满地区党组织的联合协作，使东南满抗日游击区联成一片，人民群众亲眼见到东北抗日斗争的发展，斗志更坚、信心愈旺。

一、二两军会师后，杨靖宇率部活动于桓仁、通化、宽甸。11月2日，杨靖宇率部抵达三道崴子西方鹿圈子沟一带，与由日本军官率领的伪骑兵第五团交战，毙敌1人、伤5人，4日又在龙爪沟与日军田中部队交战，稍后冲破敌人在葫芦沟设置的包围圈，在辽吉交界处或主动出击、或长途转移，令日伪军被动挨打、疲于奔命。《盛京时报》于1935年11月12日自供："其间日军受苦难不少"。11月25日，杨靖宇指挥军部直属部队一军教导团和第一师一部，在抗日义勇军左子元部配合下，在宽甸太平哨与伪警察队激战2小时，毙伤敌25人、俘敌20人。紧接着于28日攻克宽甸步达远街，毙伤伪警14人，进入街市后，杨靖宇与当地"会仙泉""日兴宏""庆向东""福德昌"四大商号经理谈话，晓以抗日救国大义，四大商号经理经杨靖宇教育，又目睹人民革命军纪律严明、秋毫无犯，遂主动捐赠部分现金及大量粮食、布匹、棉鞋等物资，解决了部队的冬装问题。

经过1935年一整年的苦战，日本侵略军的"杨部灭亡期即在目前"的妄言彻底破产；"东边道讨伐即告成功"的梦呓，也只能成为吹破了的皂泡。面对事实，日伪当局的感受，只有两句话最足以概括：这就是"恼羞成怒"加"黔驴技穷"。于是，就出现了下面的一幕：

> 在抚松，宪兵特务岳某（外号"岳癞爪"）将一无辜百姓杀害，砍下头颅，装在一个木匣里，谎称是杨靖宇头颅，摆在县城十字街一木架子上。架子上贴着"剿共战果辉煌"、"共匪伪司令杨靖宇被射杀"等标语，一时诓骗

了不少人，闹得人们心里没有底数，许多百姓以为杨靖宇真牺牲了，在背地里流下了悲伤的眼泪。[①]

东北人民革命军第一军军部通过地下工作人员了解到这一情况后，为戳穿敌人阴谋，派出一支小股游击队执行辟谣和消灭汉奸特务的任务。游击队员化装成平民百姓，带着"良民证"来到抚松县城。次日，只见城内大街小巷四处贴着以民间"送哭夜郎"形式用黄裱纸书写的传单：

> 天皇皇，地皇皇，日寇侵占咱家乡，杀人并屯抢财宝，黎民百姓遭了殃。反日烽火遍地起，抗日武装打东洋。打得日寇团团转，无奈假头把人诓，行路之人念三遍，司令健在日寇亡。

此传单张贴出去后，人们真相大白，知道杨靖宇根本没有被敌人"射杀"，转忧为喜。同时，人们发现贴在杨靖宇假头木匣上的标语全被撕掉了，木架上又多了一个人头。这个人头不是别人的，就是那个宪兵特务"岳癞爪"的。只见上面贴有一张又宽又长的标语，上面写着：

> 真是真来假是假，这人就是岳癞爪，背叛祖国罪恶大，如今脑袋搬了家。
> 　　　　　　　　　　　　　　　　杨靖宇游击队

数日后，此事不胫而走，传遍了长白山区的沟沟岔岔、村村屯屯。人们都喜笑颜开地称颂："咱们的杨司令还在领导抗日战士打鬼子呢！"

不用说，日伪当局的这幕闹剧，只能是旧丑未遮又添新窘而已。

时届 1935 年底，杨靖宇率领的东北人民革命军第一军已发展到 1600 余人，比 1934 年第一军成立时超过近一倍，游击区扩展至整个南满地区。1936 年 2 月 20 日，东满特委书记、中共驻共产国际代表团满洲问题委员会委员魏拯民在给代表团的信中，记载了杨靖宇部 1935 年的战绩："我党所领导下的人民革命军第一军，虽然在东边道遭受寇贼日军空前未有的进攻，但我第一军军部及教导团、少年营以及第一、二两师部队，在东边道十余县之活动，并不因'讨伐'而完全失去主动，实力即未减损，使日寇费近半年围剿搜查，对于日寇认为必须实行消灭之主要敌人我第一军部队一无获得。反之，我第一军与第二军两部队取得联络后，第一军近令渐得进出于桦甸江西以及吉林附近西南方面，努力伸张活动，出没安奉铁路线，以达于日寇所谓三角地带岫岩附近。"

1936 年，正如毛泽东在当年元旦致朱德亲笔电文中指出的，是"中央已派

[①] 赵俊清：《杨靖宇传》，黑龙江人民出版社 2004 年版，第 296—297 页。

大批人去指挥抗日战争,东三省抗日战争有大发展"①的一年。在这个"大发展"中,杨靖宇和他指挥的南满抗日军民以组建东北抗日联军第一路军的实际行动,书写了最为浓墨重彩的一笔。

1月1日,东北人民革命军第一军教导团、第一师一部和义勇军"老北风"部主动出击,以本溪碱厂街战斗的枪声,迎来了1936年的"开门红"。13日,在杨靖宇亲自指挥下,第一军部队在通化大泉源附近与日伪军交战,毙东濑队长以下日军12人。17日,日伪喉舌《盛京时报》刊登日军东边道"讨伐"司令部战报:"东濑队长四面被匪团包围,尽全力拼杀四面八方之敌,但因寡不敌众,全员遂壮烈战死。"这是侵略者陷入中国人民英勇抗争汪洋大海的必然下场。

大泉源战斗后,杨靖宇率部转移至通化东方石庙沟一带,春节过后又来到通化水洞一带。2月26日奇袭热水河子后,杨靖宇再次率军部教导团南下,进入辑安县境开展游击活动。为保守机密、避免日寇追击,杨靖宇临时使用"人民革命军第一军大队部刘大队长"的名义,并以此名义向辑安头道崴子伪警察署长发出亲笔信,晓以抗日救国大义,伪署长慑于声威,于4月3日来到杨靖宇驻地——位于头道崴子东面的高丽河子沟,杨靖宇、宋铁岩、韩仁和亲自与伪警察署长谈判,争取他暗中协助抗战。杨靖宇亲自向伪警察署长说明:"我们的条件是:一,不准欺压百姓。二,我军在这里活动,需要给养,请送给养、粮食。三,有敌情,立即给我军送信。这几条,都不难做到。如果做不到,你的警察署也剩不下了。"②伪警察署长连声应答:"一定能做到,一定能做到。"并当即报告说他今天在电话中得知伪奉天第一军管区教导队骑兵团要经过此地。此前,军部秘书长韩仁和将军部电话及电话线搭在敌人电线杆线路上侦听时,已经得知这股敌军由通化出发赴辑安驻防。对这些情报,杨靖宇认真分析,并仔细察看地图,决定在二道崴子沟口进行伏击。但随后部队在行进中不慎暴露,敌人因而未敢出动。为此,杨靖宇又改取"引蛇出洞"之计,故意率部公开向西行进,实则在走出一段后秘密绕道回到二道崴子沟口设伏。

4月5日上午10时,伪奉天教导队骑兵团押运着满载弹药的十几辆大车,进入了杨靖宇部队的伏击圈,只听杨靖宇一声枪响,战士们手中的机枪、步枪一齐射向敌人,随即,战士们又冲上公路与敌肉搏。在第一轮射击中侥幸免于死伤的伪军惊魂未定,甚至未及下马,就见到人民革命军战士的刺刀迎面而来。无奈之下,纷纷举手投降。战斗仅15分钟即胜利结束,击毙1名日本教官和10余名伪军官兵,俘敌38人,缴获迫击炮1门、枪支63件(重机枪1挺、轻机枪2挺、三八式步枪42支、手枪18支)、子弹2万发、战马30余匹、军用电话机1部、望远镜2个。战斗结束后,杨靖宇以"刘大队长"名义向俘虏讲话,告诫他

---

① 《建党以来重要文献选编(1921—1949)》第13册,中央文献出版社2011年版,第2页。
② 王传圣:《深切的怀念》,宋晓宏、高峰、傅伟主编:《永久的丰碑——杨靖宇将军资料汇编》,吉林文史出版社2005年版,第231页。

们勿忘自己是中国人，要有不做亡国奴的爱国心，并阐述了人民革命军的俘虏政策。听着杨靖宇的讲话，再看看人民革命军战士对自己的宽待，伪军俘虏们的心情从恐惧逐渐转为羞愧，又转为希望改恶从善的振奋。在战后起草的《东北抗日联军第一军的几个战斗情况》中，记述了伪军俘虏们听完杨靖宇讲话的感受：

——"你看人家一个大队长讲话就这样呱呱叫，要是军长更该怎么样？咱们'满洲国'的官连人家一个眼角也赶不上。"

——"你们这样齐心，还有不打胜仗的？我听见枪声刚要下马，你们四百人便都上来了，我不能开枪，要开枪你们就打死我了……不信你们验我的枪。"

杨靖宇讲话后，一名伪排长代表伪俘讲话："我们在'满洲国'得不到真实信息，只受日本子的欺骗，我们早知道你们这样为国为民，早就出来同你们一起干了。"最后，按惯例给每名俘虏发五元路费释放。在归途中，伪俘们恰遇只身逃跑的"老上司"——骑兵团长，眼见自己的部下如此狼狈，伪骑兵团长仰天长叹："真倒霉！这回弄个净吊光，怎么回去见日本子！……"

战斗中还缴获一批敌伪文件，杨靖宇对此进行了认真研究，特别注重其中一份通化春季"讨伐"会议文件。其中记载了敌人的三条对策："1. 探知抗日军驻地后，夜间包围，天亮进攻；2. 探知抗日军行动方向后，调集兵力，前堵后追，左右夹击，使之吃不好，睡不好；3. 利用冬季漫长，气候寒冷的条件，大规模进行军事围剿"[①]。杨靖宇对症下药，也提出了针锋相对的三条："1. 部队每驻一地，先占据制高点，严密搜查四周，安排好岗哨，并勤查哨，以防敌人偷袭，如发现敌人，则利用有利地势，消灭他。2. 行军时如有敌人穷追，就设法拖垮他，然后设伏消灭之。3. 到冬季，则利用在深山密林中修筑的密营，储存粮食和越冬物资，休整部队"[②]。

此后半个月，杨靖宇和战友们发扬连续作战作风，频频出手重创敌人。4月8日，杨靖宇率部在哈塘沟与敌激战三小时后，在头道阳岔以夜幕为掩护，跳出敌人包围圈向东南转移。次日清晨，日伪军的重兵进攻只能以"空城计"收场。15日，杨靖宇部在辑安突袭台上（地名）、花甸子两个伪警察署，伪警措手不及，乖乖缴械。

4月30日梨树甸子战斗后，各路追击敌军如惊弓之鸟，无人敢做邵本良第二。杨靖宇敏锐地抓住敌军"追剿"一时松弛的有利时机，于5月率军部直属部队在兴京草盆沟与王仁斋率领的游击大队会合。为适应形势，杨靖宇决定以军部第二教导团和游击大队等部队为基础组建第三师。主要领导有师长王仁斋、政委周建华、参谋长杨俊恒、政治部主任柳万熙。下辖第五团和第七团，活动于兴京、清原、抚顺、开原、西丰、柳河等县。

[①] 赵俊清：《杨靖宇传》，黑龙江人民出版社2004年版，第305—306页。
[②] 赵俊清：《杨靖宇传》，黑龙江人民出版社2004年版，第305—306页。

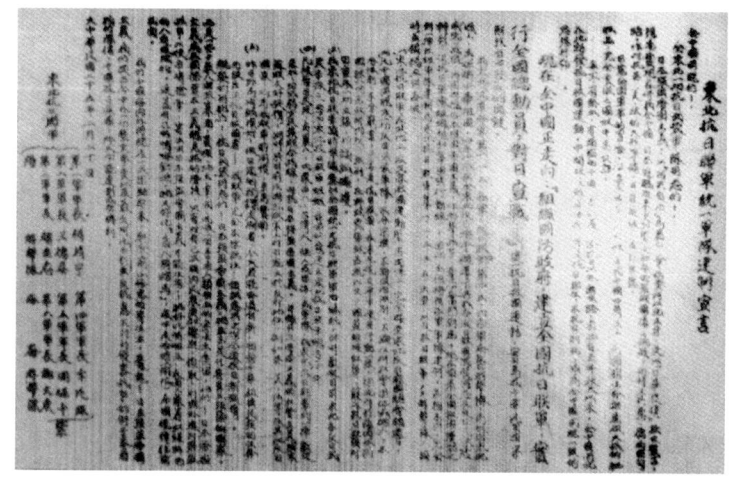

杨靖宇领衔发表的《东北抗日联军统一军队建制宣言》

这时,《六三指示信》《八一宣言》和《东北抗日联军统一军队建制宣言》的精神已传达到南满。为贯彻党的指示、总结斗争经验、谋划进一步发展,1936年6月底至7月初,在第一军河里后方基地的惠家沟密营,杨靖宇主持召开了中共南满地区第二次代表大会。出席会议的除杨靖宇外,还有南满特委书记李东光、一军军部秘书长韩仁和、一军军医处处长徐哲、一军三师师长王仁斋等。

7月7日,中共南满"二大"通过了由杨靖宇主持起草的决议案。这个文件以《救国时报》为依据,认真分析了当时的形势,指出国际形势的特点是:"'革命与战争'的前夜,同时革命与战争已在小的范围已经实际公开的开始了"[1];国内形势的根本点在于:"我党中央公开提出'全民反日统一战线'的策略,真正的适合于中国目前政治环境和群众的要求,我党全体同志应为这一伟大正确策略胜利而斗争"[2]。

随后,决议案根据《六三指示信》中"我们应该清楚地估计到目前的状况,不是最后决定胜负的时期,而是准备争取最后胜利条件之时期……因此,我们的策略现时不是将所有的反日力量孤注一掷,而是要更大的准备群众、积蓄力量,保存和发展游击队的实力。培养大批的军事干部,以作为准备将来的更大战争和更大事变的基础"的论述,对东北形势作了符合实际的分析,指出:"目前满洲反日民族革命战争的运动,是日益深入和扩大,但反日运动的阶段,仍然是准备阶段,还没有发展到和日帝作最后决战的阶段。因为我们反日的力量还不很大,而正在发展和收集的时候,广大群众还未在我党领导之下武装起来、组织起来,同时又没有外部大的有利于满洲反日运动事变的爆发,更不能即刻得到外面的实际帮助,实际是孤军奋斗,与强大的日帝血战。我们中心策略,不是将一切反日力量总动员去和敌人作拼命一战,而是发动组织各种的反日斗争来更大的准备和

---

[1]《东北抗日联军史料》(上),中共党史资料出版社1987年版,第171页。
[2]《东北抗日联军史料》(上),中共党史资料出版社1987年版,第172页。

蓄积群众的反日力量,保存和扩大我们的实力,培养大批的领导干部准备不久将到来的大的转折与万恶日帝拼命最后一战"。① 而在这样的形势之下,"广大群众的反日决心更加坚定,全人民抗日救国的盼望日益增长,这就是今后反日战线更迅速的扩展,不久将来造成更大规模战争的已成基础,为了不久将来更大战争的胜利,顺利的冲破敌人'讨伐'政策起见,必须正确的运用全民统一战线新策略,极广泛的开辟新游击区,更改善战术,使党和队伍千百倍的扩大巩固起来,这就是目前我们中心任务之中心环子"②。

在认真分析形势后,决议案对南满工作进行了实事求是的总结,充分肯定了自 1934 年 11 月南满党"一大"以来的成绩:

> 自南满党第一次代表大会后,在一年半以来地方和队伍得到了伟大成绩。在地方方面党组织数目扩大了五分之一。成立了五个新县份内的党部,'满'兵工作和中心城市工作初步开始养成提拔了有些地方中国领导干部(系针对原先朝鲜族干部较多而言——引者注),在进行两条战线斗争中,一般同志的正确观念比较加强。同志的政治水平和工作能力提高了。在军队方面,队伍数目扩大新成立一个师(军部扩大五倍,一师二倍,二师一倍),游击战术和战斗力大大增长(缴来日满匪军的武装,扩大轻重机关枪六倍,大炮三倍,全队四分之三换了三八式枪),扩大游击区域,新的县份十五县,帮助和发动了有些群众武装斗争和组织,在领导抗日军收编队伍方面得到相当的成绩。坚决的执行队内反叛徒斗争,使队伍相当的巩固了,党和我们军队的影响更加倍的提高了,我党领导的人民革命军是南满反日战争中最有坚强战斗力的队伍,已形成中心的领导力量。③

与此同时,决议案也对南满工作中的缺点不足进行了严肃认真的自我批评。这些缺点主要存在于统一战线、政权建设、根据地建设、党的建设、群众工作等各个方面,核心在于对"全民反日统一战线了解的不十分深刻"④,要求"我们应以布尔塞维克的精神消灭以上的缺点和错误"。⑤ 杨靖宇和南满党组织的自我批评精神是可贵的,对缺点错误的查摆纠正也是认真严肃的。但应该指出,这些错误的主要来源是遵义会议以前由王明"左"倾错误把持的党中央和满洲省委。正如决议案中指出的:"对于东北目前革命阶段估计的不正确,根据中央二次来信二

---

① 《东北抗日联军史料》(上),中共党史资料出版社 1987 年版,第 173—174 页。
② 《东北抗日联军史料》(上),中共党史资料出版社 1987 年版,第 174 页。
③ 《东北抗日联军史料》(上),中共党史资料出版社 1987 年版,第 174 页。
④ 《东北抗日联军史料》(上),中共党史资料出版社 1987 年版,第 174 页。
⑤ 《东北抗日联军史料》(上),中共党史资料出版社 1987 年版,第 175 页。

月十日的来信,认为现在已经是土地革命的阶段。"① 这个错误观点,正是来源于 1934 年 2 月 22 日(决议案中误为 2 月 10 日——引者注)的《中央给满洲省委指示信》。这个文件强调:"必须坚决反对党内对满洲土地问题估计不足的倾向,在一切游击区域和我们有工作的农村,必须根据中央去年指示信所指示出来的关于领导农民斗争的策略、口号和组织方式等去实行,把反日游击运动提到土地革命的阶段。这就是说:我们要在领导反日斗争中根据群众迫切要求提出没收反革命卖国贼的财产,拒绝'满洲国'的一切捐税等等口号,以走向土地革命的阶段去。"② 在后来延安整风总结历史经验教训时,党中央东北工作委员会曾指出这封指示信及由此而来的满洲省委"反右倾"斗争,"使党的各方面工作又回到'左'破坏统一战线的道路"③。

最后,决议案系统论述了南满党组织当前的战斗任务:

(一)巩固扩大东北抗日联军(东北人民革命军)。巩固扩大东北抗日联军利用全民统一战线,采用灵活的游击战术扩大游击区域,很广泛的组织抗日救国群众动员群众积极来拥护帮助抗日联军,这是我们目前最重要的任务。加紧内部的政治军事等教育训练工作,改善内部队员生活,大批号召广大工农真诚抗日救国的分子入队。队内党团组织要动员各地群众在制作募捐援助和慰劳等拥护联军的运动工作,更深刻更进一步研究运用全民反日统一战线的各种方法,并讲求许多实际扩大联合军的方法和手段,将各种关系对我好的山林队、义勇军与之建立各种的密切关系,可以用联军的名义大批的把他们改编,各地方党部动员群众到队上去是经常重要任务之一,同时在扩大东北抗日联军运动中应当派很好的干部同志到"满"军中开展士兵工作,过去对这一工作不注意是很大错误。

(二)兵士工作,估计"满"兵对抗日救国的同情和对日"满"匪人的不满,地方党部和抗日联军的政治部应采用各种方法,从各方面推动进行,派人直接打入内部或利用社会亲属封建等关系,敌我两军在阵地作战时,动员一切队员,宣传鼓动工作,在内部工作特别要注意到秘密工作,抓紧下层士兵的不满,进行宣传鼓动工作;特别要关系到抗日救国,因为"满"兵动摇哗变对我们武装工作有很大的政治军事意义,所以使士兵工作是我们最主要的工作,今后派很好的干部专门负责进行,过去只派消极不好的同志进行这一工作是不对的,对抗日联军工作应当利用过去经验和教训,我们新收编的许多山林队,抗日军要设法派相当的政治工作人员,加紧内部政治教育工

---

① 《东北抗日联军史料》(上),中共党史资料出版社 1987 年版,第 174 页。
② 《建党以来重要文献选编(1921—1949)》第 11 册,中央文献出版社 2011 年版,第 243 页。
③ 李范五:《吉东地区的抗日斗争(1933—1936 年)》,辽宁社会科学院地方党史研究所编:《中共满洲省委时期回忆录选编》第 3 册,第 159 页。

作，在内部工作要耐心的用各种办法，不要完全按照我们基本部队的办法，更要根据许多的新条件，设法进行这一工作。

（三）城市的反日战线和保甲制度，抓紧广大群众对日"满"匪贼的一切不满与愤恨的情绪，特别是归大屯、屠杀、强奸、强迫劳动、按户抽丁、实行奴隶教育、排挤和消灭中国人的工商业、大批的武装移民等强盗行为，以及和中国民族的民族和阶级利益对起来，更应当大胆地运用统一战线，将各界真诚抗日救国的民众组织起来、武装起来。抗日联军占领小城市时，对不是忠实走狗的工农分子和一般小资产阶级的财产，不加以侵犯，并与之保护，真正实现保护中国人民利益的口号，同时对地方政权的问题——在群众同情热烈拥护之下，采用公开的形式建立之，对于敌人的保甲制度、协和会等组织，亦不要只是站在外面空喊反对他们，应当双方并行。

（四）工人工作，应当想一切实际有效办法，派人到××煤矿开辟工作，对土木铁路工人旧有的关系，赶快想法恢复，并加以具体领导，对于领导铁路矿山等工人和一般群众斗争和方式，应当加以转变，采用各种不同的方式，从请愿到武装暴动，不要机械的运用过去斗争的方式（开始命令群众分食抢粮等）。

（五）农民工作，日贼在数年中一般的归大屯烧杀，财产粮食等全被毁坏，土地被没收，大批移民，施行各种捐税，将农民赶入监狱似的集团部里，逼到死亡道路上。广大群众不得不在斗争中寻找出路，如最近各地农民要求分粮食吃大户和游击队配合行动，成群结队自动起来，组织农民自己队伍（游击队）和日"满"匪贼进行各种斗争，我们应领导群众的请愿、分粮抢粮等斗争。更要加紧发动群众组织，广大的农民自己队伍，领导发动群众迫切的许多斗争，要和游击队抗日联军互相配合行动。

（六）广大小资产阶级在日帝血腥统治之下，经济上大大的破产、饥饿与死亡，政治上没有任何自由，小资产阶级的学生因之失学，同时日贼实行亡国奴隶教育，不能满足学生的一切要求，因此小资产阶级和学生的经济政治文化等斗争迫切需要解决，故应运用统一战线，鼓动领导他们的政治经济文化等斗争，并动员他们参加抗日联军。

（七）建强地方党部和军队中的领导机关，形成具体和集体的领导，对于领导方式从党团到群众组织，应当很大的转变，上级和下级用各种实际方法保持密切的关系，最主要培养干部应当大胆的提拔成千成万的新干部到各级领导机构中担任工作，除此以外，还应当设法办训练班，对于军事和党的干部的培养，应下很大的决心培养。

（八）反奸细叛徒的工作，是我们主要工作之一，我们党和抗日联军的政治威信的提高和势力的扩大、斗争的尖锐和激烈，引起敌人对我们进攻的积极和残酷。敌人虽采取从外面实行大规模的"讨伐"，不但未将我们消灭，反而有很多的发展，故又实行向我们内部大批派遣奸细，利用革命叛徒，企图取内外夹攻的办法，消灭和瓦解我们的队伍。虽然我们没受大的损失，但在工作上受到不少的障碍，为了我们的工作顺利的发展，肃清奸细、叛徒，巩固内部，因此提高队员和同志们的政治水平和革命警惕性，经常实行工作检查注意各个队员和同志们与外面的社会关系，加强民族和阶级的教育等方法。同时肃清内部奸细叛徒，应当毫不动摇地坚决进行打击小资产阶级的留恋不坚决性。

（九）二条战线及敌人反宣传等思想斗争问题：为了保证我党正确路线顺利地进行，首先揭穿敌人反革命宣传，将各种政治问题，给以明显具体的回答，对于党内二条战线的思想斗争，应当无情的进行。在目前要特别防止变作资产阶级的尾巴右倾的思想和行动，对于"左"的过早破坏统一战线，亦要给以无情的打击。为了任务的完成和实现，必须要巩固扩大领导革命的党的组织，唯有真正扩大巩固了党的组织，才能更正确的领导各种革命斗争。①

根据《六三指示信》《八一宣言》和《东北抗日联军统一建制宣言》精神，中共南满"二大"正式宣布将东北人民革命军第一军改编为东北抗日联军第一军。当时，有些战士不同意改变名称，认为没有"革命"二字不光荣，针对这种情绪，杨靖宇等领导同志积极开展思想政治工作，指出改变为抗日联军是贯彻执行党的统一战线政策，团结各方面抗日力量特别是抗日武装力量的需要，统一了全军的认识。

中共南满"二大"期间，杨靖宇和抗联第一军的领导同志们，热情迎接了远道而来的战友——由魏拯民率领的抗联二军一个机枪班，其中还有两名朝鲜族女战士。

从1935年夏到1936年夏，魏拯民经历了跨国长途奔波的一年。在莫斯科，他作为中国共产党的代表之一，参加了共产国际"七大"，随后，他作为东南满地区的代表，被代表团指定为满洲问题委员会委员，向陈云和代表团详细汇报了东北特别是东南满地区抗日斗争的情况。这些汇报的文字稿，就是东北抗联历史档案中的八份《冯康报告》。与此同时，陈云、陈潭秋、滕代远、曾山、孔原、潘汉年等

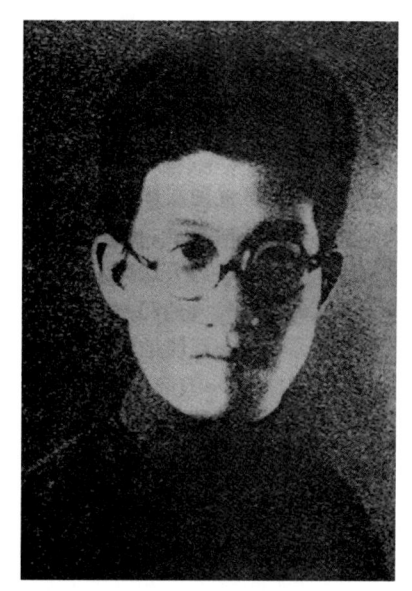

魏拯民

① 《东北抗日联军史料》（下），中共党史资料出版社1987年版，第175—178页。

同志，也向魏拯民并通过魏拯民向东北抗日联军传达了中国革命形势和遵义会议路线，传达了共产国际和中国共产党关于建立反法西斯统一战线和抗日民族统一战线的政策策略，传达了井冈山斗争、中央苏区和长征斗争经验。根据东北斗争日益发展，急需加强各游击区领导力量和工作效率的实际情况，代表团根据陈云提出的"在现时条件之下，组织结构愈简单愈独立就愈好"①的组织原则，决定撤销由王明"左"倾路线把持的满洲省委，按南满、东满、吉东、松江四大游击区分别组建四个省委。魏拯民被任命为东满省委书记，受命返回东北传达贯彻并具体实施。

应该指出的是，中共代表团作出撤销满洲省委和组建四个省委的决策，除依据陈云提出的组织原则外，也是与战斗在第一线的杨靖宇所反映的实际情况和提出的意见不可分割的。1936年2月20日，周保中和魏拯民等联名致函代表团，信中写道："杨靖宇等南满同志，经过二、五军关系要求与吉东党及远东直接交通，并且南满党要求建立省委分局。"②

1936年1月，魏拯民肩负重任离开莫斯科，重返东北抗日斗争最前线。于2月初到达吉东地区，2月5日，魏拯民在宁安镜泊湖南湖头召集会议，向王德泰、周保中、金日成等传达了共产国际"七大"精神和以陈云为核心的中共驻共产国际代表团的指示，主持将东北人民革命军第二军和东北反日联合军改编为东北抗日联军第二军和第五军。随后，魏拯民率部翻山越岭，长途跋涉，来到了第一军金川河里后方基地惠家沟。这时，中共南满"二大"正在进行，杨靖宇特派军部秘书长韩仁和出迎二里。几十年后，王传圣仍对第一次见到魏拯民的情景记忆犹新："魏政委中等身材、长脸、白净皮面上有几个不被人看出来的浅皮麻子，身体瘦瘦的，穿一套不新不旧的黄军衣，只束了一条皮带，连枪也没带，看样子身体并不健壮。说话很慢，有些文质彬彬的，但却很风趣。"③

早在东北人民抗日斗争的最初时刻，杨靖宇就和魏拯民在一起工作。1932年，他们曾在哈尔滨共同领导水灾难民进行斗争，迫使日伪当局赈济灾民。久别重逢，战友们互相赠送了礼物。魏拯民送给杨靖宇一本《共产党宣言》，杨靖宇回赠一支小手枪。这两件礼物的意义正如杨靖宇所说："你送给我马克思主义，我送给你杀敌的武器。"④事前，杨靖宇指示密营好好照料战友们的生活，密营工作人员在艰难的斗争环境中，设法搞来了十多袋白面和一口大肥猪，为战友们准备了几顿难得的"牙祭"。

欢迎仪式结束后，杨靖宇、魏拯民等同志共商大计。7月5日至7日，紧随

---

① 《革命运动的发展与防止奸细的破坏》，《陈云文选》第1卷，人民出版社1995年版，第103页。
② 吉林省档案馆、中共吉林省委党史研究室编，周兴、牛芷萍总编：《周保中抗日救国文集》（上），吉林大学出版社1996年版，第45页。
③ 王传圣：《深切的怀念》，宋晓宏、高峰、傅伟主编：《永久的丰碑——杨靖宇将军资料汇编》，吉林文史出版社2005年版，第232页。
④ 转引自赵俊清：《杨靖宇传》，黑龙江人民出版社2004年版，第323页。

中共南满"二大"之后，杨靖宇和魏拯民共同主持了东南满党军领导干部会议，史称河里会议。会议首先由魏拯民传达共产国际"七大"精神和以陈云为核心的代表团指示，并通报了2月南湖头会议情况，随后，与会者详细讨论了当前的斗争形势。鉴于当时东南满斗争已连成一体，会议决定将原定的东满省委和南满省委合并为南满省委，由魏拯民任书记，杨靖宇、王德泰、陈翰章等为委员，同时将共产主义青年团改组为抗日救国青年团，将抗联第一、二军合编为东北抗日联军第一路军，杨靖宇、王德泰分任正副总司令，杨靖宇兼政委，魏拯民任

王德泰

总政治部主任（战士习惯称魏政委），下辖6个师和1个独立旅，共5000余人，其中第一军下辖第一、二、三师，总兵力3000余人；第二军下辖的第一、二、三师改为第四、五、六师，1937年3月又将第五师第五团扩编为独立旅，总兵力2000余人，第六师师长为金日成。

第一路军正式成立后，河里会议确定"一、二军主力坚决地脱离东山林游击区域到广大区域中去活动"。以后，第一军第一师成为西征主力部队；第二师留守老游击区；第三师会合第二军第四师起初准备西征辽西和热河，后改在安图、抚松、临江一带活动，策应第一师西征；第五师在陈翰章率领下，留在东满和绥宁地区，与以周保中为军长的抗联第五军配合坚持游击战争，保持南满和吉东的联络；第六师在第二军军部的率领下，深入南满地区，与第二师一起坚持老区斗争，巩固长白山游击根据地，并在金日成率领下积极准备挺进朝鲜内地。此外，第一路军各部队还有一项重要任务："为粉碎敌人1936年冬季讨伐，我军所有部队在敌人不注意的深山老林里大量修建密营，储存粮食、弹药。军部在老秃顶子山区、一师在老和尚帽子山区、三师在清原沙河子山区修建密营。这项工作相当艰苦，选地形即要秘密，又要易保存，附近要有水源。密营修好后，还要把各种物资运进来、保管好。任务重，各部队必须在七八月份开始行动，否则，时间来不及。"①

会上根据代表团"调学生来学习"的要求，杨靖宇决定派军部团委书记赵振华去莫斯科学习。临行前，杨靖宇对赵振华说："你现在工作很好，但还是一把小剃头刀，你去学习吧，党要把你锻炼成一把战刀。"②赵振华到莫斯科后，被代表团送入斯大林东方劳动者共产主义大学第八分校（即抗联干部学校）。1939年5月返回延安，在陕甘宁边区政府工作，1945年大反攻之际重返东北。

会议期间还举行了一次联欢会，"一、二军战士高唱革命歌曲，随魏拯民同

---

① 王传圣：《深切的怀念》，宋晓宏、高峰、傅伟编著：《永久的丰碑——杨靖宇将军资料汇编》，吉林文史出版社2005年版，第232页。

② 赵振华：《难忘的战斗生活》，《东北抗日联军史料》（下），中共党史资料出版社1987年版，第562页。

志来的第二军两名朝鲜族女战士跳起欢快的民族舞蹈,第一军的战士们还演出快板,有两名同志还演出了一场'双簧',杨靖宇、魏拯民等看得很是开心,不时鼓掌叫好。许多战士头一次看到'双簧',只见蹲在后面的战士又说又唱,站在前面的战士光张嘴不出声,紧跟后面战士说唱的内容表演各种动作,十分滑稽,更是开怀大笑"①。

东北抗日联军第一路军的成立,不仅使南满地区形成了强有力的抗日铁流,而且为吉东建立抗联第二路军、北满成立抗联第三路军提供了经验,是东北抗日斗争史上的划时代事件,有力地推进了东北抗日武装斗争和统一战线的发展。尤其应该指出的是,在中国共产党领导的人民军队的历史上,"第一路军"的番号只使用两次。第一次是1930年6月,红军第四、六、十二军整编为中国工农红军第一路军,朱德任总司令、毛泽东任总政委兼总前委书记,不久改称红军第一军团;第二次就是由杨靖宇任总司令兼政委的东北抗日联军第一路军。仅此一项,足见杨靖宇部在东北抗日斗争中不可替代的重要地位。

在东北抗日联军第一路军成立之际,杨靖宇把澎湃心潮倾注在《东北抗日联军第一路军军歌》中:

我们是东北抗日联合军,创造出联合军的第一路军。乒乓的冲锋杀敌缴械声,那就是革命胜利的铁证。

正确的革命信条应遵守,官长士兵待遇都是平等。铁般的军纪风纪要服从,锻炼成无敌的革命铁军。

亲爱的同志们团结起,从敌人精锐的枪刀下,夺回来失去的我国土,解放亡国奴的牛马生活!

英勇的同志们前进呀!赶走日寇推翻"满洲国"。这一次的民族革命战争,要完成弱小民族的解放运动。

高悬在我们的天空中,普照着胜利军旗的红光。冲锋呀,我们的第一路军!冲锋呀,我们的第一路军!②

河里会议刚刚结束,抗联部队就收到了金川大荒沟日本守备队进山"讨伐"的情报,魏拯民当即表示:"咱们是打鬼子的队伍,小鬼子送货上门,照收就是了。"于是,7月7日夜,在杨靖宇和魏拯民的率领下,部队携带干粮,轻装从惠家沟出发,天亮前埋伏于白家堡子上方雷家小坎。8日晨8时许,当日军守备队进入我机关枪连阵地时,5挺机枪一齐射向敌人,战斗仅20分钟便胜利结束。10日,《盛京时报》报道:"因匪方人众,日军节节失利……矢岛队长遂引寡兵

---

① 赵俊清:《杨靖宇传》,黑龙江人民出版社2004年版,第325—326页。
② 萧三主编:《革命烈士诗抄》,中国青年出版社2011年版,第92—93页。

冲入重围……日方尾吹上等兵 11 人血染东边砂尘而阵亡矣，重伤者 5 人。"抗联部队并缴获轻机枪 2 挺、南洋块手枪 2 支、步枪 10 支、子弹 2000 余发、望远镜两架、战刀两把。回到惠家沟密营后，杨靖宇指示："武器分配，二军同志缴获的不算，每个同志再发给一支三八式步枪，子弹 100 发，另外再送给二军一架机枪、1000 发子弹，作为一二军部队的见面礼。"①

白家堡子战斗的胜利，为抗联第一路军的建立举行了奠基礼。"消灭日本守备队后，各部队都到指定地区活动了。军部送魏拯民政委回二军，一直送到临江西南岔。等我们回河里，路经白家堡子时，见整个村子全被敌人烧毁了。原来，敌人为了消灭东北抗日武装力量，除了军事武装讨伐，还制定了所谓'匪民分离'政策，老百姓归屯并户，妄图把我军和人民群众分离开，白家堡子惨案，是敌人以我军击毙日本守备队、当地老百姓'通匪'为借口制造的。日军中山大尉带领一个中队鬼子闯进方圆 50 里（应为 50 公里——引者注）的所谓'通匪'区，见房子就烧，见人就抓。共屠杀和平居民 370 多人（白家堡子惨案发生于 1936年 7 月 15 日——引者注）。同志们目睹敌人的暴行，无比愤恨。大家决心要和日本侵略军战斗到底，为死难同胞报仇。"②

第五节　组织西征

东北抗日联军第一路军成立前后，杨靖宇将全部精力投入到西征的筹划中。这是一次具有重大政治意义的军事行动，是在 1935 年至 1936 年的国际、国内形势之下，杨靖宇和东北抗日联军的必然选择。

1935 年，中华民族灾难深重的一年，已经沦亡四年的东北，每天都在日本法西斯的铁蹄下和刀尖上演着无数人间惨剧，不仅如此，日本法西斯利用国民党政府的退让妥协，日益加紧了侵略全中国特别是华北地区的步伐。并唆使汉奸殷汝耕炮制了"满洲国"第二——"冀东防共自治委员会"。6 月 9 日和 27 日，日本侵略军与国民党当局先后签订了《何梅协定》《秦土协定》，实际上攫取了察哈尔北部和河北省、平津两市的大部分主权。8 月 5 日，日本外相、后被远东国际军事法庭判处绞刑的甲级战犯广田弘毅又提出了要求中国取缔一切抗日运动、与日"满"合作、中日共同防共的"三原则"。亡国灭种，已成为每个中国人必须面对的最现实威胁。

1935 年，也是世界人民反法西斯斗争和中国革命日益高涨的一年。1 月 15日至 17 日，中共中央政治局在遵义举行扩大会议，结束了王明"左"倾错误在党中央的统治，确立了毛泽东在红军和党中央的领导地位，使中国革命转危为

---

① 王传圣：《深切的怀念》，宋晓宏、高峰、傅伟编著：《永久的丰碑——杨靖宇将军资料汇编》，吉林文史出版社 2005 年版，第 233 页。
② 王传圣：《深切的怀念》，宋晓宏、高峰、傅伟编著：《永久的丰碑——杨靖宇将军资料汇编》，吉林文史出版社 2005 年版，第 233 页。

安,实现了具有深远历史意义的伟大转折。7月25日至8月21日,共产国际"七大"在莫斯科举行,杨靖宇的亲密战友魏拯民作为中共代表团成员参加了这次大会,大会确立了反对"左"倾关门主义、建立最广泛的反法西斯统一战线的基本策略。中央红军在毛泽东领导下胜利完成长征,进入靠近华北和东北的陕甘宁抗日前进阵地,以"一二·九"运动为标志,全国人民的抗日斗争掀起了新的高潮,中国共产党倡导的抗日民族统一战线,已经被全民族广泛接受,成为国家政治生活的主题。所有这些,都给予东北人民抗日斗争以巨大的精神鼓舞。正如《六三指示信》指出的:"江西红军的西征,各国无产阶级革命斗争的发展,这一切国内国外的有利条件,给了东北民众解放以光明胜利的前途。"

1935年,这还是中国共产党加强对东北人民抗日斗争领导和组织的一年。随着陈云(化名史平、施平或史宾)、陈潭秋(化名徐杰)、滕代远(化名李光)、曾山(化名唐古或唐谷)、潘汉年(化名白林)、孔原等同志相继加入并负起主要责任,中共驻共产国际代表团开始在遵义会议以来党中央政治路线指导下工作。10月2日,中共驻共产国际代表团又成立了以陈云、曾山、潘汉年、孔原、杨松(化名吴平)、魏拯民(化名冯康或冯空)、赵毅敏(化名一民)、王明、康生为委员的满洲问题委员会,统一领导东北抗日斗争。

所有这一切,都预示着全国规模的抗日战争即将爆发,中国革命已如毛泽东所指出的,进入"走上全国性对日武装抗战的过渡阶段"①。在这样的历史背景下,1935年12月17日至25日,中共中央政治局在瓦窑堡举行会议,继遵义会议之后,纠正了政治路线上的"左"倾错误,确立了建立抗日民族统一战线的总政策。鉴于主力红军在地理上与东北更加接近、介于西北和东北之间的华北地区又即将成为抗日战场的现实,会议还在毛泽东的主持下,研究了主力红军与东北抗日联军互相配合的问题。12月23日,会议通过毛泽东起草的《中共中央关于军事战略问题的决议》,确立了主力红军东征直接对日作战、加紧发展东北抗日游击战争的战略方针。对此,决议作了如下的论述:

> 正确地估计敌我力量,党在一九三六年军事部署方面的总方针,应该是"准备直接对日作战的力量"。因此,一九三六年主力红军作战的主要目标还应该是汉奸卖国贼的军队,但在日本占领区域及自治区(指冀东殷汝耕汉奸伪政权辖区——引者注),应尽量组织,扩大及联合一切的抗日武装力量——抗日义勇军、抗日游击队等,同日本军队进行直接的有力的游击战争。同时还应估计到,在一九三六年下半年,第一方面军有可能和有必要同日本军队发生部分的战斗(晋绥察方面)。②

---

① 《毛泽东选集》第1卷,人民出版社1991年版,第255页。
② 《毛泽东文集》第1卷,人民出版社1993年版,第378页。

游击战争对于战胜日本帝国主义及汉奸卖国贼的任务，有很大的战略上的作用。其指导原则如下……在一切省份发展游击战争，而着重于主要的省份（河北，山西，热察绥，东三省，山东，河南，江苏，浙江，福建，陕甘）。①

瓦窑堡会议结束后，党中央又决定进一步加强对东北抗日斗争的领导，对抗联部队实行双重指挥，即在接受以陈云、杨松（吴平）为核心的中共驻共产国际代表团领导的同时，接受以刘少奇（胡服）为核心的中共北方局的领导。1935年12月29日，张闻天在中央政治局会议上指出："北方局目前有三个人在那里工作。工作情形怎样不清楚，只听说反帝工作有开展。不论工作怎样，它管理范围很大，与满洲、太原、热河、察哈尔都有关系。为加强对北方局的领导，需派得力的同志前往。少奇可以去。我已和少奇同志商量，已得到少奇同意。他去可代表党中央在那里领导工作，名义是中央驻北方局代表。他去的任务主要是加强对反日学生运动及游击战争的领导。目前学生运动要提高，要与游击战争联系起来。除了北平之外，还要加强对热河、满洲的领导。"②

为促进全国人民的抗日斗争，实现主力红军直接对日作战，1936年2月至5月，红一方面军在毛泽东、彭德怀率领下发起东征，渡黄河挺进山西，直指热河、察哈尔、绥远，虽然在促成抗日民族统一战线这个斗争全局的要求下，东征红军于5月撤回陕北，但已在精神上给予日本侵略者巨大威胁，甚至引发了日本关东军兵力以长城为中心的重新部署。6月15日，杨松以化名"松山"致函周保中等，向东北抗联通报了红军东征的情况：

自去年七次大会（即共产国际"七大"——引者注）后，吾党新政策在关内已得很大的成效：A. 抗日红军在毛泽东同志直接领导之下，已到达陕甘，并于最近东渡黄河而至山西省腹地；北出长城而向内蒙绥远进展，这么一来，红军日益接近到与日寇及"满洲国"军队直接冲突的时期了，并且，使全国各阶级民众，日益相信红军是抗日救国的军队……这是自去年七次大会后，在关内政治形势新的变动，这些变动，对于东北抗日游击运动有很大的好的政治影响，给游击运动一种推动。③

的确，主力红军的长征和东征，"日益接近到与日寇及'满洲国'军队直接冲突的时期了"，不但极大地振奋了东北人民和抗联部队的民心士气，而且也促使东北抗联的领导同志们认真把握有利时机、筹划军事行动，以期达到与主力部

---

① 《毛泽东文集》第1卷，人民出版社1993年版，第378页。
② 《张闻天文集》第2卷，中共党史出版社1993年版，第63—64页。
③ 刘晶芳编：《杨松文集》，人民出版社2013年版，第239—240页。

队会师和开辟新游击区的目的。不仅如此,这时的杨靖宇,还以自己的丰富实践敏锐地预感到"我军处于日寇侵略华北的后方基地,又是内地抗战的前哨和先锋"。而这种形势就必然要求东北抗日联军同时承担两副重担,即坚持东北抗战和支援华北抗日斗争、迟滞日本帝国主义对内地的侵略,进而将主力红军与东北抗联、东北和华北两个抗日战场联成一体。应该指出的是,在中央红军长征刚刚胜利结束、全民族抗战爆发前将近一年时,杨靖宇就能提出"我军处于日寇侵略华北的后方基地,又是内地抗战的前哨与先锋"[①]这一思想,足见他对国际国内形势的深刻洞察和高超的战略思维。

瓦窑堡会议决议和毛泽东《论反对日本帝国主义的策略》传达到中共驻共产国际代表团后,以陈云为核心的中共代表团和满洲问题委员会据此研究形势,指示抗联部队西征热河,一方面设法联系党中央和主力红军,另一方面也扩大游击区。魏拯民返回东北后,向杨靖宇详细传达了上述精神。在此前后,杨靖宇和东北抗联也已从敌伪报刊上了解到红军东征的一些情况,并作为制定行动规划时考虑的重点因素之一,得出了与代表团指示大体相同的结论。

决策确定后,杨靖宇开始具体部署,确定以第一军第一师主力进行西征。这是一支由杨靖宇、李红光领导,以磐石游击队为基础建立起来的部队,政治军事素质俱优,战斗力极强,当时又正在兴京、本溪一带活动,距关内最近,最适于承担西征任务。参加西征的部队四百余人,包括师部、保卫连、三团、少年营等。由师长程斌、政治部主任宋铁岩、参谋长李敏焕率领。

接受西征任务后,第一军军部和第一师部队在5、6月间进行了紧张的筹备。5月23日,第一军军部在本溪汤池沟附近召开一师党的干部会议,部署由一师三团从本溪、凤城中间突破,进入辽阳,之后越过南满铁路和辽河,直插辽西、热河。四团和六团则活动于南北两翼以分散敌人兵力。次日,一师部队在军部接受杨靖宇指示精神后行军,杨靖宇本人则率第一军军部及直属部队由本溪返回宽甸、辑安一带活动,以吸引敌军并掩护西征部队。

自5月24日至7月初,西征部队连续行军,清除了潜伏在部队中的叛徒奸细,并与所到之处的抗日武装建立了联系,手枪队还截获了敌人运送粮秣的两辆马车。6月13日和20日,在鹿角沟川里和车古流沟,西征部队两次击溃追敌,17日又在天桥沟击退敌军骑兵。28日,西征部队在草河口与敌交战半小时。7月1日越过安奉铁路,到达朝天贝。这时,西征部队的行动已完全暴露,日伪军加紧围追堵截。7月2日至6日,西征部队连续在光头顶、高家堡子等地与敌交战,其中6日下午5时的高家堡子战斗是与三百名敌军展开的。8日,在倒岔沟姜家堡子(今岫岩县大房身乡太阳村),西征部队决定化整为零,分三部分活动,9日敌情更加严峻,日军出动飞机侦察西征部队去向,10日部队附近又发现敌军

[①] 转引自《杨靖宇将军生平事迹》,《周保中文选》,解放军出版社2015年版,第140页。

三百余人。自 10 日至 14 日，西征部队先后在东老岗、南麻峪、柳家堡子、生铁岭沟、王家堡子、三道沟等地发现敌军，三团政治部主任李铁秀指挥部队在岫岩磨扇子沟与敌交战。

7 月 15 日下午 2 时 30 分，一师师部率保卫连行至本溪与辽阳交界的摩天岭，在这里与围追的驻连山关日军守备队第二中队激战。日军守备队长今田大尉登高瞭望时，被抗联战士击毙，其余 80 余名日军亦被全歼，并缴获步枪 30 余支、手枪 5 支、望远镜 1 个；战斗尚未结束时，敌军追兵又至，结果又死伤 60 余人，总计歼敌 140 余人，是为西征中战果最著的摩天岭战斗。不幸的是，一师参谋长李敏焕在此役中牺牲。至 7 月下旬，三路西征部队先后返回本溪、宽甸、桓仁老游击区。

在西征期间和部队返回初期，杨靖宇正在桓仁、宽甸一带活动，而且由于长期艰苦斗争的疲劳，杨靖宇的健康状况已大不如前，还患有疟疾。7 月，中共满洲省委人员在向以陈云为核心的中共驻共产国际代表团汇报时就曾说："老杨的身体，诚如《救国时报》所说，是弱了！而且最不好是摆子病，在他给士兵讲话到一点钟以上，往往要休息半天才能继续讲下去。"① 但他仍时刻关心着西征部队的情况。10 月上旬，他率第一军军部来到兴京窟窿榆树沟里四平街堡子，在这里与第一师师部会合，听取了师长程斌的西征汇报。举行了追悼李敏焕等西征烈士暨一师干部战士大会。会场上，杨靖宇眼含热泪，率全体与会者为李敏焕等烈士默哀三分钟。对西征部队的英勇战斗特别是摩天岭战绩作了充分肯定，指示部队认真休整，会后又为一师补充了新战士。与此同时，杨靖宇认真总结教训，认为"一师西征失败主要原因是：步兵行动迟缓，目标明显，勇于暴露；行军季节在夏季，天热雨多，行军多有不便所致"②，考虑到一师远征疲惫且损失较大，杨靖宇决定将第二次西征任务交由三师执行。

11 月上旬，杨靖宇率军部及教导团两个连离开宽甸天桥沟密营，在桓仁外三堡与第一军第三师部队会合。在这里，杨靖宇主持了第一军军部和第三师负责干部联席会议，与会者有军参谋长安光勋、秘书处长韩仁和、军医处长徐哲、军需处长胡国臣、三师师长王仁斋、师政委周建华、师参谋长杨俊衡。在以后的战斗中，韩仁和、王仁斋、周建华、杨俊衡先后为国捐躯；安光勋、胡国臣叛变投敌；徐哲于 1945 年抗战胜利后返回朝鲜，历任朝鲜劳动党中央政治局委员、驻华大使、中央检阅委员会委员长（相当于我中纪委书记）等职，授大将军衔，1992 年病逝。

在杨靖宇主持下，联席会议决定三师进行第二次西征，跨越南满铁路和辽河，挺进热河，与主力红军取得联系。以此分散日伪军兵力，牵制日伪当局正在

---

① 转引自赵俊清：《杨靖宇传》，黑龙江人民出版社 2004 年版，第 334 页。
② 赵俊清：《杨靖宇传》，黑龙江人民出版社 2004 年版，第 339 页。

进行的"东边道独立大讨伐"。针对一师西征的教训,会议"决定把三师部队改编成骑兵,在冬季利用江河封冻之际,由第三师骑兵队伍进行西征,快速突向铁岭、法库一线,挺进热河,与关内红军取得联系,进而找到党中央,使东北的抗日游击战争与关内的抗日斗争紧密结合起来"[①]。会议还决定给三师半个月时间筹备西征,重点为组建骑兵部队。

在三师全体干部战士的努力下,为期半月的筹备工作顺利结束。11月下旬,在师长王仁斋、师政委周建华、师参谋长杨俊衡、师政治部主任柳万熙率领下,三师骑兵部队400人从兴京县境和桓仁外三堡出发,昼伏夜行,经清原、铁岭,跨过南满铁路北段,仅用15天即挺进至法库县三面船石佛寺辽河东岸,但当年气温偏高,辽河并未封冻,而这时日伪军不仅已探明西征意图,还把与杨靖宇体貌相似且同姓的杨俊衡误认为杨靖宇,于是围追堵截的大批日伪军蜂拥而至,西征部队既无法徒涉过河,也未能夺取已被敌控制的渡船。加之长途行军、人困马乏,又处在新区,情况不明,只得分散作战,且战且退,绕道返回,于年底回到清原、西丰、兴京一带。在此期间,居住于沈阳与抚顺交界处肥牛屯(属抚顺县管辖)的爱国乡医张荣武应抗联战士之邀,半夜来到伤员所在的腰路沟半山腰石棚,三次义务出诊并赠送药物食品,和父亲张福春一起,为救治西征部队伤员竭尽全力。为此,他曾被抚顺日本宪兵队拘押刑讯18天,后虽经学医时的日本老师谷春营救幸免于难,但在敌伪时期始终是被监视居住的所谓"要视察人"。在《我的父亲——一个山村医生的传奇》一文中,张荣武之子张大庸根据父亲的讲述,记下了那段惊心动魄的经历:

抗联一军三师袭击南满铁路,颠覆敌方列车

> 那个石棚是一个天然的溶洞,能容纳几十人。日俄战争的时候,村里几十个老百姓躲在那里面半个多月,洞的周围都是灌木丛,很隐蔽。父亲进洞一看,眼前的一切使他惊呆了。洞里躺着七八名伤员,伤势最重的是李队长,肩上有被机枪打中形成的贯穿伤,血流不止。左侧大腿被炮弹炸得骨头外露,弹片尚未取出,高烧39度多,非常危险。其余几个人受了轻伤。有的是又累又

[①] 赵俊清:《杨靖宇传》,黑龙江人民出版社2004年版,第339页。

饿、身体虚弱，起不来。一个叫王参谋的对父亲说："相信您是一位有中国人良心的医生，我们是抗日部队，在辽河边与日军作战受了伤，大部队往东山里去了，我们只好留下来养伤，希望您能帮帮忙。"父亲立即对伤员们作了简单的处理。"你们受的伤太重，需要做手术，我明天早上来给你们做手术，这样伤口才能长好。"后半夜两三点钟，父亲才回来，他思绪万千，心想这些人为了打日本人，受了这么重的伤，我冒多大风险也要救他们。

第二天一大早，父亲就带着手术器械和药品，奔向腰路沟。爷爷那时候还活着，是一位非常善良的老人。他听说这件事后，非常同情，就拉着家里的毛驴，驮上小铁锅、小米、苞米面、火柴，还有一锅高粱米面大饼子和一床破被，往腰路沟方向走去。

父亲在没有助手的情况下，为李队长取出三块炮弹皮，并对伤口作了缝合，对贯穿伤周围的皮肉也做了清理。手术足足进行了两个多小时。爷爷为他们煮了一锅小米粥，吃上了大饼子，大部分人都精神起来。王参谋说："这些天也没吃上一口热乎饭，我们也不知道怎么感谢你们父子了。"

他们在这山洞中住了八天，父亲晚上又去了两次，给伤员们换药。临走的前一天，父亲到永发庆杂货铺买了二斤炉果，又带上一大批外用药，向东山腰路沟走去。这时，大多数抗联同志的伤势已经有了好转，李队长高烧已经退了，已经可以随队转移。[①]

东北抗联两次西征都没能挺进关内，部队自身也损失很大，在总共动用的九百余兵力中，牺牲、负伤、被俘、失踪者在三分之二左右。

然而就全国抗日斗争而言，西征"是东北抗日联军同由陕北向长城移动中的抗日红军相呼应的首次试探"，[②]起到了重要的战略配合作用，进一步凸显了东北抗日游击战争的战略地位和重要意义，实现了毛泽东和瓦窑堡会议赋予的"应尽量组织、扩大及联合一切的抗日武装力量——抗日义勇军、抗日游击队等，同日本军队进行直接的有力的游击战争"的任务。

就东北地区而言，西征部队挺进至沈阳、抚顺、辽阳、法库、岫岩一线，"宣传中国共产党的抗日主张，辽阳等地群众欣喜相传，'东山里的红军打过来了'，扩大了中国共产党和抗日联军在辽河流域的影响"[③]。对日伪军的牵制作用更为明显，据李敏焕行军日记记载，自6月3日至7月13日，被第一次西征部队牵制的敌军即有1400人左右，超过西征部队总人数3倍以上，这还未将摩天岭战斗中歼灭的敌人列入。第二次西征也在一定程度上减轻了老游击区的压力。"与此同时，留置吉海线老游击区的二师部队，在磐石、桦甸、海龙、西安、双阳、伊

[①]《党史纵横》2014年第5期，第51页。
[②]《杨靖宇将军生平事迹》，《周保中文选》，解放军出版社2015年版，第141页。
[③]赵俊清：《杨靖宇传》，黑龙江人民出版社2004年版，第342页。

通各县，开展了激烈的斗争。抗日联军二军四师六团围绕着长白山麓及江右各县猛烈打击敌人。"① 所有这一切的共同结果，就是"整个南满地区的敌伪统治被动摇，伪满首都'新京'受震动"。②

在主力红军与东北抗联遥相呼应之际，杨靖宇特作《西征胜利歌》一首，表达抗联战士的坚定信念，以及对党中央和主力红军的殷切向往：

红旗招展，枪刀闪烁，我军向西征，大军浩荡，人人英勇，日匪心胆惊。纪律严明，到处宣传，群众俱欢迎，创造新区，号召人民，为祖国战争。

中国红军，已到热河，眼看到奉天，西征大军，夹攻日匪，快快来会面。日匪国内，党派横争，革命风潮涌，对美对俄，四面楚歌，日匪死不远。

紧握枪刀，向前猛进，同志齐踊跃，歼灭日匪，今田全队，我军战斗好。摩天高岭，一场大战，惊碎敌人胆，盔甲枪弹，缴获无数，齐奏凯歌还。

同志们快来，高高举起，胜利的红旗，拼着热血，誓必打倒，日本帝国主义。铁骑纵横，满洲境内，已有十大军，万众蜂起，勇敢杀敌，祖国收复矣。③

第六节 卓有成效的思想政治工作（上）

东北抗联除了和中国共产党领导的其他革命武装一样，也面临着在农民和其他小生产者占多数的情况下建设无产阶级军队的任务之外，还有革命基础薄弱、民族矛盾掩盖阶级矛盾、统战部队成分过多、战斗格外频繁残酷等特殊不利因素，因此，思想政治工作对于东北抗日联军也就更为重要，在这方面，杨靖宇作出了特殊的贡献。

在领导抗联部队的思想政治工作中，杨靖宇始终坚持两个根本点，即坚定抗日救国信念与坚持中国共产党对军队的绝对领导。无论对战士还是群众，杨靖宇都反复强调："中国一部叫日本占了，咱们得起来救国。别看我们现在人少，可以慢慢扩大，火柴虽小，点着东西就会越烧越旺，也就不易扑灭了。我们的队伍也和一团火一样，也会由小到大，最后一定能把日本鬼子赶出中国去。"④

1936 年 7 月，白家堡子惨案发生后，杨靖宇亲临吊祭死难同胞，请幸存的乡亲们讲述惨案经过，以日寇暴行作为教育战士坚定信念、誓死抗战的有力实证。亲历者王传圣记述了当时群情激奋的悲壮情景：

---

① 转引自《杨靖宇将军生平事迹》，《周保中文选》，解放军出版社 2015 年版，第 141 页。
② 转引自《杨靖宇将军生平事迹》，《周保中文选》，解放军出版社 2015 年版，第 141 页。
③ 赵俊清：《杨靖宇传》，黑龙江人民出版社 2004 年版，第 343 页，其中"中国红军，已到热河，眼看到奉天"一句，在本溪杨靖宇西征出发地纪念碑上为"中国红军，已到察绥，眼看要出关"。
④ 转引自赵俊清：《杨靖宇传》，黑龙江人民出版社 2004 年版，第 230 页。

惠家沟、白家堡子的逃难群众见到杨司令,哭诉别后的悲惨遭遇。杨靖宇将军听了哭诉,也禁不住眼含泪花,来到爱国死难同胞就义的地方。我们大家站在杨靖宇的身后,见将军把军帽脱下来,我们和他一样,都脱帽默哀。随后,杨司令把军帽向空中一举,喊道:"一定为死难的抗日民众报仇!"我们大家也一齐举手宣誓,复诵着誓词。①

"他对党是最忠实的,时时刻刻都尊重党的组织和党的纪律。"杨靖宇坚不可摧的党性,在他坚持中国共产党对抗联部队绝对领导的实践中,表现得最为明显和透彻。从东北人民革命军到抗日联军,杨靖宇在部队中一直强调执行中国共产党的路线方针政策,加强党的建设,坚持"支部建在连上"原则。他教育干部:"打日本必须有正确的路线、方针和政策。这个路线已经有了,就是在共产党的领导之下,进行抗日斗争。"②有人问杨靖宇:"共产党中央在关内,我们在关外,怎么能够领导上我们呢?"③杨靖宇回答:"只要我们执行党的路线、方针、政策,那就是在党的领导之下了。"④

经过杨靖宇和干部战士的共同努力,东北人民革命军第一军(即以后的东北抗日联军第一军)各连都建立了党支部,经常开会讨论群众工作,进行批评与自我批评,组织战士学习政治、军事、文化。至1934年春,东北人民革命军第一军独立师已发展党员78人、团员88人,总计166人,超过部队总人数370人的半数。至同年5月25日,杨靖宇还主持在统战部队"臣军""两省""双胜""金山好"(后二者活动于辉发江以北)中建立了党组织。

通过较为完备的组织体系和共产党员的先锋模范作用,杨靖宇领导的东北人民革命军第一军、东北抗日联军第一军和第一路军扩大了党在士兵群众中的影响,"队员大都知道人民革命军是共产党领导的,是正确的",在基本队伍和部分友军中建立了较为完备的政治工作制度和党组织体系,从思想觉悟和纪律约束两方面双管齐下,保证官兵平等、军民团结,并为抗联其他各部队的政治工作奠定了基础、提供了经验。

杨靖宇作为"足智多谋、英勇善战的抗日救国革命家",很早就在东北抗日斗争中有很高的威望,正如1936年7月26日满洲省委向代表团的汇报中所说:"军长老杨——他的履历,中央知道的很清楚。他的政治水平工作能力,不仅在南满首屈一指,在全东北也是最强的一个。自他到南满以来,工作有很大成绩,始终毫不懈怠地努力。在队内、地方、党内、南满人民中,信仰威信均极好,自己

---

① 王传圣:《杨靖宇在通化县的活动》,《永久的丰碑——杨靖宇将军资料汇编》,吉林文史出版社2005年版,第288—289页。
② 转引自赵俊清:《杨靖宇传》,黑龙江人民出版社2004年版,第230页。
③ 转引自赵俊清:《杨靖宇传》,黑龙江人民出版社2004年版,第230页。
④ 转引自赵俊清:《杨靖宇传》,黑龙江人民出版社2004年版,第261页。

一举一动，个人行为，亦为全体所钦敬。"而且在1934年初中华苏维埃第二次代表大会上，杨靖宇已经当选为中华苏维埃共和国中央执行委员会委员，是东北抗日联军中在全党职务最高的领导人。1936年2月2日，中共代表团在给共产国际执委会的报告中，还决定出版以毛泽东为首，包括朱德、周恩来、杨靖宇、周保中、赵尚志等15名主要领导人的文集，以期"更广泛地宣传我们党的干部，并对敌人的造谣诬蔑予以回击……以便更加提高我党作为中国人民在争取社会和民族解放斗争中的领袖的威望。"[①]但杨靖宇从不居功自傲、从不以职务压人，"无论在任何时候、任何地方、任何环境中，从来遵守党组织的指示，遵守党的纪律，贯彻执行党的决定，从不计较个人利益、个人兴趣、个人安危。在他长期独立做领导工作的时候，注重集体领导，发扬民主；分工负责，从不包办代替，也不把自己的责任诿卸给别人"[②]。按照以陈云为核心的中共代表团的指示，杨靖宇已被任命为南满省委书记，但杨靖宇从东南满游击根据地已经连成一片的大局出发，不计个人职位，"和魏拯民同志及其他南满党政军领导同志亲密协作，事无大小，必经过共同讨论决定，即使他判断明了，胸有成竹，但从不自以为是、自作主张"[③]。

由于东北抗日斗争完全在日伪严密封锁中进行，因此与上级党组织联系的渠道极不畅通，杨靖宇对此十分焦虑，并多方设法。1937年1月16日，杨靖宇化名元海，亲笔致函中共驻共产国际代表团成员、原满洲省委书记陈潭秋（化名徐杰、文光），寻求加强同代表团的联系，信函全文如下：

文光兄：

我们在去年6月开南满党代表大会时，根据到国际七次会议上参加回来的东满魏同志带来的中央指示，东南满建立了南满省委。以后魏同志担任书记的责任到东满去，一方面给中央详细报告，另一方面建立交通关系。但他去后因敌人进行"大讨伐"关系，特别交通关系之恶劣，早已断绝联络关系，所以不知魏同志给你们写去报告没有，更不知你们接到他的报告没有。同时我们与你没有发生关系，甚为着急，想要经哈关系，将与你发生联络中。这次更带来经他发生关系之通知后，今天才写头一次的报告。但因我们交通关系之恶劣，这次不提关于党在执行整个路线中，特别几年的游击运动中我们的胜利与缺点和我们的队伍布置等问题。这要下次详细作报告，这次不过提出简单紧要不提不可的几个问题。

1. 我们自从满省时代至现在差不多二年多的长时间，除在前年冬接到一

---

① 周保中：《追念民族英雄 制止日寇再起——纪念杨靖宇同志殉国20周年》，宋晓宏、高峰、傅伟主编：《永久的丰碑——杨靖宇将军资料汇编》，吉林文史出版社2005年版，第186页。

② 《松柏常青——纪念杨靖宇同志逝世二十周年》，《周保中文选》，解放军出版社2015年版，第151—152页。

③ 转引自中共吉林省委党史研究室：《中国共产党吉林历史》第1卷，吉林人民出版社2005年版，第286页。

1937年1月16日杨靖宇写给陈潭秋的信

封王明同志给东北负责同志的信外,没接到一封的整个指示与文件。不过最近十日前接一份中共十五周年纪念的文件。同时满省取消后,至今与你没有联络关系,不能得到指示与领导,而完全独立的状态中进行工作。在这工作上有了很大的损失,对这一问题感觉到有了最大的遗憾。因此,我们要求不仅现在要有密切的联络关系,而且最好是在东北建立总的指导机关,否则建立与你能发生密切关系的机关为要。

2. 关于干部问题,上次已在经哈关系向你报告过,这当然我们自己没培养出更多的新干部,是我们站在自我批评的立场上,首先指出这是极大的错误。同时原则上在斗争中培养出新的干部是我们承认的,但在实际上在现在环境中困难到极点。在数年的游击运动中,特别最近二年中,队伍虽然没得到应有的发展,但无论如何也是不断发展的情况下,更增加干部的损失,特别是军事干部。现在干部困难到在现在的队伍数量的范围的,维持现状的干部也不够。这种严重现象更障碍于队伍的更大发展。因此我们在以先虽然对满省在每次报告中都提出过,但一个也没给帮助。所以这种严重情况不仅有了报告的责任性来作报告,而且站在领导整个南满革命运动的立场上,不得不着重的提出这一问题,望你们勿论如何急速帮助几个干部,特别是军事干部为要。

3. 我们经常得不到各方的消息——整个政情的变动与党内文件。望以后(寄)大批的各种党内文件与各方的消息。

4. 代名,以后的代名,你名文光,我名元海。

别的问题这次不提。

布尔什维克敬礼!

此致

元海

1月16日

遗憾的是，虽然这封信保存了下来，但在现在可以查到的档案中，并没有发现陈潭秋和中共代表团收到这封信的记录，更谈不上采取措施解决问题了。1937年全民族抗战爆发后，党中央为进一步推进东北抗日斗争，决定将东北抗联收归党中央直接领导，原中共代表团满洲问题委员会也完成历史使命而自动解散，组建由毛泽东和陈云亲自领导、杨松具体负责的中共中央东北工作委员会（简称东工委），但由于日本法西斯的封锁更加严密，党中央最终与东北抗日联军完全失去了组织联系，一系列具体措施和指示都未能传达给东北抗日联军。

在始终未能与党中央和代表团恢复组织联系的情况下，杨靖宇更加注重遵循党的指示，并结合实际加以灵活执行。1935年6月3日，中共驻共产国际代表团以反法西斯统一战线精神为指导，发出由赵毅敏和滕代远（化名李光）起草的《给东北负责同志的信》（即《六三指示信》，因签署者为王明和康生，历史上一度称为王康指示信或王康信），信中对东北抗日斗争形势作了恰如其分的估计："我们应该清楚的估计到目前的状况，不是最后决定胜负的时期，而是准备争取最后胜利条件之时期。因为现有的反日力量，还不能将日本帝国主义从东北驱逐出去，我们当前的敌人是强大的日本帝国主义，关内的红军与国外的革命运动暂时还不能直接给东北反日运动以帮助，特别是东北极广大的民众，还没有在共产党直接领导下武装起来。因此，我们的策略现时不是将所有的反日力量孤注一掷，而是要更大的准备群众，积蓄力量，保存和发展游击队的实力。培养大批的军事干部，以作为准备将来的更大战争和更大事变的基础。"指示东北抗日斗争的政治方针应该是"要实行全民的统一战线……不是机械的应用，而应估计到实际的环境，各队伍的具体条件"；在军事斗争中，要更加注重消灭敌人有生力量，保存和发展自己力量，尤其"不要死守根据地而损失反日的武装实力"；注重群众工作和伪军工作；加强党的建设，重点反对"左"倾关门主义。这个文件于当年冬季经吉东特委传达到南满，立即被杨靖宇悉心研读并完全接受。在杨靖宇的主持下，中共南满特委认为该信"异常重要"，指示全南满负责同志"细心研究"。1936年4月15日，中共南满特委以《六三指示信》精神为指导，制定了《关于游击队活动的新方针》，提出将"游击队和党的力量深入于南满广大的地域与群众中"，在"群众多而且现在和将来在军事上很必要的地域上"，组织一连或一排的地方游击队，以几个大屯为中心开展活动，"领导与组织群众日常要求的斗争"。地方游击队"采取化整为零、化零为整的战术"，可以"灵活集合各小部队切实的领导起来获得大的胜利，如果不便于长时间的活动和困难时，立即分散各归在原定区域去进行工作"[①]。

《六三指示信》发出不到两个月，中共代表团又以中国苏维埃政府和中共

[①] 转引自中共吉林省委党史研究室：《中国共产党吉林历史》第1卷，吉林人民出版社2005年版，第286页。

中央的名义，于 8 月 1 日发表了由杨松起草的《为抗日救国告全体同胞书》（即《八一宣言》），高度评价了由杨靖宇和王德泰、周保中等指挥的东北抗日联军，号召"停止内战、一致对外"，组建全中国统一的国防政府和抗日联军，实现中华民族抗日救国大团结。《八一宣言》传入东北后，与《六三指示信》一起，有力地指导了东北的抗日斗争。

杨靖宇以自己坚定服从党的领导、执行党的指示的模范行动，为整个东北抗日联军树立了光辉榜样，在他的领导下，南满党组织和抗联部队形成了坚强有力的领导核心，团结一致、共同对敌，并与以周保中为核心的吉东党组织和抗联部队密切协同，取得了一个又一个的胜利。这与"在政治上自由行动，不请示中央或上级意见，不尊重中央及上级的决定，在组织上自成系统，自成局面，强调独立活动，反对集中领导，在思想意识上，是发展小资产阶级的个人主义，来反对无产阶级的集体主义"[1]的恶劣行径，形成了鲜明的对照。

在思想政治工作中，杨靖宇始终注重宣传毛泽东的革命事迹，以毛泽东著作作为根本指导方针，以毛泽东、朱德领导的井冈山和中央苏区斗争的伟大胜利，激励战士们坚定信念、振奋斗志。1932 年 4 月 15 日和 26 日，毛泽东以中华苏维埃共和国中央执行委员会主席名义，起草并发布《中华苏维埃共和国临时中央政府宣布对日战争宣言》和通电，庄严宣告："中华苏维埃共和国临时中央政府特正式宣布对日战争，领导全中国工农红军和广大被压迫民众，以民族革命战争驱逐日本帝国主义出中国，反对一切帝国主义瓜分中国，以求中华民族彻底地解放和独立"[2]，同时"号召白色统治区域的工人农民兵士学生及一切劳苦民众自己起来，组织民众抗日义勇军"[3]。这些文件传到东北后，被杨靖宇确定为群众政治工作的基本教材而广泛宣传。1933 年 5 月 31 日，在给满洲省委的报告中，杨靖宇将"翻印中央苏区党的上级党部公开文字（对日宣战通电等等）经常散发"[4]作为宣传鼓动工作的第一项。这也是现存东北抗联文献中提到的第一篇毛泽东著作。1933 年 2 月，在以满洲省委特派员身份视察西安（今辽源）煤矿工作时，杨靖宇用两小时向煤矿中的党员介绍了中央苏区的基本情况和三次反"围剿"斗争的胜利。"后来据陈润田（即张金）回忆说，他生平第一次听到毛泽东这个名字，就是这次听杨靖宇讲的。"[5]

1936 年 8 月 10 日，在全民族抗战迫在眉睫之际，毛泽东致函上海救国会主要领导人章乃器、陶行知、邹韬奋、沈钧儒，系统阐述了中国共产党抗日民族统一战线的政策策略，指出："抗日战争，是长期艰苦的战争，是要经过千百次的

---

[1]《建党以来重要文献选编（1921—1949）》第 18 册，中央文献出版社 2011 年版，第 444 页。
[2]《建党以来重要文献选编（1921—1949）》第 9 册，中央文献出版社 2011 年版，第 244 页。
[3]《建党以来重要文献选编（1921—1949）》第 9 册，中央文献出版社 2011 年版，第 246 页。
[4]《东北抗日联军史料》（上），中共党史资料出版社 1987 年版，第 81 页。
[5] 通化市政协文史学习委员会编，王永富主编：《东边道经济开发史略》1988 年版，第 518 页。

大小战役，才能最后战胜敌人"①。高度评价了东北人民的抗日斗争："我们看了东北义勇军能够长期英勇抗战，据敌报说，敌人损失了十余万生命与数万万金钱。而且相当牵制了推迟了日本帝国主义对中国本部的进攻。他们虽然还没有最后战胜敌人，但他们对于全国民族已经有了极大的功劳和帮助。到今天没有一个人能说东北义勇军不能单独抗日的话"②。1937年初，毛泽东的这封信传入东北后，杨靖宇组织抗联第一路军认真学习，以此教育干部战士了解全国形势，贯彻执行党的抗日民族统一战线政策，深入认识自己所从事斗争的意义和价值并坚定意志和信念。金日成曾回忆说："1937年初，登在苏联的国际政治刊物《太平洋》上的致全中国救国会成员的信中，毛泽东举东北的抗日游击队活动，作为证明反对日本帝国主义的积极斗争——抗日主张是可以实现的生动事例。他写道，东北地区的抗日游击队在几年的斗争中共消灭了十万名以上的敌人有生力量，使敌人受到数亿元的损失，从而牵制和推迟了日本帝国主义对中国关内的进攻。对东北抗日游击队的这一评价，也包括着对朝鲜共产主义者的业绩的评价。"③

1936年，为纪念中国共产党成立15周年，"一大"代表、党的创始人之一陈潭秋为共产国际机关刊物《共产国际》杂志撰文《第一次全国代表大会的回忆》，指出："在党内外斗争中锻炼出来的党的、苏维埃的、红军的优秀领袖，如我们最敬爱的毛泽东、朱德、以及其他同志，正在领导着中国人民作伟大的有历史意义的斗争。"④1937年1月6日左右，杨靖宇收到由中共驻共产国际代表团发来的这篇文章，他立即将其作为抗联第一路军政治教材，对抗联同志了解党的历史，认识毛泽东的领袖地位和巨大贡献，发挥了极为重要的作用。

杨靖宇非常重视宣传工作，以各种方式对战士进行政治和文化教育。第一军政治部内设宣传队，成员近十人，承担召集群众大会、散发传单、张贴标语、教唱革命歌曲等任务；各连、排设有识字班、研究组。1935年7月，田汉、聂耳为电影《风云儿女》谱写的主题歌《义勇军进行曲》传到东北后，全军普遍学唱。在杨靖宇领导下，抗联部队经常举行范围不等的各种会议，宣讲形势政策，讨论决定问题，既起到了广泛的宣传作用，又培养了部队中的民主作风。

在进行思想政治工作中，杨靖宇特别注重发挥报纸的作用，因为在日伪当局的严密封锁之下，报纸几乎成为抗联部队获取信息的唯一渠道。在这其中最为重要的是《救国时报》，该报由中共驻共产国际代表团在巴黎创办，陈云直接领导该报工作，吴玉章为主笔，李立三参加编辑出版。自1935年12月9日至1938年2月10日，《救国时报》共出版152期，在当时中国国内白色恐怖严重、党中央和红军主力正在长征途中的状况下，《救国时报》作为中国共产党唯一一家面向世界

---

① 《建党以来重要文献选编（1921—1949）》第13册，中央文献出版社2011年版，第236页。
② 《建党以来重要文献选编（1921—1949）》第13册，中央文献出版社2011年版，第234页。
③ 郑万兴译：《金日成回忆录 与世纪同行》（5—6），中国社会科学出版社1996年版，第497页。
④ 《陈潭秋文集》，人民出版社2013年版，第245—246页。

发行，受众最为广泛的中央级党报，广泛宣传了苏联社会主义建设的伟大成就，宣传了埃塞俄比亚、西班牙等国人民与德意法西斯的英勇斗争，宣传了中国共产党的抗日民族统一战线政策，宣传了中国工农红军的万里长征和东北人民的抗日斗争，宣传了毛泽东的思想和事迹。该报共发表毛泽东的著作、生平、图片35篇（幅），其中包括《中国共产党致中国国民党书》、给上海救国会领袖的信、与斯诺的谈话、在中国共产党全国党代表会议（当时称苏区党代表会议）上的报告提纲和结论（即《毛泽东选集》第1卷中的《中国共产党在抗日时期的任务》和《为争取千百万群众进入抗日民族统一战线而斗争》——引者注）、《抗日救国十大纲领（为动员一切力量争取抗战胜利而斗争）》、与英国记者贝特兰的谈话等重要著作和依据毛泽东在1937年3月23日中央政治局会议发言整理而成的《中国共产党中央执行委员会告全党同志书》。陈云在担任中共驻共产国际代表、中共代表团监察委员会委员兼满洲问题委员会委员期间，也化名"史平"为《救国时报》撰文。

从东北抗日斗争的实际状况出发，《救国时报》在宣传东北抗联及其主要领导人时，特别注重宣传由杨靖宇创建和领导的东北抗联第一军。该报共发表关于东北抗日斗争的文章和图片102篇（幅）。在反映抗联各军斗争的29篇通讯中，有11篇是介绍以杨靖宇为军长的抗联第一军的。其中一些重要文章因篇幅过大，还采取了分期连载的形式。这些文章有署名胡育的《东北义军致本报信——述东北抗日联军组织的经过》（连载于该报第11、12、13、14、15、17、18、19、21、23、26期）和署名松五的《东北抗日联军第一军英勇战绩之追述》。这两篇长达数万字的文章，详细记载了杨靖宇指挥部队模范执行统一战线政策、壮大南满抗日力量、活捉并处决伪通化县长徐伟儒、全歼邵本良伪军等英雄事迹。此外，《救国时报》还于1936年8月30日和1937年9月18日发表了署名分别为王亚和松五的《东北义勇军战迹拾零》和《东北最坚强的抗日武装——东北抗日联军第一军》两篇文章，对杨靖宇的游击战术和抗联第一军的部队建设作了较为详尽的介绍。在杨靖宇生平介绍方面，《救国时报》于1936年6月30日转载《世界知识》第4卷第4期署名虎啸的《民族英雄杨靖宇》一文。文中高度评价杨靖宇是"东北人民唯一有希望，有信仰的能有把握收复失地的民族英雄"之一和"东北反日反帝战争的坚决领导者"。1937年7月10日，《救国时报》又发表通讯《小英雄口中的杨靖宇》，记述了第一军小战士叙述的杨靖宇事迹。

《救国时报》出版后，通过由杨松主持创建、杨春山（即石大纲、斯达干诺夫）具体负责的国际交通线和原东北义勇军领导人李杜驻上海办事处的努力，陆续经苏联和关内传入东北，成为东北抗联同志了解党中央路线方针政策和国际国内形势的最主要渠道，成为联结中共中央与东北抗联的桥梁纽带和指导东北抗日斗争的精神武器。《救国时报》对遵义会议以来的中共中央政治路线、长征和毛泽东的宣传，在一定程度上缓解了东北抗联与世隔绝的状态，使东北抗联了解到了中共中央的路线方针政策,切身感受到全国人民抗日热情高涨、中国革命即将迎来新高潮的国内形势和全世界共产党人及进步人士对中国抗日斗争的大力声援,从中得到思想上的指导和精神上的鼓舞。吴玉章曾于1962年回忆说:"1958年我到哈尔滨参观革命博物馆(即东北烈士纪念馆——引者注)时,就看到东北抗日联军保存下来的《救国时报》,有些还是烈士们的遗物。据说明员同志说,该报在当时东北抗日联军中广为流传,深受广大官兵热爱,对于他们坚持东北游击战争,起了很大的鼓舞作用。"[1]

杨靖宇十分重视《救国时报》,始终把学习《救国时报》作为贯彻遵义会议以来中共中央政治路线的重要内容,充分发挥它对部队思想政治工作和文化建设的独创性作用,一直将其作为随营学校乃至整个抗联第一路军的主要政治和文化教材。这里应该指出的是,杨靖宇在给陈潭秋的信中所谓"没接到一封的整个指示与文件",是指组织渠道联络不畅而言的,并不是说抗联部队对党的形势政策一无所知,因为通过《救国时报》,杨靖宇和抗联部队也确实读到了大量党的重要文献,并及时学习贯彻。最明显的一例就是1936年7月的中共南满"二大",会议文件中有关国内外形势的分析就完全以《救国时报》为材料来源和指导思想。为学习《救国时报》,以杨靖宇为军长的抗联第一军军部还曾下令:"(1)全军将士及弟兄均须分组读完各期报纸;(2)读后各组分头进行讨论;(3)读后,报纸由各班班长保管,均须一律实行照报认字。"第一军战士视《救国时报》为珍宝,争相阅读。

为支持《救国时报》的出版发行工作,杨靖宇还领导抗联第一军战士,在自身极端困难的情况下,向该报捐款1300元。为此,杨靖宇于1936年8月12日亲笔致函《救国时报》,全文如下:

救国时报诸位爱国同志公鉴:

关内某代表来,带来贵报及其他救国刊物等数十份,我们因为做游击战争,驻地不定,国内消息,非常隔阂。今得读贵报,全军如获至宝,无不争先抢阅。原先以为国内有此好报纸,诚不可多得,事后乃知悉,贵报在法国巴黎出版,且为热心爱国志士等所创办。从前我们原听第四军李军长(李延禄——引者注)说过,巴黎有一个《救国报》,不但宣传救国,尤其同情义军。今读《救国时报》不知与《救国报》有何关系?贵报之内容精彩,议论正确,固不必说,而所标出的宗旨为'不分党派,不问信仰,团结全民,抗日救国',正与敝军之宗旨相合,我们的口号也是不分党派,不问信仰,只要是抗日救国的,都一致联合起来。正因为如此,故贵报甚得敝军全体士兵欢迎。我们应该更感谢贵报的,就是你们关于东北义军抗日的消息,登载独

---

[1] 吴玉章:《关于〈救国时报〉的回忆》,《吴玉章文集》(下),重庆出版社1987年版,第1129页。

多，使我们全体士兵看到，抗日杀贼的意志愈益坚决兴奋。我们在不顾一切困难情形之下，进行不断的苦战，正和你们的远在海外艰苦努力一样。看见贵报上所公布的各地读者捐款，知道你们的办报经济上是很困难，似有不能维持之势。贵报的救国事业，也即是我们的事业。我们虽苦，给养尚可获得各地人民之志愿供应。所以我们全体士兵都一致同意通过，由本月饷项中节捐出国币一千三百元，作为援助贵报捐款外，并公推兄弟用全军名义致函贵报，聊伸微意。捐款已设法由上海汇上，谅能收到。兹更代表全体士兵，向贵报要求两点：第一，我们在关内设有东北义军情报处，向国内外送发情报，请贵报尽量多登载东北义军艰苦英勇的抗敌消息，藉以鼓起同胞救国勇气；第二，光靠我们东北义军收复失地，目前实力有未逮，故甚望贵报多在督促国内各党派及实力满腔热情团结方面尽量宣传，以期达到早日出兵抗日，并与我们会师。现在东北义军的实力尚有十余万人，所苦者给养与械弹常缺，不能给日寇以重创；倘使关内有朝能够出兵抗日，则东北义军之活动力必更加强，东北四省之河山固不难恢复旧观也！军中不便，恕用铅笔，草率不恭。此致

　　救国的敬礼！

　　　　　　　东北人民革命军第一军总司令杨靖宇率全体士兵同启
　　　　　　　八月十二日写于与日贼作战后磐石军中

据赵俊清考证："文末署'八月十二日写于与日贼作战后磐石军中'，似因军事行动保密，故意而署。1936年8月，杨靖宇正在辽宁宽甸开展抗日游击活动，并非在磐石。"此信经吉东地下交通线送莫斯科中共代表团转巴黎《救国时报》编辑部，读者无不为之动容。11月15日，《救国时报》在第67期上全文刊发此信，并配发编者按如下：

这是很宝贵由东北辗转寄来的一封信，信是杨靖宇军长亲笔，但可惜是用铅笔写的。因辗转传递，字迹已异常模糊，没有方法把这封信制版登了出来。杨军长是现在东北义军中极有威信的抗日民族英雄，谁都知道。当我们意外地收到了这一封从远道寄来的信时，本报同人全体读之，真是感动得要流泪了！杨军长及全军士兵同胞们！你们的钱也是从中国广大的劳苦群众间一点一滴的捐来的，你们一样的也是感到经济困难，承你们对本报的同情和赞助，慨然捐助本报一千三百元，这算得是极可感的一件义举！本报同人对杨军长所指示的两点，那是我们应尽的天职，义不容辞，同人自当勉力做去。本报出版不及一年，已能风行海内外，尤其是能达到志切抗日救国的东北义勇军手中，这也是我们引为极大欣慰的一件事！同人等除极端敬佩杨军长及全体士兵在东北作艰苦卓绝的抗日战外，特在此仅布谢忱，用彰义举。本报同人。

11月30日,《救国时报》又在第69期头版头条刊登鸣谢启事:"兹承东北抗日联军第一军总司令杨靖宇军长及全军将士由月饷节出国币一千三百元捐助本报,特此鸣谢。杨靖宇军长曾致缄本报,谓该军对本报极表赞同,并一致节饷捐助本报国币一千三百元,本报业将该缄发表(见本报第六十七期),现该款亦已收妥,特此致谢,用彰义举。当本报经费极端困难之时,连年喋血抗日于白山黑水间之东北人民抗日联军第一军慨将巨款见惠,更使本报同人倍加感激。"直至26年之后的1962年,已年逾八旬的吴玉章提及此事仍未忘怀,他在回忆中写道:"各地读者不仅在精神上支持我们,而且在经济上也援助我们,其中有杨靖宇同志和全体将士捐输的,也有国内外同胞捐输的"①。

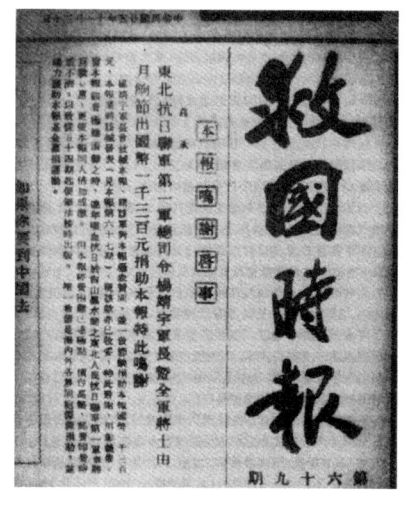

巴黎《救国时报》刊登的对东北抗日联军第一军捐助表示感谢的"鸣谢启事"

1936年11月15日,《救国时报》第67期在发表杨靖宇信函的同时,刊登了陈云以"史平"名义撰写的《革命运动的发展与奸细的破坏》(1936年10月1日撰写,收入《陈云文选》第1卷时改题为《革命运动的发展和防止奸细的破坏》)一文。这是陈云在领导代表团期间影响最大,对东北抗日斗争指导作用最为显著的一篇文章。它在抗日民族统一战线的新背景下,全面论述了反奸细斗争的重要性和识别奸细的方法,提醒全党在扩大统一战线和壮大党的队伍时注意保持党的纯洁和巩固,特别指出"在现在这样极端受压迫的困难条件之下,许多地方的革命组织常常会遭受破坏,与每个革命者有失去联系的可能。这虽然是革命运动中相当的损失,但这决不是说每个革命者就不能进行独自的革命工作。世界各国革命运动的经验证明,革命者与革命组织失去联系的情况是常有的。外国有过许多地方的革命组织不能存在,而只能由很少数的领导人出版一种报纸,在这个报纸上时常登载指导革命的战略和策略,而那些与革命组织失去联系的革命者,也并不因为与革命组织失去联系而不能工作。恰恰相反,他们按着这些由远方来的报纸上的指导方针,独立地去进行革命斗争。这种做法,反而创造出许多能独立工作的出色的革命者"②。陈云的这篇文章通过《救国时报》传入东北后,一直是东北抗联反奸细斗争所遵循的主要依据。以后的事实证明,杨靖宇正是"按着这些由远方来的报纸上的指导方针,独立地去进行革命斗争",锻炼成为"能独立工作的出色的革命者"的。

---

① 吴玉章:《关于〈救国时报〉的回忆》,《吴玉章文集》(下),重庆出版社1987年版,第1129页。
②《革命运动的发展与防止奸细的破坏》,《陈云文选》第1卷,人民出版社1995年版,第104页,转引自赵俊清:《杨靖宇传》,黑龙江人民出版社2004年版,第239页。

在充分发挥《救国时报》作用的同时,杨靖宇还特别注重创办地方党组织和部队报纸,据中共满洲省委宣传部1934年10月25日给中央宣传部的报告记载,当时杨靖宇部队定期出版三种报纸和两份画报,即《人民革命军报》《青年义勇军报》《吉海路工人报》《人民革命军画报》《青年义勇军画报》,以后又有《反日画报》《救国青年》《南满抗日联合报》《列宁旗》《中国报》等。以短小精悍的报道、通俗易懂的文字、手工绘制的插图,随时向战士和群众报道"身边事",进行抗日救国教育,其间也穿插一些国际国内形势,以使大家开阔视野,明了大局,成为思想政治工作和对敌宣传的有力武器,更为后人保存了大量珍贵史料,其中许多细节为其他史料所未载。如标注出版于"中华民国廿五年(即1936年——引者注)五月卅日"的《救国青年》创刊号,就发表过题为《"满

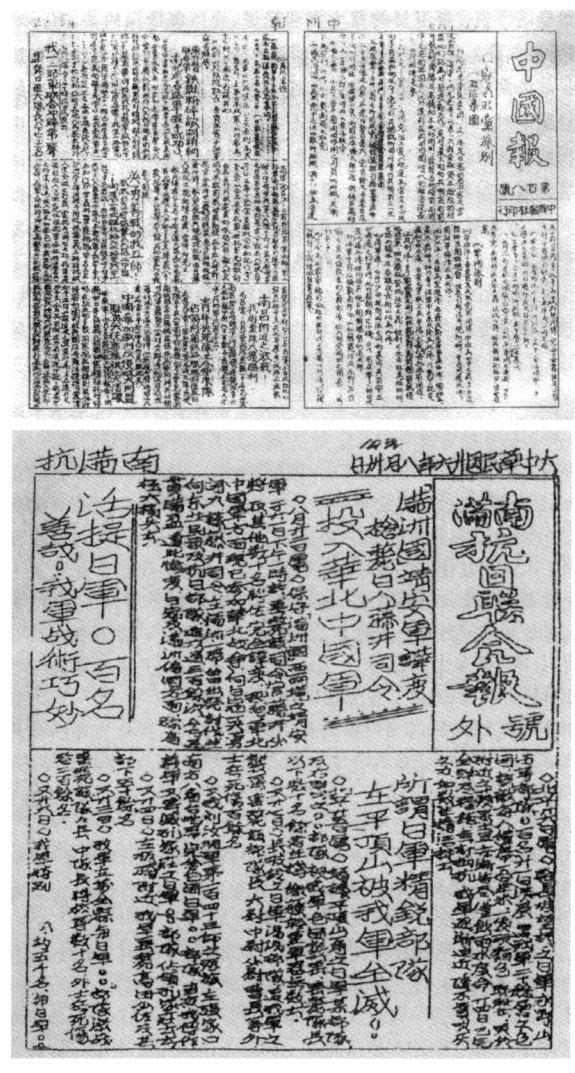

抗联第一路军出版的《中国报》《南满抗日联合报》

军对走狗王刘等狗尸之态度 公开大谈吃喜猪都能拿出钱》的报道,记载了奇袭热水河子战斗后,邵本良逼迫伪军士兵为"刘大绝户"发丧,而伪军士兵却为这个惯喝兵血、恶贯满盈的汉奸军阀的丧命而人心大快,公开表示"一分钱也不拿,因为他死了,我们吃喜猪则拿多少钱都可以"[①]。

难能可贵的是,在部队思想政治工作中,杨靖宇还特别注重法制建设,使得部队建设有章可循,以法制作为思想政治教育的有力补充和保证。他主持制定了东北抗联第一部简明军法——《东北人民革命军独立师暂行规则》,全文共20条,内容简明扼要、奖惩兼备,可操作性极强。主要内容是:(1)临阵脱逃者枪

---

① 高树桥主编:《东北抗日联军第一军在辽宁史料长编》,白山出版社2001年版,第314页影印件。

决。(2)拖枪逃跑者枪决。(3)强奸妇女者枪决。(4)勾结敌人破坏,组织一切反革命阴谋者枪决。(5)造谣扰乱军心、泄露军事秘密者枪决。(6)偷子弹与军需品者按情形开除与枪决。(7)烧杀人民者枪决。(8)打骂人民者按情形轻重开除或警告。(9)无命令检查人民的财产偷抢者,除将该物还本主外,并按情节轻重留队察看或开除。(10)同志间相互冲突动武装者警告或开除。(11)随意放枪者开除。(12)走火者罚岗五点钟(放枪伤人者按情形处罚)。(13)破坏武装者按情形警告或开除。(14)漏岗者罚岗二点钟到五点钟。(15)秘密行军时吸烟及喧哗者罚岗五点钟或警告。(16)丢子弹与军需品者按情形处罚。(17)随意扰乱者警告或开除。(18)丢文件者罚岗五点钟。(19)对于英勇作战及一切有功之战士分别予以:A.物品奖励;B.升级。(20)如果有特别功绩时得给以名誉奖励(勋章)并升级。

对于部队纪律,杨靖宇不仅注重制定,更加强调执行,把纪律严明作为人民军队与伪军的本质区别之一。他反复强调:"我们是红军,是穷人的子弟兵,有铁的纪律,不准打骂群众,不准动群众一针一线,哪怕群众家里挂着猪肉,我们也不吃。红军不同伪满军。"[①] 对于违反纪律而又屡教不改的害群之马,杨靖宇绝不姑息。1935年,杨靖宇专门处理了军部参谋高国忠的问题。高是南方人,1934年被中共满洲省委派到第一军独立师,曾任师政治部主任,并被内定为师长候选人,但此人来队后革命意志衰退,借口言语不通、东北饭吃不了,多次提出请假离队。调任后方总指挥后,高变本加厉,公开散布"革命快完蛋了",竟在临江红土崖与伪军接头,让伪军以300发子弹的代价,割下一名被人民革命军部队枪毙的"胡子"(土匪)人头向日军交账,导致一时间遍传"红军出卖中国人脑袋给日本人",影响极为恶劣,其个人私生活也日趋腐化,最后发展到与有夫之妇私通。为此,杨靖宇在多次批评教育无效后,建议军党委给予高国忠留党察看一个月处分,撤职调任教导连教官兼参谋。但高国忠不仅不认识错误,反而更加要求离队。鉴于这种情况,1935年6月,军党委在板石沟附近召开会议,同意杨靖宇关于开除高国忠党籍军籍,允许其离队的提议。"高离开部队时,杨靖宇考虑到他的安全,还特意送他一支手枪、十余发子弹,望其好自为之。部队指战员常以此事赞赏杨靖宇人格高尚,也常将杨与高相比,说都是省委派来的领导干部,而两人的思想品质、作风竟有如此天壤之别。"以后高国忠上山为匪,在随同匪伙活动时被打死。不久,二师参谋长丁守龙为夺取指挥权,竟擅自将师长曹国安缴械。杨靖宇得知后,召集军部开会决定曹国安仍任原职,给予丁守龙以处分并调军部反省。丁守龙后于1940年初被俘叛变,是杀害杨靖宇的主犯之一。

---

① 赵俊清:《杨靖宇传》,黑龙江人民出版社2004年版,第228页。

第七节　卓有成效的思想政治工作（下）

对同志和战友，对战士和人民，杨靖宇始终怀有朴素、真挚的情感。"朱德的扁担"，是他在群众工作中一直认真学习的榜样。抗联老战士、第一军军部传令兵刘金山终生不忘当年的情景：

> 1936年秋天的一个深夜，杨司令还趴在桌上看文件。那天晚上，我们轮班在他隔壁的一所房子推荞麦，轮到我的一班，是深夜十二点了。杨司令那时工作刚搞完，他披着件大衣走到磨坊，笑嘻嘻地对我们说："同志们辛苦了，下面该我的班了吧？"我们怎么能让杨司令再参加劳动呢！他忙了半宿没睡觉，身体不休息是不行的，我们都劝他休息，他说："休息？推荞麦是每人职责以外的义务，当司令的有当司令的事，当传令兵有传令兵的事，推荞麦可不是那一个人的事，都要吃饭，都该劳动！"我们怎么劝也劝不住，讲什么道理也会被驳倒，当时真是没有半点办法！
>
> 他把大衣一脱，将腰上皮带解开了，夺过磨柄就推，我们在旁边只好瞅着杨司令推。他是瓜子脸，身躯很高大，说起话来有些南方口音，不像东北人，但是每句话都能听懂。我那年才十五岁，在军部当传令兵，个子很矮，站起来只齐他腋窝。杨司令很喜爱小同志，他逗我说："小刘，推磨大个子占便宜呀，你看我，五步就可以绕一个圈。"接着，他数着："一步、二步、三步……"真的，五步就绕了一圈，把大家都逗笑了。他问我要几步绕一圈，卫队的一个同志说："司令一步顶小刘两步！"司令听了也笑了，他说："是呀，我的工作效率比小刘要高一倍，小刘快长吧，长高了好推荞麦。"当时，我的心真激动，我们的司令不仅能劳动，而且还那样乐观，我们和他在一起，一点也觉不出是司令，就像是很平常的同志一样。杨司令一面推，一面说："咱们现在艰苦一些，将来便可以享福，把日本鬼赶出了中国，我们什么都好了。"他又说："咱们的朱总司令还不和大家一样吗？同志们把他的扁担藏起来，不让他上山打柴（原文如此——引者注）。可是，他以后在扁担上写上'朱德的扁担'五个大字，从此，谁也不敢动了。咱们领袖都这样做，我又有什么特殊的呢？"他一圈又一圈地推着，我们几次换他都没换成，他足足的推了一个小时，累得汗都出来了才下去休息，他的行动把我们感动得流出了眼泪。[①]

其实，这样感人的情景，在杨靖宇的战斗生涯中何止万千！无论是枪林弹雨

[①] 刘金山口述，龙绳武整理：《杨司令推荞麦》，宋晓宏、高峰、傅伟编著：《永久的丰碑——杨靖宇将军资料汇编》，吉林文史出版社2005年版，第261页。

的战场，还是在人迹罕至的密营；无论是丰衣足食还是饥寒交迫，杨靖宇始终与群众同呼吸、与战士共命运！正如他的亲密战友周保中在《松柏常青——纪念杨靖宇同志逝世二十周年》中记述的："他爱护人民，关心人民的疾苦，因此南满广大地区的群众，敬仰他，爱护他，用各种方法在斗争最艰苦的岁月里支持第一路军。靖宇同志对部队干部和战士，爱护周到、热情。平时在思想上、政治上、军事上经常亲自进行教育；就是在战斗中工作中，也尽可能对几乎每个战斗员每个工作人员作必要的照顾。他对部队的纪律要求是严格的，而在生活上和战士同甘共苦，打成一片，因此部队的干部和战士，敬他为师长，爱他如父兄。执行指示和命令，虽赴汤蹈火也不辞。"[1]

干部、战士们不会忘记那象征着将军与士兵同甘共苦的一件皮大衣：

> 1935年初冬，日本鬼子对东北人民抗日联军某些部队封锁较严，使军队得不到正常粮食和冬装的供应。得不到粮食倒勉强能想些办法，如打猎捡蘑菇呀，甚至还可以吃很早以前储蓄的一些干粮。但是，冬天没有棉衣穿可不是一件容易事啊！搞不好是要冻死人的。
>
> 天愈来愈冷了，并下了几场小雪，驻在柳河四方顶子山的一军军部，只有一部分人穿上了棉的。有的是半身棉，有棉袄没有棉裤，有棉裤没有棉袄。还有将近一半人完全是穿着夹衬衫，冻得人们真是很难忍的。
>
> 杨靖宇司令是最能体贴下级干部的，他真是做到了"先天下之忧而忧，后天下之乐而乐"。在这种情况下，他始终是穿着一身夹衣服，每次弄来的棉衣，他都指示先分给病号和身体较弱的同志，同志们多数将棉衣让给他，可是每次都被拒绝了，他说："我的身体比同志们好，我很抗冻。如果我先穿上了棉衣，同志们还穿夹衣，我的心过不去！"他的这些话，立刻传到了每个同志耳朵里，大家觉得比得到真正棉衣还要温暖。个别怕苦的同志也不敢乱讲了，有的同志就这样说："杨司令和我们一样没有穿棉的，他能抗得住我们为什么抗不住呢？"许多干部也学习杨司令，主动把棉衣让给士兵和下级穿，而下级对上级也很尊重，互相都谦让，谁也不愿意先着棉的，在杨司令的行动影响下，大家都发扬了高度的阶级团结友爱精神，没有被困难吓倒。
>
> 杨司令没有穿棉衣的事，很快地就传到我们地方政府了，在当年我（刘文阁——引者注）是柳河县副县长，怎能对这事不关心呢？当然我们一直是在动员群众支援部队，可是要等到部队都穿上棉衣，也不是一件好办的事，尚需慢慢地来解决。我和县的几个同志一研究，决定托老乡进城去买衣料，火速赶制一件皮大衣送给杨司令，因为他是一军之长，冻坏了大家都有责任的。
>
> 费了整整四天工夫，大衣制成了。狐狸皮里子、黄卡叽布面、外加毡绒

---

[1]《松柏常青——纪念杨靖宇同志逝世二十周年》，《周保中文选》，解放军出版社2015年版，第153页。

翻领，不但穿着暖和，而且式样也很好看。我亲自带着大衣匆匆地赶到四方顶子山去见杨靖宇司令。他住在一间很矮的茅草房内，四外透着风。那时他正与几个同志坐在一起烤火，身上仍是穿着一件半旧的黄色夹衣，手里拿着一本地图在看。他见我拿着件大衣进去，很高兴地问我说："这件新大衣哪里动员来的，老乡舍得吗？"我说："不瞒着司令同志，我们听说你还没有穿上棉衣，连忙托人进城赶制出来的。"他听了以后，两眉往中一皱，多少能看出他几分不满意的样子。他接过大衣看一下，很严肃地说："有做这套衣服的成本，可以做三套到四套棉衣，那就可以解决三四个同志的困难，你们为什么要特别为我做件大衣呢？我经常和你们说：官兵应一视同仁、一律要平等，你们这次又违犯了！"他这番话把我训得面红耳赤，我们都知道杨司令有个老脾气，那就是从不愿自己生活比别人特殊，可是，谁能瞪着眼看司令挨冻呢？司令的身体比任何一个人都要重要，他身上担负着多重的担子啊！我不好用什么话来解释，最后只想出了一句话："杨司令同志，下次我们再不这样了。"杨司令用两眼瞅了瞅我，我知道这是责备的眼光，自己就像是犯了什么错误似的，连头都不敢抬了。他又轻轻地说："你们经常说下次再不这样了，这是第几次的下次呢？"我默默无言，的确是干过好几次类似的事，每次都受到他的批评，这是无可争辩的事实呀！杨司令稍停了一会，也许是看到我当时很为难的样子，不好再批评我了。最后转为安慰的口气说："你回去告诉地方的同志们，你们工作辛苦我们完全知道，'革命'两个字的含义就包括艰苦在内，不艰苦怎么能叫革命呢？你们还应从各方面多想办法给部队弄棉衣，部队每个同志的身体比我一个人的要重要多了。"我连忙说了几个"是"字，再也没有什么话敢说，只得带着羞涩的样子回到了政府。

　　我把这件事告诉了地方的一些同志，大家都很感动称赞不绝，从此，我们的工作更积极了，不管敌人怎样严密封锁，我们也是大胆去发动群众支援部队，终于在不久，动员了许多套棉衣供应了部队。

　　后来，据部队的同志说，那件皮大衣杨靖宇将军始终没有穿，让给一个身体最弱的同志穿了。①

乡亲们看着为不把大家吵醒而在雪夜露营的杨靖宇和战士们，看着穿得不如庄稼人的杨靖宇，感佩不已：

　　鹅毛大雪足足下了一夜，大清早我（王子杨——引者注）开门出去扫雪，冷丁看见迎着门前山坡走下来一队人。瞅着瞅着我的心就怦怦地跳起来：莫

---

① 刘文阁口述，龙绳武整理：《一件皮大衣》，宋晓宏、高峰、傅伟编著：《永久的丰碑——杨靖宇将军资料汇编》，吉林文史出版社2005年版，第338—339页。

不是又来胡子了？还没等我来得及回身关门，那队人早已跨进大门坎。为首的一个人走到我跟前面带笑容的打着招呼："做早饭了吗？"我揣摩不透他这句话是什么意思，只好照实回答："还没有。"那人好像看破了我的心事，迟疑了一下，和蔼地说："老大爷，你老别多心！我们是红军，想借你的锅烧点水。"

说是红军，谁知他们到底是什么人！我怕惹是生非，赶忙答应了。那人朝我点头笑笑就进屋弄柴舀水，一会儿就把火生着了，蹲在灶前烧起来。我站在一旁一边看着一边寻思：都说红军过来了，莫非这些人真是他们？想到这儿，我犹犹豫豫地往外走，想仔细端详一下院里的人究竟在干什么。出门一看，啊！都规规矩矩地站在雪地里，西北风卷起屋脊上、树杈上、地上的雪粉末朝他们劈头盖脸的刮去，他们冻得打着哆嗦、跺着脚、搓着手，只是一个个精神头还挺足，有的垂下头拨拉着方才灌进脖领里的粉雪，冲我亲切的笑着。这么大的风让人家没遮没挡的站在外边挨冻，我有些不忍，就喊他们进屋暖和暖和，他们只呆呆地望着我笑不动弹，我以为他们没听懂我的话，就上前去拉，这个说："老大爷，不冷呀！"躲了，那个说："咱们是一家人，屋里外头一样。"他们越说我就越不过意，让了半天一个也没进屋，心里就核计：他们为什么不肯进屋呢？我还从来没见过这样的兵咧！想着想着，心里突然闪出一条亮光：红军真的来了！只有红军才有这条规矩，不轻易进民宅。我马上回到东屋把儿媳妇和两个姑娘撵到西屋去，又到外边喊他们，可是还不进，我有点冒火了："你们是不是瞧不起我老头子？"一个小伙子为难的凑到我跟前小声对我说："老大爷您老别上火，您问问烧火的那人他让我们进不？"

他这么一说，我就猜出个七八分，那烧火的人准是个官。我悄悄地溜进了屋，那人在灶门前借着火光聚精会神的用铅笔往小本上写着什么，我不好意思马上打扰他，站在一旁，这回看真了他的面貌，瘦高个儿，黑长脸，粗眉毛，可能是饥一顿饱一顿折腾的缘故，他的眼睛显得格外大，被火光映得闪闪发光。看了看我笑了笑。我趁他加柴的工夫忙插了一句：

"长官……"

他笑了，把笔和本装在牛皮背包里说："老大爷，我们这里还就是没有长官，你老叫同志吧！"

我说："同志，东屋空出来了，叫弟兄们进屋暖和暖和吧！"

他说："只要你老不嫌麻烦就进吧！"

那些人规规矩矩进屋了，我为他们生了两盆火，有的劈柴烧火，有的坐在一旁烤火唠嗑，有说有笑，不大工夫，我的小屋里便充满了快乐。我看着也高兴，我也算为红军做了一点事情。自己也很想找个人唠唠嗑。我选中了在灶前烧火的瘦大个子。我想他既然是个头头脑脑的人，知道的事一定多。看样子他还真是个有知识的人呢,他一边往灶门里添柴火,还一边捧着一本书看呢!我在他身旁蹲下了,试探着问:"你们这些人都那几位见过杨靖宇杨司令啊?"那烧火的人把头从书本上抬起来说:"我们就是那个队伍的。""你们都是杨司令队伍的,这我当然知道了,可是——"

"我问你常见杨司令的面吗?"我不大相信地问。这句话问得有劲,里边坐着的一个小伙子憋不住扑哧一声笑了。

烧火的人被笑得有点不好意思,脸稍微一红说:"我们常见面。"

这时我想起了我们这一带人们对抗日英雄杨靖宇的传说,我很想让他来证实一下真情实况。我说:"我们这里有人见过他,都说他是个红脸大汉,鼻宽嘴方,膀大腰圆,一顿能吃十大碗,一手能掐死两个鬼子,还多谋善断,神出鬼没,你说,他真是那样吗?"

他笑了,说:"真是那样你见了不怕吗?"

我说:"怕什么!福将自有天相!他在东山里也算得首屈一指,可惜我没福见着他,若是有朝一日见着他,脱裤当袄也要请他吃八大碗的酒席。"

这时屋里轰的一声都笑起来了,我抬头一看原来是冲着我乐,笑声中,一个小战士插了一句嘴:"大爷,你摆席吧!活该我们有这个口头福!"他见我愣住了,才补充说:"你身旁烧火的就是杨靖宇司令!"

啊呀!真没想到他就在我的身旁,我急忙站起身来,狠狠擦了擦眼睛,仔细的端详了他一番。我也不知道为什么,总觉得鼎鼎大名的杨司令不该这样打扮:头戴一顶狗皮帽子,脚蹬双半旧的靴鞋,穿着一件遮过膝盖的棉袄,左肩破了个大洞,棉花露在外边,更不像样子的是腰上扎着根草绳,比咱老庄稼人还不如呀!我心里又是难过又是敬佩!一句话也说不出来。

杨司令站起来,风趣的说:"看,你害怕了吧!"

我笑了笑没答腔,我眼睛一直没离开司令腰上的草绳,我想着心事。

这一天我们真是唠了个够,我们不是胡扯南朝北国,我们是在讨论国家大事:咱们中国将来会怎么样?咱们庄稼人会怎么样?关于这些,杨司令讲了很多深远的道理,虽然有些话我有生以来头一回听说,可是听起来还是挺入耳。真的,这短短的一天,我好像过了两个朝代。晚间,杨司令和弟兄们都睡了,我回到自己屋里打开了箱子,从里边找出我那条只有过年的时候才扎一阵的新腰带,然后悄悄地走到东屋,看见杨司令睡熟了,怕惊醒他,就轻轻把放在枕边的那根草绳子拿过来扔在地上,端着那条跟我过了几个年头的腰带子,把它放在枕边,看着熟睡的杨司令,心里叨咕着:"杨司令!我穷得请不起你八大碗的酒席,你就扎上我这根腰带子吧!有朝一日,果真像你讲的那样,穷人坐天下,我一定补上……"

这样,我的心才稍稍感到舒服了些,回到西屋就睡者了。

第二天我醒来,家里人告诉我,杨司令和他的弟兄们天刚亮就出发了,我忙到东屋一看，我的心咯噔一下，好像压上了一块石头：腰带子好端端的放在炕沿上，地上的草绳子却不见了，留下只有些断碎了的黄稻草根，那是我昨晚上把草绳扔掉地上时的痕迹。我猫腰捡起一根稻草棍，我真后悔了！为什么不早早把草绳子藏起来！

事情过去二十多年了，现在想起来还是后悔呀！[①]

对战士、对群众，杨靖宇始终坚持以教育启发为主的方针，十分注重工作方法，特别强调发动群众民主讨论，使正确观点在干部战士心中扎根。1935年底，部队在桓仁山区休整，杨靖宇曾发起过"政治和武器哪个重要"的讨论，战士们各抒己见、争论激烈。最后，杨靖宇向大家阐述了"政治与武器都重要，缺了那个都不行"[②]的道理。与此同时，杨靖宇还注重干部以身作则，自己尤其率先垂范，这方面的事例不胜枚举。

1937年7月10日，《救国时报》刊发署名梁泊的通讯《小英雄口中的杨靖宇》，从文中内容来看，所采访的"小英雄"就是当时正在莫斯科学习的赵振华，文中对杨靖宇的思想政治工作成就、方法和在战士中的崇高威望，作了翔实生动的记述：

记者问：听说杨司令在队伍中的信仰很大，我想他一定有什么特长，你能够告诉我么？

答：是的，他有很多使人不能不佩服的地方。首先就是他的不怕困难、不怕牺牲、舍身救国、坚持抗日到底的精神。自九一八事变发生后，他就投身于抗日运动，组织抗日游击队、人民革命军，直到现在的东北抗日联军第一军，经过了数百次的战争，遇到无数次的危险，但是他从没有灰心动摇过，所以东北各地的老百姓都称他是抗日英雄。至于其他令人佩服的地方，那还多得很。比如说我们吃什么，他也吃什么。老百姓送给他的野鸡，哪怕只有一只，他也叫熬一大锅汤，使大家都喝点，他什么时候也不自己吃。如果说，到什么地方，睡的地方很狭小，他也和大家一样，挤在一块睡，如果挤得很厉害，他第二天早晨只是笑，从来不说一句不满意的话。

问：他打仗勇敢么？

答：那当然，他打仗勇敢极了，越到困难的时候，他越有精神，大家都佩服他，事实多得很。当袭击敌人的时候，他怕队员有些胆小，自己就拿着匣子枪，跑到一切人的前面。一个队员一手把他拉过来，问道："司令干

[①] 于培基：《现在还后悔——记王子扬老人的回忆》，宋晓宏、高峰、傅伟编著：《永久的丰碑——杨靖宇将军资料汇编》，吉林文史出版社2005年版，第354—356页。

[②] 王传圣：《三只野鸡》，宋晓宏、高峰、傅伟编著：《永久的丰碑——杨靖宇将军资料汇编》，吉林文史出版社2005年版，第261页。

么?"杨司令说:"前进哪!"队员理直气壮地说:"难道我们不会前进么,把你打坏了,我们怎么办呢!"这样一来不要紧,大家你拉我推地把杨司令送到后面,个个勇敢地前进起来了。

问:我听说杨司令在山林队中的信仰也很大,这是事实么?

答:是事实,他的信仰一天比一天大了。

问:老百姓对杨司令有什么感想呢?

答:我说一件事实,你一听就知道。有一回,当杨司令向老百姓讲话之后,一个老头对别人说:"我活的年纪也算不小了,可是从没有见这样的队伍,说是胡子?也不抢不夺!说是军队?他不打不骂!真的!这是日本鬼子逼出来的好人。"于是老头偷偷地买鱼、肉、酒送到队上,一面交给司令,一面说:"我是穷人,没有什么好东西送给弟兄们,这点小意思,司令留下吧!让弟兄们吃点,好去打日本子。"这样的事情很多。

问:你们常吃好东西,难道你们没有过着困难生活么?

答:哪里的话!困难的时候多得很,但有杨司令和我们在一起,一点也不觉痛苦。有一次在过新年的时候,我们什么吃的都没有,只有苞米。但是没有磨不能磨成面,大家只好炒苞米花吃。杨司令一面吃,一面给大家讲故事,说南方红军曾遇到过如何的困难,曾经过了多少艰难,然后问大家:"你们现在过年吃苞米花,觉得难受吗?"大家都说:"不,不,真香!很好吃!北方人难道比南方人熊么!"

问:这样说,杨司令的品格实在不错,但是杨司令没有使队员不高兴和不佩服的时候么?

答:他平时很和气的,虽然他批评人的时候很厉害、很不客气。无论如何狡猾的人都逃不过他的手,可是他不轻易发脾气,他很能忍耐。要真是到了不得已的时候,他一定能不客气地把人说得闭口无言。所以除了真正的坏蛋,谁都佩服他。

问:听说杨司令是共产党员,对吗?

答:对了!杨司令常对我们说共产党的反日民族统一战线的政策,说共产党和红军的英勇事实。我们几年来能打败日本子,都是靠共产党领导我们的好策略,不只是杨司令,而且在我们部队的官长弟兄中有很多是共产党员。他们都是特别勇敢不怕死。打冲锋他们领头,打败仗他们就挡后,弟兄们都特别敬爱他们。

杨靖宇在战士和群众中威望如此之高,除了平等待人和同甘共苦之外,还有一个重要原因就是他急群众和战士之所急,对破坏群众利益的恶霸土匪及时清除,"就是在战斗中工作中,也尽可能对几乎每个战斗员每个工作人员作必要的照顾"。

当时在磐石猪腰岭有个恶霸地主王发福，平日鱼肉乡里、无恶不作，磐石游击队兴起后，又极力破坏，四处散布"土枪打不了胜仗，就是打胜了，红军一走，人家还不砍穷人的头？"被当地群众刘宽举报，"杨司令听我介绍王发福多少年来一贯作恶的罪状，气得把筷子一撂，饭也吃不下去"，[①] 当即派部队将王发福捕获，公审后按照群众意见枪毙。群众眼见汉奸地主如此下场，奔走欢呼。

抗联部队除与日伪军作战外，对危害群众利益的土匪也全力剿灭，为群众创造安居乐业的环境。"1937 至 1938 年间，东北临江、辑安一带出现了不少土匪。他们到处抢粮食、劫财物、绑票、奸淫妇女，真是无恶不作。最残忍的是所谓'捐大沟'命令全庄百姓出钱，由百家长给土匪送去。拿不出钱的人家，就要受到枪毙、火烧、推大沟（即活埋——引者注）的处分。轻者也把家人抓去，坐烧红了的铁锹，或者赤着脚在上面走，土匪叫这为'坐火车'和'步步登高'。靖宇将军在山上接到许多老百姓的控告信，请抗日联军下山来为民除害。为了保卫老百姓的生命财产，靖宇将军特别下了一道命令，在抗联活动的地方，如果发现土匪，一定要全部消灭。有一次，我们在临江县的大小清沟附近发现一伙名叫'满山红'的土匪，头子名叫'山头'，为人极端顽固，整日价带领土匪打家劫舍、杀人放火。于是，靖宇将军亲自带领一个团的兵力跟踪追击，足足跟了六天，可是连影子也没有看见。没有办法，部队只好在大清沟驻扎。有一天，忽然一位老百姓来报告说，'满山红'现在正在附近一个名叫清沟掌子的小村里。靖宇将军立时领着我们分两路去包围他们，起初，靖宇将军怕惊动附近的老百姓，叫我们不要放枪，向他们喊话，叫他们缴枪投降。等了好半天，这股匪徒一点动静也没有。靖宇将军又命令我们对空打了几枪，要他们快点投降，结果还是无效。最后，靖宇将军命令我们往村子里冲锋，但不准往老百姓的屋里打枪，要设法把匪徒引出来。我们冲锋了，最后，'满山红'土匪全部被我们消灭，'山头'当场毙命，附近大小村庄的老百姓见我们把土匪消灭干净了，都高兴万分，纷纷杀猪、杀鸡，慰劳人民子弟兵，慰劳靖宇将军。靖宇将军接到老百姓的慰问品后，一点没动，拿着全部食品，亲自到附近的山里慰劳伤病员去了。"[②]

针对东北抗日斗争特殊艰苦的环境，杨靖宇除加强思想政治工作外，还竭尽全力、想方设法，在力所能及的范围内改善战士们的生活，由杨靖宇主持研究的军用帐篷，就是其中效用最为明显的一例：

> 1937 年初，杨军长带队从桓仁县老秃顶子密营过春节后，就把军部秘密地转移到桓仁县东南的刀尖岭一带山区休整。这时，严寒的冬天还没有

---

① 刘宽口述，松木林整理：《回忆杨靖宇将军》，宋晓宏、高峰、傅伟编著：《永久的丰碑——杨靖宇将军资料汇编》，吉林文史出版社 2005 年版，第 348 页。

② 于连水：《杨靖宇将军转战在白山黑水间》，宋晓宏、高峰、傅伟编著：《永久的丰碑——杨靖宇将军资料汇编》，吉林文史出版社 2005 年版，第 318—319 页。

过去，部队的露营生活十分艰苦。事实上，在那种游击条件下，每逢冬天一到，山里常常是北风吼、大雪飞。特别是进入"三九"天，夜里气温在摄氏零下四十多度，机关枪冻得都打不响了。部队要行军要打仗，每个战士背的枪支、弹药、粮食等有五六十斤重，穿多了走不动；穿少了又冻得受不了。在游击战争环境下，部队宿营又要受到地形条件的限制，必须找背风、隐蔽的地方，拢上篝火取暖，也仅仅是"火烤胸前暖，风吹背后寒"。睡觉时大家都围着火堆躺一圈儿，脚朝里，头朝外，为的是保护双脚。这样睡法若遇上大雪天，早上醒来便能发现人都被埋在厚厚的白雪下面，有的战士风趣的把这埋在雪里的睡法称为"三卫生"：睡的"卫生炕"、穿的"卫生衣"、盖的"卫生被"。尽管如此，几乎每天都有手脚被冻伤的战士，部队在不断减员。《抗联歌曲》里写道："雪地游击，不比夏秋间。朔风吹，大雪飞，雪地又冰天。风刺骨，雪打面，手足冻开裂。爱国男儿不怕死，哪怕艰难。"这真切感人的词句，只有亲身经历过的人才能写得出来。

夏天虽然比冬天好一些，但一遇上阴雨连绵的天气，每个战士的衣服都是湿的。即使是晴天，战士行军打仗要出汗，衣服也总是湿的。对这种生活，《抗联歌曲》里写道："夏日游击，我们不辞劳。日光晒，身出汗，天热风又少。不怕饥，不怕难，哪怕蚊虻咬。革命幸福在将来，谁能烦恼……"这种生活苦是很苦，但从战士们那豪迈的歌声中，可以看出有一种革命的乐观主义精神在闪光。

杨军长看到战士们在夜晚宿营时冻得睡不着觉，白天还要继续行军打仗，心里很不是滋味。他曾暗自慨叹：多么好的干部和战士，忍饥挨饿，不怕冷、不怕苦、不怕死，一心一意同凶残的敌人拼死作战。必须想尽一切办法解决宿营这一难题。他向部队一些干部表示：我们是共产党领导的人民军队，倘连宿营问题都解决不了，还谈什么坚持长期抗战、取得最后胜利！如果我们再不改变这种夏热冬寒的宿营状况，不用敌人打我们，硬冻也把我们冻垮了。他郑重宣布："目前必须尽快解决一个重大问题，就是要设计出适合部队宿营的帐篷，否则，我们就没有力量打击敌人。"

从1937年4月开始，杨军长就亲自参与军用帐篷的设计研究工作。他经常和几位领导同志在一起琢磨，边讨论边画草图。基本成型后，又用纸剪出样子，再用糨糊粘在一起。做一个不行，就再做一个；还不行，就再做……不知做了多少个模型，都不很理想。杨军长和几位领导干部为这事绞尽了脑汁，饭吃不好，觉睡不实，一连几天都在为帐篷的事伤脑筋。

有一天，军部教导一团的许国有团长去外边背粮食回来，因天气不好，雨雪交加，就在头上戴了顶破草帽。他到军部向杨军长汇报情况时，一进门就把头上的破草帽摘下来扣在地上，说："报告军长，粮食弄回来了……"杨军长问："弄了多少？"他答道："有五石多……"这时他发现杨军长虽在向他问话，却把眼睛盯着扣在地上的草帽，并又打住了话头。这时杨军长突然脱口喊一声："问题解决了！"其他几位军领导都很惊讶，忙问："什么解决了？"军长答道："草帽儿。""什么草帽？""就是这顶草帽启发了我呀！"杨军长兴奋地指着地上的草帽说："咱们做一个草帽式的帐篷怎么样啊？"大家顿时反应过来，都眉飞色舞地说："好啊！""能行！""一定能成！"大家一阵忙活，很快就做出个帐篷模型。几位领导又高兴地围在一起琢磨，经过反复修改，终于试制出第一顶帐篷。这个帐篷是圆形的，用白花其布缀成一大块圆形的布，当中用根木柱支上，周围用绳子穿起，再用木柱子往地下一钉，留一个门。就这样，一个圆锥型帐篷支了起来。里边能住十五六个人，帐篷一支起来，引起大家的极大兴趣。我们几个传令兵弄些干草铺在帐篷里，几位军首长索性就在里面研究问题了。我们在外边拉着许团长说："多亏你了，你戴回个破草帽，军长会变魔术，还给你个圆帐篷。"我们围着这个帐篷转呀、看呀，一边看还一边议论说："这一玩意真好，夏天下雨防水，晴天防晒，冬天防风又防寒。"可高兴劲一过，我们又觉得这帐篷不太实用，一是冬天地一结冻，周围的木桩就钉不下去，用铁的又太重不便移动；再是，一旦敌人突然袭击时，帐篷既推不倒又拿不走，假使敌人用机关枪封住帐篷的门，人就跑不出去了。能不能做出像房子那样，住人又多，遇有紧急情况，又一推就倒，容易迅速拆卸的帐篷呢？我们就争论开了。

就在我们争得不可开交时，许团长出来说："你们这些小家伙吵吵什么？像是蛤蟆吵湾，有事慢慢讲嘛。"我们把争论的原因告诉他。他点点头："你们的意见很好！"说完他走进帐篷向杨军长汇报。杨军长高兴地对许团长说："这些小家伙的意见不错，让他们接着讨论……"在大家的共同努力下，没过几天，一个长方形大帐篷的模型试制出来了，是用白花其布做的像一般房子那样大的帐篷，周围再也不用钉木桩子，而是在两边用石块或泥块、雪块，甚至是一根树干压上就可以了。帐篷用四根带丫的木杆架起一根梁，把帐篷布往上一搭，两边抻开、压上，在顶部中间开一个四方口，中间开个门。冬天生火可从口上冒烟；夏天可通风。就这样又设计成了新的帐篷。当然，什么事情都很难一下子做得十全十美。这个大帐篷支起来后，又出现了新问题：两边好塌腰。大家又凑在一起琢磨，有了！用四根带叉的小棍和两根长横杆搪起，每边两根小棍支起一根长横杆，这样就解决了塌腰问题。就这样，在杨军长的带动下，几经修改，一种简便实用的帐篷诞生了。有了这样的帐篷，既解决了防寒问题，又解决了住人少的问题，一个大帐篷能住下一个排三十多人。

从这时起，我们抗联一军有了自己制作的军用帐篷。以后，我们又把这种帐篷逐步改进，在夏天天气热时把帐篷的两头都打开门通风，形成了两边都是门的样子，遇到紧急情况，从哪边都能跑出去。同时，这种帐篷既轻巧,又灵便,一个人就可以背起来行军。就这样,我们住进了自己发明的行军帐篷,心中充满了自豪。

对于我们发明的军用帐篷,杨军长曾在全军会上做了高度评价。他说:"从今往后,我们宿营时再也不必受地形的限制了,无论在平原还是山沟,也无论是山坡还是山顶,只要地形对我们防御有利,我们都可以放心地住下去,现在我们的'房子'能够随便搬家了,部队只要需要驻扎,就可以支起帐篷。有了帐篷,我们就能在大山里生存和战斗。"就是这种帐篷解决了我们宿营的大问题。有了它,我们夏天再也不挨雨浇,冬天再也不怕风和雪,保证了部队的休整,提高了部队的战斗力。这也是我们抗联一军在东北坚持长期抗战到最后胜利的一个客观因素。①

对党的基本队伍如此,对各路抗日武装,杨靖宇也一直致力于与他们建立统一战线。在行军作战的间隙中,与义勇军山林队联络也是西征部队的重要任务,仅在李敏焕日记中记载的与西征部队联络配合的义勇军山林队就有"忠臣"、高维国、"压东洋""二柜""常胜""抗日军""大南洋""金山好""两江好""占山红""中央""北国军""平东洋""老北风""天合""治国""占东洋""黑字"等近20支部队。南满抗日联军总指挥部的建立,更是杨靖宇抗日民族统一战线理论与实践的结晶。

对战友、对人民,杨靖宇剖肝沥胆、似海情深,对被迫助纣为虐但良心未泯的伪军和伪官吏,杨靖宇也言传身教、苦口婆心,给他们提供改恶从善的机会和出路。根据《六三指示信》精神,杨靖宇在中共南满"二大"决议中,对伪军伪员工作做出部署:"兵士工作,估计'满'兵对抗日救国的同情和对日'满'匪人的不满,地方党部和抗日联军的政治部应采用各种方法,从各方面推动进行,派人直接打入内部或利用社会亲属封建等关系,敌我两军在阵地作战时,动员一切队员,宣传鼓动工作,在内部工作特别要注意到秘密工作,抓紧下层士兵的不满,进行宣传鼓动工作;特别要关系到抗日救国,因为'满'兵动摇哗变对我们武装工作有很大的政治军事意义,所以使士兵工作是我们最主要的工作,今后派很好的干部专门负责进行,过去只派消极不好的同志进行这一工作是不对的……对于敌人的保甲制度、协和会等组织,亦不要只是站在外面空喊反对他们,应当双方并行。"在实践中,杨靖宇一方面对如邵本良和徐伟儒那样的铁杆汉奸严厉打击、坚决消灭,另一方面大力分化瓦解,争取大多数伪军伪员回心抗日,从东北实际出发,创造性地贯彻执行中国工农红军的俘虏政策。对伪军俘虏除罪大恶极者惩处外,基本上予以抗日救国教育后发路费释放,如在活捉徐伟儒后,对其

---

① 王传圣:《抗联一军的帐篷》,宋晓宏、高峰、傅伟编著:《永久的丰碑——杨靖宇将军资料汇编》,吉林文史出版社2005年版,第258—260页。

本人枪决以平民愤，而对其随行的家属和护兵均教育释放并发给路费，黑石头战斗中对伪军眷属的保护，更令伪军官兵感动不已。在杨靖宇的大义感召之下，伪军警官吏们中的许多人也逐渐良心发现。在处决徐伟儒后某日，杨靖宇派一名战士到通化县城办事，返回途中在徐伟儒碑墓碑旁休息时，恰遇一名伪军士兵。战士故作不知，向伪军询问碑的来历，伪军答："日本子给徐老狗立的。"战士又问："徐老狗叫谁给打死的？"伪军答："叫杨军长的人民革命军给打死了。"战士接着问："那么此地很危险呀，你穿着军装不害怕吗？"不料伪军竟答道："怕什么！我是一个当穷兵的。杨军长是真正为国为民打日本子的，对我们当穷兵的无有仇恨，待遇更好。他知道我们是无法子。抓去倒好，能得几元钱花花呢！"[①]

随之，就是伪军们暗中帮助抗日的实际行动，如赵振华亲历的一幕，这一幕发生在1935年的春天：

> 后面的追兵向我们开了火。由于敌人很多，把我们团团包围了。我们被迫退守在一个山上，居高临下，向敌人反击。为了节省子弹，战士就往山下滚石头、砸敌人。敌人以为我们没有子弹了，就拼命往山上冲。等到敌人接近了，我们就开枪打。这样，接连打死了很多敌人。这次和我们作战的，是日本关东军和驻通化的伪军廖旅，双方打到下午三点多钟，廖旅的人就问我们："你们是谁的部队？"我们说："是杨靖宇的部队。"他们不信，又说："我们都是中国人，要真是杨靖宇的部队，就派来一个人到中间地带谈判。"我们经过商量就决定派一连徐连长去了。他去了以后，对方说："你们已经被日本人包围了，你们常走的路日本人都下了卡子。"然后又问："你们子弹怎么样？"我们的同志说："子弹是足的。"其实，这是撑着说，因为摸不清对方的情况不能说实话。这时对方又说："我们给你们一些子弹，你们今天晚上就可以从我们防区撤出去，我们都是中国人，中国人不打中国人。"一连连长回来把情况汇报了，我们就决定他们如果给我们子弹，我们就把一些烟土送给他们。后来，我们又问："怎么把东西送去呢？"他们说："你们先让出一个山头，我们把子弹搁到那儿。你们去拿。你们再把破烂枪支、衣物扔下一些，把病马、瘦马、不顶用的东西扔下一些，我们就可以交差了。"我们真的这样做了，他们也真的把子弹送来了。我们过去时，他们就往天上打枪，我们每个人都得了不少子弹，又把烟土给了他们一些，然后，趁着天黑我们就撤出去了。我们部队刚撤出，他们就跟日本人接火了，打得很凶，一直打了一夜。到了天亮，日本关东军才发现是自己打自己，打错了，他们就说："杨靖宇从天上飞了！"这段战斗情景，回顾起来是很有趣的。[②]

---

① 《救国时报》1936年。
② 赵振华：《难忘的战斗生活》，《东北抗日联军史料》（下），中共党史资料出版社1987年版，第562页。

还有孟昭堂，表面上的桓仁县伪"协和会"会长"孟二爷"，顶着"大汉奸"的骂名，干的是杨靖宇的军需、桓仁县救国会马圈子分会会长，为支援抗日，曾变卖自家土地数十亩之多，为抗联部队筹措了大量物资，"他们每次往抗联运东西都装上七八辆大车。有一天深夜父亲将我（李志成——引者注）叫醒，让我到院里帮他们装车。我一看成麻袋的粮食、布匹、衣服及药品、电池、洋火什么的，还有大小不一的木箱，装的都是枪支弹药和手榴弹。这次是往尖山子送的"。①为此，杨靖宇曾亲笔致函表彰。据当时在孟家做长工的李志成回忆："某天深夜外边敲大门，我去开门，突然进来十几个带武器的人，其中一个大个子对孟二爷说：这是杨司令给您的表扬信……孟二爷管那个人叫李长官，对他很客气。我听得很清楚，不到一小时来人就全部撤走了。"②又据孟昭堂夫人李雅芹生前回忆："一天晚上，昭堂领来一名朝鲜族的金大姐，是抗联的交通员。她在我家住了一宿，我给她送被子时听她对昭堂说：'杨司令、李副官非常感谢你，上次送的东西很及时。日本人已经盯上你了，可千万要小心啊！'第二天一早金大姐就走了……"③1936年初夏，孟昭堂以自己的特殊身份，最后一次用大车将武器送到横道川抗联密营。同年9月16日不幸暴露被捕，在狱中将日寇审讯官踢伤，1938年3月18日以"叛徒"罪名在奉天陆军监狱被折磨而死。

以杨靖宇为代表的东北抗日联军争取瓦解伪军伪职人员的经验，受到党中央的充分肯定，为中国共产党领导全国抗日斗争提供了重要的参考借鉴。正如朱德在1938年《论抗日游击战争》一书中所指出的："在东北，许多被迫做了伪官的人，暗地里资助游击队的也很多"，"抗日游击队为着全体中国人的利益斗争，它是能取得全体同胞（除了汉奸托派以外）的拥护和援助的。"④

第八节　反奸防特，"为人机警"

在日伪统治严密、警特组织完备的东北地区，抗联部队不仅要应付敌人的进攻，还要付出比其他战场更多的精力部署对奸细特务的防范工作，特别是在抗联部队始终被敌人分割包围、内部又极为复杂的情况下，防奸工作的重要性尤为明显。对此，杨靖宇既有足够的警觉，又有谨慎的措施。由他起草的中共南满"二大"决议明确指出："反奸细叛徒的工作，是我们主要工作之一，我们党和抗日联军的政治威信的提高和势力的扩大、斗争的尖锐和激烈，引起敌人对我们进攻的积极和残酷。敌人虽采取从外面实行大规模的'讨伐'，不但未将我们消灭，反而有很多的发展，故又实行向我们内部大批派遣奸细，利用革命叛徒，企图取

---

① 张大庸、巩书民：《夜幕忠魂孟昭堂》，《党史纵横》2006年第6期。
② 张大庸、巩书民：《夜幕忠魂孟昭堂》，《党史纵横》2006年第6期。
③ 张大庸、巩书民：《夜幕忠魂孟昭堂》，《党史纵横》2006年第6期。
④ 《朱德选集》，人民出版社1983年版，第46页。

内外夹攻的办法，消灭和瓦解我们的队伍。虽然我们没受大的损失，但在工作上受到不少的障碍，为了我们的工作顺利的发展，肃清奸细、叛徒，巩固内部，因此提高队员和同志们的政治水平和革命警惕性，经常实行工作检查注意各个队员和同志们与外面的社会关系，加强民族和阶级的教育等方法。同时肃清内部奸细叛徒，应当毫不动摇地坚决进行打击小资产阶级的留恋不坚决性。"

1935年秋，参军刚刚一年多、到杨靖宇身边工作不到半年的王传圣，亲身经历了"三只野鸡"的惊心动魄：

> 1935年秋，部队在桓仁县旱川沟住下休整时，开展了军事和政治关系的大讨论。正在讨论进一步深入的时候，杨军长宣布发现敌情，部队立即开饭，然后转移。我们10多个警卫员跟着首长朝住的屋子走去。老远闻到了一种炖肉的香味。进了屋子，见南北炕上都摆了桌子，上面摆满了饭菜和碗筷。秘书长韩仁和、军医处长徐哲、参谋长高大山上了南炕，我们这些警卫员都跳上北炕，围坐在桌子周围。
>
> 杨军长进来的晚，笑着走到南炕，看了一眼桌上饭菜，问："什么肉这么香？""野鸡肉。"司务长从外屋走进来说。"哪弄来的野鸡肉？"杨军长又问。"是司号长老史买来的，一共三只，他叫给军长做了吃，军长快吃吧。"军长用筷子点着野鸡肉说："唉，这是要命的野鸡啊！"军长这话把我们都说愣了，弄得丈二和尚摸不着头脑。杨军长又说："好了，有肉吃当然好，现在吃饭。"
>
> 吃过午饭，杨军长命令我去通知部队集合出发，向北边倒杨树岭前进。一路上，杨军长同韩仁和秘书长、高大山参谋长、教导一团安昌勋政委在一起，边走边说着什么事情。部队在倒杨树岭顶上休息时，他们还在一棵大树下研究了好长时间。部队过了岭，来到西河掌住下，军部刚住进姜家大院，马上就召开团以上干部会议。会上，决定由高大山参谋长带领5名警卫员去执行任务，其中有我一个。
>
> 我们带了一支手提式冲锋枪，朝教导三连驻地走去。快到三连驻地时，高大山参谋长交代我们："大家检察一下枪支，压满子弹。我们今天执行一项特殊任务，要把教导三连的枪全部缴械。不管是谁，只要他反抗，立即开枪打死。但指导员和他的传令兵是我们自己人，不能伤他们。"接着，高参谋长又交代了具体办法。我们到教导三连驻地时，三连长已经换上便衣，正在剃头。我们按照事先计划，让三连长把全连人员集中到一个大屋子里。待岗哨也撤回来后，三连长向高大山参谋长报告说："教导第三连全部人员到齐。"这时，高大山参谋长站在地当中，环视一下四周，慢慢地举起左手，用力一挥，说："同志们！"我们5个警卫员同时举起手里的枪，对准他们，喊着："不准动！"三连长刚想反抗，腰后早有人用枪口顶住他说："你要动一动，就先

打死你。"他只好束手就擒。紧接着,把教官和 3 个排长也抓了起来。

我们刚刚缴完三连的枪械,他们一师五团的一个连奉军部的命令,来看押教导三连的。我们把教导三连交给他们后,回到军部,见军部的史号长、关号兵、一排长、机关枪射手、弹药手也都被抓起来了。

原来,日伪军"围剿"我军的计划屡遭破产,便向我军派遣奸细,企图从内部瓦解我军。这些人预计先从军部下手,杀害杨军长和其他领导。军部这边枪一响,教导三连那边由三连长和教官指挥包围军部,想打个措手不及,然后把队伍拉出去,投降日本。

他们的阴谋活动,杨靖宇军长早有察觉。那还是在今年秋天,军部在桓仁县摇钱树岭时,有一天,一个人赶着毛驴大摇大摆地闯进我军的驻地。驴背上驮了两面袋食盐。他声称是个小盐贩子。哨兵动员他参军,他说他家中有 80 岁的老母无人奉养,不能参军。另一个战士在旁边说他是个怕死鬼,不怕当亡国奴。他一听这话,驴也不要了,盐也不贩了,老母亲也不管了,答应参军了。这个人参军后,被分配到教导三连当战士,因为他对刺杀、投弹、射击都会,还能讲一些军事上的道理,不久就被提拔当了教官。

一个盐贩子为什么懂得军事知识呢?就是他参军也是蹊跷的。这就引起了杨军长的警惕。指示教导三连的指导员金光学在暗中监视他。后来发现这个人暗地里经常散布一些吃呀喝呀嫖女人的奇谈怪论,话里话外还听出他是一个大烟鬼,却从不再提他 80 岁的老母亲了。他在教导三连里经常和连长、史号长、一排长、关号兵在一起拉拉扯扯、鬼鬼祟祟。杨军长下决心调查,终于搞清他原是个伪军中尉,那个关号兵是春天时以学生身份打入我军的。

审讯他们时,史号长破口大骂杨靖宇军长,敌人很狡猾,妄想把水搅浑,一会儿说这个人参加他们的活动,一会儿又说那个人参加他们的活动。真假难辨。但我们经过一天一夜的紧张审讯、反复核实,终于搞清了他们妄图叛乱的内幕、搞清楚了参加叛乱的人员。最后召开全体官兵大会,宣布了他们叛乱的真相。杨军长宣布说首恶必办,胁从和被利用者,给足路费让他们回家。在公布了三连长、教官、史号长、关号兵、一排长等七个首恶分子的罪恶后,在姜家大院南河套里当场处死。又从一师五团调来一个连改编为教导三连。

肃清了奸细,部队士气大振,精神面貌也焕然一新。[①]

日伪军一计不成、又生一计,利用抗联部队急于与内地党组织取得联系的特点,派特务伪装成关内党组织联络员,企图混入部队、伺机行动,结果还是没能逃脱杨靖宇的眼睛:

---

① 王传圣:《三只野鸡》,宋晓宏、高峰、傅伟编著:《永久的丰碑——杨靖宇将军资料汇编》,吉林文史出版社 2005 年版,第 261—263 页。

1935年秋，杨靖宇率部队由河里后方基地渡过哈泥河，朝孤山子方向前进。途中，尖兵班在岭上发现一个可疑之人。该人自称是从关内来的，有要事须见部队领导，尖兵班见他只身一人，经询问后，即将其带到第一军军部。

杨靖宇问他："你有证明吗？"

他说："我有信为证。"说完便扯开衣服里子，掏出一封信。

杨靖宇见后，便详细询问这个送信人是什么时间、从关内什么地方出发的？关内红军斗争的情况怎样？临来的时候，组织还有什么嘱咐等等。但这个人所答非所问，顾左右而言他，什么也说不清。这时，杨靖宇当即决定率部队折返河里后方基地。

部队到达河里后方基地后，杨靖宇根据对"送信人"初步询问情况判断，认为这个"送信人"来历不明，不是关内党组织派来的人，可能是敌人派来的奸细。为此，杨靖宇决定对这个"送信人"进行审讯。

审讯一开始，这个"送信人"便吓得浑身发抖，脸色苍白，战战兢兢，手足无措。审问中，对所问问题的回答更是驴唇不对马嘴，语无伦次。最后，他感到实在装不下去了，便交待了自己的真实面目。不出杨靖宇所料，原来他是孤山子伪警察署的特务。敌人派遣他携带假信，冒充关内来人，以与东北党组织、抗日部队取得联络为词，欲混入杨靖宇所部，妄图先取得信任，然后再往孤山子发情报，报告部队活动方向和游击根据地情况，最后便以日伪军包围袭击第一军部队，破坏抗日游击根据地。

审讯结束后，军部决定将这个特务处死。

处死这个特务后，干部、战士都感到杨靖宇料事如神。大家便问他，为什么从一开始你就料定他是个特务？杨靖宇说："我说他是特务，是有根据的。第一，他的那封信很新，不象时间很长，从关内到这里，要走很长时间，信不能那么新。第二，既然关内组织上派来的，就应该知道组织的意图，很多内容不能写在信上，可他什么也不知道。第三，他从关内来，怎么关内的情况一点也说不清楚？"大家一听，感到很有道理，都十分佩服杨靖宇真是善于分析、思考问题。同时，干部、战士们也进一步提高了对敌特阴谋活动的警觉。[①]

就这样，在杨靖宇的领导下，南满地区的反奸细斗争一直在正确轨道上进行，既保证了部队的纯洁，又巩固了部队的团结。1937年12月20日，周保中在向第七军全体同志报告抗联概况时指出："第一军的干部：军长杨靖宇，'足智多谋，英勇善战'的抗日救国革命家——这是南满一带人民所称道赞扬的。敌人也很怕他，因此不断用各种阴狠卑鄙手段，总想祸害杨靖宇同志，可是杨同志为

---

① 赵俊清：《杨靖宇传》，黑龙江人民出版社2004年版，第294—295页。

人机警,又得群众拥护,而第一军军队内部亦较巩固,所以没有敌人所想象的事发生。"①

第九节 冲破"东边道独立大讨伐"

与筹备第二次西征同时,杨靖宇正部署着另外一项重大的军事行动,这就是冲破长达近半年的"东边道独立大讨伐"。

经过1936年上半年的较量,日本法西斯慑于中国共产党领导下东北人民抗日斗争的大发展,深知"共匪的猖狂仍未止息"②,不仅使侵略者的刀锋无法指向全中国,而且还将使日寇汉奸的"王道乐土"最终化为乌有。于是,在关东军司令官植田谦吉和参谋长东条英机的直接策划下,以"彻底进行第二期的治安肃正工作"③为宗旨的《关东军第八五三号命令》,于1936年7月22日晨7时在长春出笼了。

所谓"第二期治安肃正工作"源于1936年3月出笼的"三年治安肃正计划",即《关作命第七七八号令》及其附件《满洲国治安肃正计划大纲》,这两个文件将自1936年4月至1939年3月的三年时间定为"治安肃正"期,以"治标""治本""思想工作"的"三位一体"为方略,以期"彻底肃清在满共产党"。这里的所谓"治本"就是东北人民深受其害、至今痛恨不已的"集团部落""匪民分离",亦即"人圈"或"归大屯","思想工作"不外乎"协和会""宣抚班""日满一德一心",而明火执仗地"讨伐"东北人民,便是唯一的"治标"良策了。

到这时,在自清光绪三年(1877年)即已设立的"东边分巡兵备道",即"东边道"三十余县中,已有二十余个县成为杨靖宇领导的抗联第一路军活动区域,再加上各路义勇军山林队,东边道绝对不会有一寸令侵略者"安然"的土地,因此,这里被定为"第二期治安肃正主要地区"并不出人意料。侵略者在《关东军第八五三号命令》中强调:"应将尽可能多的满洲国军,集中到北部东边道方面,同第一、第二独立守备队司令官密切协商,直接领导该方面满军,单独彻底讨伐该方面的共匪。"④

这种以日寇指挥督阵、伪军充当刽子手的办法,较之以往确有其"新奇"之处,之所以如此,日伪当局的公开解释是"因为要检验满军的现有机构,即在省顾问以下日本人交织在内的现有机构的讨伐肃正能力究竟如何"⑤。1936年11月

---

① 吉林省档案馆、中共吉林省委党史研究室编,周兴、牛芷萍总编:《周保中抗日救国文集》(上),吉林大学出版社1996年版,第540—541页。
② 《东北抗日联军史料》(下),中共党史资料出版社1987年版,第814页。
③ 《东北抗日联军史料》(下),中共党史资料出版社1987年版,第814页。
④ 《东北抗日联军史料》(下),中共党史资料出版社1987年版,第815页。
⑤ 转引自赵俊清:《杨靖宇传》,黑龙江人民出版社2004年版,第347页。

24 日,时任伪满军政部少将最高顾问的佐佐木到一在通化"军政部讨伐指导部"各机关负责人会议上的讲话中,留下了又一份难得的自供:"现在皇军仍在各处流着鲜血,并且为了治安工作用去了极大的力量,牺牲之大有目共睹。如能把这种费力之事委之于满洲国各机关,由其承担,皇军便可以减轻负担"。①

然而,还未等"东边道独立大讨伐"正式开始,杨靖宇就指挥第一军军部直属部队和第十一独立师(即义勇军左子元部),于"九一八"事变五周年之际,奇袭宽甸县大荒沟,给了日寇汉奸当头一棒。

大荒沟是宽甸县最为繁华的集镇,敌情复杂,杨靖宇认真研究了当地情况,认为"大荒沟四周有又高又厚的围墙,地势平坦,鸭绿江对岸朝鲜境内驻有日军守备队,敌人可以居高临下控制"②,遂决定采用化装袭击的办法,鉴于镇内有一家经营烧锅、油坊的宝兴厚商号,杨靖宇还决定设法解决部队冬季给养问题,办法是:"如果老板还有点中国人的良心,我们就向他借一些布匹、胶鞋等物资,等将来抗战胜利了再由人民政府偿还。他自己愿意主动捐献,则更好。如果他没有了中国人的良心,死心塌地与人民为敌,替日本人卖命,我们就没收他的财产"。在战前动员中,杨靖宇一如既往,指示部队"一定要注意遵守群众纪律,不能乱动群众的东西"③。

在杨靖宇的领导下,抗联战士取得了大荒沟战斗的胜利。

> 经过详细的侦查和充分的研究,决定由独立师张团长带一部分人,化装成土匪,在大荒沟东北方四五里的一个自然屯抢东西,再由教导一团政治部主任黄海峰化装成邵本良部队的郎连长、机枪连一排长刘宣传干事化装成日本指导官樱井,带领讨伐队去打土匪,然后进驻大荒沟街。
>
> 我军部队到达指定地点后,找一堆乱草点把火,浓烟滚滚,冲天而起。然后化装成讨伐队,两路纵队大摇大摆地向大荒沟围子进发,到了大荒沟东门,围子里就是不开门。全副武装的警察、盐务警、自卫团荷枪实弹站在围墙上。自卫团长在上面向下喊道:"我们没有接到电话通知,不能放你进围子"。其实他们担心这是冒充的讨伐队。
>
> 我军战士在下面指着他们叫骂起来,这时黄海峰主任和刘宣传干事骑着大洋马上来了。刘宣传干事指着围墙上面,用半通不通的日本话叽哩哇啦一阵,接着黄主任喊道:"快快地开门,别自找不痛快。大日本皇军指导官说,不开门,统统死了死了,说你们通匪。"
>
> 其实墙上伪警察看到两匹大洋马过来,有一个日本指导官,心里就害怕了。又听说不开门死了死了的,更不知道如何是好。不一会儿,围子大门打

---

① 转引自赵俊清:《杨靖宇传》,黑龙江人民出版社 2004 年版,第 347 页。
② 转引自赵俊清:《杨靖宇传》,黑龙江人民出版社 2004 年版,第 348 页。
③ 转引自赵俊清:《杨靖宇传》,黑龙江人民出版社 2004 年版,第 349 页。

开，警察、盐务警、自卫团列队欢迎我军进围子。我们进了街后，黄海峰主任下令："围子各大门由我们讨伐队接岗。"又命令我们机关枪班迅速接管街中心炮楼，并派部队立即封锁鸭绿江面和通往宽甸的公路。丈二和尚摸不着头脑的敌人，觉得不大对劲，可又不敢炸翅。紧接着黄海峰主任命令治安警察、盐务警察、自卫团集合，怒气冲冲地喊道："土匪就在你们围子前面住的，你们为什么不去打？我们把土匪打跑了，想进围子休息一下，吃顿饭，你们不开门，不出来迎接，你们是不是通匪？要你们这些饭桶有什么用？统统缴械！"接着他喊："听我口令：把武器放下，向前三步走！"

我们顺利地缴了敌人的枪。这时黄海峰主任才换了口气说："我们不是讨伐队，我们是杨靖宇司令领导的东北抗日联军。"这一下又使敌人吃了一惊，俘虏们你瞅瞅我，我看看你，如梦初醒。黄海峰主任接着说："大家不要怕，我们都是中国人，只要今后不再给日本人当走狗汉奸，我们就不杀你们。"

杨靖宇司令带领后续部队进到大荒沟街后，将伪警察署、自卫团物资没收，还收到宝兴厚商号捐赠的一些布匹和鞋，其他东西一律不动。

我军部队撤离时，群众涌上街头，嘲笑警察和自卫团：今天建炮楼，明天修围墙，到头来他们自己恭恭敬敬地把红军接进围子。①

战斗结束后，杨靖宇将缴获的三十余支步枪和全部弹药分配给十一独立师。四天之后，《盛京时报》发出抗联"突使迅雷不及掩耳手段，奋力袭击，袭破大荒沟"的报道。此后仅仅一个星期，9月29日（阴历八月十四日），日伪军又在宽甸县牛毛坞错草岭与杨靖宇领导的抗联遭遇：

8月14日天刚蒙蒙亮的时候，杨司令就把全部兵力布置好了，都进入了阵地。有的埋伏在山头上，有的埋伏在庄稼地里和公路两旁壕沟里，也有的埋伏在人家里，等待日本鬼子进入埋伏圈。

8月14日午前，驻宽甸城日本守备队出发，十一辆汽车坐了全副武装的三四十名鬼子，还有两挺机枪和一门小炮押车。在中午十二点左右，日本鬼子坐的汽车，从错草岭上露头了，当车走到岭半腰时，当地的十家长张殿臣为了讨好日本鬼子，急忙跑去报告日本指导官说，下边有马胡子，日本鬼子听到后，都下了车，上了刺刀端着枪，分成三个分队，每个队距离二三十米远，往岭下行进。当日本鬼子先头分队刚走到肖家店门口时，敌人已全部进入游击队的包围圈内，霎时，枪声四起，杀声冲天。战斗到下午二三点钟

---

① 王传圣：《深切的怀念》，宋晓宏、高峰、傅伟编著：《永久的丰碑——杨靖宇将军资料汇编》，吉林文史出版社2005年版，第236页。

的时候，驻牛毛坞警察四五十人来增援，也被游击队一鼓作气打跑了。

经过激烈的战斗，把三四十个日本鬼子消灭了。并缴获了日寇枪支、弹药、大米、白面和军装等很多物资，充实了游击队的实力。鬼子的十一辆汽车，也被游击队倒上汽油点着烧了。

在这次战斗中，游击队的一名郝班长牺牲了，马连长也挂了彩。

通过这次战斗，杨司令在人民群众当中的威望更高了。广大贫苦群众认为，杨靖宇司令带领的部队勇敢善战，能为人民报仇、为百姓除害，是一支抗日救国的人民军队。有些群众自动组织起来给游击队送情报、送米面和菜等物资，支援游击队消灭日寇。同时，广大青年在中国共产党的"抗日救国"政策的感召下，报名参加了杨靖宇司令领导的部队，使抗日游击队力量不断发展壮大。[1]

错草岭战斗后仅两天，佐佐木到一便在通化成立"讨伐指导部"，任命伪第一军管区司令官于琛澂为司令官、满良为参谋长，纠集2.75万重兵杀向"东边道"人民。其中除当地兵力之外，还从驻齐齐哈尔的伪第三军管区调来了混成第十四旅和混成教导队，从驻热河的伪第五军管区调来了第五宪兵队和以索景清为旅长的混成旅，甚至伪军政部大臣直属部队乃至"国都"宪兵队也倾巢出动。

针对来势汹汹之敌，杨靖宇灵活运用"敌进我退"，于10月底率军部直属部队来到宽甸县北部四平街附近山林地区，这里属于龙岗山区，是宽甸、桓仁、本溪三县结合部，山高林密。这时，杨靖宇早已筹划的一步妙棋——密营，到了大显身手的时候。

早在1935年，杨靖宇就从东北抗日游击根据地建设和日寇推行"集家并屯"政策的实际情况出发，研究部队冬季休整问题，"决定从各部队抽调人员，在收集粮食、筹备越冬给养的同时，选择深山密林中地势险要、易守难攻、有水源、便于生活和活动的地方广建密营，储存粮食并做为抗联部队生活、休整的基地"。[2]1936年7月，在指挥西征的百忙之中，杨靖宇指示由第一军第一师战士王洪文担任工程队长，率领30名战士，在兴京黄木场东山后样儿沟和本溪碱厂羊湖沟里修建两座秘密仓库。王洪文回忆说：

秘密仓库修建在沟塘子里树木较多的山坡上，先剥土挖洞，挖进10米左右，安上保险门，再往里挖若干米后，开始挖宽两丈、高一丈二尺的空间，作为一间仓库。采取的办法是边挖、边搭棚子、边支柱。棚子和墙均是

---

[1] 杨春连等人口述，马文杰整理：《一个歼灭战——记杨靖宇率部在错草岭与日寇战斗经过》，宋晓宏、高峰、傅伟编著：《永久的丰碑——杨靖宇将军资料汇编》，吉林文史出版社2005年版，第332—333页。

[2] 转引自赵俊清：《杨靖宇传》，黑龙江人民出版社2004年版，第352页。

抗联一路军修建的密营

用从山林砍下来的树木砌成的。挖出来的土都倒在沟塘子里。然后,再到较远的山上挖来树和草栽在上边,使敌人看不到这些新土,每座仓库的外间都建有一、二间宿舍,再在宿舍内搭成炕。但这里的山沟没有砖头和石片,炕面只好用扒了皮的细木杆一根根排好,盖在挖好的炕洞子墙上,再抹上一层稀泥,然后再盖上一层木杆,再用稀泥墁上,将炕搭成。烟道是顺着地皮挖出一趟一二里长的小沟,用木头棚在沟上,盖上土,烧炕时的烟就顺着这小沟,渗到地皮外边去,这样不易暴露目标。修筑这两座仓库,共计 13 间,贮存着各村屯缴纳、捐献的粮食,以解决部队用粮问题。①

按照上述基本结构,杨靖宇指挥部队,在桓仁县前后夹道子、老秃顶子山里、濛江县那尔轰、青江岗、本溪和尚帽子山里、宽甸县四平街、北天桥沟等地修建了近百处密营。正当敌伪"东边道独立大讨伐"如狼似虎之际,杨靖宇率领部队于 11 月起在宽甸北天桥沟密营开始了为期三个月的休整,亦即战士们称呼的"猫冬"。在整训期间,杨靖宇领导了随营学校的工作,组织战士们以《救国时报》为教材,学习政治和文化,了解形势,坚定斗志。他还创作并导演了以东北人民抗日斗争为题材的话剧《王二小放牛》,半个多世纪后,王传圣仍记忆犹新:

> 1937 年(应为 1936 年——引者注)11 月,天降头一场大雪,我们住进了北天桥沟密营。它西连老和尚帽子大山,北接外山堡大山,东毗老秃顶子大山,东南连接前后夹道子和花脖子大山。
>
> 部队成年累月在外行军、打仗,吃不好,这次一下子有了一个安稳的

---

① 转引自赵俊清:《杨靖宇传》,黑龙江人民出版社 2004 年版,第 353 页。

环境休整一下，战士们都很高兴。部队在密营里开展政治学习，进行思想教育、军事训练，并想方设法活跃大家的文化生活。有时还派出小部队到外面去袭击、骚扰敌人，或者派出人员深入人民群众中宣传抗日救国。

时间一长，战士们听说部队要在密营里过冬，等到明年春天雪化冰消才出动打鬼子，又着急了。纷纷议论说："'猫冬'还算什么抗日，不打鬼子怎么光复东三省。"

杨靖宇司令针对战士的这些思想情绪，做了大量的思想工作。我记得他给我们做了一个报告，分析东北的抗日形势。他说："今年冬天敌人要对东三省的抗日联军和一切抗日武装力量进行全面围剿讨伐，他们急于寻找我军主力、消灭我军主力。如果我们不在密营'猫冬'，急于出去，那不正好上了敌人的当吗，大家想一想，我们'猫冬'，敌人找不到我们，他敢抽调兵力进关吗？现在不是我们怕日寇才'猫冬'，而是日寇怕我们'猫冬'。"

杨司令讲得大家心服口服，我们也就安下心来在密营里学习训练。

就在这个密营里，杨司令编写一个剧本《王二小放牛》。这是个四幕话剧。内容是说在抗日游击区里某山村，有一户人家，共四口人，王二小上山放牛去了，爸爸也砍柴出了门。日寇讨伐队和警察进村了。日本指导官踢倒了王二小的妈妈，抢走了姐姐。正在这时，抗联进村了，消灭了敌人，处决了那个日本指导官。王二小当即参加了抗日联军，一些乡亲们也送自己的儿子参加了抗联。

这个四幕话剧在密营里演了两场。大家看了非常高兴，极大地激发了全体指战员的抗日救国热情。我还在剧中扮演了王二小。机关枪连的王射手外号叫老太太，他扮演老妈妈，警卫员小徐扮王二小的姐姐，日本指导官由刘宣传干事扮演。

这个话剧，后来还演过两次。最后一次演出，一个战士在台下朝演日军指导官的战士开了一枪，一问，原来剧情和他的遭遇一样，当时很气愤，忘了是在演剧，幸亏没伤着人。①

在领导整训工作的同时，杨靖宇指挥第一路军各部队，在安图、临江、抚松、濛江、通化、长白、宁安、穆棱等地频繁与敌交战，并进一步密切了与吉东地区和以周保中为军长的抗联第五军的配合协同，歼敌近千人，击毙伪第二军管区上校石川隆吉和中校河村（均为指挥伪军的日军军官）。日伪军恼羞成怒之余，除悬赏万元购求杨靖宇首级之外，又于1937年初调派大批部队进驻一路军部队的主要活动地区——宽甸，尤以对四平街地区的搜山"围剿"更为频繁。为

---

① 王传圣：《深切的怀念》，宋晓宏、高峰、傅伟编著：《永久的丰碑——杨靖宇将军资料汇编》，吉林文史出版社2005年版，第236—237页。

此,杨靖宇决定趁敌人立足未稳且情况不明之机,先发制人,首先消灭中岛"讨伐队",战前,杨靖宇召开连以上干部会议,"决定由教导团一连奔袭敌军侧翼,把敌人赶出驻地,逼进驻地西南一片开阔地中,教导团其他各连埋伏在开阔地坎埂上,以全歼从驻地跑出的敌人"①。2月27日夜11时,杨靖宇率部挺进四平街,12时战斗打响,因敌军依托兵营围墙顽抗,杨靖宇及时改变部署,指挥部队强攻,经四小时左右激战,毙敌二十余人,于拂晓前撤出阵地,随后经外三堡转移至桓仁老秃顶子密营。此后数日,惊魂未定的日伪军出动重兵,在飞机配合下对四平街战地进行"地毯式"搜索,结果一无所获,不过"武装游行"而已。

自1936年10月至1937年3月,"东边道独立大讨伐"折腾半年之久,自供与抗日武装交战563次,杀害了许多当地群众,据伪满战犯、时任伪军政部参谋司长兼训练教育总监的王之佑供认:"地方人民(内有朝鲜族)被逮捕杀害

王凤阁

的约有数百人。尤其是无人区人民,失去田庐,走死流亡者不下两万人。1937年春夏之交,瘟疫流行,死亡者当有数千,这些恶果都是这次讨伐给予的。"②在此期间,抗联第一路军副总司令兼第二军军长、曾被《八一宣言》誉为民族英雄的王德泰,第一军第二师师长曹国安、第一军政治部主任宋铁岩、第一军第一师副官李向山、第十一独立师师长左子元等,或捐躯沙场、或被俘就义、或纵身跳崖,为抗日救国流尽了最后一滴血。曾与杨靖宇、金日成并肩转战东边道的王凤阁于1937年3月被俘后怒踢日伪宴席,横眉冷对屠刀,他年仅4岁的儿子小金子也高呼"中国人不吃亡国奴饭!"③4月1日,王凤阁与妻儿和五名战士一起,慷慨就义于玉皇山下。金日成赞誉王凤阁:"在东边道一带打了不少仗,也洒下了不少热血。"④他们以自己的铮铮铁骨,抵御了"东边道独立大讨伐"的屠刀。

第十节 召开第一军军党部扩大会议

四平街战斗结束后,杨靖宇先是率部转移至桓仁县老秃顶子密营,在那里欢

---

① 赵俊清:《杨靖宇传》,黑龙江人民出版社2004年版,第357页。
② 转引自赵俊清:《杨靖宇传》,黑龙江人民出版社2004年版,第358—359页。
③ 刘福德:《浩气长存——记抗日英雄王凤阁将军英勇斗争壮烈牺牲的事迹》,中共沈阳市委党史研究室、辽宁省司法厅沈阳劳改分局编:《铁窗丹心——中共满洲省委时期狱中斗争纪实》,辽宁人民出版社1991年版,第288页。
④ 郑万兴译:《金日成回忆录 与世纪同行》(7—8),中国社会科学出版社2001年版,第65页。

度春节后，又途经横道河子、桦尖子西谷草垛沟、蛤塘沟、文治沟，经富尔江岸奔浑江，绕道至桓仁东部毗邻辑安的摇钱树岭、尖刀岭一带，甩掉了围追堵截的日伪军。这时，已是 1937 年 4、5 月间，在摇钱树岭、刀尖岭一带，杨靖宇指挥部队进行休整和政治文化学习。期间部队伤寒病流行，杨靖宇多方设法组织治疗和购买药品，经过一个多月的治疗，患病同志痊愈归队。5 至 6 月，杨靖宇率军部直属部队在桓仁、宽甸一带与敌交战，毙伤敌数十人，焚毁汽车多辆。

这时，距离中共南满"二大"已近一年。在这一年里，杨靖宇指挥抗联第一路军，坚定贯彻执行遵义会议以来的党中央政治路线，掀起了南满乃至全东北抗日斗争的新高潮。1936 年 7 月 26 日，中共满洲省委在向以陈云为核心的中共驻共产国际代表团汇报东北抗日斗争时，对此作了充分的肯定，指出："在运用游击战术方面，一年来也有很大进步。这表现于（1）已经不至于作冒险的战争，对于保护干部上也已充分注意。（2）开始自动地学会运用机动的战术。（3）不硬攻实打，不死守旧区，南满各活动部队相当能互相响应，正因为老杨有这些进步，所以自秋到今年以来，第一军损失较其他各军要少得多，而胜利反而要多些，游击区更要扩大些。在运用统一战线方面，最近已开始获得很大成绩。"同时，形势的迅速变化也提出了许多亟待分析解决的新问题。为此，一贯注重及时总结经验、部署全局的杨靖宇决定，于 1937 年 6 月召开第一军军党部扩大会议。

1937 年 6 月 15 日，在杨靖宇主持下，第一军军党部扩大会议在宽甸县境密营召开，会议对中共南满"二大"以来的形势和工作作了分析和总结，确定了今后的战斗任务，杨靖宇在会上作了报告，28 日，会议根据杨靖宇的报告作出了决议。

以《救国时报》为根据，杨靖宇在报告中认真分析了国际国内形势，指出在"革命与战争新周期的紧迫"之下，日本将更加法西斯化、更加疯狂而凶残地镇压东北革命运动，而东北人民的抗日斗争也必然在两个动力的推动下更加兴起，这两个动力一是广大群众对日寇暴行的愤慨和抗争，二是"由于国际革命运动的威迫和牵制，国共二次合作，抗日运动的蓬勃发起，有利推动东北群众抗日的热潮"。以后的事实充分证明了杨靖宇的预见。

对工作中的成绩和缺点、经验与教训，杨靖宇做了实事求是的总结。他指出成绩体现在四个方面：一是收编了义勇军和朝鲜独立军，推动了中朝人民联合抗日斗争；二是把大部队作战和小部队灵活分散活动结合起来，冲破了敌人的"讨伐"；三是党员数目增加一倍，部队政治工作方式灵活多样；四是认真贯彻《六三指示信》等"新政策"，推动群众工作，所有这些"我军的迅速发展，推动了神圣的反日民族革命战争走向更新更高阶段"。同时，在群众工作、义勇军工作、军事斗争等方面存在不足，如脱离群众、不注意义勇军部队的联合和改造任务等，要求积极纠正。

关于当前任务，杨靖宇指出总的对策是："正确的运用全民族抗日统一战线

杨靖宇领导的东北抗日联军第一路军警卫旅之一部

杨靖宇指挥作战时使用的地图

杨靖宇的印章

的政策,与民众更深切的打成一片,采用灵活的化整为零、化零为整的忽聚忽散、神奇莫测的战术,酌情实行中心部队与小部队配合活动"。为此,杨靖宇要求各部队加强义勇军工作和群众工作,根据情况适当分配区域、灵活活动;实行领导同志个人负责制,领导者要了解怎样运用统一战线政策与群众打成一片的办法,要完成解决部队给养、军需品和宿营问题。要经常检查部队各项工作,及时纠正错误,以免遭受损失。对各路义勇军统一整编,加强政治工作,促进队伍巩固。

加强党的领导和党的建设,是杨靖宇历来置于首位的工作。在报告中,杨靖宇提出"党是生命线"的观点,指出"要了解部队健强与否,主要靠党的工作如何而决定的",要求"把党的工作列为第一等工作",纠正关门主义,加强组织生活,改进工作方式,重视培养干部。为此,杨靖宇提出要推行支部代表联席会、互定竞赛条例、开展宣传周、肃反周等活动,特别要求在军党部带头之下,开展创建模范党部活动,在每个师中至少建立两个模范党部。其条件是:"(1)由下层党员来清除叛徒;(2)每个小组自动开会;(3)每支部按时开会;(4)扩大三倍党员;(5)每个党员对新政策得深刻了解"。凡做到上述五项者,授予模范党部称号并奖励望远镜一架。

在报告最后,杨靖宇向与会者表达了对东北抗日斗争和中国革命必胜的坚定信心,对各种错误观念进行了严肃批评。他指出:"革命运动愈发展,斗争愈尖锐,困难问题愈多,各种不正确的观念愈容易产生。这是革命过程中的必然现象。在敌人新的进攻和困难面前,我们一些同志没有看到有利条件,不了解革命发展过程的困难,便产生不正确观念,发生悲观、动摇,认为活动困难,革命成功遥遥无期;日寇势力强大,东北革命不易成功;精神上表现沉闷,对前途没有信心等,都是错误的。无论哪国革命都是有困难的,决不能因为困难,就说革命无望。这种右倾的错误观念影响军事领导趋向保守、逃跑,阻碍革命战争的胜利,实际是混乱我们的队伍,帮助了敌人。我们为保证争取光荣的、神圣的反日民族革命战争最后的成功,应当与右倾机会主义者和一切不正确的观念做不调和的斗争。"

第八章　主动配合全国总抗战

第一节　战斗未有穷期

第一军军党部扩大会议结束后不到十天，1937年7月7日，日本侵略军在北平近郊宛平县卢沟桥点燃了全面侵华的战火。8日，中共中央发布宣言指出："全国同胞们！平津危急！华北危急！中华民族危急！只有全民族实行抗战，才是我们的出路。"①号召"全中国人民、政府和军队团结起来，筑成民族统一战线的坚固的长城，抵抗日寇的侵略！"②

已孤军苦战六年多的东北抗战也随之成为全国总抗战的重要组成部分，承担着牵制日军在东北的兵力、破坏日伪后方基地建设的战略任务。关于东北战场在全国抗战中的地位和意义，毛泽东在《抗日游击战争的战略问题》中作了精辟的概括："东三省的游击战争，在全国抗战未起以前当然不发生配合问题，但在抗战起来以后，配合的意义就明显地表现出来了。那里的游击队多打死一个敌兵，多消耗一个敌弹，多钳制一个敌兵使之不能入关南下，就算对整个抗战增加了一份力量。至其给予整个敌军敌国以精神上的不利影响，给予整个我军和人民以精神上的良好影响，也是显而易见的。"③

针对全民族抗战爆发的事实，杨靖宇更加明确了"我军处于日寇侵略华北的后方基地，又是内地抗战的前哨和先锋"的定位，积极号召东北人民配合全国抗战，奋起驱逐日寇。7月25日，杨靖宇以东北抗日联军第一路军总司令部暨全体将士名义，发布《为响应中日大战告东北同胞书》，号召东北同胞本"天下兴亡匹夫有责"之大义，"中国人大联合起来、暴动起来，响应中日大战，驱逐日寇滚出中国"。8月20日，杨靖宇又签发了《东北抗日联军第一路军总司令部布告》：

---

①《毛泽东选集》第2卷，人民出版社1991年版，第343页。
②《毛泽东选集》第2卷，人民出版社1991年版，第344页。
③《毛泽东选集》第2卷，人民出版社1991年版，第416页。

为布告事,查日寇霸占我东北三省,成立傀儡政府"满洲国",复侵略我热河,蚕食我华北,到处焚劫、惨杀我同胞。犹不满其兽欲,近竟于7月7日,捏造卢沟桥事件,企图由华北鲸吞我全国版图。足证日寇穷凶极恶、贪婪无厌。我中国人民无论如何酷爱和平、善睦国交,无补于事。我民族要想生存,亦只有武装自卫,别无他策。故我全国总动员令业已颁发,实行御侮,以谋生存。朔自我全国总动员令颁发后,所有陆海空军全体将士,靡不义愤填胸。誓灭倭丑,为国争光。近日来,因我各路军奋勇杀敌之结果,无论华北、上海各方战线,大军一到,势如破竹,日寇死伤狼藉,步步败北,惨遭大败。日寇虽强,歼灭在迩,祖国光复,指日可待。我东北全体同胞,应在全国总动员之下,凡系中国人生应抛弃过去旧仇宿怨,亲密联合,响应中日大战,暴动起来,打倒日本帝国主义,推翻傀儡政府"满洲国",为独立自由幸福之中国而奋斗。万勿丝毫受日寇挑拨离间,互相观望,有失机宜。特此布告周知,切切此布。

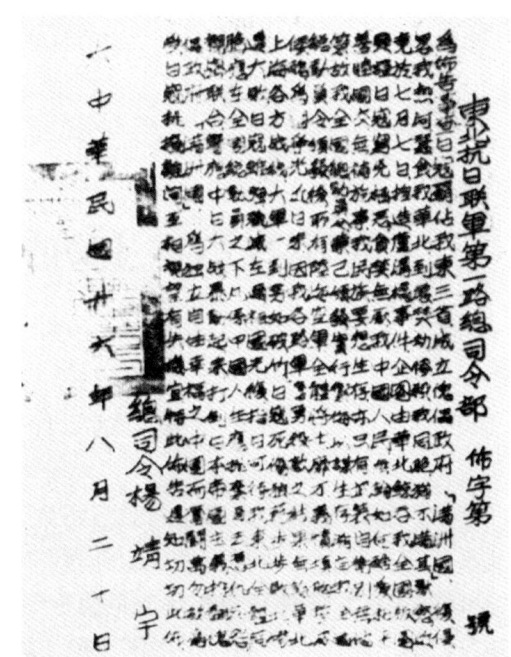

为响应全国抗战,杨靖宇署名颁发的布告

同日,杨靖宇又以东北抗日联军第一路军总司令部暨全体将士名义,发布《为抗日救国告满军同胞书》,号召伪军官兵激发民族大义和个人天良,奋起反正抗日:

满军士兵和长官全体同胞们:

自"九一八"事变,日寇公开霸占我们东北四省,成立傀儡政府"满洲国"以来,藉口"日满亲善""经济提携",调来一帮日贼在关东贼军司令部直接指挥之下,拿"剿匪""通匪"之名,烧杀奸掳、横征暴敛、敲骨榨髓。造成赤野千里、饿殍载道、荼毒同胞、无一聊生,尚美其名,说建设"王道乐土"理想之大满洲国。铁的事实证明,真是古今中外最痛苦的莫过于当亡国奴,同时只有强权而无公理。

满军同胞们!日寇霸占了我们东北,惨杀了我们无数同胞,仍不满其兽欲,复侵略我长城各要塞,蚕食我华北。近竟于7月7日采取它一贯的卑鄙伎俩,捏造卢沟桥事件,故启战衅,企图由华北起点,鲸吞我整个中国,日寇贪婪野心,时逞兽行招着国人。故我关里同胞,不但不能容忍日寇的暴举,且在中国红军号召之下,蒋介石军、冯玉祥军、阎锡山军、张学良军、十九路军、白崇禧、李宗仁、韩复渠军等,均打破过去的旧仇宿怨,精诚团结起来。全国陆海空军实行总动员,为抵抗日寇,争取我祖国独立、民族生存、领土完整、人权自由而战……日寇虽凶,歼灭在即。这证明我伟大优秀之中华民族,决不能甘当亡国奴隶,最后的胜利是我们中国的。

满军同胞们!日寇过去为镇压我们东北同胞们,反抗东北抗日联军的义举。曾利用你们发给武装镇压屠杀同胞,以达到它以中国人灭中国人的毒计,抚心自问,你们每月虽为日寇效劳,挣钱糊口,轻则受异族打骂侮辱,重则受异族屠杀砍头……种种铁例不胜枚举,幸而不被日寇惨杀,也不过虚度岁月,生为日本奴,死为倭狗魂,遗臭千古有何意义。当此抗日救国良机,万不要再受日寇利用,自残骨肉,应勒马悬崖、陡举义旗,参加我东北抗日联军,为祖国独立而战,以雪耻辱而谢国人,不但个人大幸前途无量,亦祖先之德行也。

满军同胞们!日寇此次大举侵犯我国领土,内受国人反抗,革命烽起;外受列强干涉,处于孤立,很明显的陷于危机四伏、死期不远。你们要是有血气的爱国天良的,不愿当亡国奴的,希勿踯躅犹疑不定,快刀斩乱麻,当断则断,马上哗变,一致携手夹攻日寇,使日寇首尾不能兼顾,腹背受敌,争取祖国解放、民族解放早日实现而战,故我们主张:

凡是中国人大联合起来!打倒共同敌人日本帝国主义!铲除民族败类——卖国贼!推翻傀儡政府"满洲国"!大中华民国独立万岁!大中华民族解放自由万岁!

杨靖宇发布的一系列抗日文告,喊出了东北人民的呼声,振奋了东北人民的斗志。尤其应该指出的是,在全国总抗战的推动下,天良未泯的伪军官兵纷纷响应杨靖宇的号召,毅然反正抗日,一度令日本法西斯穷于应付。正如周保中所记述的:"斯时日贼深感满军之不可靠,'中国人杀中国人'之恶毒政策实亦险途。以抗日军为导引,满军各地浮动,大有一触即发、根本致日贼后方于死命之势……然满军虽不能有整个联络呼应、威起暴动抗日之举,但各部队哗变暴动,击毙日贼指导官、教官而举义抗日参加联军者,接踵而起……致使日贼与满军成对峙状态。若非汉奸之流献计日贼,对浮动满军施以和缓、收买诸手段,则当时大有致日贼后方重大危害之势。我联军由于内部潜伏日贼奸细之挑拨,对满军整个策略应付亦发生不良现象,致使日贼得以挽回危局,即此,亦使当时日贼行为狼狈，大有焦头烂额之势。"[1]

与杨靖宇号召奋起抗战的呼声一起，杨靖宇和他的战友们的抗日枪声，时时回荡在白山黑水间。7月中旬，杨靖宇率抗联第一军军部直属教导团150余人，从桓仁夹道子出发，经兴京奔赴清原，准备在与第三师会合后袭击吉奉铁路，但在行至兴京三区永陵附近时，因向导迷路而滞留于距永陵八公里的黄土岗，被日伪军发觉。7月16日，日伪军500余人身着白衣，化装成朝鲜族居民前来偷袭，由于哨兵被敌人的化装所迷惑，因此战斗一开始，抗联部队就失去了先机制敌的有利地位，加之敌军人数超过我军三倍有余，抗联部队处于极端不利的地位，但在杨靖宇指挥下，抗联指战员顽强战斗六小时，毙伤敌四五十人，抗联部队也有15人伤亡，牺牲者中包括军部教导团政委安昌勋和南满省委组织部长李东光。秘书处长韩仁和负伤。战后，杨靖宇改变原定计划，率部在山林中跋涉，来到兴京与清原交界处，将伤病员送往北龙岗山北坡三师后方医院，而后又来到清原县沙河子，在这里同第三师会合，听取了三师负责同志关于西征后部队休整情况的报告，部署了三师1937年下半年的活动情况和工作安排。

结束在三师的工作后，杨靖宇率军部直属部队返回兴京、桓仁、宽甸一带活动，自8月7日至10月21日，先后在兴京东昌台、朝阳村、宽甸马鹿沟、青沟子，兴京第五区马架子和小堡，桓仁第五区大马沟、桦甸关门砬子，宽甸第一区三道沟等地与日伪军交战，袭击"集团部落"，毙伤敌数十人。10月下旬，杨靖宇率军部直属教导团与第一师第三团约200余人离开桓仁八里甸子，来到宽甸县四平街。10月31日，杨靖宇和他的战友们打响了小佛爷沟战斗的枪声：

> 这里离日伪军驻扎的四平街、双山子都很近。杨司令决定用围点打援、诱敌袭击的办法消灭这里的敌人。战前，杨司令部署道："我们派一个排，带一架机关枪，死死围住四平街不放，佯攻猛打。敌人招架不住，只好求援。我们把通往本溪、桓仁等处电话线全切断，只留双山子电话线。双山子敌人接到四平街被包围袭击的电话，准得去增援，我们正好在中途伏击它"。
>
> 1937年10月31日凌晨2点，部队出发来到四平街和双山子中间的佛爷沟口。这个沟口有一座木桥，桥下埋伏上一个排，其余部队顺公路南布成一条线，指挥部设在南山顶上。
>
> 四平街方向传来了枪声，越打越激烈。大家说："围点部队打响了。"
>
> 半个钟头过去了，双山子方向还没有动静，难道双山子敌人不出来了？我们这些警卫员有些沉不住气，焦急地望着双山子方向。有时扭过头来看看杨司令，杨司令却不动声色，望着双山子方向踱来踱去，好像胸有成竹的样

---

[1] 周保中：《东北抗日游击日记》，解放军出版社2015年版，第513页。

子。又过去了一会，双山子方向传来了汽车的发动机声，隐隐约约看到了汽车的灯光在黑夜里游动。

"老狼出动了。"我们大家松了一口气，心里那块石头落了地，高兴极了。

敌人一共三辆汽车，越来越近。头一辆汽车刚上桥，只听杨司令一声大吼："打！"机关枪、步枪一齐向敌人的汽车猛烈扫过去。车被密集的火力打瘫痪在桥上，跟在后面的敌人汽车也只好停在公路上挨打。顿时，喊杀声如雷如潮，我军战士像猛虎下山一般，端着雪亮的刺刀冲向敌人，同日寇展开一场肉搏战。

敌人被这突然袭击打得蒙头转向、东奔西窜。头一辆车上坐着日军守备队大队长水出。他从汽车上钻出来，好像没头的苍蝇，不要命地往桥下面跳，正好被我军一个排包围住。这个杀人不眨眼的刽子手见势不妙，举起战刀乱砍，砍死了我军两名战士。我们的战士急了，端着刺刀向他刺去，三把刺刀同时插在这个双手沾满了中国人民鲜血的日本强盗身上。我军从几个方面将敌人包围起来，把日寇挤在一起，展开一场白刃肉搏战，将敌人歼灭。

战斗刚打响时，第三辆汽车上就喊起来："我们是双山子警察，别打我们，咱们中国人不打中国人。"他们一枪没放，我们也没动他们。

伏击水出守备队的战斗一打响，围攻四平街的部队立即撤出来，驻四平街的日军陆岛小队又出来增援，结果，陆岛小队让我们也给解决了，陆岛小队长也被我们击毙。这一仗速战速决，共击毙日军20多人。我们打扫完战场，运走了汽车上的弹药和其他物品，烧掉了汽车，迎着东方的曙光，撤离了战场。

双山子警察署一个警尉带了一个警察上山来给我们送来200发子弹。伪警尉一再说，他们身不由己，不跟来不行。最后双方商定，他们边打枪边向双山子方向逃跑，回去好交差。此后，这个伪警尉还暗地里帮忙给我们买了一些东西，还算个有良心的中国人。①

小佛爷沟战斗刚刚胜利结束，日伪军就于11月出动两万兵力，再次对抗联第一路军进行"大讨伐"，各村镇均修建围墙碉堡，屯兵驻守，一旦发现抗联部队，则配合封锁、联合交叉扫荡。针对来势汹汹之敌，杨靖宇及时指挥部队化整为零、分散游击，捕捉有利战机，歼灭敌人有生力量。他本人则率军部直属部队由宽甸向西北移动，在本溪、宽甸、桓仁三县毗连地区活动，于11月下旬在本溪南营房附近大石湖与一师师部会合，对一师活动作了部署。此时，日伪军已跟踪而至，于是，杨靖宇指挥军部直属部队、第一师和由高维国率领的义勇军部队

---

① 王传圣：《深切的怀念》，宋晓宏、高峰、傅伟编著：《永久的丰碑——杨靖宇将军资料汇编》，吉林文史出版社2005年版，第238—239页。

第十三独立师,在 12 月 4 日与日伪军 530 余人交战,毙敌 60 余人,缴获掷弹筒 1 个、炮弹 20 余发。战斗结束后,杨靖宇决定利用敌人可能以为抗联部队撤出阵地的错觉,出敌不意,再次伏击敌人。他指示:"大石湖战斗刚打完,敌人会以为我们已经撤走,不会在这里,所以一定很麻痹,我们可再给敌人来个突然袭击。冬天伏击敌人,我们困难很多,没有草丛树枝作掩护,隐蔽很困难。伏击部队不能离敌人太近,势必拉大距离,更主要的是埋伏时间长了,天气寒冷,战士受不了,枪栓也容易受冻,请大家注意些问题。和日本鬼子作战要有拼刺刀的思想准备,指挥员要机动灵活指挥作战,不能给敌人以喘息的机会。"① 果不其然,5 日上午 10 时,日寇"讨伐队"又在老边沟尝到了苦头。1938 年 1 月 8 日,日伪军在《奉天警备情况第 34 号报告》中记述战况说:"接到杨匪大队 300 余人在南营房东南老边沟集结之情报,讨伐队即予围攻,但匪据守险峻的山岳地带,以轻重机枪进行顽抗,约 9 小时战斗,匪团分散奔跑,在战斗中,日军死 12 人、伤 10 人,治安队战死 1 人、负伤 3 人,自卫团负伤 1 人。"②

作为损兵折将的合乎逻辑的结果,伪满治安部《铁军》杂志举行的"东边道讨伐体验座谈会",变成了伪军军官的诉苦会:

军队到地方时,地方倾向如何?

由出发地至讨伐地一路差不多都是山林辟地,人家很少,往往走百八十里地也看不到人家。我们讨伐队无论到何处必得多带给养,不然免不了饥饿。一般百姓对待我们讨伐队没有多大欢迎之色。

我到东边道各地,看见军人求百姓做什么事的时候,他们都不乐意的样子。杨靖宇是共产党匪,匪到的地方,往往有妇女预备饭给他们吃。

匪团编制装备怎样?

依六道沟方面匪缴警察枪械时候,匪见枪皆是旧的,他们一支也不要,可以推知。

匪团编制骑兵,旅分团,团分连。每团约百人,三八式枪很多。

辑安十三道沟满洲国侦探被杨靖宇俘虏去,带至少年团给他看武器,少年团有 150 余人,新机关枪 10 架。住一宿放出来。据说全数有 800 人,枪甚新,比国军强。

匪行动快,联络好,五十里远有通信处,子弹壳仍带回去,自己有机器,能制火药。

二年以前有各种匪团,现在皆合流了,小合大都是趋向共匪了,团结力

---

① 王传圣:《风雪长白山》,吉林教育出版社 1992 年版,转引自赵俊清:《杨靖宇传》,黑龙江人民出版社 2005 年版,第 389 页。

②《奉天警备情况第 34 号报告》,1938 年 1 月 8 日,东北烈士纪念馆编:《东北抗日斗争史料汇编》(附录 4),转引自赵俊清:《杨靖宇传》,黑龙江人民出版社 2005 年版,第 389—390 页。

量大，虽然数目减少而力量强化，抵抗力很大，数次战斗火力旺盛，联络谍报较满洲国军是占优势的。

匪团一百，国军一百相对峙，国军不能取胜。

匪团惯用之战法怎样？

匪避免与讨伐军战，他们惯用突袭。

匪伪装甚妙，讨伐军一不注意，突然出来袭击，送给养部队易被匪袭。专伺弱点袭国军，先让过尖兵，战我本队，不轻易放枪，国军山头上看不见匪人。

匪团团结力、统御力如何？

匪团团结力甚坚。

匪团都是青年，二十岁左右，统御力大。

最初讨伐之感想如何？

第一次参加讨伐到东边道，夜半发生匪情，我们带给养很少，吃硬饼子，喝凉水，辛苦万端。走一天一夜始到宿营地，饿了一天，晚间吃的小米粥，吃不饱。感觉百姓对军人没有好感，军人受痛苦为谁受呢？

讨伐期间劳苦状况怎样？

部队讨伐实甚劳苦，夜营于野外，给养困难，地形也不熟，一冬天大雪，一片白色，讨伐更感劳苦。

各位将讨伐成功说一说。

士兵听当地人说红军如何勇敢，先有一种害怕印象，因士兵有这种心理，所以很受影响。

讨伐军射击不良，重火器不能携带，皆为失败原因。部队行动有日系指导官，日满系意见不合，亦有关系。

共匪与土匪不一样，共匪联络警戒好，如能断绝资源也好。[①]

一句"将讨伐成功说一说"的由头，竟引来一片"害怕印象""失败原因"的大吐苦水，这幕尴尬的场景，不能不说是绝妙的讽刺。

在"七七"抗战爆发后的半年里，杨靖宇指挥抗联第一路军，以配合全国总抗战为中心任务，坚决执行党中央"全力牵制敌后"的指示，"在辽河与沈阳地区展开胜利的战斗，奇袭敌人，破坏铁路、桥梁，切断交通运输，拔除日寇据点，歼灭日伪官兵甚多，有力地配合了全国总抗战。'抗日红军'威力震撼日寇关东军中枢，日酋动员了南满基地所有兵力，狼奔豕突，四出遏阻"。第一军第三师在师长王仁斋率领下，甚至于9月间活动于沈阳、抚顺一带，在东陵活捉伪奉天省署建设厅日本官员村上博。第一路军其他各部也积极作战，先后在抚松、

[①] 转引自赵俊清：《杨靖宇传》，黑龙江人民出版社2005年版，第389—390页。

柳河、桦甸等地重创敌伪军，并于10月26日攻克辉南县城。至1938年2月，彻底粉碎了历时四个月的"东边道讨伐"。所有这一切，与吉东、北满抗联部队的斗争一起，掀起了东北人民的抗日新高潮。甚至一向凶残骄横的关东军宪兵司令部，也不得不发出无奈的哀鸣：

> 中共东北党（军）不顾前期日满军连续不断强行促进整顿工作已深入红、白两区，而受到明显压缩之现状，企图运用所谓抗日全民战线策略，拟与关内的中国全民抗日战争相呼应，且已看出其气势相当猛烈。①
>
> 中共东北党（军）……以所谓按照党、军一体化，以武装斗争为重点形式，利用我整顿工作的漏洞而巧妙游弋，盲目相信在关内的长期抗日战争最后胜利之关键，必然在中国掌中的迷梦，且对自己之势力过高估价，为适应新形势而日益加强特别紧急时战术，积极致力于扩大强化党（军）的势力，对此我们是处于一刻也不能袖手傍观之现状。②

第二节　党中央的关怀

在全民族抗战的烽火中，全国人民更加真切地感受到杨靖宇和他的战友们作为民族英雄的高大形象，更加坚定了抗日必胜的信心，更加牵挂呻吟在日本法西斯屠刀下的三千万东北骨肉同胞，也更加怀念为国捐躯的抗联英烈。1937年7月10日，《救国时报》发表了陈潭秋为中共驻共产国际代表团草拟的《悼东北抗日烈士夏云杰、陈荣久、李红光、史忠恒、傅显明诸同志》一文，号召全国人民学习东北抗日联军的斗争榜样，号召东北人民和东北抗日联军在毛泽东和朱德的领导下，团结在"举世闻名的民族英雄"杨靖宇的周围，为收复东北失地而战，为民族和人民的解放而战：

> 我东北四省沦陷于日本强盗之手，已经快到六年了。在这六年中，我东北同胞不但受尽了野蛮残酷的压迫与剥削，而且成千成万的遭受日寇及其走狗惨无人道的焚烧、屠杀、奸淫、抢掠，过着朝不保夕的生活。"抗日则生，不抗日则死"，成为全东北数千万同胞一致的呼声。因此，东北同胞的抗日斗争，一开始就采取武装对抗的形式，虽然马占山、李杜、王德林、李海青、冯占海诸将军所领导的武装抗日斗争，因外援断绝而先后失败，然而抗日救国的伟业并未终止，相反地，抗日斗争更加坚韧和发展，抗日力量更加团结和一致。继马、李、王诸将军而起的有更多的新的抗日领袖，如举世闻

---

① 吉林省档案馆编译：《东北抗日运动概况（1938—1942）》，吉林文史出版社1986年版，第3页。
② 吉林省档案馆编译：《东北抗日运动概况（1938—1942）》，吉林文史出版社1986年版，第4页。

名的杨靖宇等诸民族英雄，即是这些抗日领袖的最好代表。而参加抗日的部队，则不仅有旧东北军余部，并且有反日起义的"满洲"军，有矢志抗日的义勇军和山林队，有出关杀敌的关内志士，有朝鲜的爱国健儿。而且这些力量，已经在我党所提出的抗日救国统一战线之下团结起来了，已经组成了不可战胜的东北抗日联军了。

我党——中国共产党——六年以来在东北抗日救国的艰苦斗争中，曾经遭受过莫大的损失，远之如金伯阳、童长荣、杨太和、胡士敏、张文楷、李斗文诸同志，都在反日战线上壮烈地牺牲了。特别是最近一年来东北抗日联军第六军军长夏云杰同志、第七军军长陈荣久同志、第一军第一师师长李红光同志、第二军第二师师长史忠恒同志、第五军第二师师长傅显明同志等的先后牺牲，尤为怆痛的的不可补偿的损失。这些同志都是我党最优秀的干部，是抗日军中最有威信的领袖，他们在与日寇数年的搏战中，确实表现了共产党员的英勇模范，流尽了他们的最后一滴血，尽了他们保国卫民的最高职责。他们的牺牲，不仅是我党的严重损失，而且是整个民族的重大创伤，是抗日救国运动中最不幸的事件。

固然我们最好的同志、最英勇坚定的抗日烈士夏云杰、陈荣久、李红光、史忠恒、傅显明诸同志的牺牲，是我们最痛心的事，然而我们更痛心的还在于：

1. 正当烈士们和他们的战友杨靖宇等同志为收复失地，为民族解放，为国家独立，与日寇进行艰苦卓绝的斗争的时候，而南京当局却在采取忍辱退让的不抵抗政策，致国土日削，国权日丧，使日本强盗得以到处横行，继续侵略。而且这种不抵抗政策，迄今虽表现多少改变的端倪，然而在南京内部亲日派挟持之下，还未见彻底的转变，还未见实行动员全国力量，作抗日的实际准备。相反的，"爱国有罪"，在今天仍是南京当局的对内方针。

2. 正当烈士们和他们的战友杨靖宇等同志在东北执行我党抗日民族统一战线政策，联合反日的各党派、各部队、各民众团体（首先是个别国民党员及其所领导的部队和团体）进行坚决的抗日血战的时候，而南京当局却在全力进行罪恶的"剿共"政策，以致国力消耗，外患加深，使中国人民红军的抗日志愿，屡次受到阻碍而未能实现。而且这种"剿共"政策，在全国人民一致反抗之下，目前虽然暂时停止，民族统一战线运动虽在继续开展中，然而在日寇"共同防共"的威胁与亲日派的挟持之下，南京当局仍不断地从各方面来企图削弱红军的力量，限制红军的发展，而对于我党及全国人民所企求的"国共合作，一致对外"，至今仍未见有真诚的合理的适于全国人民公意的回答。

3. 特别使我们痛心的，正当烈士们为民族、为祖国、为全国同胞的生存与日寇进行喋血抗战、先后牺牲的时候，而南京当局在亲日派挟持之下，却仍在厉行对内压迫政策。逮捕和审判全国救国会领袖，封闭反日刊物，禁止反日运动，京、沪、汉各地爱国青年大批失踪与被捕，各大学主张抗日教授被辞退，以及福建领导反日斗争的共产党员之被枪杀，鄂、豫、皖、湘、赣、闽各地红军抗日游击队之被"围剿"，凡此一切，都不能不使我们及全国民众怀疑到南京当局屡次宣言的"和平统一，团结御侮"的诚意。这简直是我们比追悼抗日烈士的悲感更加沉痛的一种悲感。

国家民族的危亡，已至千钧一发之际，不但东北诸民族英雄正在领导抗日联军及东北人民与日寇血肉相搏，而且绥远抗战的将士，察热起义的同志，特别是正在卢沟桥英勇杀敌喋血抗战为国增光的二十九军将士及北方同胞们，都在拼掷自己的头颅，流溅自己的热血，为保卫国土，为收复失地，为解放民族，为争取独立、自由、幸福的新中国而奋战，然而他们同时更热望着全国同胞之一致动员，全民族之一致抗战，庶几使他们的头颅不致虚掷，他们的热血不致空流，这是我们每一个有良心的中国人，和有诚意抗日救国的政府当局所不应丝毫漠视而应激励奋发的呵！

让我们告慰我们的抗日烈士们罢！夏云杰同志！陈荣久同志！李红光同志！史忠恒同志！傅显明同志！你们为了收复失地，为了民族解放，为了国家生存，为了执行党的任务与政策与日寇作长期搏斗。你们为了自己的志愿，为了执行党的革命任务，为了中国人民解放的事业，而流尽最后一滴血。你们是人民的先驱，民族的英雄，党员的模范。你们的事业虽未完成，你们的英名是永远磨灭不了的，你们的躯壳虽然死去了，你们的精神将永远的存留在中国人的心坎中活动着，你们未完成的事业，有你们所最敬爱的党——中国共产党正在领导着，有你们所最亲近的战友杨靖宇等同志领导的抗日联军及东北人民正在继续奋斗着，有你们所最密切的数十万党员同志和红军战士正在毛泽东、朱德等同志领导之下积极活动着，并且有你们所最爱护的全国同胞正在奔走呼号着。夏云杰、陈荣久、李红光、史忠恒、傅显明诸同志！你们不要遗憾罢！你们瞑目罢！你们的事业一定在中国共产党领导下得到胜利的！

1937年12月9日至14日，中共中央政治局会议在延安举行，受党中央委托领导东北抗日联军的中共驻共产国际代表团在会上报告了东北抗日斗争的情况，对杨靖宇的贡献和能力作了高度评价，赞誉他是最好的东北干部、东北人民心目中的"诸葛孔明"。12月13日，会议通过了党中央政治局《关于中共驻共产国际代表团工作报告的决议》，高度评价代表团对东北抗日斗争的直接领导"是满意的完成了党中央与共产国际所给与他们的任务"①。

筹备党的"七大"，这是政治局12月会议的中心议题，就在12月13日当天，会议通过了《中共中央政治局关于准备召集第七次全国代表大会的决议》，

---

①《建党以来重要文献选编（1921—1949）》第14册，中央文献出版社2011年版，第734页。

决定组建以毛泽东为主席的"准备召集中国共产党第七次全国代表大会委员会",委员共25人,其中包括党中央第一代领导集体成员毛泽东、朱德、周恩来、刘少奇、任弼时;德高望重的革命元老林伯渠、董必武、吴玉章、徐特立;八路军正、副总司令朱德、彭德怀;新四军暨南方三年游击战主要领导人项英、陈毅;原中共驻共产国际代表团满洲问题委员会委员陈云、曾山等。

作为东北抗日斗争的最主要代表人物和东北抗日联军最高领导人,杨靖宇被党中央政治局指定为"七大"准备委员会委员,这是杨靖宇担任过的最高党内职务。决议通过后,毛泽东和与会的全体政治局委员一起,于当日亲笔签发了《中共中央政治局关于准备召集第七次全国代表大会的决议》,向全党公布了"七大"准备委员会名单。

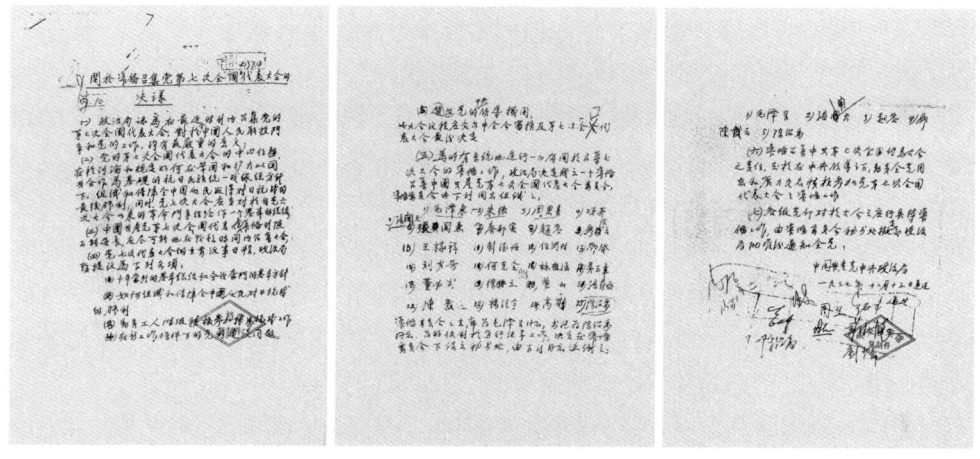

《关于准备召集党第七次全国代表大会的决议》文件

1938年后,杨靖宇被党中央指定为"七大"准备委员会委员的消息传入东北,在关东军宪兵司令部编印的绝密文件《满洲共产抗日运动概况》1938年和1939年中,都称杨靖宇为"中共中央委员",并强调此举振奋了抗联部队的斗志、加强了东北抗日联军第一路军的领导和战斗力:

> 东北抗日联军第一路军匪帮,在以中共中央委员杨靖宇为最高领导者,以及魏拯民、陈秀明、韩仁和、陈翰章等优秀领导干部统制之下。匪徒数量经常保持一千有余。杨自率司令部进行游击。同时将其属下匪帮分编为三个方面军,据有山岳密林之地利而为所欲为,不仅对部落(村庄)、矿山、警备机关进行袭击掠夺,且胆敢以伪装投诚而谋杀日本人之高级官吏或迎击移动中之日本军部队等活动。①

---

① 吉林省档案馆编译:《东北抗日运动概况(1938—1942)》,吉林文史出版社1986年版,第83页。

三个月后，1938年2月，美国合众社记者王公达在延安采访了毛泽东，3月5日，中共中央机关刊物《解放》发表了毛泽东与王公达的谈话。在谈话中，毛泽东回答了王公达"东三省义勇军的抗日活动，有中国共产党前去领导吗？"[1]的问题，指出："中国共产党和东三省抗日义勇军确有密切关系。例如有名的义军领袖杨靖宇、赵尚志、李红光等等，他们都是共产党员，他们的坚决抗日艰苦奋斗的成绩，是人所共知的。那里也是民族统一战线，除共产党员外，还有其他的派别及各种不同的军队与民众团体，他们已在共同的方针下团结起来了。"[2]

毛泽东作出这样的回答，是与《救国时报》提供的材料有着密切关系的。1936年10月5日，《救国时报》在第3版发表了上海救国会代表王宾恒在巴黎全欧华侨抗日救国大会上关于东北现状的报告，其中有一段文字是："至于现在的义勇军领袖呢？自然要说杨靖宇、赵尚志、李红光诸位领袖。这些人日本人称之为'思想匪'，实际便是共产党。他们做什么？他们抗日救国（鼓掌），他们不分党派，联合一切不愿做亡国奴的同胞去抗日救国"。

更为重要的是，毛泽东在谈话中，明确肯定了统一战线对东北抗日斗争的作用。在建立中华民族抗日统一战线的过程中，东北抗日斗争奠定了基础、提供了借鉴，而杨靖宇就是东北抗日民族统一战线的主要发起人和实践者，无论是对义勇军、少数民族抑或其他各阶级各团体，杨靖宇都能"善于团结群众，能够把各族人民为共同的事业而团结在一起"。毛泽东把杨靖宇和李红光并提，表明对他们致力创建东北地区各民族抗日统一战线的赞誉，特别是对东北地区注重与朝鲜族群众团结抗日、充分发挥朝鲜族群众抗日积极性的赞誉。

此后不到两个月，在5月出版的《抗日游击战争的战略问题》一书中，毛泽东又对以杨靖宇为主要创建者的长白山抗日游击根据地作了充分肯定，将其作为中国共产党领导人民建立抗日根据地、开辟敌后战场、坚持持久抗战的第一个范例。他指出：

> 山地建立根据地之有利是人人明白的，已经建立或正在建立或准备建立的长白山、五台山、太行山、泰山、燕山、茅山等根据地都是。这些根据地将是抗日游击战争最能长期支持的场所，是抗日战争的重要堡垒。我们必须到一切处于敌后的山岳地带去发展游击战争，并建立起根据地来。[3]

1938年9月29日至11月6日，党中央六届六中全会（扩大）在延安举行，毛泽东向全会作了题为《论新阶段》的报告及会议结论。在《论持久战》的基础上，进一步总结了全民族抗战爆发以来的经验教训，阐明了中国共产党的全面抗

---

[1]《毛泽东文集》第2卷，人民出版社1993年版，第230页。
[2]《毛泽东文集》第2卷，人民出版社1993年版，第230页。
[3]《毛泽东选集》第2卷，人民出版社1991年版，第419页。

战路线。杨松以抗联代表兼会议秘书的身份出席会议,向会议详细报告了东北人民在杨靖宇领导下与日本侵略者战斗到底的英雄事迹。在会议开幕式上,全体代表向金伯阳、夏云杰、陈荣久、张文楷、李斗文、何忠国等抗联先烈默哀致敬。11月5日,会议向杨靖宇和东北抗日联军发出了由杨松起草的致敬电:

> 东北抗日联军杨司令靖宇转:
>   东北抗日联军的长官们、兵士们、政治工作人员们!
>   在中共扩大的六中全会开会的时候,我们代表中国共产党全体党员及共产党所领导下的抗日军队与游击队,向沦陷在敌人统治下已七年多的东北同胞们、在冰天雪地与敌周旋七年多的不怕困苦艰难奋斗之模范的东北抗日军队,表示最深刻的同情,并向你们致最崇高的民族革命敬礼!日寇于民国廿年出兵占领我东北,去年又强夺我华北数省,并进兵华中华南,其目的在灭亡我全中国,把我四万万五千万同胞都变为日寇的奴隶。但是自从"七七"事变后的中国,已非"九一八"时的中国了。由于国共两党政策的转变,已结束了民族分裂与国内战争的局面,全国各党派各阶级各军队各地方政府都一致团结在国民政府周围,在蒋委员长领导之下,对日开始了神圣的民族自卫战争。虽因敌我力量的悬殊,在十六个月的抗战中,我国遭受了一些局部的暂时的军事上的失利,特别是在武汉广州失守后,一方面增加了某些困难,但是另一方面,我民族的抗战力量更加团结,国共合作却更加亲密,抗日民族统一战线也更加进步。我们坚决相信,只要我们坚持民族抗战到底,坚持持久战,坚持以国共合作为基础的抗日民族统一战线,我们定能克服目前的困难,团结全民族的力量,继续抗战,停止日寇的进攻,以准备将来的反攻。
>   东北四省是中华民国的领土,东北三千万同胞是全体中华人民的一部分,我国全民族抗战的目的,不仅是要把日寇从内地各省驱逐出去,以建立领土完整的、行政统一的、独立自由幸福的新中华民国。我们在过去现在和将来都不会忘记沦陷在敌人铁蹄统治下的东北三千万同胞,我们也不会忘记在最艰难困苦的条件下,同民族死敌作长期斗争的亲爱的同

中共扩大的六届六中全会给东北义勇军及全体同胞电

志们。八路军一个支队曾到冀东游击,希望在东北各地的民族志士及全体同胞,在敌人后方响应,与敌进行更加长期的持久的艰难的游击战争,更加巩固和扩大各党派各阶级各军队的抗日民族统一战线,以准备我国军队在将来反攻,而达到收复东北的目的。

驱逐日本帝国主义出中国!独立自由幸福的新中国万岁!东北抗日联军及一切抗日义勇军万岁!①

党中央给杨靖宇和东北抗日联军的致敬电,是中国共产党历史特别是东北抗日联军历史上的一份重要文献,它集中体现了以毛泽东为核心的党中央对东北抗联的高度重视和亲切关怀,充分肯定了东北人民抗日斗争在全国抗战中的地位、任务和光明前途,重申了中国共产党抗战到底和收复东北失地的坚强决心,尤其应该指出的是,这是党中央文件中第一次正式任命杨靖宇为"东北抗日联军司令",并指定由杨靖宇负责向抗联全军传达,这就进一步明确了杨靖宇在东北抗联中的领导核心地位。同年年底,这个致敬电经吉东中苏边境国际地下交通线传入东北,杨靖宇收到后,于当年底在桦甸老营沟宿营地主持高级干部会议,向魏拯民、韩仁和、伊峻山、方振声等传达了这个文件。

以毛泽东为核心的中共中央对东北抗日联军的关怀和指示,特别是党的六届六中全会精神在东北的传达贯彻,极大地振奋了东北人民的抗日斗志,也使日本法西斯更加震慑于中国共产党对东北抗日斗争的坚强领导和杨靖宇对于东北抗战不可替代的重要作用。在日本关东军宪兵司令部的档案中,他们将杨靖宇和周保中称为"中共东北党两大支柱"②,进一步指出:

在满东北党(军)做为在中国抗日战线上有力之外线势力而受到重视,虽然由于放弃武汉,国共合作抗日势力遁入内地,但中共党日益坚持抗日持久战……于陕西省红都延安召开中共党六中全会,并通过了中国共产党六中全会决议……中国目前之抗战正处于从第一阶段向第二阶段转变之过渡时期,而强调长期抗日,另外,从这次会议中中共党向在满东北党致电,鼓励继续长期抗战等情况,中共党不仅从未放弃其长期抗日之迷梦,还希望东北党(军)亦与之相策应,顽强且积极地开展抗日游击战,对此点乃不难预想,因而绝不能轻视其将来之动向。③

的确,以杨靖宇为代表的中共东北党组织和抗日联军,坚决执行党中央和毛泽东的指示,以策应全国总抗战为中心任务,"顽强且积极地开展抗日游击战",

---

① 《建党以来重要文献选编(1921—1949)》第 15 册,中央文献出版社 2001 年版,第 731—732 页。
② 吉林省档案馆编译:《东北抗日运动概况(1938—1942)》,吉林文史出版社 1986 年版,第 21 页。
③ 吉林省档案馆编译:《东北抗日运动概况(1938—1942)》,吉林文史出版社 1986 年版,第 9 页。

这确实是"不难预想"、人人皆知的客观事实,日本法西斯"绝不能轻视其将来之动向"也自在情理之中,但无论他们如何"不能轻视",也不可能改变其必然灭亡的命运。

第三节　通辑铁路出奇兵

在东北抗联第一路军 1938 年的战绩中,历时近一年的通辑铁路破袭战是最为浓墨重彩的一笔。

通辑铁路的两端为通化和辑安,全长 115 公里,而当时的通化还是伪"省会"重镇,仅此足见这条铁路之重要了。它是梅河口至通化铁路的延长线,故又有梅辑铁路之称。向北经梅河口可直通四平,向东又与朝鲜铁路连接,一旦建成,即成为日本帝国主义掠夺东北物资最为快捷的通道,至于对运输兵员武器镇压中国人民的"便利",更加不言而喻。正如"满铁"在 1942 年 11 月编撰的《通辑线建设工事志》中的自供:"通辑线的意义是重大的。从大陆经济政策和维持东边道治安的观点看,说它的重要性是其他的建设线路所无与伦比的。"[①] 为此,日本侵略者在全面侵华战争爆发前的 1937 年 3 月耗费巨额人力物力,特别是大量奴役中国劳工,开始了预期两年(至 1939 年 3 月)的通辑线工程建设。当然,所有这一切,早已引起杨靖宇的关注,他告诫战友们:"这条铁路对我们活动不利,它即为掠夺我国丰富资源服务,又妨碍我们开展游击战,必须不断破坏它。"[②] 1938 年初,杨靖宇在指挥部队开辟老岭抗日游击根据地的同时,也一直在

修筑中的通辑铁路

[①] 转引自赵俊清:《杨靖宇传》,黑龙江人民出版社 2005 年版,第 405 页。
[②] 转引自赵俊清:《杨靖宇传》,黑龙江人民出版社 2005 年版,第 405 页。

积极筹划破坏通辑铁路。3月上旬,杨靖宇派人对通辑线老岭隧道工地进行了详细侦查,这里位于老岭山脉老岭站与黄柏站之间,隧道分为两段,全长近4000米,是整个通辑线最为艰巨的核心工程。为此,日寇在这里的十一道沟设立了发电所、十二道沟设立了供应仓库,架设了电网,驻扎着日军守备队一个小队和伪满铁路警备队一个连,在日伪军和"东亚土木株式会社"监工把头们的刺刀皮鞭下,数以千计的中国劳工吃着猪狗食、干着牛马活。在认真分析敌情后,杨靖宇决定先派便衣手枪队化装成建筑工人混入工地,与随后开始进攻的大队人马里应外合,"要采取一切办法,能烧的烧,能炸的炸,一句话,进行彻底的破坏,延缓敌人的工期,解放劳工,要达到我们的目的"[①]。

3月13日,在杨靖宇亲自指挥下,警卫旅第一、三团五百余人兵分三路,同时向老岭隧道工地、发电所、供应仓库出击。晚7时,由于化装成劳工的手枪队员在进入工棚时被敌人发觉,于是首先开火,杨靖宇随即率大队人马跟进。奇袭老岭隧道战斗就此打响。关于这场战斗,《通辑线建设工事志》记载:

> 昭和十三年(1938年)3月13日,距通化71公里的老岭隧道西口。
> 通辑线从离通化60公里附近至辑安间,是重叠的山岳地带,反满抗日匪的活动极为猖獗,不断派便衣在老岭工程区努力搜集情报,黄昏时分,突然有共产匪200余人分别袭击了东亚土木会社现场、十一道沟发电所及十二道沟供应仓库。袭击十二道沟供应仓库的匪团约百余人,主力包围了旁边栅栏,并越过供应仓库的警戒线,接近正门。其余匪破坏铁丝网,从而重重包围供应仓库建筑物。
> 正站岗的满人警员唐连中、李清山一面紧急射击,一面急报。久保调度员立刻急报老岭守备队并老龄工区,在漆畑警备助理的指挥下,戌亥警备员和久保调度协力应战,因寡不敌众,遂壮烈战死。
> 匪团之一部约50余人袭击十一道沟发电所及机器库,但在宫光电气助理以下全体充分准备,与其应战,终于击退。
> 在第一老岭隧道西口东亚土木会社现场,匪团一部约100余人,对后山一带的宿舍,采取了包围队形,正等待开始攻击。当听到十二道沟供应仓库方向枪声后,即从各方面蜂拥而入,极为惨暴,一部分人员打开一条血路逃入第一老岭隧道内,其他人在匪团凶恶袭击下全部殉职。[②]

这次战斗中,抗联部队毙伤敌12人,烧毁12栋建筑物、3辆汽车和大批建筑材料,破坏全部工程设备,缴获面粉800袋、大米12包、衣物一批,解放劳

[①] 转引自赵俊清:《杨靖宇传》,黑龙江人民出版社2005年版,第406页。
[②] 转引自赵俊清:《杨靖宇传》,黑龙江人民出版社2005年版,第407—408页。

工 1700 人，造成敌伪损失 20 万日元，从这一连串数字中，人们自然明白为什么日伪当局称此役为"东边道肃正史上最巨大的一章"。

然而，这"最巨大的一章"还只是杨靖宇和他的战友们砸向通辑铁路的第一记铁拳，从 3 月 13 日至 1939 年 1 月 16 日，在 310 天里，杨靖宇指挥抗联第一路军，在通辑线与日伪军进行了 25 次较大规模的战斗，除老岭隧道战斗以外，其他具体战况如下：

3 月 14 日下午 5 时，杨靖宇又率部在老岭西南方约 10 公里的十七道沟，与前来应援的驻六道沟的日军角田部队和伪警察队 120 人展开激战，予敌以一定杀伤，将其击退。而后，战士们踏着厚厚的积雪，将在老岭隧道工地战斗中缴获的物资运至附近山上，隐蔽收藏起来，部队经老秃顶子、吊水湖、蚊子沟返回到蚂蚁河、大东岔一带山林中。

3 月 18 日，在距通化 71 公里第一老岭西方约 8 公里的 1285 高地，与日军角田部队交战 4 小时，毙日军 1 人，伤多人。

4 月 1 日，袭击水洞站北方 3 公里的水洞沟"集团部落"，缴获大批粮食、食盐、胶鞋等物品。

4 月 10 日，再次袭击水洞沟"集团部落"，缴获玉米 175 公斤及衣物、食品若干。

4 月 27 日，在石湖站西 18 公里处，与通化县伪警察"讨伐队"交战。

5 月 9 日，在距通化 101 公里阳岔西北 7 公里小青沟，袭击了东亚土木会社坑木采伐场，缴获衣物、食品若干，解放劳工 15 名。

5 月 17 日，在老岭西南方约 10 公里的 1500 高地，与濛江县伪警察队交战。

7 月 5 日，在距通化 42 公里的果松站东南方约 9 公里处 602 高地，伏击了由七道沟开往作业现场的敌人汽车 1 辆，毙伤敌 12 人。

7 月 29 日，在距通化 85 公里附近的老岭至大青沟间，袭击了敌人由辑安开往老岭方向的敌铁路工程专用汽车 1 辆，敌死伤 10 人（日警备队 7 人，伪满军 3 人），俘敌 2 人，并将汽车焚毁，缴获武器、服装及其他物品若干。日伪记载："老岭附近一带进入 7 月以来，匪情日益险恶，局面异常紧张……于 7 月 29 日 11 时 30 分左右，迫近距通化 85 公里附近老岭至大青沟间，突然受到山上下来的共产匪杨司令的部下 150 余名包围袭击……"

8 月 14 日，在距通化 101 公里的阳岔西方 11 公里处，袭击东亚土木会社搬运采伐木材的汽车 4 辆。

8 月 19 日，夜 11 时，袭击了辑安县青沟子"集团部落"，与伪警察署佐藤警长交战，烧毁炮台、割断电线，解除了敌人武装，缴获许多物品。

9 月 14 日，于当日晚 8 时袭击辑安西北约 30 公里的陡沟子"集团部落"，随后与伪满军及台上伪自卫团交战约 4 小时。

9月20日，在向三道沟移动中，于午后1时在陡沟子与伪满军"讨伐队"相遇，展开遭遇战。

10月6日，利用夜半月明之机，分兵袭击了距通化42公里的果松东南六道沟、七道沟、郝家街三处"集团部落"。在六道沟与加藤准尉指挥的驻屯日军展开战斗，烧毁伪警察分驻所房屋1栋，缴获白面20袋、高粱米4袋，解放吉川组、今田组、神谷组劳工30余名。

10月13日，晨2时，袭击了果松西方约80公里的大西岔"集团部落"，与当地驻屯伪满军及伪警察交战1小时。缴获敌人步枪7支、子弹250发、手枪1支。

11月9日，在距通化15公里水洞北方约12公里的966高地，与活动在水洞站一带的伪满军杨岳部队交战半小时。

11月12日，将通化至水洞间13.8公里地方的电杆砍倒，切断电线，使电话线路遭到破坏。之后，敌人派出通化山本部队，以装甲列车警戒线路，又派出保护建设的日军出击，"满铁"现场工人即赴现场抢修，此事件使从通化发出的旅客列车晚点半小时。

11月13日，在距通化15公里的水洞北方约13公里地方，与日军谷崎部队展开战斗。

12月13日，在距通化15公里的水洞北方约13公里地方，再次与日军谷崎部队交战2小时。

1939年1月12日，在老岭西南口大壶沟山，与日军中川游击队激战3小时，毙伤日军10人。

1月16日，在距通化15公里的水洞南方18公里的楼子沟，与伪满军陈明部队交战1小时。①

从上述记载可以看出，自1938年5月起，抗联部队对通辑铁路的袭扰明显加强了，而且日益逼近伪省会通化，这是与杨靖宇和魏拯民率领的第一、第二两军主力的会合分不开的。在杨靖宇和魏拯民的指挥下，抗联战士继3月13日老岭隧道战斗之后，又于6月19日至25日的一个星期中，三次袭击通辑铁路工地，6月19日夜11时，第一路军部队600余人兵分三路，同时出击阳岔工程分区今井组合宿舍、第十一号和十二号老岭河桥梁工地办公室（以上距通化101公里）、土口子隧道工程、东亚土木会社值班室（以上距通化109公里），焚毁全部建筑物和器材，毙敌10人、俘虏日本工程师竹内仁助和小林喜一（后被日方赎回）等80人、解放劳工700余人，造成敌直接经济损失22万日元。从此，6月19日成为日寇"通辑线建设史上用血染成的最悲惨的日子"。24日和25日，杨

---

① 转引自赵俊清：《杨靖宇传》，黑龙江人民出版社2005年版，第408—409页。

通辑路土口子铁路桥

靖宇又率部连续袭击土口子隧道工地、东岗辑安工区和伪满军骑兵第五团团部（后两地距土口子9公里），战斗中，抗联战士以猛烈火力压制敌人，捣毁了敌人据点，切断了通信线路，将敌人已建成的铁轨扒掉、山洞炸塌，还缴获大批物资，迫使通辑铁路停工两个月。两次战斗中，全歼土口子工地守备队，击毙日军警备队长铃木义雄等10余人，解放劳工250余人，日寇自供："匪团对骑兵第五团的袭击是相当猛烈的。"

战火纷飞的沙场，有时也会出现令人捧腹的花絮。土口子两战后，日寇虽然在内部已经认输，但终究碍于面子，由辑安日本指导官出面致函杨靖宇说："土口子一仗没有什么了不起，对于满洲国来说，不过是等于被蚊子叮了一口。"杨靖宇看信后，对战士们说："这位日本指导官很有点阿Q精神。来而不往非礼也，咱们也给他回封信。"在回信中杨靖宇写道："你很有点文学天才，你的这个比喻很有意思，可惜不尽恰当，如果四万万中国人民每人叮你们一口，那你们这些侵略者，也就难以活命了。"

在杨靖宇和他的战友们的连续打击下，日本侵略者寄予厚望的通辑铁路建设，只能收获人财两空的结果，尽管日伪当局不断加强防范，甚至动用了警犬和警鸽，但结果仍旧是"昭和十三、十四的两年间（即1938年和1939年——引者注），通辑线建设工程期间的匪情极为严重，加上重叠的山岳地带，给警备带来很多困难，沿线的匪团大多是共匪，以杨靖宇为首的约600人的集团最顽固且极凶暴，由于他们无休止地疯狂干扰工程，以致使工程遭到数十次袭击，受害很大"，[①]一度陷于瘫痪状态。直至抗联第一路军司令部向辑安以北山林地带转移后才得以复工，最终建成时已是1939年9月，比原定计划推迟半年之久，各项直接间接损失更是无法估量。

在通辑铁路战斗中，还有一项足以载入史册的战绩——日本反法西斯国际主

---

① 转引自赵俊清：《杨靖宇传》，黑龙江人民出版社2005年版，第412页。

义战士福健一夫（又作富健一夫、福间一夫）参加抗联。他是东亚土木会社派到土口子隧道工地的绑架子工工头，平日为人善良，不欺侮中国人，1938 年 6 月 24 日被俘后，抗联原准备将他教育释放，但他主动要求参加东北抗日联军，恳切表示："日本侵略中国是不好的事，我是个工人，反对这种做法。我国的平民百姓也反对这么干，眼下只有制止这场战争，才能挽救中国人和日本人。"①

杨靖宇被他的真心诚意深深感动，又考虑到吸收日本战士入伍对战斗特别是瓦解敌伪军有特殊作用，遂允其所请，分配到教导团（同年 7 月后改编为警卫旅）机枪连二排当战士，当时部队战士都有编码代号，以免泄露姓名，福健一夫的代号是 8 号。关于这位日本战士的抗联生涯，与之朝夕相处的王传圣记忆犹新：

> 福间一夫，30 岁，中等身材，脸色黑黑，有满脸大胡子，老实忠厚，很能吃苦，沉默寡言，纪律性很强，作战勇敢顽强。据说他家里有妻子和孩子。
>
> 1939 年秋天，韩仁和带领机关枪连二排二班和我们少年铁血队在濛江县境内准备过冬粮食时，我们经常和福间一夫开玩笑："福间一夫同志，中国革命成功了，你怎么办？""你们中国革命成功了，中国共产党给我写一封信，我拿着信找日本共产党去。"
>
> 有一次，韩仁和问福间一夫："你想参加中国共产党吗？"福间一夫笑了笑说："我为什么不想参加中国共产党？能要我参加吗？""你很好地干，将来会要你的。"福间一夫眼光一亮，问道："中国革命成功了，我在中国行吗？""行，中国是一个多民族大国。中国革命成功了，你是一个革命战士，有功于国家，只要你要求留在中国，当然中国政府会把你留下的。"
>
> 福间一夫听了韩仁和秘书长的话，非常高兴，说："中国人好。日本军队心坏了的。他们来到中国，什么坏事都干。一定要把日本军打走。"②

是的。"中国人好。日本军队心坏了的。他们来到中国，什么坏事都干，一定要把日本军打走。"这就是一位善良正直的普通日本人发自肺腑的真言，这朴实的话语，足以戳穿一切"王道乐土""大东亚圣战"的无耻谎言。正是为了"制止这场战争，挽救中国人和日本人"，福健一夫在异国他乡，与东北抗日联军并肩战斗两年零五个月。1938 年秋的一个夜晚，杨靖宇在率部转移时遭遇日军巡逻队，危急时刻，福健一夫以流利的日语，成功地使部队化险为夷。为此，杨靖宇号召全体同志学习福健一夫的正义感和国际主义精神，以消灭日本法西斯的实际行动，解脱中日两国人民的苦难。抗联战士对这位异国战友也十分关心，在斗争实践中建立了水乳交融的亲密情感。1940 年初，福健一夫随韩仁和北上桦甸，

---

① 转引自赵俊清：《杨靖宇传》，黑龙江人民出版社 2005 年版，第 413 页。
② 王传圣：《深切的怀念》，宋晓宏、高峰、傅伟编著：《永久的丰碑——杨靖宇将军资料汇编》，吉林文史出版社 2005 年版，第 242 页。

同年11月，在前往穆棱四道河子筹粮的归途中，于东宁二道沟与敌交战，身负重伤，落入敌手后不屈就义。

噩耗传来，抗联战士悲痛不已，在以后的岁月里，无论风云如何变幻，抗联战士们都铭记着福健一夫的音容笑貌。1941年，抗联一路军在《磐石游击队的历史》中记载："1938年我们破坏梅辑路时，抓来日本工人中有一名富健一夫者，坚决要求参加我队抗日。我们收留以后，他在队内确表现出勇敢、吃苦耐劳的模范，在政治上起了不少的作用。可惜在1940年牺牲了。"随后的《东北抗日联军第一路军1932年——1941年阵亡统计表》也记载："姓名：福健一夫；性别：男；民族别：日；职别：机枪连队员；是否党：空白；牺牲年月日：1940.11；牺牲地点：东宁二道沟。"周保中赞誉福间一夫："作战坚决勇敢，为人聪明机警，说得一口流利的中国话。"[①]1954年，周保中在中宣部《党史资料》第9期上发表供党内中高级干部学习的抗联简史《东北抗日游击运动和东北抗日联军》，其中也特地提到了福健一夫的事迹。王传圣深情地回忆说："这位具有正义感的反侵略战士为中国人民解放事业献出了宝贵的生命，我们同他并肩战斗过的抗联战士无不为之痛惜万分。遗憾的是，我们一直未能打听到他的家乡和亲人，以表示我们的敬仰和怀念。"[②]如今，在他最后洒尽热血的东宁，遵照抗联史研究专家、原黑龙江省委党史研究室副主任、《杨靖宇传》作者赵俊清的提议，修建了福间一夫的塑像。同1933年舍身为抗联部队输送子弹的日本共产党党员伊田助男一样，福间一夫也将永远为中国人民特别是东北人民所铭记和怀念。

第四节　一、二军主力大会师和第一次老岭会议

在通辑铁路连环战期间，杨靖宇和魏拯民一起，主持了第一军和第二军主力的会师，召开了一、二两军高级干部会议，史称第一次老岭会议。

与魏拯民会面，共商抗联第一路军配合全国抗战、开展游击战争之大计，一直是杨靖宇尽力达到的目的。就在他率部开辟老岭游击根据地前后，魏拯民也于1938年3-4月，率领第二军教导团和独立旅、第四师一部和第一军第二师共400余人从临江出发，经通化绕道桓仁奔赴辑安。5月上旬，杨靖宇得悉后，即派王传圣等前往联络迎接。几天后，抗联第一路军的两支主力终于走到了一起：

> 1938年5月上旬，有一天司令找我说："小王，又一个紧急任务交给你去办，越快越好。可能有一定困难，再困难也要开动脑筋，想尽一切办法必

---

① 周保中讲述、魏东明整理：《杨靖宇和他的队伍——东北抗日联军纪实之二》，《周保中文选》，解放军出版社2015年版，第209页。

② 王传圣：《深切的怀念》，宋晓宏、高峰、傅伟编著：《永久的丰碑——杨靖宇将军资料汇编》，吉林文史出版社2005年版，第243页。

须完成，再不能耽误了。""什么任务？""根据情报分析，一定是二军的队伍过来了，很可能是魏政委带着队伍来的。"

杨司令一说这个情况，我说："我也听说了。群众传说，前些日子红军在通化县高丽沟子和敌人打了仗，又说红军还带着炮，估计可能用炮轰击敌人，过了几天又听说在辑安县的双岔河和台上街当中和敌人发生遭遇战，打了一阵，红军退走了。这些情况说明，二军的队伍确实过来了。"杨司令听完报告后，马上决定我和刘大愣在三天内一定要把魏政委找到、接来。

说实话，我真有点犯愁，但心想再困难也必须完成。我说："杨司令，再宽限两天时间吧，那么大的地方一两天时间我上哪去找他们？"

杨司令说："小王你又搞什么鬼？限你三天时间还不够吗？多一天时间也不能再给你。你知道为什么这样紧吗？"杨司令非常严肃地说："你要知道他们从东边过来是一边行军一边打仗，那么多的队伍对这一地区情况不了解，找我们又马上找不到，他们也一定很着急。他们的粮食也一定很困难，我们不马上找到他们行吗？你想想看。"

我知道问题的迫切性，立即表示三天内想尽一切办法找到他们就是了，但是请求给老刘换支匣枪，多给点子弹，以防万一。

杨司令说："好，你要求给老刘换支枪，可以。"最后，杨司令严肃地说："你的任务是找魏政委和他带的队伍，不是叫你带兵和敌人作战，你要细心大胆地去执行，千万不要和敌人发生冲突。"

我们每人带上三天干粮出发了。在当地群众的帮助下，第三天上午，我们在摇钱树岭找到了魏政委和他带的队伍。下午我和刘大愣做向导带领部队朝杨司令驻地行进。第二天上午快到时，我先回到司令部，向杨司令报告了找到魏政委经过，说队伍马上就到。杨司令高兴地说："通知各部队集合，准备迎接二军部队。"

这时，一军驻地周围插着几面红旗，还用松树枝扎的彩门，上面贴着写有欢迎二军兄弟部队的标语，还有"打倒日本帝国主义！""抗日战争必胜！"等口号，事先给二军准备好的支帐篷的木杆、铺帐篷的干草都摆放在一边。一军的队伍排成一行，站了几里路长的队伍，由杨司令带领干部的队伍前头迎接。

二军队伍过来时，前面有两面红旗引路，顿时，口号声、鼓掌声、互相问好声，响成一片。杨司令和魏政委互相敬礼、握手，还互相拥抱在一起，我们警卫员也学着首长的样子，互相敬礼、握手、拥抱。大家欢欣鼓舞，非常高兴，都不知说什么好了。[①]

[①] 王传圣：《深切的怀念》，宋晓宏、高峰、傅伟编著：《永久的丰碑——杨靖宇将军资料汇编》，吉林文史出版社2005年版，第241—242页。

欢迎仪式结束后，两军高级干部相互通报情况。第二军独立旅政委伊俊山（1908—1964，满族，后历任抗联第一路军第二方面军政治部主任、冶金部黑色金属公司副总经理等职）向杨靖宇汇报了部队远征的情况。该部原活动于吉东、北满地区，1937年夏，遵照周保中的指示，从方正县大罗勒密出发远征南满，于当年冬在辑安与魏拯民会师，随后又跟随魏拯民活动，总计历时八个月，途经伪满三江、牡丹江、吉林、通化四省，终于完成了密切南满、吉东两大抗日游击区联系的任务。杨靖宇听罢赞叹不已。在随后举行的欢迎大会上，杨靖宇高度评价了独立旅的远征，号召东北人民以八路军、新四军为榜样，增强信心、牵制日寇。伊俊山回忆道：

  杨靖宇同志听说我们是从北满来的，特地从村里出来迎接。他穿着褪色的灰军装，远远就向我们招手。此刻，所有的同志都激动万分。我急忙走上前去喊了声："杨司令！"就把二路军总指挥周保中同志的信递给他。

  队伍在一片欢呼声中静下来，杨靖宇同志站在一棵古松下给我们讲话。他说："共产党这条蛟龙就是锁不住、斩不断的，独立旅行军八个月，走了四个省，战胜了千难万苦，终于来到南满。敌人想把我们割成一块块，是永远办不到的。现在形势很好，关里八路军、新四军打了很多大胜仗。我们在东北的任务，不但要扯住日本人的后腿，而且要配合关内作战，最后的胜利一定属于中国人民。"

  同志们脸上流着兴奋的热泪，望着日夜想念着的杨司令。今天，我们到底走到他的身边了！①

自5月11日至6月1日，杨靖宇和魏拯民一起，在辑安老岭山区五道沟第一军司令部驻地密营，共同主持召开了抗联第一路军总部与中共南满省委高级干部联席会议，即第一次老岭会议。出席者除杨靖宇和魏拯民外，还有第一军参谋长杨俊恒、第一军秘书处长韩仁和、第一军教导团政委黄海峰、第一军军医处处长徐哲、第二军第四师政委吕伯岐、第二军独立旅政委伊俊山、第二军党委组织部长宋茂璇、桓（仁）兴（京）县委原书记陈秀明（李明山）等。会议开始时，杨靖宇在与会同志的掌声中，作了热情洋溢的报告，对中日双方力量对比进行了认真分析，对南满地区和第一路军的任务作了详细阐述，指出："因为我们的战争是正义的，所以在国际、国内都得到了广泛的同情和极大的支持，斗争取得了伟大的胜利，尤其是对于我们抗联的胜利，这都是我们同志所熟知和亲身经历的事实。中日战争的结局，最后的胜利一定属于中国人民。我们第一路军的同志为

---

① 伊俊山：《南满远征》，《吉林文史资料》编辑部、政协通化市委员会文史资料委员会编：《回忆杨靖宇将军》，吉林省政协文史资料委员会1988年版，第129—130页。

要响应关内抗战，就要在长期抗战中，注意保存实力，更加勇猛的、积极的去进攻敌人、歼灭敌人，直至把日本帝国主义驱逐出中国。"①

杨靖宇讲话后，伊俊山汇报了吉东、北满抗日斗争状况和独立旅远征经过。在以后的20天里，会议研究部署了健全南满省委和抗联第一路军、第一军、第二军的工作，推选魏拯民继任抗联第一路军副总司令，接替已于1936年11月牺牲的王德泰，同时补选了两个军的军党委委员。经过认真讨论，会议总结了第一路军成立（1936年7月）以来的经验教训，分析了南满地区斗争形势并提出了对策，指示加强部队思想政治工作特别是对战士的爱国主义教育，"对一般群众宣传和培养抗日救国思想，致力于积蓄抗日力量，以期在一旦有事之际达到同时蜂起而进行地下工作"②。特别部署了四项重要任务：

> 在坚持长期抗战中，保存实力，粉碎敌人的全面进攻。在东南满地区进一步发展游击战争，主力部队打开局面后，派出若干小部队积极开展群众工作，为建立新的游击根据地创造条件。为了和党中央、关内八路军取得联系，决定抽调人员补充第一军三师，加强三师力量，在适当时机再次进行西征。划分游击区，第一、二军互相配合作战，共同钳制敌人。③

第一次老岭会议的意义集中到一点，就是在全国总抗战爆发之后，在包括东北地区在内的全民族抗战即将进入更加艰苦的战略相持阶段的前夕，以配合全国总抗战为中心任务，筹划部署了南满抗日斗争的总体格局、主要任务和应对措施。杨靖宇对党中央的指示，既有着坚定贯彻执行的赤胆忠心，又有着从东北实际出发、结合实际灵活掌握和运用的深邃战略思维。日本关东军司令部在评价杨靖宇领导的抗日武装时说：

> 尽管由于前半期满军警继续加强布署治标工作，和特别工作班（队）彻底地强化思想谋略工作，但他们仍对恢复祖国之失地而执迷不悟，和梦想在中国进行长期彻底抗日全民战争之最后胜利一定是属于中国，且仍怀有一线希望，还坚持坚定的抗日信念，誓为抗日救国战线献身而直到最后一人。对一心纠合在此种坚定信念下燃起旺盛果敢斗志之同志，孜孜不倦地逐步积蓄抗日力量之杨靖宇一伙，应注意他们之动向，且现状已不容许片刻偷安。④

第一次老岭会议期间，杨靖宇接受伊俊山的建议，继抗联第一路军军歌和

---

① 转引自赵俊清：《杨靖宇传》，黑龙江人民出版社2005年版，第402页。
② 转引自赵俊清：《杨靖宇传》，黑龙江人民出版社2005年版，第402页。
③ 转引自赵俊清：《杨靖宇传》，黑龙江人民出版社2005年版，第402页。
④ 吉林省档案馆编译：《东北抗日运动概况（1938—1942）》，吉林文史出版社1986年版，第11页。

《西征胜利歌》之后，又谱写了一首气壮山河的抗联战歌——《中朝民族联合抗日歌》，在以后的岁月里，无论是烽火连天还是和平建设，伊俊山始终把这首歌牢记在心。1958年2月23日，在杨靖宇公祭安葬仪式上，伊俊山作了题为《悼念靖宇，学习靖宇》的讲话，第一次把这首战歌公布于众：

  山河欲裂，万里隆隆，大炮的响声，帝国主义宰割弱小民族的象征。国既不国，家何能存，根本没有和平。黑暗光明，生死线上，斗争来决定。崛起呀，中朝民族，万不要再酣梦。既有血，又有铁，只等着去冲锋。
  全世界上，最大仇敌，日帝数头等，焚烧掠夺，奸淫侮辱，亡国且灭种，并韩吞中，莫非田中奏折的兽行，同仇敌忾，共赴国难，决不让再久逗。联合呀，中韩民族，团结则生离则亡，谨防备离间计，手携手打冲锋。
  热血沸腾，杀声冲天，民族齐觉醒，壮夫断臂，争先恐后，共夺万年灯，旌旗所至，势如破竹，虏焰自息影，阵容强化，战线巩固，基础早奠定。团结呀，中朝民族，互相间本赤诚。誓杀到敌人的大本营，勇冲锋！
  照耀全球，灿烂不灭，最惊人火星，万恶日寇，自掘坟墓，非人能回生，这是明证，吉凶祸福，并非天来定，事在人为，诚到金开，自有曙光逢。前进呀，中韩民族，既有始要有终，坚持那最后的五分钟，猛冲锋！①

在公布这首战歌的时候，伊俊山直抒胸臆、情真意切："您不仅自己是民族团结的优秀模范，同时还循循善诱地教导抗联的全体指战员注重民族团结，并在1938年5月写下了《中朝民族联合抗日歌》的不朽作品，现将我最心爱的这支歌曲写在下面，也算对您的追慕……这是一支雄壮的歌、战斗的歌。您的歌词充满了决心和希望、充满了力量和理想。歌声唤醒了城镇和庄田，唤醒了中朝民众，鼓舞了工人农民，鼓舞了誓死为人类解放而奋斗的中朝同志。"②

第五节 "满洲剿匪之花"的可耻下场

  第一次老岭会议刚刚结束，杨靖宇就再度出征。1938年的6月至8月，在抗联第一路军的历史上，是以全歼伪军精锐索景清旅而载入史册的，这是一场与消灭邵本良齐名的战斗。
  就在第一次老岭会议结束前后，杨靖宇收到了一份重要情报，日伪当局已把他们的一张"王牌"调来辑安，这就是以索景清为旅长的伪军混成旅，下辖第

---

 ① 宋晓宏、高峰、傅伟编著：《永久的丰碑——杨靖宇将军资料汇编》，吉林文史出版社2005年版，第204—205页。

 ② 宋晓宏、高峰、傅伟编著：《永久的丰碑——杨靖宇将军资料汇编》，吉林文史出版社2005年版，第205页。

三十二、第三十三两个步兵团，还有一个教导骑兵队。伪辑安县警察大队也奉命受索旅指挥，全力配合"讨伐"，驻扎地点为热闹街和青沟子。这时，辑安东岔伪警察分驻所所长刘邦林已被杨靖宇争取为真心向我、假意附敌的"两面所长"，接到命令后，他立即转告给抗联部队。

"索旅"在伪满军中也算得"赫赫有名"，其凶残和威风较邵本良有过之而无不及，该部原系屠杀热河抗日人民的刽子手，1936年调至通化后，双手又沾满王凤阁等抗日军民的鲜血，为此，伪旅长索景清和邵本良一样，得到日本人的赏识，被授予少将军衔，所部受封"满洲剿匪之花"。如此一来，索景清及其实际上的"顶头上司"、旅内日本教官（即指导官）饭冢中佐更被"胜利"冲昏头脑，喊出了"包打杨靖宇"的狂言。面对汹汹强敌，杨靖宇和魏拯民等冷静地分析了敌情，决定抓住敌军急于求成、骄傲自大的弱点，诱敌深入，聚而歼之。经研究决定，诱敌任务由魏拯民担负，率第二军教导团袭击蚊子沟伪警察分驻所，"引蛇出洞"至蚊子沟西南一个叫家什房子的地方，杨靖宇率大部队在此等候。

按预定计划，战斗于6月6日打响，在魏拯民指挥下，第二军教导团和第一军第二师一部250人，以迅雷不及掩耳之势，攻克蚊子沟"集团部落"，缴获伪警察分驻所和伪自卫团步枪20余支，次日凌晨撤往家什房子方向。

伪军索旅刚到辑安，立足未稳便遭当头一棒，恼羞成怒之余，即派三十二团一个营，由县伪警队带路，从热闹街出发，经天桥沟来到蚊子沟，经数日搜寻，一无所获，遂在蚊子沟驻扎。

至此，形成了敌已诱出但未立即上钩的新形势，战士们埋伏四天仍未见敌踪，军心不免浮动，此时的杨靖宇依旧沉着镇定，告诫战士坚持下去、不要松劲。6月11日晚，第一军电话员侦听到伪军索旅为索取给养给辑安县城打的电话，杨靖宇得知后，于当夜派小部队在公路上设伏，在小青沟拐弯处伏击敌军，缴获一车白面饼，俘虏全部押车敌军，然后有意放走两个回去报信，以调动敌人。

在一连串打击面前，敌人果然中计。6月12日晨，伪索旅三十二团步兵营约120人，终于进入了家什房子沟口第一军的埋伏圈。只听杨靖宇一声令下，十几挺机枪一齐射向敌人，伪军顷刻间死伤狼藉，剩下的惊魂未定，只见抗联勇士的刺刀枪口已直逼面前，于是纷纷举手投降，战斗不到一个小时，伪军死伤30余人、被俘80余人，全军覆没。抗联缴获轻机枪7挺、手枪10支、步枪百余支、望远镜2架及弹药给养大批，伤亡仅2人。战后，杨靖宇在庆功大会上讲话说："这是老岭会议之后，我们和第二军部队会师后打的头一仗，收获不小，'满洲剿匪之花'开始'蔫巴'了。"① 随后，杨靖宇表彰了有功战士和提供情报的刘邦林，誉之为"无线电"。

7月上旬，杨靖宇又从刘邦林处得到情报，伪索旅三十二团又抽调两个连组

---

① 转引自赵俊清：《杨靖宇传》，黑龙江人民出版社2005年版，第428页。

建先锋营出发，目的地是双岔河，立即派警卫旅在此设伏，待伪索旅先锋营到达时，当即包围缴械，两名伪连长也当了俘虏。战后，杨靖宇对军部参谋长杨俊衡说："这回，咱们又揪掉'满洲剿匪之花'两个花瓣，以后有机会，要把这朵毒花全部打掉！"① 7月底，伪军索旅教导骑兵队和第三十三团350余人倾巢出动，从辑安县城直奔通辑公路长冈段，试图为已经丢盔弃甲的第三十二团同伙报仇，但这一次等待他们的是彻底覆灭。

这时，杨靖宇率领警卫旅和第一军第二师（即第一方面军），正在辑安长冈庙岭一带筹集给养，晚间住在与长冈庙岭一岭之隔的八宝沟小堡屯。8月1日晚，杨靖宇、魏拯民、杨俊衡、伊俊山等研究决定，次日出发去小堡西北方向的一个村屯筹集给养。2日上午部队刚刚出发，就见一名老乡气喘吁吁地前来报告，说长冈公路上来了一支日伪军，从他的叙述中人们得知，他家住在公路旁，日伪军路过时，两个伪军闯进门来，说团长要吃大葱，一番翻箱倒柜后，空着手骂骂咧咧地走了，待他们稍一走远，这位老乡跟出了门，只见公路上日伪军密密麻麻一片，他不顾家中一片狼藉，赶忙翻越山岭前来报告。

杨靖宇听罢，顿感这是一个侦察敌情的好机会，于是派一名战士返回小堡屯，拿来大葱大酱，在仔细叮嘱老乡后，派一名侦察员陪同他返回。回到庙岭后，侦察员隐蔽在公路旁的树丛草棵中，老乡则按杨靖宇的嘱咐，"殷勤服侍"日伪军官，从敌人的谈话中得知了伪军番号和下午4点出发的消息，随即以洗大葱为名出门，将所有信息告知侦察员，侦察员又立即返回部队报告。听完侦察员的报告，杨靖宇和其他干部研究决定，将现有的450人开往庙岭，命令下达后，战士们后队变前队，翻山越岭开往庙岭，途中遇到大批逃避伪军烧杀抢掠的乡亲，他们扶老携幼、背包提篓，好不凄惨。杨靖宇即令部队暂停前进，集中力量安置乡亲，任务结束后，部队进至庙岭，杨靖宇在山顶以望远镜瞭望公路，只见伪军们横七竖八地在公路上休息，脱下的衣衫挂满公路两旁的树干。在观察地形后，杨靖宇决定利用敌军尚未发觉我军行踪和意图的有利条件，"把敌人往下放一放，待距离近一些再打，可派一个连穿过长冈公路占据对面的制高点，再在长冈公路与通向八宝沟山路的交叉口处设下伏兵，待敌人起队行进到我军设下的埋伏线时，就能彻底消灭这股敌人"②。司令部一致赞同杨靖宇的作战方案，接着杨靖宇指示二师派一个连占领制高点，连长率队出发时，杨靖宇再三叮咛："我们占领了这个制高点，就可以居高临下打击敌人，敌人就没有了退路。"③ 这个连出发后，杨靖宇率其余部队沿埋财沟行进至长冈公路，在预定地点设伏。

这时已近下午4时，站在山头上可以见到敌人正在穿衣整队，有的战士希望

---

① 转引自赵俊清：《杨靖宇传》，黑龙江人民出版社2005年版，第428页。
② 转引自赵俊清：《杨靖宇传》，黑龙江人民出版社2005年版，第430页。
③ 转引自赵俊清：《杨靖宇传》，黑龙江人民出版社2005年版，第431页。

杨靖宇赶快下令开始战斗,杨靖宇胸有成竹地回答:"不急,作战要掌握时机,现在敌人刚起身,离林子很近,我们一开枪,他们就会钻到林子里去,达不到我们消灭敌人的目的。要等敌人进入我们的埋伏线再打不迟。"① 待敌人全部进入埋伏圈后,随着杨靖宇一声令下,机枪、步枪一齐射向敌人,一阵猛烈射击后,抗联战士在呐喊声中冲下山头,将敌人分割开来,近战肉搏。

正当战斗激烈进行且我军已占优势之际,出现了意想不到的变化,战前被派去占领制高点的那个连见大部队已开始肉搏战,未经请示即擅自冲下山头,敌人发觉制高点空虚后,即将其抢占,并架起机枪、居高临下扫射抗联部队,增加了我军伤亡,杨靖宇见状,急令第一方面军全力夺回山头制高点,但在敌人的猛烈火力之下,不仅几次冲锋未成,而且牺牲了带队指挥员、第一军参谋长杨俊衡,这位东北抗日联军的优秀指挥员身经百战,是第二次西征的主要领导人,杨靖宇惊闻噩耗,悲愤交加,大声喊道:"纵然打死一百个敌人,也抵偿不了一个优秀共产党员的生命,一定要为杨参谋长报仇。"② 话音未落,杨靖宇指挥机枪连集中火力射击山头敌军,一时间,战场被机枪射击声和战士们"为杨参谋长报仇!"的口号声淹没。又经几轮冲杀,山头制高点终被抗联夺回,将伪军完全压缩回谷底包围圈。战斗至傍晚胜利结束。此役歼敌百余人,其中毙伤 60 余人,日本指导官西田重隆骑兵中尉和高冈武治步兵上尉均被当场击毙。缴获机关枪 4 挺、步枪 50 余支、匣枪 4 支、望远镜 2 架、军需物品大批,群众谓之"长冈大捷"。日伪当局也不得不在 8 月 8 日的《泰东日报》和 10 月《治安概况月报》中承认:"满军索部队在辑安县第一区长冈,同杨部毕团长以下约 300 名交战,受到重大伤亡和损失。"③ 应当指出的是,这时也正是日军在中苏交界处的张鼓峰(又称张高峰)向苏军挑衅之时,正是在苏联红军的顽强抗击和东北抗日联军的有力牵制下,日本侵略者的试探性进攻不到半月,即以惨败求和收场。

从家什房子战斗到长冈大捷,仅仅 50 天中,"包打杨靖宇"的狂言就变成了"杨靖宇包打"的现实,"满洲剿匪之花"索景清比"国军之精华"邵本良失败得更加迅速。从此,索景清和他的部队在东北战场上销声匿迹。

第六节 程斌叛变和第二次老岭会议

自全民族抗战爆发以来,杨靖宇和他的战友们,自觉贯彻党中央关于全力牵制和破坏日寇后方的指示,主动出击,屡挫强敌,在抗联第一路军的光辉史册上,又书写了浓墨重彩的几笔。自然,连遭重创的日本侵略者,更加痛感杨靖宇和抗联战士的"为所欲为"已成为"王道乐土心腹大患",于是,在倾全力于战

---

① 转引自赵俊清:《杨靖宇传》,黑龙江人民出版社 2005 年版,第 430 页。
② 转引自赵俊清:《杨靖宇传》,黑龙江人民出版社 2005 年版,第 431 页。
③ 转引自赵俊清:《杨靖宇传》,黑龙江人民出版社 2005 年版,第 431 页。

略进攻中国内地的同时，也"不容片刻偷安"的强化着对中国东北的法西斯殖民统治。军事"讨伐"、经济封锁、"治安肃正"、"集家并屯"（即"集团部落"）、"思想犯"、"经济犯"、"开拓团"……中国人吃大米，这就是"经济犯"的"罪证"；在"集家并屯"的"人圈"里，中国人已被煎熬到"十七八的姑娘没裤穿"的地步。一切日本法西斯的阴毒招数，都浸透着中国人民的血泪。

对于以杨靖宇为"匪首"的抗联战士们，日本法西斯在"匪民分离"的口号下"多管齐下""标本兼治"，在对抗联第一路军的讨伐中，实际上开始了"囚笼政策"的试点，即以"集团部落"达到割断抗联与人民群众的联系、进而分割围歼的目的；以"警备道路"和"警备电话线"加强日伪军机动能力，应对抗联的长途奔袭游击战术，以使抗联部队增加战斗消耗、疲于奔命并难以摆脱优势敌军的包围。仅在1938年内，日伪当局就在杨靖宇指挥抗联第一路军活动的吉林、通化地区修建"集团部落"2500个、"警备道路"472公里、"警备电话线"872公里，覆盖一路军部队活动的所有主要县境。

在日本法西斯日益强化完备的各种措施之下，抗联部队的活动空间受到严重挤压，与群众的联系被迫降低到最小限度，原本就较为匮乏的物资补给急转直下，几近于有消耗无补充的绝境。对于活动在日伪统治心脏地区，刀锋直逼伪都"新京"的抗联第一路军而言，这些困难尤其严重。更加雪上加霜的是，抗联第一路军不仅已与关内党中央失去组织联系，甚至与兄弟部队特别是第二路军和吉东游击根据地的联系也更加困难，完全陷于孤军作战的境地。而这时的全国总抗战又先后处于战略退却和战略相持阶段，亦即"牺牲会大，要经过一个很痛苦的时期"[①]，还不可能直接向东北战场提供支援。所有这一切不利因素加在一起，就使得毛泽东所揭示的"此阶段的战争是残酷的，地方将受到严重的破坏"[②]这一相持阶段的基本特征，在沦陷最早最久、日本法西斯殖民统治又相对巩固的东北地区，更加明显而真切地表现了出来。

所有这一切，使得抗联斗争从1938年下半年开始，进入了极端艰苦的时期，抗联战士的处境日益恶劣，日伪当局趁机调整策略，厉行招降纳叛、拉拢收买的"软"招数。将"专打红军，不打胡子"的旧口号改为"专打杨靖宇直属部队，不打红军小部队"，以长岛玉次郎军曹长为首的"长岛工作班"秉承上司意旨，全力忙于此项工作。

大浪淘沙，烈火炼金。在站着死与跪着生的大是大非面前，绝大部分抗联同志"持节坚贞意气高"[③]，决心团结在东北抗日斗争伟大旗手杨靖宇的周围，以为民族独立和人民解放血战到底的实际行动，履行炎黄子孙和共产党员的神圣义务，但也有极个别贪生怕死、屈膝降敌的民族败类。1937年12月21日，正

---

① 《毛泽东选集》第2卷，人民出版社1991年版，第443页。
② 《毛泽东选集》第2卷，人民出版社1991年版，第464页。
③ 周保中：《东北抗日游击日记》，人民出版社1991年版，第53页。

在养伤的抗联第一军军需部长胡国臣在密营陷落时被俘叛变。随后，胡国臣于1938年2月13日引领敌人袭击桓仁小通天沟密营，当时在密营中的南满省委宣传部印刷主任李永浩（朝鲜族，又名反帝）牺牲，第一军参谋长兼政治部主任安光勋也在被俘后叛变。更为严重的是，在日伪当局的威胁利诱下，曾经一度是抗联第一路军的有名战将、连敌人也认为是"杨司令臂膀"的第一军第一师师长程斌，也于1938年6月29日至7月初，在本溪率所部115人投敌，并杀害了反对投降的第三团政委李铁秀（苶苏）。

尽管叛徒在抗联第一路军特别是一路军高级干部中仅占少数，但他们叛变的危害却不可低估。为向敌人献媚，这些叛徒，于1938年8月2日，身着汉奸制服（即"协和服"）出现在伪都"新京"街头，在关东军司令部、关东军宪兵司令部、伪治安部、"协和会"总部等日伪高层统治机关，极尽奴颜婢膝之能事，在"新京神社"和"忠灵塔"前，他们竟无耻地向被自己打死的日伪军阴魂叩拜"致敬忏悔"。一时间，诸如《原东边道共产匪首程斌深知共产主义之非，与胡国臣、安光勋等幡然悔悟》（伪《大同报》，1938年8月3日）之类报道，充斥日伪宣传媒体，一片乌烟瘴气。日伪当局试图以此动摇抗联军心的阴谋暴露无遗。

叛徒们除了造成很坏的社会影响外，还出卖抗联机密和昔日的同志、战友。这从日伪头目对他们的评价和他们的供词中可以看出。"该人是共匪第一军长杨靖宇最信任的一名，同时对第一军及南满情况最熟悉。因此，我们认为将来利用于消灭共匪工作上效果是很大的。现下于长岛工作班准备计划利用"[1]，这是日寇对胡国臣的评价。程斌的《供词提纲》内容如下：（1）本人自然状况；（2）入党以前的经历；（3）在"共匪"中所担任的管理事宜；（4）军党部的组织责任；（5）队员训练情况；（6）行军宿营的部署；（7）募兵要点；（8）部队武器、子弹、衣服、粮食的补充办法；（9）所采取的战术；（10）通信联络方法；（11）搜集情报的方法、手段；（12）外围团体情况；（13）抗联第一路军编制、装备、干部成员；（14）"共匪"行动方法；（15）抗联第一路军军部行动、地址；（16）第一师在东边道行动情况；（17）东北抗日联军的主义纲领；（18）宣传鼓动要点；（19）对共产主义的认识；（20）共产党的目的纲领；（21）中国共产党的组织联络系统；（22）中共的南满"赤化"工作要点；（23）"共匪"及党部与"国外"的关系；（24）南满省委；（25）南满共产运动的过程及现在的情况；（26）中共的路线过程；（27）东边道共产运动的批判；（28）现在的心情。[2]

程斌的叛变，使抗联第一路军在敌人面前几乎无密可保，桓仁、本溪、兴京（新宾）、宽甸地下党组织也因此被敌人破坏殆尽。胡国臣和安光勋也"毫不逊

---

[1] 转引自赵俊清：《杨靖宇传》，黑龙江人民出版社2005年版，第420页。
[2] 转引自赵俊清：《杨靖宇传》，黑龙江人民出版社2005年版，第419页。

色"，中共南满省委秘书处主任、第一军政治部宣传科长傅世昌（傅天飞）就是被他们出卖落入敌手的。在死亡威胁和叛徒们的引诱面前，傅世昌大义凛然，自尽殉国。

胡国臣、安光勋，尤其是程斌的叛变，给抗联第一路军和杨靖宇的打击是沉重的。作为一个经验丰富又有切身体会的革命领导人，杨靖宇深知叛徒的危害，他有针对性地采取了一系列措施：

首先，做最后的说服教育工作，做到仁至义尽。鉴于程斌往日战功卓著，又是在母亲和兄长落入敌手后叛变的，杨靖宇一度认为他尚可争取挽救，遂派原伪军投诚人员张永海去敌营打探，并亲笔致函程斌，希望他幡然悔悟，军部可按照他指定的地点派部队解救他。但此时的程斌早已被日本帝国主义的汹汹气势吓破了胆，不仅下定叛变投敌的决心，而且终日策划怎样用昔日同志和战友的人头向敌人谋取荣华富贵。这样，杨靖宇的最后挽救自然没有结果。

其次，在部队内进一步加强反叛徒斗争，这在以往也一直是思想政治工作和军事法制建设的主要内容，但只是注重于原则强调，这是当时第一路军部队内较为巩固的结果，现在第一路军中高级干部叛变，就使得反叛徒斗争更有针对性和更加贴近实际，杨靖宇一方面坚持对证据确凿的叛徒严惩不贷，另一方面以叛徒的罪行和可耻下场为教材，对战士们进行更加切实的革命气节教育。就在1938年秋季，战士们亲身经历了惊心动魄的一幕：

我们往临江一带转移时，沿途农田的庄稼都成熟了，高粱、稻子、苞米一片接一片。我们站在山坡上远望，只见红一块、黄一块，真是好看。同胞们（当时抗联同志都互相称为同胞）望着这些沉甸甸的庄稼，真是恋恋不舍。部队到达辑安西北头道崴子，突然发现有两名战士携带全副武装逃跑，靖宇将军命令立刻追捕。过了没有好久，这两个叛徒就被抓回来了。

根据已有的材料证明，这两个家伙逃过好几次了。这次他们又带枪潜逃，更有力地证明了他们想到敌人那里去的罪恶阴谋。靖宇将军听完了汇报，又亲自去询问有关人员，仔细研究了逃跑的原因，检察部队的教育工作。靖宇将军紧锁着眉头在山坡上站了好久，决定通知各队同胞都在小坡上集合。

两千多人的行军大会开始了。靖宇将军非常激动，他的声音都有点发抖了。他说："我们为了救中国，保卫老百姓，南征北战，穿破衣，吃生米，永远跟着抗联走，可是他俩……"靖宇将军更加激动了，他的态度严肃得吓人。停了几秒钟，他用特别洪亮的声音问："大家看怎么办？"两千多人一骨碌从地上站起来，右手举起枪，异口同声地说："应该枪毙！"靖宇将军一摆手势，斩钉截铁地说："好！我同意同胞们的意见，立刻执行！"会场空气顿时紧张起来。参谋长站在靖宇将军的旁边，把手里拿着的小红旗一摆，两千多人又像打雷一样举枪高呼："打倒投降派！""坚持革命到底！"

喊声充满了整个山谷,许久许久都听到回响。

两名叛徒得到了应有的结果。

最后,靖宇将军又接着讲:"要想真心保国,就不能调过枪来打中国同胞。我们要牢牢记住,先有其国,后有其家,同胞们,我们就是死也不能投降!大家说,能不能跟叛徒学?""不能!"两千多个英雄一齐吼着。"打倒小日本!""日寇不灭决不回家!""坚决不投降!"参谋长将手上的红旗又挥了一下,呼声才平息下来。靖宇将军接着讲:"我们现在受些苦,几天几夜不睡觉,这算得什么呢?我们将会胜利的,会过好日子的……"靖宇将军从他那炽热的胸膛里喷射出来的抗日救国的真理,教育着、鼓舞着千千万万的中华儿女,使他们能够更加坚强地在白山黑水间战斗下去。①

经过反叛徒斗争的教育,在以后艰难困苦的战斗岁月中,抗联第一路军未再出现部队成建制叛变的情况,这在当时的历史条件下,已经是极为难得的了。

在杨靖宇采取的一系列措施中,最为有效的是针对叛徒的出卖,及时调整第一路军斗争策略。这项工作是由杨靖宇主持的中共南满省委和抗联第一路军领导干部紧急会议完成的,会议召开地点在辑安老岭地区大阳沟附近密营,参加者有魏拯民、韩仁和、曹亚范、徐哲、陈秀明、伊俊山等,时间一说为7月中旬,敌伪档案记载为9月22日至25日。杨靖宇在会上讲话指出:"有人看到抗日艰难的现状就放弃了抗日,认为中国军队全失败了,便投降或企图投降。对日作战失败的观点在事实上是错误的。现在,举国人民都看到了残暴的日本侵略者真面目和本质,已进入一个长期抗日阶段。中国共产党受到绝大多数人民的信赖,我们必须执行中共主张的长期抗战政策,要树立直到战至一兵一卒的彻底抗日思想,获得最后胜利,东北抗日联军和党员应当开扩眼界,成为将来东亚革命的先驱。"②

关于今后南满地区抗日斗争的策略和任务,会议决定:

1. 改组原来的南满省委,为适应长期抗战,南满省委和一路军总部实行战时体制,抗联一路军总司令部内设置省委代行机构,实行党军一体化。

2. 鉴于地方党组织及外围团体有可能受敌人破坏和镇压,暂将一些组织撤销,地方干部转入部队内。坚持对一般群众抗日宣传,树立抗日救国观念,致力于积蓄抗日力量,以期一旦时机成熟,同时起来进行地下工作。

3. 取消抗联第一、二军及各师番号,将一、二军分别改编为抗联第一路军第一、二、三方面军,在总司令部内新设警卫旅。

4. 因程斌等叛变一师大部损失,桓兴县委等地方组织遭损坏,失去西部

---

① 于连水:《杨靖宇将军转战在白山黑水间》,宋晓宏、高峰、傅伟编著:《永久的丰碑——杨靖宇将军资料汇编》,吉林文史出版社2005年版,第317—318页。

② 转引自赵俊清:《杨靖宇传》,黑龙江人民出版社2005年版,第422—423页。

地区活动基础,故决定取消原定一军西征计划,所有部队东进,依托长白山大森林与敌人展开斗争。各部队实行分区作战,具体为:第一方面军,在金川、临江、通化、辑安等地区;第二方面军,在濛江、抚松、长白、桦甸等地区,第三方面军,在额穆、绥宁等地区,警卫旅随司令部活动。

5. 抗联第一路军总司令部在领导第一、二、三方面军开展活动之同时,及时派人去关内与中共中央取得联络,并获得指挥。①

自"七七"全民族抗战爆发之日起,党中央就一直在筹划打通八路军与东北抗日联军的直接联系,将东北和华北抗日战场连成一片,特别是与活动在辽宁一带的杨靖宇部队实现直接战略协同的问题,甚至部署了将红军大学(即以后的中国人民抗日军政大学)干部大批派往东北,为抗联部队输送骨干的问题。毛泽东、朱德、彭德怀、林彪为此多次作出指示,其中主要有:

1937年7月16日,距"七七"事变仅九天,毛泽东和朱德就联名致电彭德怀、叶剑英、刘伯承、张浩(林育英),指示:"以二十七军、二十八军、三十二军及骑兵团共三千余人,编成一游击师派去,活动于热、察、冀间,而多派红大干部随去,扩大义勇军运动。"②

1938年2月8日,毛泽东在中共中央常委会议上的军事报告中指出:"热河、河北两省交界的雾龙山一带,派杨成武去发展新的游击区域。这是敌人的远后方,东面策应东北抗日联军,南面策应晋察冀,北面与蒙古接近,西面与绥远联系,在天下有变的时候,这个地区可以首先得到国际的援助。"③

1938年5月14日和8月3日,朱德和彭德怀两次联名致电彭真和聂荣臻,指示:"开辟创建晋察冀抗日根据地,与在辽宁、热河一带的东北抗日义勇军呼应配合行动,向东北发展,以便将来日苏战争爆发后,八路军配合作战和取得补充。"④

1938年5月,在《论华北正规战的基本教训与游击战争的发展条件》一文中,林彪指出:"由华北向东北发展的游击战争,首先应在××与××(原文如此,似为辽宁与吉林,下同——引者注)发展起来,并渐与原在××两省西部北部原有的游击战争,衔接起来和配合行动"⑤。

1938年11月5日,党中央六届六中全会给杨靖宇和东北抗日联军的致敬电指出:"八路军一个支队曾到冀东游击,希望在东北各地的民族志士及全体同胞,在敌人后方响应,与敌进行更加长期的持久的艰难的游击战争,更加巩固和扩大

---

① 转引自赵俊清:《杨靖宇传》,黑龙江人民出版社2005年版,第423页。
② 《毛泽东年谱(1893—1949)》中卷(修订本),中央文献出版社2013年版,第5页。
③ 《毛泽东年谱(1893—1949)》中卷(修订本),中央文献出版社2013年版,第50页。雾龙山即雾灵山。
④ 《彭真传》第1卷,中央文献出版社2013年版,第327页。
⑤ 《建党以来重要文献选编(1921—1949)》第14册,中央文献出版社2011年版,第460—461页。

各党派各阶级各军队的抗日民族统一战线,以准备我国军队在将来反攻,而达到收复东北的目的。"

虽然由于组织联系中断,上述指示中的大部分没有传达到东北抗日联军,但这些指示已经充分表明了党中央和毛泽东对东北抗联斗争的正确指导方针,充分体现了东北抗日斗争在全国总抗战中不可替代的战略地位。在没有接到党中央具体指示的条件下,杨靖宇能够从全国抗战总格局和东北战场实际出发,灵活机智地使斗争实践自觉遵循党中央的战略方向和总体部署,其战略眼光之深邃、工作部署之精密,由此足以见之。

根据第二次老岭会议决议,自会议结束时至1939年7月,第一路军改编工作陆续完成,部队全部转移至长白山地区,继续坚持极端艰苦的抗日游击战争。

这里,我们不妨引用几段现存日本关东军宪兵司令部的秘密档案,即有关于第二次老岭会议的叙述:

> 现仍统治东边道且做为中共东北党最高领袖之杨靖宇与中国的中共中央长期全民抗日战争相呼应……坚决对南满党委及东北抗日联军第一路军进行彻底改组。[1]
>
> 由于按照所谓党、军一元化,以武装斗争为主要形式,适应在关内之长期抗日全民战争,配备准战时体制之新阵容,将关内、外形成一个整体,向广泛强化扩大抗日救国统一战线迈进。[2]

在关东军宪兵司令部档案中,还特别提到杨靖宇是"以中国共产党中央委员资格"[3]召集会议的。这也就说明,在这以前,东北抗联特别是第一路军已经得知党中央任命杨靖宇为"七大"准备委员会委员,而这也进一步巩固了杨靖宇"做为中共东北党最高领袖"的不可替代的历史地位。

第七节 组建少年铁血队

在新中国出版的连环画中,有一本曾被宋庆龄誉为"在纯洁的、幼小的心灵上种下优良品质的种子……给孩子们多么好的影响"[4]的经典作品,这就是多次再版的《杨司令的少先队》,它记述的是抗联第一路军的一支特殊队伍——少年铁血队。

从开始领导抗日斗争时起,杨靖宇就十分重视少年儿童工作。早在1934年,抗联第一军第一团和第三团就组建了少年营,其中第一团少年营成员35人左右,

---

[1] 吉林省档案馆编译:《东北抗日运动概况(1938—1942)》,吉林文史出版社1986年版,第10页。
[2] 吉林省档案馆编译:《东北抗日运动概况(1938—1942)》,吉林文史出版社1986年版,第11页。
[3] 吉林省档案馆编译:《东北抗日运动概况(1938—1942)》,吉林文史出版社1986年版,第10页。
[4] 《源源不断地供给孩子们精神食粮》,《宋庆龄选集》下卷,人民出版社1993年版,第129—130页。

编为两个排。营设团支部，排设团小组，许多少年战士在斗争考验中成长为共青团员。在杨靖宇、魏拯民等领导同志的关怀重视下，抗联第一军和第一路军的青年工作成效卓著。

正如赵振华回忆的那样：

> 一军的青年工作开展得很活跃。当时军部设共产主义青年团委员会，各师也有共青团委员会，连队设团支部或团小组。虽然团组织不公开，都是秘密地进行活动，但在青年中影响很大。他们通过演节目、讲演或个别找青年谈话等形式，宣传抗日道理，动员青年参军。在部队里，团组织主要是教育团员青年起模范带头作用。青年团提出的口号是："攻时在前，退时在后"、"重伤不哭，轻伤不下火线"，以及"遵守群众纪律"、"宣传动员群众参加抗日"等等。那时入团条件要求很高，和入党条件基本相似，所以，后来团员转党时就没有预备期。在党团组织的教育下，青年战士们英勇无畏、机智顽强地打击敌人，出现了很多感人的事迹。下面，我讲几个青年斗争的小故事：
>
> 先讲一个"小山东威震敌胆"的故事。一九三五年秋，我们部队来到了濛江县（现在的靖宇县），这里有一个棒槌营，有些人专门在这里搞人参生产。群众告诉我们说，这儿有一个小山东，把黑瞎子都给打死了。那是有一天，小山东正在院子里捶靰鞡草，忽然看到一帮人跑过来了，他就问："你们跑啥？"那些人说："来黑瞎子了！"小山东因为刚从山东过来，没见过黑瞎子，也不懂什么叫黑瞎子。他十八九岁，年轻力壮，又会武术，什么也不怕，就跑过去看。黑瞎子一看他跑过来了，扑过去就要咬他。小山东迎上去一阵猛打，把黑瞎子的脑袋打碎了，他还说："这个小黑狗可真厉害！"
>
> 我们听说小山东这样勇敢，就把他吸收到部队里来了。他刚参军时，发给他枪，他不要，看到我们连长有一把大刀，就把大刀要过来了。一次，我们部队打伏击战，他用这把大刀左抢右砍，一个人就打死了几十个敌人。在多次战斗中他都是这样，因此，他的事迹就在部队传开了，敌人也很怕他。一九三五年十二月的一天，我们部队涉过一条江，当时他正患重感冒，由于深秋江水太凉，经这一刺激，他的病情加重，过江后第三天他就去世了，同志们都很悲痛。
>
> 还有一个青年战士的名字已经记不清了，只知道他的外号叫"打一面"，非常机智勇敢。一九三六年，部队在桓仁县一带和敌人作战。战斗打得很激烈，敌人从侧翼向我们冲过来，另外一个方向情况又十分危急，需要抽兵力过去。这个青年战士说："这一面我来！"就这样，把部队调走了，他一个人打退了侧翼的敌人，使部队取得了战斗的胜利。从此，大家都叫他"打一面"了。可见，那时的青年战士作战都是十分勇敢的。
>
> 由于少年连的青年年龄都很小，部队首长特别爱护他们，根据不同的情

况使用他们，一般都是交给他们一些较轻的战斗任务，战斗有利，胜利有把握，伤亡不大时就把任务交给他们。比如，部队打胜了，冲锋、追击敌人让他们参加，使他们受到锻炼，得到收获，增强他们的胜利信心。还组织他们进行学习，开展文艺活动，宣传群众等等，少年连像一个大学校，培养出许多优秀的青年干部。①

长冈大捷后，杨靖宇积累多年经验，决定组建少年铁血队，加强对少年工作的领导和关注。为此，杨靖宇采取了一系列行之有效的措施，其中之一是派王传圣担任指导员。从杨靖宇的话语中，王传圣感受到他对少年战士的殷切期望：

  少年铁血队既是一支军队，又是一所学校。你要从思想上教育这些小同志，提高他们的阶级觉悟，同时加强军事训练，提高战斗力，使他们尽早成为一个坚强的革命战士，现在成立少年铁血队，将来孩子们多了，还要成立少年营呢！②

带着杨靖宇送给自己学习文化的工具——两支跟随他历经枪林弹雨的钢笔，王传圣和队长、原司令部潘副秘书长的警卫员高玉信一起，开始了领导少年铁血队的新的战斗生活："全队50来人，分成三个班。少年铁血队队员最大的18岁，最小的14岁。有的是给日本人修铁路的小工人；有的是流浪儿，被部队收留的；有的是父母被日寇杀害，跑到部队来为父母报仇的。虽然这些人的年龄小，但每个人的心里都充满着对日本帝国主义的深仇大恨。杨司令把他们看作长白山的火种、抗联的未来。这些小孩分散在队伍中，行军作战很不方便。因此，杨司令决定把他们集中起来，学军事、学文化，成为设在抗联里的一所军政大学校。"③

少年铁血队成立后，杨靖宇倾尽全力，给了"红孩子"们最大的关爱，从进行政治文化教育，到食品武器的补充，无不浸透着杨靖宇的关爱。1939年4月，杨靖宇利用缴获敌人的物资，一次给少年铁血队发放了每人一套呢子军服、一套单衣，每班一件大衣。为帮助少年战士尽快成长，杨靖宇尤其注重帮助他们总结经验、吸取教训、提高水平和能力。红土崖初战胜利后杨靖宇和魏拯民的教诲，永远铭记在王传圣心中：

  一天，我们行进到临江县境内红土崖村东北时，和敌人遭遇，我们少年

---

① 赵振华：《难忘的战斗生活》，《东北抗日联军史料》，中共党史资料出版社1987年版，第561—562页。
② 王传圣：《深切的怀念》，宋晓宏、高峰、傅伟编著：《永久的丰碑——杨靖宇将军资料汇编》，吉林文史出版社2005年版，第243页。
③ 王传圣：《深切的怀念》，宋晓宏、高峰、傅伟编著：《永久的丰碑——杨靖宇将军资料汇编》，吉林文史出版社2005年版，第244页。

铁血队主动出击敌人，偷袭部队打了个胜仗。我和高队长向杨司令汇报战斗情况后，我说："今天我在指挥上也有错误，只顾追击敌人机关枪，忘记了指挥部队，只起一个战斗员的作用，没有发挥指导员的作用。"

杨司令听到这里，乐了。"你能发现自己的缺点毛病在什么地方，这一点很好，今后吸取教训就行了。谁也不是生下来就会打仗的，要边学、边打。总的看，你们今天头一次打仗，在没有思想准备的情况下，发现敌人偷袭能扭过头去猛烈反击敌人，很有秩序地冲锋，说明你们指挥主动，战士们勇敢、顽强，仗打得不错，我相信你们铁血队很快会成长起来的。"

部队到达濛江县西南部密林时，进行了短期休整，总结从辑安出发以来的工作。这段时间，部队基本上是晚上行军、白天打仗，战士们没有很好睡眠。一天，杨司令和魏拯民副司令把我和高玉信队长找到总司令部。杨司令问："少年铁血队战士的情绪怎么样？"我回答说："现在休息七八天，精神好多了。"

杨司令对我们说："据我了解，你们少年铁血队情绪确实不错。少年铁血队成立已经好几个月，你们两个人要很好地带领这帮小同志。经常给他们讲一些战斗故事，鼓舞他们的斗志、启发他们的觉悟，让他们知道为谁打仗。要多做说服工作、教育工作。红土崖反击战、岔沟突围战，你们打得都不错。但你们要注意，不要打胜不打败。胜利了，嗷嗷叫，情绪一下就起来了；失败了，垂头丧气，情绪一下落下去。要经得起胜利考验，也要经得起失败的考验。现在你们是指挥员，要注意这个问题。少年铁血队在成长，你们队长、指导员也在逐渐成熟，将来部队扩大了，成立少年营，你们还是领导，要不断进步才行。"

这时魏副司令接过话说："我再提醒一句，你们两个是指挥员，不要犯红眼病，枪一响就要冲上去，要冷静，要锻炼如何指挥部队才行。"我保证说："今后再不犯红眼病了。"两位司令员哈哈大笑起来，魏副司令说："认错改了就好。"杨司令说："大队要出发，你们铁血队暂时离开大队，跟韩仁和参谋在这一带活动，到时候总司令部再来接你们。"

这时，我和高队长才明白，总司令部在临走前，找我和高队长谈话，肯定我们的成绩，指出缺点毛病，是在关心我们、爱护我们，使我们能很快成长起来。说老实话，我在杨司令身边多年，受的教育也不少，这次离开杨司令带兵了，才深深感受到首长的关怀和爱护多么重要，自己也觉得确实长大了、懂得的事多了。[①]

[①] 王传圣：《深切的怀念》，宋晓宏、高峰、傅伟编著：《永久的丰碑——杨靖宇将军资料汇编》，吉林文史出版社2005年版，第245—246页。

从少年连到少年铁血队，在杨靖宇的领导下，抗联第一路军的少年战士们，以稚嫩的身躯承担着抗日救国的重任，与日本法西斯血战，与饥饿寒冷苦斗，他们的英勇不屈，充分表现了东北人民甚至少年儿童绝不当亡国奴的崇高意志。

第八节　岔沟突围战

在1938年杨靖宇及其部队的战斗中，岔沟突围战无疑是最为惊险曲折的一次，也正是这次战斗的胜利，宣告了敌人"东边道秋冬季大讨伐"的破产。

就在第二次老岭会议前后，日伪军调集1.5万兵力，开始了对抗联第一路军的秋冬季"大讨伐"，这次敌人采取的战术是"断其粮道，绝其补给，逐步压缩包围"，以求达到釜底抽薪之目的，更为不利的是，程斌等叛徒们已经成为"讨伐队"最为穷凶极恶的先锋，在抗联第一路军活动的主要地区辑安、通化、长白、临江、抚松、濛江、金川、柳河等地，敌骑纵横、阴气森森。"张益"（负责辑安地区"讨伐"事宜，下同）、"李佑""中川"（通化）、"高明"（长白）、"铃木"（临江）、"渡边""有马""董国"（抚松、濛江）、"赵秋"（金川、柳河）……名目繁多的"讨伐"部队代号，联结成了一张密不透风的大网，由这张大网将杨靖宇和他的战友们"一网打尽"，就是日伪当局孜孜以求的"如意算盘"。自然，新的"讨伐"对于中国人民而言，只会带来新的更加深重的灾难。仅在抚松一地，被日寇"三光"的植参农民即达五六千家之众，"沿辽吉边区长白山麓之牡丹岭、老松岭，沿牡丹江两岸，及乌苏里江左岸，所有山边村落，山中的猎户，全部被日寇驱杀殆尽"[①]。

鉴于敌我力量对比悬殊，杨靖宇决定将反"讨伐"重点放在保存实力、待机歼敌上，他率领抗联第一路军总部直属部队撤离辑安老岭根据地，分批北上，活动于抚松、濛江、金川、临江一带山区，在与敌主力周旋中寻找战机。首先出发的是警卫旅第一团一部，9月26日，即第二次老岭会议结束的第二天，杨靖宇和魏拯民一起，率领警卫旅大部和少年铁血队四百余人，从辑安蚂蚁河上游出发，拟按通化—临江—金川河里—桦甸一线前进，最终与第二军第四师部队取得联系，并向他们传达贯彻第二次老岭会议精神。

然而，冲破敌人布置的天罗地网谈何容易！杨靖宇、魏拯民和抗联战士每前进一步，都要经过激烈的战斗。9月26日出发当天，部队即与日军中川部队遭遇，冲破敌围后，于28日行进至白鸡腰子，29日按原定计划应横越通化至鸭园铁路继续北上，但在通化东北二道沟被敌阻截，杨靖宇遂率部原路返回，在白鸡腰子山中转战九天后，于10月6日晨东进越过通辑铁路，期间攻克通化六道沟、七道沟、郝家街三处敌据点，俘敌16人，缴获步枪18支、子弹1300余发，战

[①] 穆青：《东北抗日联军斗争史略》，《解放日报》1946年3月17—18日。

后继续前进。这时，敌人已发觉杨靖宇部行军意图，不仅出动重兵前堵后追，而且自 10 月 8 日起派飞机侦察，为争夺先机，杨靖宇率部昼夜兼程、且战且走，自 9 月 26 日至 10 月 8 日，在 13 天行军中与敌交战 14 次。10 月 11 日，日军以飞机侦察到杨靖宇部位于通化六道沟南 20 里处，即派伪军团长杨春煜率部进犯，在 988 高地与抗联部队战斗七小时，日寇指导官石井少校（伪满军中日本指导官均佩戴伪军军衔）被击伤，战斗结束后杨靖宇率部迅速北进。于 17 日午夜徒涉冰冷的浑江，在临江外岔沟搭起帐篷宿营。这时，杨靖宇部行军已达二十余日，日伪军也在"不眠不休"地跟踪追击，18 日至 19 日，在里岔沟地区，杨靖宇率部与朱广、陈明、中川、富森、三井、李裕、赵明、杨春、于泽、于明等敌伪"讨伐"部队激战，这就是抗联历史上的又一经典战例"岔沟突围"，当年的战场情景，永远留在杨靖宇警卫员黄生发的记忆中：

  杨司令领着我们昼夜赶路，与敌人抢时间，抵浑江边，是时正值午夜，月淡星稀，寒气逼人，为了争取时间，须及时过江，但沿江几里无桥无船，江水冰寒彻骨，杨司令却毫不踌躇地把匣枪高高举过头顶，第一个下水涉江。同志们见司令如此，也就扎紧裤腿，紧接其后。江心水深浪急，个子矮小的女同志就由两个男同志架着趟。杨司令说："我人高、个大、条件好，来，我一个人架一个"，便单独架一朝鲜族女同志，还一再关照大家要步步站稳，要保护好武器弹药。过了江，杨司令看看队伍，诙谐地说："怎么样？该给这条江记上一功！长途行军的疲劳，都被这个冷水澡洗得一干二净了。"同志们深为司令这种乐观精神所感染，大家兴致勃勃，拧干衣服，整顿队伍，又继续前进。

  过江走了不远，就到了岔沟。这是个沟连沟、山连山的大山沟，偏僻荒凉、人迹稀疏，只几户人家，锁门闭户，乡民都起早到地里去收庄稼去了，杨司令先让部队在路边休息，便和我们一块到地里找老乡去了。在一块高粱地里，找到一个正在割高粱的老大爷，穿件破补丁衣服，司令把军大衣披在老大爷身上，自己就动手干起活来。老大爷愣了愣，擦了擦眼睛问："老总，你们是……"司令笑了笑："是红军。"（当时东北人民仍通称抗联为红军——引者注）老大爷一听是红军，一把抓住司令，眼泪汪汪地说："唉呀，你们又回来了呵！"正说在兴头上，飞来一架飞机在头上转来旋去，为隐蔽目标没有开枪射击。飞机也就越飞越低，低得就连飞机上的"红膏药"都看得见了，机枪连迫不得已的打了一枪，子弹从飞机翅膀旁边擦过，飞机才升高了，随着撒下了一把传单。我跑去捡了一张回来给司令。司令看了一遍，向大家说："你们听听，这上面胡说八道些什么？匪首杨靖宇，我们已摆下铜墙铁壁阵，死活两条路任你挑选，你若能归顺，封你为东边道的都督……"念到这里，司令笑了起来，讽刺地说："啊，好大的官，东边道都督，不过，要是东边道归了我们，日本人就得没道滚蛋了。"说得大家也哈哈大笑。晚秋的太阳，晒得人暖烘烘的，大家围在地边有说有笑，这死寂清冷的穷山沟，一时竟变得热闹而充满生气。

飞机撒传单，说明敌人已发现我们的行踪，所以，司令一面召开会议，研究新的战斗方案；一面布置各队严加岗哨、预备粮饷，做好战斗准备。司令还披上大衣亲自查了一遍岗，又登上几座大石砬子，视察了一遍地形。回来没等坐下，就又咬着大拇指，摊开了地图。半个多月的急行军，吃不好、睡不好，我们实在有点累了，杨司令看着我们疲惫的样子，关心地说："我这里没事了，你们抓紧时间去睡一会儿吧！"过了一会儿，他看我们没睡，又催促说："你们怎么还没睡？快去睡吧！"我们说："司令也早点睡吧！"司令笑了笑说："我不比你们，我年纪大，瞌睡少，你们年轻，瞌睡多，半个月的行军，也够你们受的了，快去睡，省得打起仗来，眼睛睁不开，子弹打不准。"一面说，一面给我们铺草。我们几个也不好说什么，身板一挨地，就呼呼地睡着了。

也不知睡了多久，司令轻轻地推醒了我："小黄，起来，去各连队传达命令，要大家赶紧开饭，饭后把火熄灭，拆帐篷，转移。"我爬身起来，一边揉眼睛，一边就往外快跑。这次转移主要是甩掉敌人，所以要赶紧往外撤。

队伍刚转移不远，就和敌人碰上了，两下来个碰头，接上了火。既然碰上头、接上火，转移不了，就得抢占有利地势，所以司令一面沉着地命令三团作掩护，一面带领大队抢占岔沟制高点。战斗异常激烈，从早上一直进行到下午，我们才抢上了岔沟制高点。敌军如黑锅上的蚂蚁，披山盖岭向上几次冲锋，都为我军击溃。敌官兵死亡无数。我们判断，正面攻击的敌人，是程斌队伍。这些士兵，都是受到相当时间的抗日爱国教育的，追击我们，都是因为枪炮所迫，不得而为。所以，司令一面调集二十九挺机枪，组成了机枪队，以加强火力；一面又从少年铁血队等选出了二十多个身强体壮会唱歌的队员，组织了宣传队，爬在石砬子上喊口号、唱抗日救国歌。歌声四山回响、悲壮激昂，程斌部队终于组织不起攻势了。在这次战斗中，三团是我们占领阵地的最高点，三团阵地如果失守，就有全军覆没的危险，敌人对三团阵地也攻击得特别猛烈，所以司令对三团特别关心。这天我一共去三团传达了十三次坚守阵地的命令，三团长及战士们也十三次的表示："坚决守住阵地，人在阵地在。"在打退敌人十几次冲锋后，三团长英勇牺牲了，司令听到这消息，冒着炮火赶到三团，鼓舞大家继续狠狠地打击敌人，司令说："三团长没有死，他永远活在我们心里，我们一定要为三团长报仇，一定要打退敌人的进攻，要突破重围。"战士们也纷纷表示决心，一定要坚守阵地。司令跪下一条腿，扶起了三团长的躯体，在夕阳血红的余晖下，三团长仍气宇轩昂。是的，三团长将永远活在我们的心里。

敌人发动的多次冲锋,全被击败,不得不暂时停了下来,团团地把山脚都包围起来,夜降临了。远远近近不时传来几声零散枪声。激战后的战场,在墨黑的夜幕下,显得格外的寂静和神秘。敌军漫山遍野燃起了火堆取暖。从火堆的层次推断,我们被敌人包围了十来层。敌人满以为这样的层层包围,红军插翅也难飞过。因此,他们夸口要在第二天上午十时以前全部消灭红军。当然这只是个美梦,就在他们沉溺于美梦时,杨司令又布置下了新的战斗。

是夜,司令召集了师团干部会议,他说:"今天的战斗,我们打得很好,敌人伤亡很大,但由于敌强我弱,为了保存革命力量,应该作长久之计,必须组织突围。"说着司令铺开了地图。"往什么方向突呢?往东走,不行,敌人已经加大了兵力。从地图上看,西北地势很险恶,突出后还必须爬过一个大荒草甸子,越过一个立陡的大石砬子,从敌人的火堆上也可判断出来,西北兵力较弱,我们应该使敌人出其不意,从西北打开缺口,突出重围,然后再绕个弯,向东去联络四师。"经过会议充分讨论,一致同意杨司令提出的作战方案。接着进行突围的准备工作,凡是一时用不上的东西全部埋起来,轻装突围。还决定由特务连作向导(因特务连连长是朝鲜族,会说日本话)。到夜里十一点多钟,我们的准备工作已全部完毕,天也黑滚滚的,正是突围的好时机。我们便一队接着一队、一个跟着一个地往西北移动。离敌人越来越近了,在暗中连坐在火堆旁的敌人的说话声也听得清清楚楚了,大家憋一口气,全军没有一点声息,只能听到秋风吹落叶发出沙沙的声音。不知是哪个小鬼趴在我的耳边,悄悄地说:"咱们要能上去抓一个活的多好,保险象抓麻雀一样",我给了他一下子,抬头一看,前头部队已经到了敌人的眼前,可敌人还低着头烤火呢,有的还抱着枪睡着了,我心里暗暗好笑。司令命令大家先停下来,由特务连先上去。敌人一看有人上来了,先开了几枪,枪一响,特务连连长就喊起日本话来:"他妈的!打什么,都是自己人。"部分朝鲜族战士也喊起日本话,一时把敌人弄糊涂了,枪也不打了,越走越靠近,两个敌人刚一凑上来看,还没等他们转过脸,连长当当就是两枪,打死一个,跑了一个,那个人一路跑一路叫:"有红军,有,有……有……有……红军……"他这一喊,敌人炸了,里里外外就乱起来了,有的连枪还没摸着,就被打死了,有些拿起枪也不分青红皂白,乒乒乓乓就乱打开了。乘着这个乱劲儿,杨司令领着我们一边打,一边往外冲,等我们全部队伍冲出重围,都走老远了,还听到敌人乒乒乓乓乱打,听说一直打到第二天大天亮才知道是自己打了自己,头天吹牛全部消灭抗联,可连一个人影儿也没抓住,还赔了老本。

突出了重围,我们紧接着爬过了一个陡坡,经过了一大块长满野草、荆棘的荒甸子。最困难的是那个又陡又滑的大石砬子,根本站不住脚,大家就连滚带爬的往下滚。又经过一段急行军,才得了一块平地,算是突出了重围摆脱敌人。大家都高兴得了不得，又唱又跳，满身的疲劳，早不知飞到哪里去了。杨司令也很高兴，叫大家休息做饭，这时太阳也像我们一样冲出了崇山峻岭，升起来了。

提起开饭，才发现炊事班没跟上来。于是赶紧派一队人往回搜查。这时司令咬着大拇指走来走去，一会让我打听一次情况，同志们刚才的高兴劲儿一下子全没了。到底出了什么问题呢？

事情原来是这样的：我们突围时，就把炊事班的几十名同志和一部分女同志放在队伍的中间，紧挨着司令部，由于让我们轻装，把伙食工具埋下一部分后，他们又舍不得，便又悄悄地刨了出来，所以背的东西多，一时跟不上队伍，再加上天黑，战斗打响后，部分炊事员缺乏作战经验就趴下来了。这一来，就和大队脱开了，断后的一团还以为冲出去了，就去赶大队了。炊事班的同志散了，他们没有枪，就在敌人堆里乱闯开了，有的和敌人碰面了，一看不是自己人，举起扁担照头就是一下子，缴过枪来就打。就这样，一个一个地冲出了重围，后来又与部队联系上了。杨司令见了他们非常高兴，还给他们讲了话，表扬了他们勇敢地缴获了武器，炊事员老孙头感动地说："我们没有执行轻装的命令，该受批评，可是，实在舍不得这几口锅啊！炊事员没锅还算什么炊事员呢？"[①]

就这样，抗联第一路军总部及直属部队在杨靖宇的指挥下，以16人伤亡的代价，歼灭日伪军80余人（其中击毙敌团长1名）、缴获步枪20余支，冲破了敌人的包围，使敌人苦心经营的"铜墙铁壁阵"归于破产。突出重围后，魏拯民率二军一个团向东部山区转移，杨靖宇则率警卫旅和少年铁血队迅速北进，经濛江西南部山林，来到金川河里地区。

第九节　鲜血凝成的友谊

岔沟突围一个月后，杨靖宇又率部由金川河里地区北上，设法联络活动在濛江、桦甸一带的第二军第四师和第六师，以传达第二次老岭会议精神，部署东南满游击战争，特别是将以金日成为师长的第二军第六师改编为第一路军第二方面军，这是第二次老岭会议的部署之一，也是杨靖宇一直十分关心的工作。

1938年11月25日，在金日成派来的向导引领下，杨靖宇率部来到濛江南泊子（《金日成回忆录》中作南牌子），与金日成率领的部队会合。这是杨靖宇和金日成仅有的一次会面，也是杨靖宇致力中朝人民联合抗日浓墨重彩的一页。

从领导抗日斗争时起，杨靖宇就从东北实际出发，致力于建立中朝人民抗

---

① 黄生发：《岔沟突围》，《东北抗日联军史料》（下），中共党史资料出版社1987年版，第638—642页。

日统一战线，在斗争中与朝鲜同志结下了深情厚谊。在担任独立师师长期间和第一军军长初期，他和磐石游击队主要创始人之一、历任独立师参谋长和第一军第一师师长的李红光亲密无间，并肩战斗，工作中坦诚相待，生活中互相关心。当发生意见分歧甚至纠纷时，杨靖宇仍然与李红光推心置腹，协商一致。1935年5月，李红光在兴京（新宾）战斗中不幸牺牲，杨靖宇闻之悲恸不已。曾担任南满省委组织部长的朝鲜共产主义者李东光也是杨靖宇的亲密战友之一，后于1937年战场捐躯。为反对共同的敌人——日本帝国主义，杨靖宇还和以梁世凤为首的朝鲜民族主义力量——独立军建立了统战关系。1934年梁世凤被日本侵略者收买的奸细暗害后，独立军继续与东北人民革命军和抗日联军并肩战斗。至1938年，在崔允龟的率领下，加入以金日成为师长的抗联第一路军第二军第六师。

在抗日革命斗争的烈火中，以金日成为代表的一批朝鲜共产主义者锻炼成长起来，并得到了杨靖宇一贯地热情支持。正如金日成回忆的那样："我同李红光、李东光、杨靖宇等同志建立了不可分割的密切关系。"① 在杨靖宇和朝鲜战友的关系中，魏拯民发挥了极为重要的作用，他和杨松（吴平）、周保中一起，坚决制止和纠正了以杨光华为书记的中共满洲省委对朝鲜战友的"左"倾错误，保护了一大批朝鲜革命的骨干。1937年9月，受杨靖宇委托，魏拯民向金日成传达了周恩来对东北抗日联军和朝鲜共产主义者的高度评价。金日成对此倍感振奋，他回忆说："魏拯民说，庐山谈判时，周恩来同蒋介石谈到了共产主义者在满洲、华北和朝鲜积极开展抗日活动的问题，我以满意的心情听了他的这段话。因为它意味着，中共中央正确地评价了朝鲜共产主义者在抗日战争中所占的地位，对由朝鲜共产主义者领导的武装斗争寄予很大期望，并热切地希望得到他们的积极支持和协助。"②

但是，由于战事频繁、戎马倥偬，在很长一段时间里，杨靖宇和金日成只能保持间接联系。如今，在濛江南泊子，他们终于见面了，在以后将近一个星期的

抗联一路军第二方面军
指挥部的同志们

---

① 郑万兴译：《金日成回忆录　与世纪同行》（1—2），中国社会科学出版社1994年版，第510页。
② 郑万兴译：《金日成回忆录　与世纪同行》（5—6），中国社会科学出版社1996年版，第497页。

时间里，他们朝夕相处，促膝恳谈。"共同的抗日斗争，把我和杨靖宇的命运紧紧地连在了一起。"① 直到半个多世纪后，金日成仍然用饱含深情的文字，记述着和杨靖宇一起度过的短暂而又永恒的时光，记述着杨靖宇的音容笑貌：

> 这是困难时刻的相逢，我和杨靖宇都格外激动。
>
> 杨靖宇那双炯炯有神的大眼睛，一眼就吸引了我。人值千金，眼值八百。我一看杨靖宇的眼睛，就知道他是一个忠厚而热情的好汉。
>
> 我们烤着篝火进行了简单地交谈。他烤暖了身子，突然谈起第一军里的朝鲜同志。他说，第一军里有许多朝鲜人，都是有名的战将。可是他们没能都来。他一再痛心地说，失去了许多好同志。
>
> 他为失去那些朝鲜同志那样难过，使我不得不反过来安慰他了。……
>
> 我劝他快进帐篷，好解解几个月的疲劳，晚上再好好睡一觉。他说，那怎么行，还没有向贵部战友们打招呼，怎么能先想到休息哪。我听了心里想，确是一个不同一般的人。从前，也有许多友邻部队的客人来过，但像杨靖宇这样，还没有卸下行装就先要向我部人员打招呼的人，却是很少见的。……
>
> 我望着他为牺牲的战士流泪，十分感动，他确实是一个爱兵如子的人。
>
> 我备一席便宴为杨靖宇洗尘，所谓便宴，不过是几样干菜和几杯酒而已。他把手枪和拎包解下来放在一边，说是好久没有松过皮带了。同杨靖宇一道来的徐哲，悄悄地对我耳语说："这是破例的。杨司令任何时候都军容严整，注意保持军人的威严，今天却完全打破了常规。"
>
> 虽然是初次见面，杨靖宇却侃侃而谈，讲了许多话。
>
> 我听到他曾经在工业学校学过纺织印染，不禁十分惊讶。如今的抗联司令当年却学纺织印染，这多有意思啊！他说他学纺织印染，是为了给世世代代穿不暖、过着苦日子的中国同胞做漂亮衣服穿。我认为这是阶级意识的表现。②

为被压迫被剥削的人民群众闹革命的决心，正是从这种阶级意识出发的。

杨靖宇早在十几岁的学生时代，就对学校当局不公正的措施提出过抗议。只从这一事实，就能说明他是刚直不阿、正气凛然的人。

在南泊子会议上，杨靖宇传达了形势、任务和第二次老岭会议精神，完成了将第二军第六师改编为由金日成任指挥的东北抗联第一路军第二方面军的工作。在谈话中，杨靖宇回忆了岔沟突围的悲壮血战，深切缅怀血洒沙场的三团团长、朝鲜同志朴先锋，高度评价了率领突击队杀出血路的朝鲜同志朴成哲。抗战胜利后，朴成哲历任朝鲜劳动党中央政治局委员、国家副主席、朝鲜最高人民议会常

---

① 郑万兴译：《金日成回忆录 与世纪同行》（7—8），中国社会科学出版社2001年版，第65页。
② 郑万兴译：《金日成回忆录 与世纪同行》（5—6），中国社会科学出版社1996年版，第64—70页。

任委员会名誉副委员长等职，1975 年 4 月 19 日，曾陪同金日成在北京会见周恩来和邓小平。今天，在平壤大城山烈士陵园里，矗立着朴先锋和朴成哲的塑像，他们和所有共同抗击日本法西斯的英雄们一样，永远活在中朝两国人民的心中。

"南牌子会议结束后，各部队向所分担的作战地区开拔。与杨靖宇的离别，跟相逢时一样，留下了深刻的印象。我和他以两国革命者的名义约定：成为胜者时再会。可惜，以后我没能再见到杨靖宇。"① 尽管如此，杨靖宇如同永远活在中国人民心中一样，也永远活在金日成和朝鲜人民的心中。朝鲜劳动党中央委员会赞誉："东北地区著名的抗日联军指挥员杨靖宇，就是在共同的抗日年代里，和金日成同志生死与共的颇有声望的中国革命战士之一。"② 金日成在回忆中写道："在东北抗日联军英勇抗战的旗帜上，凝聚着中国人民的热诚的共产主义战士杨靖宇的鲜血。我国人民将永远不会忘记杨靖宇在共同的抗日斗争中所建树的丰功伟绩。"③

第十节 "满洲国治安整顿之癌瘤"

南泊子会议结束时，已届 1938 年底，抗联不仅和以往一样经受着"火烤胸前暖、风吹背后寒"的严冬考验，而且已经进入最为艰苦的后期斗争阶段，行军作战更加频繁险恶。杨靖宇率部离开南泊子不久，就在"东干饭盆"宿营地被叛徒程斌的"讨伐队"发觉追击。此地之所以得名"东干饭盆"，原因在于它处在原始森林腹地，非有丰富山林地区活动经验者不能辨别方向，普通人进入很难寻找出路，最终只能因迷失方向、耗尽给养而冻死饿死，俗称"闷干饭"。程斌深知这一点，杨靖宇利用他急于邀功请赏的心理，派一支小部队与程斌"讨伐队"交战，毙伤敌军数人，然后佯装溃退，拟诱敌深入东干饭盆。战斗虽因被程斌识破而未能达到预期目的，但也使抗联部队摆脱了程斌"讨伐队"的追击，在相当程度上得到了活动自由。杨靖宇抓住这一难得的时机，指示部队休整数日、缓解疲劳，然后出发经空杨树村、二道花园、三道花园向桦甸前进，准备与在当地活动的第二军第四师会合。在途经桦甸、濛江、抚松三县交界的两江口蒿子湖时，将尾追而至的伪靖安军击退，战后继续进至桦甸老金厂西部老营沟一带活动。

从濛江南泊子到桦甸老营沟，杨靖宇和他的战友们送走了 1938 年，迎来了 1939 年，这是日本法西斯加紧"讨伐""归大屯"，屠刀更加逼近抗联战士和东北人民的一年，是抗联斗争环境和条件急剧恶化的一年，也是杨靖宇和他的战友们顽强斗争的一年。"东北抗联第一路军匪帮接续前期以东边道一带为游击区，继续进行凶猛之活动。杨靖宇等抗日意识坚强之干部、党员，团结一致，抗拒严峻之军警讨伐，利用讨伐之漏洞，断然袭击部落、警备机关，疯狂奔走于宣传抗

---

① 郑万兴译：《金日成回忆录 与世纪同行》(5—6)，中国社会科学出版社 1996 年版，第 70 页。
② 郑万兴译：《金日成回忆录 与世纪同行》(5—6)，中国社会科学出版社 1996 年版，第 62 页。
③ 郑万兴译：《金日成回忆录 与世纪同行》(5—6)，中国社会科学出版社 1996 年版，第 72 页。

日。"[①] 日本关东军宪兵司令部的机密文件，表明了杨靖宇和他的战友们是令日本侵略军时刻胆战心惊的"大患"。

在1939年最初的两个月里，杨靖宇率领警卫旅、少年铁血队和第三师一部共400余人，踏过半人深的积雪，冒着摄氏零下40度的严寒，寻找战机、歼灭敌人。当时，跟踪追击杨靖宇所部的敌军是日军菊池部队和伪靖安军共500余人，他们于1月中旬从濛江那尔轰出发，18日到达杨靖宇部队活动的桦甸大柳树河子，当夜沿河搭起12座帐篷宿营，并在每个帐篷前点燃一堆篝火以照明取暖，准备次日继续追击"讨伐"。杨靖宇得悉后，决定利用敌人行军疲惫、立足未稳之机，突袭敌宿营地。为此，抗联部队选调精兵120人，组成12个突击组，每组配备机关枪一挺，负责解决一个帐篷，在杨靖宇和韩仁和的率领下，突击组兵分两路，于夜半从柳树河子上下两个方向同时出击，敌军猝不及防，全线崩溃，战至黎明，抗联战士追击近10里，方才胜利收兵。战斗中毙伤敌军百余人，缴获机枪1挺、步枪10余支及军需品大宗。次日晨战斗结束后不久，适逢两架敌机低空侦查，杨靖宇又指示部队以机枪对空射击，击落一架。

时任少年铁血队指导员的王传圣参加了战斗，与杨靖宇的指挥若定一起留在他记忆中的，还有杨靖宇对受伤战士无微不至的关怀：

> 这次战斗，我们是有目标的袭击，敌人是漫无目标的乱打枪。就在我和通信员马永喜返身要走时，敌人的一颗流弹打中我的左脚。我只觉得像被一根棍子抽了一下似的，脚一颤，把我带了一个大跟头。
>
> 回到司令部，杨司令问我："你怎么啦？""脚被子弹打了。""你过这条小岗，到医务处徐哲处长那里，让他给你包扎一下。"
>
> 我和马永喜翻过小岗，看见一堆篝火，找到了徐处长。他问："小王，你怎么样？""不要紧，没打着骨头，还能走路呢。"
>
> 我穿着大号鞋，一走路鞋里都是水，我感觉鞋里的血水可能满了。徐处长看完了，不由分说地用剪刀一下把鞋给铰开了。一看左脚心有二三寸长一个大口子，还往外流血。我觉得剪了怪可惜，就说："徐处长，你把我的鞋铰了，可叫我穿什么走路？"
>
> 他笑了笑，也不理我。把伤口擦干净上好药，用药布包好，又去给别的伤员包扎去了。我一只脚没鞋穿，坐在火堆旁发愁，司令部派武传令兵给我送来一双袜子、一双草鞋。我一看这东西，就知道是杨司令的。因为杨司令有什么东西，我都清楚。何况他个大脚大鞋大。我说："这是杨司令的备品。他没有多余的，我不穿，请你拿回去。"徐处长在一旁说："小王，你先穿上。现在仗还没完，一旦有什么情况你怎么办？"

[①] 吉林省档案馆编译：《东北抗日运动概况（1938—1942）》，吉林文史出版社1986年版，第86页。

武传令也说:"我来时杨司令说,命令你穿上。要不他会亲自来的。"我一听杨司令命令我穿,不穿他会来,再说战斗还没结束,不管怎么样,先穿上鞋再说吧。还多亏是这样的大鞋,要不还真穿不上了。①

在抗日斗争实践中,杨靖宇形成了一个重要的战略战术,即每当一次大战斗尤其是胜仗之后,必须立即转移、分兵几路,以免久处一地、目标太大,这样极易陷入敌人新的包围。柳树河"摸火堆"战斗结束后,杨靖宇也立即对部队活动作了新的部署,指示韩仁和率百余人(其中有少年铁血队 40 余人)从水曲柳沟出发,经那尔轰到头道柳河、抚松一带活动。杨靖宇本人则率第一路军总司令部和警卫旅大部 300 余人前往会全栈,与以朝鲜同志崔贤②为师长的第二军第四师会合。途经四五个"集团部落",负责防守的伪警察、自卫队等闻杨靖宇威名,望风而逃。1 月 24 日,当行至桦甸大碇子时,杨靖宇指挥部队歼灭一支伪警队,俘敌 30 人、缴获步枪 30 支,随后又在红石东北沟与敌激战 1 小时,击退伪军 200 余人。25 日,杨靖宇率部抵达老营沟口宿营地,随即在大楞场一带与二军四师会合,开始冬季休整。2 月 18 日(农历大年三十),杨靖宇在桦甸老金场抗联密营主持新春联欢会并讲话,参加者有第一路军总司令部、警卫旅、二军四师的干部战士。春节过后,杨靖宇和魏拯民又在桦甸头道溜河密营举办党员干部培训班,学习党中央六届六中全会给抗联致敬电和国际国内形势,讨论了"中国革命的性质""抗日战争的胜利需多久"等问题。

经过两个月左右的休整,抗联战士的身体和精神面貌大有改观,这时已是 3 月,春暖花开、士气旺盛,杨靖宇抓住天时、地利、人和,指挥抗联战士主动出击。1939 年春节后杨靖宇指挥的第一个大战斗,就是攻克敌伪重兵设防的桦甸木箕河林场。这个林场是由日本人经营的"满洲林业株式会社北海木业组合"开办的,隶属成立于 1934 年的伪县营林署管辖,位于富尔岭下木箕河上游。该林场成立以来,不仅为日本侵略者输送大量桦甸森林资源,而且奴役折磨了数以千计的中国劳工。该林场一直是日伪当局的"宠儿",高墙、铁蒺藜网、炮楼、铁门等防卫设施俱全,各种物资应有尽有,还专设"森警队"百余人来警卫,附近"集团部落"中的伪警察也可以随时增援,实际上是一个武装据点。为保护国家森林资源和解救劳工,也为了补充军需物资,杨靖宇在得知侦察结果后,精心部署了攻打木箕河林场的方案。先于 3 月 10 日派警卫旅、少年铁血队和第二军第四师共 450 余人,在一天之内将林场外围所有"集团部落"扫清,缴获一批武器弹药、粮食、食盐等。14 日,杨靖宇亲自指挥夜袭木箕河林场场部,同时指令韩仁和率部分部队埋伏于林场西边沟口,阻击可能来援之敌。战斗打响后,杨靖

---

① 王传圣:《深切的怀念》,宋晓宏、高峰、傅伟编著:《永久的丰碑——杨靖宇将军资料汇编》,吉林文史出版社 2005 年版,第 246—247 页。

② 崔贤(1907—1982),抗战胜利后历任朝鲜劳动党中央政治局委员、中央军委委员、民族保卫相。

宇指挥主力，以4挺机枪为掩护攻入林场大门，同时以小部队袭击四周炮楼，使敌首尾不能兼顾。战斗中，负隅顽抗的10余名伪警察被击毙，其他伪警逃往后山，见抗联部队紧追不舍，又听到四周不断传来"中国人不打中国人""缴枪不杀"的口号声，遂先后下山缴械投降，4名钻入地道的日本人也被抓获。与此同时，距场部30米的劳工大院也被抗联攻克。解救劳工千余人，其中上百人主动帮助抗联运送缴获物资，70余人参加抗联，杨靖宇还向工人们讲话，号召他们奋起抗日救国。战斗除歼敌百余人外，还缴获机枪1挺、步枪30余支、匣枪2支、无线电台1部、望远镜1架、牛马200余匹（头），另有大量粮食衣物。撤离前夕，战士们用汽油将林场和木材全部焚毁，大火燃烧一昼夜，日本侵略者苦心经营的木箕河林场化为灰烬。木箕河林场战斗持续一星期，历经扫清外围、攻打林场和收尾战斗三个阶段，歼敌200人左右、解救劳工千余人、缴获各种军需物资大批，是抗联战史的又一辉煌杰作。随后，部队转移至木箕河南四公里处休整。3月16日，在八道河子与追击而至的敌伪军800余人激战七小时，以警卫旅一团团长许国有等10余人牺牲的代价，歼敌80余人。战后杨靖宇率部向东转移，急行军一周，翻越富尔岭，其间又捣毁"集团部落"数处。

翻越富尔岭后半个月，杨靖宇和抗联战士的铁拳又砸向了敦化大蒲柴河据点。这个据点位于敦化县南部富尔河畔，内设军火仓库一个，有日伪军近300人（其中日军50余人）驻守。经周密侦察和精心部署，4月7日晚9时，抗联部队在杨靖宇指挥下，从西面和南面同时突入镇内，在10余挺机枪的猛烈扫射下，伪军兵营被迅速攻克，日本守备队溃不成军，伪警署、桦东办事处、军火库等也先后被摧毁。战斗中毙伤俘敌50余人（其中击毙20余人）；缴获轻重机枪各1挺、步枪50余支、匣枪5支、子弹数万发、伪币8万余元。8日晨3时，抗联部队在焚烧了伪警署、桦东办事处和军火库后，从镇西撤出，当日又在大蒲柴河西南击溃追击之敌。

木箕河林场丢盔弃甲于前，大蒲柴河镇损兵折将于后，屡遭重创的日本侵略者，不能不感到切肤之痛。几天后，在大蒲柴河战地的废墟上，伪吉林省警察厅长为死去的同伙"慰灵祭"。伪《大同报》1939年4月13日报道：

> 红军枪声如爆竹而起，势颇猛烈，突击其情势，总数不下三百多名，在黑暗夜里兼以寡不敌众，故于瞬间，第一道防线被突破，以致办事处和警察署等被焚烧。

的确，在杨靖宇和他的战友们"如爆竹而起"的枪声里、"势颇猛烈"的攻击下，日本侵略者的"防线被突破"何止千百，大蒲柴河战斗就是其中一例。它和其他战斗一样，打击了敌人，振奋了群众。4月19日，中国共产党在重庆出版、在华北设有分馆的《新华日报》，也以"东北义勇军袭击敌垦区"为题报道：

"中央社东京十八日电,据日方消息,吉林省的游击队又趋活动,上星期五有游击队300余人进攻日屯垦区附近之大蒲家河村(译音),将村长办公室焚毁,然后退去。"大蒲柴河战斗和其他传入内地的抗联战绩,有力地鼓舞了全国人民的抗日斗志,尤其受到八路军战友的极大关注。宋任穷回忆说:"当时,东北抗日联军抗击侵略者的胜利消息不时传到我所在的冀南抗日根据地,大家都感到振奋,并对杨靖宇、周保中等同志很敬仰。"①

大蒲柴河战斗胜利后,杨靖宇发扬连续作战作风,于9日袭击小蒲柴河"集团部落",焚毁伪警察分驻所,筹集给养若干;10日夜8时再次袭击大蒲柴河镇,与日伪军激战5小时,歼敌70余人,缴获重机枪1挺;11日袭击柳树河子"集团部落"。4月下旬攻打浪柴河据点。月底,部队进驻富尔岭深山短暂休整。据杨靖宇5月9日给曹亚范的信统计,截至此时的战果是:"十一年式(日本大正十一年即公元1922年——引者注)轻机枪三挺、重机枪一挺、手枪四十余支、步枪五百余支(含三八步枪)、各种弹药三万余发、纸币约三万余元、其他战利品许多,消灭日满军警五百余名。"

杨靖宇和他的战友们的战绩,大大震惊了日本法西斯,新一轮的"讨伐"步骤紧锣密鼓而来。4月14日,伪满"治安部"颁布《康德六年度治安肃正要纲》,杨靖宇赫然列为敌人悬赏捕杀名单的第一名,赏金一万元。18日,关东军第二独立守备队司令官三浦发布作战命令,并制定了《昭和十四年度治安肃正要纲》,确定总体任务为:"在防卫司令官直辖下,以杨匪首为目标,坚持追击,捕捉歼灭,行动地区不受限制,神速灵活行动,努力利用夜间进行急袭和奇袭,进行捕捉。"各部队具体部署为:助川部队长——重点负责桦甸县第五区、敦化县东南部地区;末长部队长——重点负责桦甸县第四、七、八区;小林部队长——重点负责桦甸县第六区。

5月,日伪当局设立了专司"讨伐"杨靖宇领导的抗联第一路军的"第八军管区",该区是从伪"第一军管区"独立出来的,司令官就是在1936年至1937年"东边道独立大讨伐"中血债累累的大汉奸王之佑,日本顾问为立花大佐,下辖伪混成第一、二、三旅和步兵第六团,总计一万人,专门负责伪安东、通化两省的所谓"治安肃正"。

针对敌人部署,杨靖宇从全国抗战总格局出发,再次体现了共产党人的坚强党性和勇于担当的大局意识。他指出:"我们在这里坚持下去就能牵制敌人的一部分力量,对关内抗日战争有利;如果我们转移走了,这里的抗联没有了,敌人就会乘机宣传抗联被消灭了。这样对群众影响肯定不会好,特别是敌人会更加集中兵力到关里去,给党中央增加压力。我们力量虽然不大,但是在这里打下去,起

---

① 宋任穷:《纪念周保中同志》,引自中共吉林省委党史工作委员会编,郭红婴主编:《回忆周保中》,吉林人民出版社1989年版,第1页。

码能拖住敌人一部分力量，支援全国抗日战争。"① 按照杨靖宇的意见，抗联第一路军以辉南、桦甸、濛江、抚松等县为根据地，继续坚持顽强英勇的游击战争。

5月初，杨靖宇率部返回桦甸老金厂、老营沟一带活动，4日指挥了老营沟口伏击战，杨靖宇在战斗中不幸负伤，王传圣记述了当时的情景：

> 杨靖宇总司令带领警卫旅一团、少年铁血队、机关枪连于5月上旬回到桦甸县老营沟，当晚得知第二天上午10点钟敌人一个排从老金厂去会全栈接运物资，总司令决定伏击消灭这股敌人。
>
> 这次伏击，总司令部决定把敌人放到铁血队跟前打，目的是进一步锻炼铁血队，如果铁血队打不好，再由警卫旅一团帮助歼灭这股敌人。我们铁血队的阵地在老营沟口的东面，一团在西面。敌人从东头过来先路过铁血队埋伏的阵地。
>
> 10点多钟，伪军一个排30多人从老金厂方向来到老营沟门，进了少年铁血队的埋伏阵地。杨司令用望远镜观察，发现铁血队没有一个人在活动，知道我们睡着了。就把敌人放到一团跟前打。枪响后，我们铁血队都醒了，没看见敌人，只听一团方向枪响，顺公路朝一团跑过去，不等我们到一团，一个排敌人全部被一团缴械。
>
> 我和高队长说："一个好战机让我们丢了。"战士们一边走一边说："咱们真不争气，本来总司令要叫我们打一个胜仗，锻炼一下我们打伏击战的本领，结果没打成。"
>
> 到了指挥部山下，高队长整理队伍带着，我先上山，到指挥部，发现杨靖宇总司令坐在地上，右小腿肚子让敌人一颗子弹穿透。这时我心里特别难受。因为我们睡觉，指挥部在山上大喊，才使杨司令受伤，不知不觉的，眼泪掉了下来。
>
> 杨司令说："你们睡觉当然是不应该的，但我也疏忽，你们太疲劳了。另外指挥部人员也轻敌，在山头上乱喊乱叫聚一大堆人，引得敌人朝这里打枪。不能全怨你们铁血队。"杨司令越这样说，我的心里越不是滋味，不好受。②

不仅对战友和部下是如此关爱，就是在自己负伤流血的情况下，杨靖宇仍然强调执行党和人民军队的俘虏政策，严厉制止了战士们对俘虏的过激行为，告诫战士们："缴枪不杀，不能因为我受了伤，就杀俘虏。"③ 直到将全部俘虏教育释放后，杨靖宇才在战士们护送下离开战场，躺在担架上被送往位于松花江上游桦甸

---

① 转引自赵俊清：《杨靖宇传》，黑龙江人民出版社2005年版，第472页。
② 王传圣：《深切的怀念》，宋晓宏、高峰、傅伟编著：《永久的丰碑——杨靖宇将军资料汇编》，吉林文史出版社2005年版，第247—248页。
③ 赵俊清：《杨靖宇传》，黑龙江人民出版社2005年版，第474页。

与濛江交界处的密营养伤。这次为期二十多天的养伤，是杨靖宇在东北抗日斗争中难得的一次"休息"。

虽是养伤，但杨靖宇仍在为战友操心劳碌，他尽可能地减少自己的需求，为警卫战士留出时间，督促他们学习政治、军事和文化，指示办好中共南满省委和抗联第一路军机关报《列宁旗》和面向群众的《中国报》，加强政治思想工作。除了这些以外，杨靖宇把时间几乎全用在读书看报上，尤其是用在了系统学习研究《论持久战》上。

早在1938年底，《论持久战》就已通过吉东交通线传入东北，杨靖宇也得到了一册油印本。从拿到书的那一刻起，杨靖宇就经常学习这部经典著作，如今，利用这难得的"闲暇"，他更是反复阅读、认真领会，学习掌握毛泽东所揭示的持久抗战规律，并以此为指导，探索分析东北战场相持阶段的特点和抗联应当采用的战略战术。特别是毛泽东在阐述持久战思想时，援引了与斯诺的谈话，重申了中国共产党和全国人民收复东北、"不容许日本保留中国的寸土"①的坚定决心，重申了对东北抗日联军发动群众特别是武装农民经验的充分肯定："须知东三省的抗日义勇军，仅仅是表示了全国农民所能动员抗战的潜伏力量的一小部分。中国农民有很大的潜伏力，只要组织和指挥得当，能使日本军队一天忙碌二十四小时，使之疲于奔命。"②看到这些，杨靖宇更加激动，坚信党中央和全国人民必将驱逐日寇、还我河山；坚信中国共产党和毛泽东必然领导中国人民抗日战争赢得光荣的胜利。

在养伤期间，杨靖宇还接见了第一方面军指挥曹亚范派来的联络员，收到了他写来的工作汇报，在认真阅读分析后，杨靖宇于5月9日致函曹亚范，对"英勇忠实的第一方面军同志排除万难，在正确领导下进行战斗"的贡献予以表彰，指示："第一方面军积极开展活动，补上过去的损失，充实实力是为重要"，对今后的工作作了如下部署：

> 贵方活动地区辑安成为日寇重视的地方，到王凤阁以前根据地还有鸭绿江沿岸的大山峰地区去活动，可以得到第一路军的互相配合。
> 队内政治教育训练工作是重要的，第一方面军也应加紧进行。
> 警卫旅和其他部队的经验，到敌人的矿山、铁路去袭击，同时可以扩充工人当兵，对部队的发展有重大意义。第一方面军今后沿海辑线活动，对矿山、林业工人作为扩军的对象十分重要。
> 对县城和大部落的工作非常困难，部队执行游击战，队内物质缺乏，要鼓动群众反日气氛。

---

① 《毛泽东选集》第2卷，人民出版社1991年版，第444页。
② 《毛泽东选集》第2卷，人民出版社1991年版，第445页。

在信的结尾,杨靖宇写下了这样一段充满必胜信念的文字:

> 我们部队士气高昂,群众对我军是拥护爱戴的,我们胜利敌人统治就削弱,日寇暗叹去年秋冬大讨伐已经失败,这样敌人的动摇和悲观已达顶点。我们要用革命的实践揭露敌人的花言巧语的骗局,要依照我党政治决议和口号,用真理和事实宣传我们取得最后的胜利。①

在杨靖宇养伤期间,日本侵略军于5月攻击苏联军队,挑起诺门坎战役,受到苏联红军和当地民众的迎头痛击。在此期间,东北抗日联军各部队也积极出击,予日伪军以沉重打击,出色地履行了反法西斯国际主义义务。6月初,杨靖宇伤愈重返桦甸前线,数日内指挥部队在夹砬子、关门砬子、错草顶子举行三次战斗,总计歼敌250余人,缴获武器140余件(其中轻机枪1挺)。关东军宪兵司令部惊呼:"与诺门汗事件之进展相呼应,疯狂进行频繁袭击与对群众宣传抗日,致使治安不佳地区显著扩大,且使人心动摇,尤以东边道地区及北安省地区匪帮之活动极为激烈。"②

在日益激烈的战斗中,东北抗日联军迎来了"七七"事变两周年,在这个对东北人民而言具有特殊意义的日子里,杨靖宇以中共南满省委和抗联第一路军总政治部名义,发布了《告东北中国同胞书》和《告伪满军中国籍全体官兵同胞书》。

这是揭破日本法西斯的谣言诬蔑,向东北同胞报告全国抗战真实情况的文件。它们指出:"在中国人民奋起抗战的二个整年中,由于全国军民的英勇抵抗,各党派的精诚团结,中国共产党和一切抗日志士之坚决领导,长期抗战与进击战阵地战术之适当,和苏联的多种援助以及在中国利害较大的英法美等各国的帮助……中国不仅没有像我们的敌人们宣传的完全灭亡,反而将大吹牛皮的日寇弄得人丁抽空,经济状况入于山穷水尽之途。日寇国内少数党派和统治阶级愈加分歧仇视紊乱纷争,在国际上与英法美苏各大强国,已入短兵相接之境。"

这是揭露日本法西斯血腥罪恶的文件。它们指出:"将被日寇拉完磨杀驴吃所陷害的同胞们!现被日寇强制入伍送死的青年弟兄们,日本贼徒疯狂的向你们脑中灌溉奴化思想,如一再的教你们克尽军人'保国卫民剿匪靖安'之职,请你们用自己的天良着实的想想,你们究竟保护谁?剿的是什么人?日本人在大街上无故打骂中国同胞、污辱中国妇女,请问你们谁能尽卫民之责走出过问!日本人命令你们去打骂或枪杀你们无辜的亲戚朋友,请问你们谁敢公开说不对!日本强盗无耻的宣传,进攻中国为的是维护东亚和平,试问维持和平的办法是以进攻人家国家、去向人家民族生存的战争手段来实现吗?这种无耻的办法就是死尸知道

---

① 《杨靖宇给曹亚范的信》(1939年春),《抗联一路军在濛江》。
② 吉林省档案馆编译:《东北抗日运动概况(1938—1942)》,吉林文史出版社1986年版,第77页。

了，也会起来骂几声'无耻的强盗'！这种办法，我们中国人为了自己国家的独立、民族生存自由生活是决不能接受的。假如日寇不停止强盗行为滚出中国，那么我们是不能放下保护自己国家独立民族生存的自卫武器。"

这是号召东北人民奋起抗战、伪军官兵反正新生的文件。它们号召："过去的取巧思想是不对的，维持现状的行动是错误的。日本子对东北抗日联军和中国共产党员害怕，是因为我们与一部分有志的先进同胞们一样与日寇拼命，我们敢断定说东北的中国同胞决不能到了这种悲惨状态。东北同胞毅然崛起，有钱出钱、有粮拿粮、有枪送枪、能来人来人，各尽抗日所能，在中国共产党和东北抗日联军领导之下，响应全国各部战线四月以来着着胜利的收复失地光荣壮举！"呼吁伪军官兵"在七月七日中国人民抗日求生的那天，挣断日寇的锁链，举行壮烈英勇的哗变，克尽中国男儿救国之职责"。

"七七"事变两周年后，杨靖宇率部活动于濛江、辉南、临江一带，多次袭击"集团部落"，歼灭伪警察和自卫团。8月以后，随着天气逐渐转冷，杨靖宇日益关注筹集冬季给养的工作。

对于完全没有后方和政府支援的东北抗日联军而言，筹集给养始终是最为重要的工作之一。在斗争实践中，杨靖宇把民族利益和阶级利益结合起来，探索出了一套行之有效的方法，受到了群众的拥护爱戴。1935年5月7日，杨松在为吉东特委和宁安县委起草的《致第五军党委的信》中记述说："对于大粮户要反日特捐，对走狗财产粮食没收、分粮给农民，在南满第一军正是这样干，引起成万群众拥护我们。"[①]1938年后，随着日本法西斯殖民统治日益强化，特别是"集家并屯"，在相当大的程度上切断了抗联部队与群众特别是农民的联系，筹集给养工作日益困难，不仅如此，日本法西斯的政策愈益完备和毒辣、执行愈益深入而彻底，"以辉南县为例，凡在本县居住者，须有伪警察署发给'居民居住证'、'物品购买证'、'通行许可证'，而未携这些证件在县内居住、通行及购买物品者则视其为'匪贼'或'通匪者'。根据规定，购买食盐三斤以上、胶鞋五双以上、面粉二袋以上、肉类五斤以上、纸烟一大盒以上、糖二斤以上、衣服五套以上、点心类五斤以上、帽子二顶以上、袜子五双以上，必须携带伪警察署发给的'物品购买证'及'通行许可证'，否则要加以处罚"[②]。这就更使东北人民生活痛苦、抗联部队雪上加霜。

"民不畏死，奈何以死惧之"，英雄的东北人民，迎着日本法西斯的屠刀，想方设法接济自己的子弟兵，杨靖宇和他的战友们，就亲眼见证过这样一幕：

林边的雪地里，躺着一个僵死了的老人。紧贴他的身子，放着一袋苞米

---

① 刘晶芳编：《杨松文集》，人民出版社2013年版，第149页。
② 《国内治安问题》，伪治安部参谋司：《铁军》第1卷第11号，转引自赵俊清：《杨靖宇传》，黑龙江人民出版社2005年版，第483页。

面。细看脚印，这老人是从南边过来的。

这老人是谁？他背了这一袋比金子还珍贵的粮食来干什么？在极度的饥饿和寒冷中，老人为什么没有食用袋中的粮食，却自己倒下去了……

一会儿，有人发现了这个秘密，喊了一声："看！"

大家猛抬头，在近旁的一棵白桦树上，隐隐约约看到刻着一行字：

"送给抗联吃！"

一切都明白了。杨靖宇默默地摘下了帽子……

杨靖宇悲愤而坚定地说："同志们，我们的民族是永远不会被征服的。让子子孙孙、世世代代都永远记住这样不朽的事迹吧！"

战士们掩埋了老人的尸体，就在那棵白桦树上，用刺刀深深地刻上了一行大字：

"这里埋着一位不屈的老人"。①

针对部队缺乏给养、战士饥寒交迫的状况，杨靖宇又采取了一系列措施，首先就是身体力行、与战士同甘共苦：

炊事员捧了一把炒黄豆，送来给杨靖宇吃，杨靖宇问："黄豆不是已经没有了吗？"

炊事员说："这是各班战士省下来的，他们看到司令越来越瘦弱，都很着急。"

"这怎么行！赶快送回各班去，给战士们吃。他们又要打仗，又要放哨，很辛苦。"

炊事员为难地看着手里的黄豆。黄豆并不多，但这是在断粮的日子里，战士们一粒一粒节省下来的，里面凝结了多少战士的深情厚谊！

炊事员到班里去了一次，又回来了，手里的黄豆一粒也不少。

"司令，战士们都不肯收，说一定要请司令吃。"

"他们自己吃什么？"

炊事员热泪盈眶，低声回答："他们有的吃野菜，有的……有的吃浸了雪水的棉絮。"

杨靖宇转过身去，静默了一会儿，回过身来对炊事员说："拿去给病员吃吧，不许再拿回来一粒。"②

---

① 纪云龙、周德宗、王石、沈仁康：《杨靖宇故事片断》，宋晓宏、高峰、傅伟编著：《永久的丰碑——杨靖宇将军资料汇编》，吉林文史出版社2005年版，第635页。

② 宋晓宏、高峰、傅伟编著：《永久的丰碑——杨靖宇将军资料汇编》，吉林文史出版社2005年版，第564页。

与同甘共苦同时采取的另一项措施,就是未雨绸缪、提前准备。这对杨靖宇来说是有着丰富经验的,早在1938年春节后,当时正在辑安一带活动的杨靖宇就指示王传圣取回群众筹集的给养,王传圣也由此学到了群众工作的经验:

> 三天后,杨司令又给我们任务:"你们三个人今天晚上去六道阳岔八宝沟屯子弄几担粮食。他们那里出粉条,也弄些来。"我一听,傻眼了:"这些东西,我们三个人怎么往回背呀?"
>
> 杨司令笑了:"你真是傻瓜。叫群众把粮食送到指定地点,派人回来送信,部队去背么。这有什么难的!"我吐了吐舌头。当天晚上,我们去八宝沟屯子,找到王排长,让他给准备5担粮食、100斤食盐、200斤粉条,后天晚上送到指定地点。
>
> 这个地区老百姓的生活虽然很困难,但是他们热爱子弟兵,支持抗联打鬼子。一些敌伪组织机构的人员,暗中也给抗联办事。这个王排长听说我们部队需要粮饷,说:"行,到时候保证送到。"
>
> 第三天晚上,群众用大车把东西按数送到指定地点,卸下来。小张回军部送信,第二天早晨部队来把粮食、粉条、食盐背走一大半,剩下的暂时隐蔽起来,等部队第二次再来运走。
>
> 从这时开始,我就带几个人做群众工作。经杨司令批准,我采取认干亲、拜兄弟等办法,广泛结识了一批基本群众,很快打开了局面。探听敌人情报,消息灵通;购买物资,群众帮助;遇到敌情,群众掩护。①

这一次,王传圣又参加了筹集给养的工作,他和其他同志"先去找农民当面讲好,这块地能出多少石苞米,让群众拿回去一半,好留着自己吃和向日本人交'出荷粮',余下的一半留给我们,将苞米棒子掰下来堆放在一起,再用苞米秸子围好盖严。我们白天去把钱交给群众,晚上就带上队伍去运回来。不管一块地有多少,必须在一个晚上运走,送到指定地点,再由小部队找地方藏好。我们在头道、二道、三道花园一共背了25个晚上,大约背了60石苞米,又转移到濛江县东南方背了七八天苞米、黄豆。以后按韩仁和命令又到濛江县东方孤山子、红河一带背了15个晚上"。②可想而知,在伸手不见五指的黑夜、人迹罕至的森林中,背负着数十斤粮食,深一脚浅一脚的跋涉,抗联战士们将要付出何等的辛劳。

为筹集给养,也为吸引敌军、减轻筹粮部队的作战任务和可能因此受到的损失,八月十五中秋节前后,杨靖宇决定对辉南县敌伪据点大场院展开奇袭。这里距县城18公里,驻有伪军一个中队和日本一个武装"开拓团"。围墙、炮楼、岗

---

① 王传圣:《深切的怀念》,宋晓宏、高峰、傅伟编著:《永久的丰碑——杨靖宇将军资料汇编》,吉林文史出版社2005年版,第240页。
② 王传圣:《风雪长白山》,转引自赵俊清:《杨靖宇传》,黑龙江人民出版社2005年版,第486页。

哨一应俱全，鉴于此，杨靖宇挑选了两名胆大心细的战士，指示他们乘夜渡河，解决村外敌人岗哨，打开村子大门，发出灯光信号，为大部队打开前进道路。果然，两名战士顺利完成了任务，大部队随即一拥而入，待敌人发觉之时，已被抗联战士包围，只得放下武器。此役抗联不仅无一伤亡，而且缴获大批物资。战斗结束后，杨靖宇率部经石道河子东去濛江县城，并吸引了濛江、金川的敌军，减轻了其他部队的压力。

在杨靖宇和战友们的努力下，依靠人民群众的大力支援，至9月末，筹集给养工作圆满完成，其中杨靖宇率领的直属部队储备玉米9000斤左右、黄豆2麻袋、小麦4麻袋；10月1日，魏拯民以化名董介南致函杨靖宇（化名陆鸣一），汇报自9月6日以来的成果："二军一部筹粮106石、土豆、萝卜300斤、面粉200斤、警卫连筹粮20石。"

1939年已近尾声，"讨伐"和严寒两大考验又摆在抗联战士面前，特别是对杨靖宇，敌人更是下了不惜一切代价志在必得的决心，早在当年4月14日伪治安部公布的《康德六年（1939年）度治安肃正要纲》中，在悬赏1万元捕杀杨靖宇的同时，就指令"第一、第二军管区司令官，由其部下各精选两个挺进队（一队约150名装备优良者）努力捕杀杨靖宇等匪首。再由通化警察厅编成执行同一任务的两个挺进队。以上各挺进队均受日本军挺进队的指挥，其行动不受讨伐地区的限制"[①]。7月下旬至8月上旬，伪第八军管区部队向抗联第一路军的根据地抚松、临江、金川、辑安、通化等地集结。8月，伪通化省警务厅制定《秋冬季肃正讨伐计划》，解释了日伪军如此兴师动众的根本原因所在：

> 东边道资源丰富，系国家的重要开发地区，根据产业五年计划，重工业与资源开发工业，都在加紧进行。为了保障开发事业的顺利开展，搞好治安工作至关重要。故本省自建立以来，即竭尽全力，配合日满各警备机关，做了多方面工作，然而治安状况至今仍然未能基本安定，根本原因是成为东边道癌瘤的杨靖宇等团匪未能除掉。该股团匪共有约九百名，另有在其领导下的约七百名，他们都以赤化为宗旨，标榜反满抗日，拼死进行顽抗，不知何时止熄。[②]

也是在这个《秋冬季肃正讨伐计划》中，敌人制定了一套更具有针对性的战略战术：

> 只以有限的警备力量，实难抑制人数众多、时聚时散、出没无常的匪团

[①]《东北"大讨伐"》，转引自赵俊清：《杨靖宇传》，黑龙江人民出版社2005年版，第489页。
[②]《东北抗日联军史料》（下），中共党史资料出版社1987年版，第848页。

活动。尤其在本省这种特殊复杂的地理条件下，往往使讨伐队陷入困境，而严重影响讨伐效果。

现在省里正准备抓紧进行各种治本工作，以确保现有部落不遭匪袭。并以此彻底切断匪团粮道，将其驱进饥饿圈内。同时，组织强有力的讨伐，一举将匪团消灭。

切断粮道，虽是致匪于死地的至上之策，但由于治本工作不够，尤其是集团部落的防备设施不全和防备力量薄弱，因而常常给遗匪以可乘之隙。因此，有必要增派警备力量，加强部落自身防备，筑起一道使匪团难得一物的防线来。

查匪团最怕的是弄不到粮食和群众背离，而自古以来东西方战史上都有"封锁粮道，克敌制胜"的记载。在本省这种不利于讨伐、而便于脱逃的特殊山区地带，相信这是一条最有效的治匪对策。①

9月，经过长时间认真准备后，伪"吉林、通化、间岛（即吉林省延边地区——引者注）三省日满军警联合作战司令部"在吉林市正式成立，司令官为关东军吉林长春地区守备队少将司令野副昌德，参谋部长为日军中佐北部邦雄。参加所谓"三省大讨伐"的日伪军达7.5万人，其中有日军独立步兵守备队五个大队、伪第二军管区驻敦化一个步兵旅、桦甸一个骑兵旅、通化伪第八军管区三个旅、佳木斯伪第七军管区一个混成旅、牡丹江第六军管区一个旅、"三省"全部伪警察、热河、奉天、滨江、锦州"四省"增援部队等，先锋仍是由叛徒程斌等率领的"挺进队"。按伪通化省警务厅《秋冬季肃正讨伐计划》统计抗联第一路军1600人的数字，敌我比例悬殊程度竟达47∶1。从这些五花八门的敌军番号中我们可以看到，直到最后一刻，杨靖宇仍然尽最大努力，甚至不惜以自己的牺牲，最大可能地牵制和消耗敌军力量，承担着支援关内战场和吉东、北满兄弟部队的光荣职责。

在这次"野副大讨伐"中，敌人频繁出动飞机配合，"陆空呼应"，在叛徒引导下，对所有发现的密营进行彻底破坏，甚至对民房也不放过，据日本战犯、伪吉林省"讨伐队"本部领导成员野崎茂作供认，仅在1940年2月10日至2月23日（即杨靖宇殉国日）半个月中，即焚毁民房65座。同时对山林采取"篦梳式"拉网搜寻，一旦发现抗联部队，则立即如"狗虱""狗蝇子"盯住不放，甚至确定在同时发现杨靖宇和其他抗联部队时，宁可放弃对其他抗联部队的追击，也必须紧紧盯住杨靖宇的踪迹。

尽管面临着空前严峻的考验，杨靖宇和他的战友们，心始终向往着党中央和毛泽东。9月的一个夜晚，在桦甸活动期间，战士们一边熬煮着榆树皮粥，一边向杨靖宇吐露心声："司令，为了打败日本鬼子，我们在荒山沟里吃野菜、喝雪水，全不

---

① 《东北抗日联军史料》（下），中共党史资料出版社1987年版，第848页。

打哆嗦。我心里只惦记一件事，毛主席、党中央知道我们在这里坚持抗战吗？"①

战士们没有失望，从杨靖宇的话语里，他们更加感受到力量和信心：

> 知道的，毛主席、党中央知道我们，全国人民知道我们。毛主席去年作了《论持久战》的重要报告，这个报告已经传到了我们东北。毛主席分析了全国抗战的形势。毛主席还提到我们东北农民参加抗日武装斗争。毛主席说，如果全国农民也都像这样组织起来，就能使日本军队一天忙二十四小时，使之疲于奔命。当然我们面前的困难是很大的，但我们能战胜它，东北这么大，这是我们的家乡，现在不是日本军队包围着我们，而是日本军队被我们中国人包围着，他们跑不掉了，一定要完蛋。②

1939年9月30日，杨靖宇和魏拯民在桦甸头道溜河口会合。10月1日至5日，他们在一个废弃的伪军兵营里，共同主持了中共南满省委和抗联第一路军主要负责人联席会议，会议在分析形势后决定，整个第一路军化整为零、分散活动。具体方案是：杨靖宇率司令部直属部队及第一方面军在濛江、抚松一带坚持斗争；第二方面军仍在长白山区、鸭绿江上游与敌周旋；以陈翰章为指挥、安吉（后历任抗联教导旅第一营政治副营长、朝鲜人民军首任总参谋长）为参谋长的第三方面军一部，则随魏拯民去吉敦地区隐蔽歼敌。

这是杨靖宇主持召开的最后一次重要会议。从这时到1939年底的战斗生活，曾在警卫旅一团二中队和机枪连担任战士的文广魁留下了详尽的回忆：

> 1939年11月底，杨靖宇司令率领我们进入濛江县（今靖宇县）境内。翻过一座大山，下岭后不远有一个大草甸子，要到对面的山岗，草甸子是必经之路。太阳偏西时，我们顺利通过草甸子，爬上一条不太高的山岗上。站在山岗上回头看，好像草甸子就在脚下一样。部队便在山岗上停下休息。杨靖宇同志观察地形后，决定派机枪连封锁草甸子，等到追击的敌人赶到时，给他来个狠狠地打击。于是，部队按照杨司令的指示，非战斗人员随先头部队继续前进，留下阻击敌人的部队迅速隐蔽到山岗背面，做战斗准备。这天，日军跟得很紧。太阳落山时，追击的敌人来到草甸子。只见敌先头部队走到草甸子中间，忽然停止前进，其他后续部队也都进到草甸子，敌人吵吵嚷嚷，像狼群似的窜来窜去。看样子是改变了主意，要到草甸子以南的河边去宿营。就在敌人乱哄哄地聚堆时，杨司令亲自端起机关枪向敌人射击。机

---

① 宋晓宏、高峰、傅伟编著：《永久的丰碑——杨靖宇将军资料汇编》，吉林文史出版社2005年版，第565页。

② 宋晓宏、高峰、傅伟编著：《永久的丰碑——杨靖宇将军资料汇编》，吉林文史出版社2005年版，第565页。

枪连的十几架轻重机枪和其他伏击部队一齐开火。步枪、小炮像助威的拉拉队，瞄准敌人猛劲打。打得鬼子们鬼哭狼嚎、东逃西窜，顿时乱成一片。战斗进行了一个多小时，我军无一伤亡，顺利撤出战场，赶上大部队。为了防止敌人报复，这天晚上我们也没敢吃饭，一直走到午夜以后，才在森林里住下来。这次草甸子战斗给敌人打击很大，五六天没敢出来追击我们。只是飞机还照样飞来飞去的侦察。以后听说这一仗毙敌、伤敌100余名，是1939年入秋以来所打得最好的一仗。虽然没有缴获战利品，但对敌人杀伤力很大，达到了打击敌人、保存自己的目的。

战后，我们按照预定的方向继续前进。中途，有一伙"讨伐队"发现了我后方部队为我们大部队准备的一些牛肉埋藏地点，估计我们定会去取，就事前将队伍埋伏在附近的山岗上。一天下午，我们大部队到达这里。本来，我们并不确切知道埋藏地点。先头部队走到那里，发现用雪埋着一堆牛肉，看样子是有人动过后又重新埋藏的，感到可疑，便没有将情况向后传口令汇报，而是迅速上山占领一个地势较高的小岗。上了岗就发现敌人的伏兵。为争取主动，先头部队来不及请示，卧倒就打。这一下把敌人的计划打乱套了。本来，敌人以为我们发现牛肉后，不仅没动，反而迅速抢占山头，先向他们开火了。结果，我大部队未进敌人伏击圈，先头部队和敌人伏击部队面对面地展开了激战，后续部队又抄了敌人后路，没用多长时间，很快把敌人火力压了下去。敌人恼羞成怒，嚎叫着发动了几次冲锋，都未奏效。看看天色将晚，不敢恋战，便撤出战场。敌人撤退以后，我军利用夜幕掩护，带上这几千斤牛肉，以急行军速度走了半夜，才临时在一条大岗上停下来，用雪水煮点苞米粒子和牛肉来充饥。为甩掉敌人，饭后仍未休息，继续转移。快到天亮时，来到密林深处隐蔽起来。

在密林中休息了几天，苞米快吃完了。必须向存放给养的那尔轰密营前进，杨靖宇同志率领我们向朝抚公路靠拢。天黑后，我们来到公路边，恰值敌军正在公路上堵截。因天太黑，我们没发现公路左侧敌人所架起的帐篷，直到敌人喊"你们是哪部分的？"我们意识到敌巡逻兵可能误解成自己人了。当即利用敌人的错觉，迅速向西侧前进，战士们谁也不吭声。待与敌人拉开距离以后，穿过公路，进入濛江西泊子密林住下了。

在我们部队进入森林甩掉野副昌德和程斌的追击后，敌人估计我们会到公路西侧，便调集数千人马，把那尔轰一带公路封锁起来，企图把我们消灭在公路东侧，阻止我军入密林。敌人做梦也没有想到，抗联就在他们部署部队的混乱之际，轻而易举地通过公路，进入西泊子密林。直到第三天，尾随我身后的追敌赶到，才知道事情真相。敌指挥官十分恼火，大骂部下无能，数千人马连条公路都守不住。更使他上火的是，花了半个月时间布下的讨伐网，转瞬间就被抗联给突破了。失败使敌人更加疯狂地向抗联反扑。

过了公路，在濛江西泊子密林休息了两天。第三天早起，敌人顺着我们的脚印追上来了。我们占据一条不太高的山岗阻击敌人，直到中午时分，敌人增援部队陆续赶到，于是，又变换出新的花样：一面加强正面进攻，一面分左右两侧迂回包围我们。杨靖宇同志及韩仁和等领导干部分析了当时的战场形势，估计敌人有三四千兵力，我军只有三四百人，力量相差太悬殊。况且敌人还有飞机在空中助阵，如不迅速撤退，会有被敌包围歼灭的危险。于是，杨靖宇司令亲自指挥机枪连向正面冲上来的敌人猛烈扫射，给以迎头痛击，杀开一条血路，吹起冲锋号（实际上是撤退号）冲下山来。敌人误以为抗联在搞反冲锋，一直往上冲。而抗联战士在杨司令指挥下，跑步撤到敌后，待敌指挥官明白过来，为时已晚了。

我们一口气跑出去几十里地，甩掉敌人后，连夜向珠河（濛江县珠子河）前进。珠河一带有我军秋天准备的粮食。经过两天的紧张行军，到达珠河密营。我们取出玉米棒子，都搓成粒发给战士们背着。准备妥当之后，找到一条讨伐队新近走过的一路（雪路），顺道走了一段，然后，所有人都踩着一个人的脚印离开那里，埋上蹓子。来到濛江县错草顶子山根，就在山弯里住下。第二天，正好下了一场大雪，老天爷替我们埋了蹓子。住下后，部队把帐篷用松树枝伪装起来，白天不准生火，防止敌机发现。然后开始整训队伍。总结入冬以来的战斗经验，分析敌我形势和战况，并利用这段休息时间，组织战士学文化、学歌曲、练习射击等。经过 10 多天的学习和休息，战士们情绪饱满、士气很高。然而，苞米粒子也要吃完了。①

在部队整训期间，杨靖宇部署军部后勤处印发《防御飞机和毒气须知》，审阅了魏拯民起草的《群众知识读本》。就在这时，在抗联部队已处于极度困境的情况下，原被程斌裹胁投敌的第一师师部科员于霖李毅然反正回到杨靖宇身边。为此，杨靖宇以抗联第一路军总司令部名义发出《告安光勋、程斌、胡国臣转降队书》，痛斥："你们始而参加革命，继而背叛革命，终而破坏革命，思想矛盾、行动卑鄙，试问人生意义在哪里？"指出："你们恬不知耻招摇撞骗的行为，虽影响到抗日联军内极少数动摇不稳分子的附和，但绝不能说革命无望和不能取得最后的成功。"

这时，第二次世界大战欧洲战场已经爆发。针对世界形势的巨变，杨靖宇又以第一路军总司令部的名义，发出了《告满军、宪兵、警察、自卫团中国籍全体同胞书》，呼吁伪军认清形势，不要为虎作伥，"勒马悬崖，速离虎口"。与此同时发表的《为世界大乱群起救国告东北同胞书》，是杨靖宇的又一篇抗日檄文：

---

① 文广魁：《我记忆中的杨司令》，宋晓宏、高峰、傅伟编著：《永久的丰碑——杨靖宇将军资料汇编》，吉林文史出版社 2005 年版，第 324—326 页。

东北四省四千万同胞：

东北抗日联军为了锦绣中华祖国的独立和领土完整，为了伟大中华民族之解放和人权自主，曾饱尝风雪、奋不顾身与日贼血战八年。虽尚未完全达到驱逐日贼滚出东北的志愿，但与全国各方抗日战线互相呼应，使日贼陷于手忙脚乱、进退维谷的穷途。不但为世界上优秀的军政家及赞扬、同情我国人士所欢舞，更显示着中华全民族内，除少数汉奸卖国贼之辈甘愿认贼作父误国殃民者外，其他绝大多数是本着伟大的中华民族传统精神、英勇持久、前仆后继，誓争最后的胜利。

同胞们！我们的敌人日本帝国主义虽穷凶极恶，但外而因与英美法利害上的对立，强盗式的日德意反共统一战线失败，中日战争大遭歼灭，内而因国穷民乏，壮丁强制征兵殆尽，革命蜂起、党派横争、内阁异动、反复无常，暴露其孤立无依、威信扫地、统治动摇、危机四伏。阿部（日本新任内阁首相阿部信行，汪伪政权主要促成者——引者注）新匪首登台后，因大势已去，亦不得不大喊"外交自主乘欧洲动乱，专事解决中国问题"。企图壮其余威，聊行自慰，本其阴险巨猾的伎俩，巧于欺骗宣传，以掩盖其动摇不安、长期战事没落之魔手。

同胞们！日贼是亚洲挑战的祸首、贪得无厌的恶兽、我们中国人民的死敌。当然他在未完全崩溃死亡之前，不惜任何余力、采用各样手段，企达其亡我中华大国之毒计。但中国绝非昔日者比，日中大战爆发，全国统一励精图治，教养兼施，复有巩固的同盟国苏联多方援助，势力增大、团结力加强、英勇杀敌，光复我五千余年之大国，雪洗我中华民族的奇耻大辱当在不远。

同胞们！"自由幸福"是从斗争中得来的，试问日贼统治我们八年以来，明为"国破家亡"，谬以"王道乐土"，实为"妻离子散"，巧说"共存共荣"种种欺骗手段，除甘心认贼作父衣冠禽兽者外，虽三尺顽童亦应怒发冲天、灭此朝食。看看美国与英国血战八年始得独立，苏联击退十四个帝国主义国家的武装干涉，有现在的繁荣和幸福。我们处此世界大乱，不为抗日救国则生，就得替帝国主义奴命则亡的关头，除群起救国誓争生存，还有第三条道路吗？

同胞们！时机到啦！日贼正处在四面八方应战的难局，步步堕入崩溃死亡的末路。而我们久在日贼淫威铁蹄蹂躏之下的同胞，应本独立自由应有精神，联合所有反日人员，结成强有力的大团体，一致暴动起来，响应关里抗日大战，推翻傀儡政府"满洲国"，群起成立抗日救国的自己政权，推动东北第二次光荣的大事变，本着世界第一次大乱（即第一次世界大战——引者注）、苏联革命成功的宝贵经验，为建立独立自由幸福的中国而奋斗，故热诚号召本以下的口号紧急动员：

东北四千万同胞乘世界战乱崛起联合暴动起来！

响应全国抗日大军总攻击的壮举，歼灭日贼的后路！

> 驱逐日贼滚出中国去!
> 推翻傀儡政府"满洲国"!
> 为收复东北失地而战!
> 为解放奴隶痛苦而战!
> 为独立自由幸福的中国而战!
> 为伟大中华民族永远解放而战![1]

11月22日,杨靖宇率警卫旅第一团和第三团在濛江县那尔轰一号桥伏击"讨伐队",毙敌三十余人。此后至年底,杨靖宇在濛江、临江指挥四百余人的部队,与日伪军五千之众连续作战,其间先后向第一、第二方面军部队传达了头道溜河口会议精神。12月末,杨靖宇在濛江头道老爷岭再次分兵,自己率警卫旅和少年铁血队准备绕道东南,到濛江北部与敌周旋。

据关东军宪兵司令部统计,仅在当年6月至12月,抗联第一路军就与其作战276次,其中6月28次、7月22次、8月56次为最多、9月31次、10月50次居第三、11月54次居第二、12月34次,击毙283人、伤295人,缴获步枪282支、步枪子弹6700发、手枪2支、轻机枪5挺、现金31565元和大量衣物。[2]

紧随着这一系列数字的,还有:

> 由于匪徒袭击所造成之房屋、物资以及焚烧掠夺衣粮牛马等所造成之损失甚为巨大。如上述之仅于袭击天宝山矿山所蒙受损失即达八〇万元,而且为运送所抢掠之物资,从居民拉夫多达一四〇〇名之事实验证,即可想见其数量究竟为何等巨大。[3]

不仅如此,甚至在记述以李兆麟为总指挥的抗联第三路军的活动时,敌人也使用了"开辟遍及北安省一带、龙江省北部广大新游击区,致使其与东边道地区并称为满洲国治安整顿之癌瘤"[4]的用语,其实这对日本侵略者而言也并非首次,早在1938年,关东军宪兵司令部的秘密档案中就有"与统南满党之杨靖宇同称中共东北党两大支柱之周保中,对此并未屈服"的记载。东北抗日联军的任何一位杰出领导人和重大行动,在日本侵略者那里都要与杨靖宇并提,足证杨靖宇的威名对敌人震慑到何等程度。

---

[1] 邓来法、贾英豪主编:《杨靖宇纪念文集》,中央文献出版社2005年版,第94—95页。
[2] 吉林省档案馆编译:《东北抗日运动概况(1938—1942)》,吉林文史出版社1986年版,第89—90页。
[3] 吉林省档案馆编译:《东北抗日运动概况(1938—1942)》,吉林文史出版社1986年版,第90页。
[4] 吉林省档案馆编译:《东北抗日运动概况(1938—1942)》,吉林文史出版社1986年版,第99页。

第九章　走向永生

第一节　战斗的 54 个昼夜

由于敌人已经制定了不惜一切代价、在任何条件下都要紧紧盯住杨靖宇的作战方针，因此，杨靖宇的每一次分兵，都只能给战友们带来相对的安全，而不能减少自己所处的危险。1939 年底的分兵也是这样。进入 1940 年，战斗变得更加频繁而凶险。

1 月 1 日，杨靖宇和他的战友们听到的，不是辞旧迎新的鞭炮声，而是"讨伐队"不绝于耳的枪炮声。这一天，杨靖宇率 400 人在临江县大阳岔东北 15 公里处，与日军大原部队和伪警察激战一小时。4 日，在临江三岔子东 23 公里一二八五高地，杨靖宇部又与日军有马部队和以唐振东为首的伪警察激战一小时。

经过这两次战斗，敌人终于抓住了杨靖宇的踪迹。6 日至 8 日，伪通化省警务厅长兼警察队本部长岸谷隆一郎在濛江伪县公署主持"讨伐"会议，伪吉林省"讨伐队"本部领导成员野崎茂作也亲赴会场。这一次与以往不同，甚至安排部署具体工作的会议也完全由日本官员主持，其必然结果，就是"讨伐"力度与日俱增。会议决定由吉林、通化"讨伐"力量通力合作，由吉林"讨伐队"负责将杨靖宇部压缩至通化境内，继而由通化"讨伐队"负责包围歼灭。1 月 9 日，"讨伐"会议结束的第二天，杨靖宇在濛江两次与敌作战，一次是在错草顶子，一次是在青江岗北方的西岗，这次战斗持续六小时。抗联部队在人员和枪械上都有损失。关于这一天的战斗，文广魁留下了这样的回忆：

> 临近新年（1940 年元旦），杨司令决定派一部分同志出去背苞米。回来时有一个人掉队了（也可能是被敌人俘去又放回来的），敌人跟踪而至，使我军驻地目标暴露。这一次，敌人兵力比以往多好几倍。我们发现敌情，立刻上岗。岗顶上都是石头砬子，山又高又陡，敌人攻了大半天没上来，反而伤亡很多人。战斗越打越紧，敌人通过无线电联系，不一会像从天上降下来似的，越聚越多。我军开始有伤亡，但多是轻伤。少年铁血队小战士们打得也很英勇。敌人几次想突破他们的山头，都被小战士们打退。太阳落山

后，敌人撤退了。我军也顺岗往错草顶子北方转移，夜间，我们用雪掩埋了牺牲的战友，再把重伤员转移走后，才在大顶子山上靠着石砬子架火堆宿营。开饭时，除了用雪水煮的苞米粒子以外，每人又额外分得两铜勺（朝鲜族人用的汤匙）炒黄豆，算是过新年发给大家的"好嚼谷"了（实际上已是1940年1月9日），就这样，在紧张、频繁的战斗中度过了一个新年。

吃过炒黄豆以后，战士们围在火堆旁边互相依托着，似睡不睡的休息。每几个小时，被值班同志叫醒，由杨靖宇同志指挥着大家，往山顶上爬。也没顾得吃饭，司务长把煮苞米粒塞在战士们的衣兜里，大家边走边吃。爬到顶峰，杨司令用望远镜一看，山下的敌人像蚂蚁似的，一团一团地正在往山上移动。这时，天亮了，敌机开始活动了，它先围着山包飞了几圈。我们站在山顶上，发现敌机过后，山的东、西、南三面的山根和小山岭上都点着火、冒着烟。凡是有烟的地方敌机就不扫射，开始，我们没弄明白这里的机关。后来，少年铁血队有个小家伙看明白了来由，说："咱们也点火冒烟就好了。"于是，大家也都动手用干草和树枝点起火来，烟冒得很浓。果然，敌机马上就飞走了。敌机飞到后山，见那里已经熄烟了，便向那里狂轰滥炸一气走了。

这时，杨靖宇将军明白了敌人的计策，是想在敌机的掩护下把我抗联包围在错草顶子上，然后再逐步缩小包围圈，以便消灭我们。所以杨司令立刻命令部队乘敌人尚未形成包围圈之前，向敌布兵薄弱的北沟突围。他把机枪连和警卫旅一团调到前面打先锋，司令部和少年铁血队居中，警卫旅三团做后卫。整个部队以跑步速度顺沟直下。两边的敌人见山上还在冒烟，没有注意我们的突然行动。当冲到沟口时，敌机飞来向我军扫射、轰炸了一阵，一团四连指导员被炸伤。然而并未能阻止我军的行动。后来，敌人见我军已经冲出包围圈下山了，大势已去，便纠集数百人在后面紧紧追赶，遭到三团阻击队的有力打击，使敌伤亡很大。趁敌人整理战场之机，杨司令带领我们进入濛江莽莽苍苍的林海，把敌人远远地甩在后头。[1]

这时，为给尽可能多的战友们创造一个相对安全的环境，杨靖宇在1月上旬和1月11日又进行了两次分兵，将第二方面军和警卫旅部分部队派走他处，这样，他身边的战士人数削减近半，共计200余人，分别为隶属于机枪连一排、特卫排、警卫旅一团四连和少年铁血队。为等待原定会见的第一路军军需处长全光，杨靖宇及其身边部队在青江岗北方西岗地区滞留20余日。

此时部队滞留、给养耗尽，杨靖宇不得不派出小部队下山筹粮。不幸的是，

---

[1] 文广魁：《我记忆中的杨司令》，宋晓宏、高峰、傅伟编著：《永久的丰碑——杨靖宇将军资料汇编》，吉林文史出版社2005年版，第326—327页。

行踪因此暴露,被伪警察和伪军骑兵八团包围。1月18日至21日,杨靖宇率部在濛江西岗西方、马架子南方、东方等地与敌连续作战。21日,警卫旅一团参谋丁守龙在马架子被俘叛变,出卖了杨靖宇行动计划、主要根据地所在、抗联一路军编制等核心机密,从而使敌人确知杨靖宇所在的方位,并按部署放弃了对分兵部队的追击,增大了杨靖宇及其身边部队的压力。不仅如此,敌人根据叛徒的供述,更加缩小了包围圈,形势急转直下。敌机的侦察轰炸也更加频繁。文广魁回忆说:

> 没想到,第二天太阳刚升到一竿子高时,敌机又出现在我军驻地上空。这是一架战斗机,它围着我军驻地转了两圈,发现我军帐篷后,再升到高空,再旋转一圈,然后调转机头冲下来,开始向帐篷内猛烈扫射。机枪子弹打得雪地直冒烟。我们每个人依托着大树,和飞机围着树转圈圈。飞机越打越猖狂。杨司令发火了,命令朝天架起机枪,向飞机扫射。说来也真灵验,敌机马上就升上高空了。我们对空还击一阵,待敌机飞走后,也叠起帐篷,集合了部队转移。有的战士已负伤,我的左胳膊就是在这次战斗中被敌机打伤的。部队离开驻地还不到一小时,敌机又飞回来了。这次又带来一架战斗机、两架带炸弹的轰炸机。敌机一来就发现了我们,战斗机在前面俯冲扫射、轰炸机跟在后面扔炸弹,欺负我们没有高射武器。那时,敌机非常猖狂,在没有树的地方飞得比树梢还低。我们对空射击又没有经验、不得要领,就是打也打不中敌机。就这样,一天和敌机打了三次仗,伤亡10余人,直到下半晌才进入林子里,把敌机甩掉。[1]

这时,杨靖宇和他的战友们所面对的敌情,比以往任何时候都要严重。"敌人在地面上有大批部队轮番跟踪追击,在空中还出动飞机扔炸弹,用机枪朝我们射击,进行侦察、联络和指示目标。敌人陆空结合、立体作战,我们完全暴露了。我们既没有替换部队,也没有人员补充,牺牲、负伤、冻伤不断增加,部队不断减员。"[2]为此,杨靖宇更加注重利用地形地物特别是积雪,"领着我们从深雪上滚行,爬到外面去。鬼子追来一看,莫名其妙地说:'红胡子飞一样的!'有时为了迷惑敌人,靖宇将军又想出一个奇妙的办法,叫我们把鞋倒绑在脚上。印在雪上的脚印出现了相反的方向,敌人便向我们的逆方猛追。"[3]

---

[1] 文广魁:《我记忆中的杨司令》,宋晓宏、高峰、傅伟编著:《永久的丰碑——杨靖宇将军资料汇编》,吉林文史出版社2005年版,第328页。

[2] 王传圣:《深切的怀念》,宋晓宏、高峰、傅伟编著:《永久的丰碑——杨靖宇将军资料汇编》,吉林文史出版社2005年版,第250页。

[3] 于连水:《杨靖宇将军转战在白山黑水间》,宋晓宏、高峰、傅伟编著:《永久的丰碑——杨靖宇将军资料汇编》,吉林文史出版社2005年版,第321页。

1月29日，当行至位于辉南西方顶子西坡的马屁股山时，因大雾弥漫，杨靖宇和部队陷入日伪"讨伐队"埋伏圈，部队先是被立体火力封锁，继而又在肉搏中被敌人分割包围，面对突如其来的敌情，杨靖宇指挥若定，凭借敌人的枪声喊声判定双方所在方位和敌人兵力部署情况，战士们也个个血战到底，终于冲破敌人的包围而重新集结，战斗中击毙一批敌人，但杨靖宇所部也伤亡70余人，占总人数的三分之一。鉴于此，杨靖宇决定尽快撤离该地，"穿越公路回那尔轰去"。① 撤出战斗后，杨靖宇和战士们冒着刺骨的严寒，涉水渡过尚未结冰的暖泉河，来到马屁股山的另一侧。在这里，杨靖宇坚决拒绝了王传圣劝他暂时离队、在精干队伍掩护下隐蔽的建议，明确表示："你们不怕死，难道我怕死吗？要死咱们一块死，要活咱们一块活，要干咱们一块干。我不能离开队伍，道理很简单，因为我如果离开了队伍，这个队伍就会慢慢解散，我在这个队伍，这个队伍就不能散，就能同日本侵略军坚决打下去。"②

1月30日夜，部队在烂泥沟附近宿营。31日，在这年的农历"小年"腊月二十三这天，杨靖宇率部在濛江东双丫沟再次与敌激战，战斗中，抗联部队再次受到重创，战后杨靖宇身边仅剩60余人，在战斗中王传圣小腿负伤，被杨靖宇安排护送疗养，但王传圣万万没有想到，这竟是与可亲可敬的老首长的永诀：

> 1940年初，马屁股山战斗第三天早晨5点钟，敌人又追上来了。高队长派一班去回头岗地方和敌人打起来，少年铁血队其余人员堵住沟口，掩护司令部上山。打了半个钟头后，山上几架机关枪继续向敌人射击作掩护，我和队长开始收拢部队、撤退。
>
> 当我们从小树林里撤走时，忽然一阵枪响，射过来一排子弹。打得我身前身后雪地直冒烟。一颗子弹打中我右小腿骨。我一头栽倒在雪地上。
>
> 高队长回头指挥把左边敌人打回去。来拉我，我已经不能走了，而敌人攻得又紧。我要队长不要管我，队长不同意。正在我和队长争论时，机枪连连长带两架机枪回来接应我们少年铁血队。连长发现我已受伤，一句话没说，背起我就走。到了岗顶，杨靖宇司令过来看我。问："伤重不重？"我告诉他右小腿骨被打断。
>
> 杨司令叹了一口气说："情况这样紧张，你又负伤，真糟糕。"说完，他叫人把我背到后边山顶上，又去指挥部队阻击敌人。
>
> 我来到后面山顶，看见特卫排战士王牛倌正在化雪水。我负伤口渴得受不了，向他要了两饭盒开水喝了，感觉好多了，说："谢谢你。"
>
> 王牛倌苦笑一下说："你谢什么？这些日子一团的部队分出去收不回来，

---

① 转引自赵俊清：《杨靖宇传》，黑龙江人民出版社2005年版，第504页。
② 转引自赵俊清：《杨靖宇传》，黑龙江人民出版社2005年版，第505页。

都靠你们铁血队打仗。前边有事上前边，后边有事上后边，也够你们受的了。"

"指导员，你知道吗？你受伤后总司令知道了，他'唉'了一声，说'在这种紧张的时候小王又负重伤，铁血队……'再往下他就没说什么，但我也明白他的意思。"王牛倌继续说："你知道吗，他对你非常信任，他曾经说过多少次，你是一个很能打仗的小家伙。"

这时杨靖宇司令和徐哲处长又来了。我依靠在一棵大树上，看见杨司令和徐处长在商量什么，一边说话，一边回头看看我。

他们两个商量完，杨靖宇司令站在那里抬头看了看我后，一句话没有讲，扭过身走了。军医处长徐哲走过来对我说："小王，你受伤很重，不要跟部队走吧。把你藏起来，从今天起每五天一个联络期。再派一个人帮助你，给你留下三面袋高粱吃。"说完拿出一把火柴，递给我，又给了一块大白布做药布用。①

随后，杨靖宇率部转移至五斤顶子附近三角卧石和那尔轰古石山一带。王传圣被战士董春林护送到附近隐蔽处所养伤，他以坚强的毅力，在简陋的物质条件下战胜了伤痛，于1940年3月只身回到部队，这时杨靖宇已牺牲，王传圣在魏拯民的领导下继续战斗，于1941年初越境进入苏联，在苏军远东情报机关领导下，多次回国侦察敌情。其间他一再要求返回抗联教导旅，均未能实现。

这时已进入了1940年2月，艰苦和危险日甚一日，由于长期在严寒气候中奔波转战，杨靖宇又患上了重感冒。黄生发记述了当时的情景：

2月，山林里正是最冷的时候。大树冻得啪啪直响，粗大的树干都裂了缝。林外的积雪三尺多深……在林子里，我们被敌人层层包围了，走了一个晚上，也没把敌人摆脱掉。正巧，落了一场小雪，把我们的脚印盖上了。天亮以后，杨司令高兴地对我们说："好了，老天爷替我们埋蹓子了，找个地方休息休息。"

在一个密林傍的山沟里，我们住下了。这时候帐篷、火炉全丢了，地上的雪很深，找不到一块空地。幸好，我们还有斧头和锯，就动手砍树枝在雪上打铺。杨司令是最爱看书的，每到一个地方，他把一切布置好，我们安营他总是看书。常在吃饭的时候还不放下书本。有时走着路，前边一停，他就依着一棵树看起书来。现在我们替他背的一些书都丢了，他再没有一本书好读了，就和我们一块搞树枝、讲些笑话。

这几天，他得了重感冒，身体很不好。我用一个罐头盒煮了苞米汤，给

---

① 王传圣：《深切的怀念》，宋晓宏、高峰、傅伟编著：《永久的丰碑——杨靖宇将军资料汇编》，吉林文史出版社2005年版，第250—251页。

他喝了，把一条小皮褥子铺在树枝上。又找了截木头当枕头。他连身上的枪也没卸，盖着那件皮大衣就躺下了。他躺下以后，翻转了几下，把身下的树枝压平坦了，高兴地向我说："好舒服呀！你也抓紧时间睡一会吧，养足了精神，好跟敌人干。"我怕他冷，在他身旁生了一堆火，然后，就在他对面的一堆松树枝上躺下了。

等我醒来，杨司令正坐在火旁边，拿着一根小麻绳缝补棉裤。糟糕，原来我替他弄的那堆火，烧着了他身下的树枝，把他的棉裤烧了碗口大的两个洞。这怎么办呢？我们每人都穿着仅有的一套衣服。我看到自己的袄里子张了个口，就撕下了一块，要给他补棉裤。杨司令说我不该撕，可是已经撕下来了，他也只好让我替他补了。针线我们不缺，缝缝补补也不是外行，一会的工夫，我就替他把棉裤补上了。杨司令一只手在补的地方来回摸了一下，微笑着说："很好，很好。"你想想看，黄布棉裤上贴着块白补丁，能说得上很好吗？[①]

2月1日，形势进一步恶化，司令部特卫排长张秀峰携带枪支、机密文件和近万元现金，向五斤顶子伪森林警察队投降，敌人因此进一步掌握了杨靖宇的行踪，立即从桦甸、安图大批增调敌伪军增援，连同原有的"讨伐队"，采用所谓"狗蝇子战术"，一味紧追不舍。2月2日，在程斌引导和飞机配合下，大批敌伪军包围了那尔轰古石山，杨靖宇虽再次率部成功突围，但部队折损近半，仅余30余人。4日，杨靖宇率部攻克新开河木场，缴获一批物资，但在运粮途中又与敌遭遇，背粮的15名战士被冲散，以后他们在战斗中有的牺牲，有的被俘叛变。7日（农历除夕），杨靖宇部在沈家烧锅北方11公里处再次与程斌"讨伐队"遭遇，战后，杨靖宇身边仅存15人。

这时，抗联第二路军一名交通员带着二路军总指挥周保中的信，经过艰苦跋涉，终于找到了杨靖宇。周保中的这封信是在1939年12月20日写给杨靖宇和魏拯民的，全文如下：

南满——东北抗日联军第一路军总司令部杨总司令靖宇同志、魏政治委员拯民同志：

廿七年（民国二十七年即公元1938年——引者注）春由吉东省委派往南满之联络员李老头，同年秋偕贵方代表回抵吉东省委所在地之某城市，联络员李老同志突被日贼捕去，贵方代表幸得逃回南满，惟未得与吉东省委接头，遽受险阻。同年游击计划中，二军五师陈师长、侯副师长（即抗联第一路军第三方面军正副指挥陈翰章和侯国忠，侯国忠已于1939年牺牲——引

---

① 黄生发：《回忆重围中的杨靖宇将军》，宋晓宏、高峰、傅伟编著：《永久的丰碑——杨靖宇将军资料汇编》，吉林文史出版社2005年版，第293—294页。

者注）由第二路军总指挥部付与主力西移，务必达到奉天东边地区贯彻东西联络之任务。同时该师主力部队应即归还二军军部之直接指挥掌握，但因敌情奇重，进行困难，迟滞于敦额（敦化、额穆——引者注）间。今年夏秋吉东省委、第二路军总部对二军五师之灵敏联系亦大受阻碍矣。柴军长（即抗联第五军军长柴世荣——引者注）今夏初率队由依、方（依兰、方正——引者注）南去亦未达到预期目的，由此可见不但我南北满军事联系与内部工作进行上发生困难，对于全东北游击运动一致性之进展上亦甚缺陷。吉东省委、第二路军总部目前对此已作成新行动计划，估计现状首先有与贵方恢复交通联系之可能，希望贵方亦努力向东衔接。

  此次由××方面（原文如此，下同——引者注）派遣之交通员或交通队持余此信，由余介绍赴贵方接洽一切，请于该交通到着贵处之后，予以接待。新近内地抗战，我方渐趋有利之局势，以及日寇内外日濒穷促，国际新变化等等。又，北满、吉东地带我抗日联军局部状况，该交通人员必能详述，余甚盼望籍此次××方派遣交通联络之便，由贵处派负责代表偕来吉东省委余处集议一切。特此致达。

  并致抗日救国最后胜利敬礼！！

第二路军总指挥　周保中
廿八年十二月廿日①

  就在寒冷的密林里，在战士们点燃的篝火旁，杨靖宇一边看着周保中的信，一边认真听取二路军交通员的汇报。黄生发回忆说："杨司令坐在当枕头的那截木头上，跟二路军来的交通员谈话。他拿出那支能转三色的铅笔，不时往小本子上记着。有时还捏几个小雪团在面前摆着地形。我知道他们交谈关于整个部队活动的事，也不便靠近听。"②

  谈话还没有结束，敌人已追到眼前，以后的几天里，杨靖宇和他的战友们都是在激战中、在寒冷中，更是在同甘共苦中度过的，黄生发留下了这个时间段真切的记录：

  我和其他几个同志正化雪做饭，突然岗上响了一枪，发现敌人了，杨司令站起来一看，挥着手向我们说："快进林子！"他抽出自己带的两支匣枪，双手对敌人开火。我是杨司令的警卫员，一看敌人到了跟前，一面抵抗，一

---

 ① 吉林省档案馆、中共吉林省委党史研究室编，周兴、牛芷萍总编：《周保中抗日救国文集》（下），吉林大学出版社1996年版，第149—150页。

 ② 黄生发：《回忆重围中的杨靖宇将军》，宋晓宏、高峰、傅伟编著：《永久的丰碑——杨靖宇将军资料汇编》，吉林文史出版社2005年版，第294页。

面催杨司令先走。

森林是我们的老家,一入林子,敌人就没办法了。可是我和朱文范跟杨司令失掉了联系。我们蹲下查看脚印,发现了杨司令那双草鞋踏的印子,就顺着脚印往前找。

天已经黑了。我们走过几排树,看见一个人躺在雪地上,走进一看,是二路军来的那个"交通",被敌人打伤了,我们去搀他,他着急地问:"司令呢?"我说失掉了联系。他猛地推开我们,斩钉截铁地说:"快,不要管我,找司令去!"后面就是敌人,我们怎能不管他呢,一定要架着他走。他生气了,严厉地说:"我牺牲了有什么要紧,丢了司令怎么行!快!快去找!"我们也懂这个道理,只得把他放在一棵树下,先去找杨司令。

天已经黑得看不见人影了。我从山上滚下来,刮起一层雪沫,把脚印埋没了。我和朱文范正在为难,杨司令出现在我们面前了。他和我们失去联系以后,也很着急,正四处找我们。杨司令一见我就问:"后边还有人吗?"我说:"别人没见,只见着了二路军的'交通',他的胯骨被打伤了。"杨司令一听,责备我们说:"你们怎么没架他来,快,快去人找!"

朱文范和聂东华去找"交通",我砍树枝生火。烤火,只能取暖,一天没吃东西了,肚里饥得不行,我拿出背袋里仅有的一块苞米干,掰了一块给杨司令,低声对他说:"司令,你烤烤吃吧!"他两手放在火上,看了我一眼说:"就这一点干粮,为什么给我吃呢?你搞碎煮点汤大家喝吧!"

我知道他的脾气,在生活上从来都是大家同甘共苦,现在他不吃,也只好想办法煮点汤。可是,我们做饭用的脸盆丢了,身边连个罐头盒子也没有,用什么煮汤呢!我忽然想起来了,山下有个破锅,是刚才从那里走看到的,就跑回去找。拿到手里才知道,这是一片锅铁,最多能煮两茶缸子水。不管怎么样,它总可以烧点水喝。我用雪擦了擦,装上雪,放在火上熬。雪化了,把那块苞米干掰碎放下去。这时候,聂东华、朱文范把"交通"找回来了。我们七个人,围着火堆,用一只小铜勺轮着喝那点雪水煮的苞米汤。谁也不愿意多喝一口,小铜勺从这个人手里,传到那个人手里。大家都让负伤的"交通"多喝一点,"交通"喝了两勺,又把勺子传给了别人。

杨司令看着我们的脸,大概是觉得我们有些泄气,他像平时那样镇静沉着,满怀信心地对我们说:"敌人是搞不过我们的。"他握了握拳头,又继续说:"就是我们这几个人死了,还有人继承我们的事业。革命总是要成功的!"他这番话,使我感到全身来劲。是的,敌人想缴清我们,那是梦想。

烤了一阵火,喝了几口汤,我们有了精神。杨司令站起来,搓着两手说:"暖和过来了,走,我们趁黑天翻过山去。"这时负伤的"交通"向司令说:"司令,你们走吧,不要带我了。我的伤很重,会增加大家的麻烦。"杨司令弯下腰,安慰他说:"不,同志,我们只要有一点办法,是不能把你丢下去的,忍着点走吧。"

到处是敌人"讨伐队"的岗哨,漫山遍野是敌人燃起的篝火。我们在大雪中转了半夜,也没翻过一个小山岭去。这时候,不知谁低声向杨司令说:"我们不要出山了,趁天不亮,还是往回走吧。"杨司令对下级,是从来不动声色的,总是那么和蔼可亲。可是,他这回像是生气了,严肃地说:"为什么要那样想呢?我们自己的生命要紧呢,还是整个部队要紧!"是啊,我们一些当战士的,这时候想到的只是司令的安全,却没为整个部队着想啊!司令他是全军的总指挥,这时候想的,只是很快冲过去找到伊主任。

天快亮了,我们找了个密林隐蔽下来。这是个原始大森林,日本株式会社几百人的森林采伐队在这附近采伐树木。杨司令听见伐木声,向我说:"你出去找些吃的来。不要跑远,可以向伐木工人要些多余的干粮。注意不要吓唬他们,向他们多说些好话。"

我走出不远,是一条林中大道。一些伐木工人带着干粮正往山上走。我站在路旁,向过路的工人说:"我是抗联的战士,现在没有吃的,你们有带的干粮,送给我们一点吧!"工人们有的给我一块苞米干,有的给个白面饼。不多一会,我要到了十几斤干粮,还向一个工人买了只铁筒,准备拿回去当锅用。我心里很高兴,对自己说:"敌人想消灭我们,想割断我们和人民的联系,是完全办不到的。有人民的支持,我们就能坚持下去。"

我正要回林子里去,又看见走来一个工人,他穿着棉衣,披着件黑布面的白羊皮袄。走得满头流汗。我忽然想到:昨天晚上司令的皮大衣丢了,这样冷的天,他怎能受得住呢!我们年轻力壮的人,不穿大衣都挺不住,他为革命坐过五次牢,身体很不好,多么需要一件大衣啊!我就和那位工人商量,请他把大衣卖给我。这工人挺好,马上把皮袄脱下,递给我说:"同志,拿去穿吧,你们为黎民百姓遭这样大的罪,送给你们一件衣服我还不肯吗!"当然,我们不能白要,我塞给他几块钱,就跑了。

杨司令坐在一堆火旁的木头上。他还是那么沉静、稳重,正和大家说话,话里还时而有爽朗的笑声。他看见我回来了,高兴地说:"你回来了,啊!搞了这么多吃的,这回可好了。"可是当他看见我拿的小皮袄,脸就沉了下来,望着我问:"那里弄的衣服?"我对他说:"向工人买的。"他这才不那样看我了,随后说:"既然是买来的,看谁冷,就给谁穿吧。"我说:"还是你穿吧。"他摇着头不要,同志们都劝他,趁他说别些话的功夫,我把小皮袄给他披在身上了。

天黑以后,我们又开始走,这时"交通"说什么也不走了,他向杨司令说:"你们不能再带我了。为了党的事业,多活一个是一个,我的伤很重,把我留下吧。"起初杨司令不肯,最后见"交通"实在不走,情况更紧急了,我们又要去联络部长的关系,就把他留在一个树枝搭的小棚里了。杨司令从身上脱下那件买来的旧皮袄,亲手披在"交通"的身上。"交通"紧紧地握住他的手:"司令,你走吧,祝你们胜……利!"他说着泪水从眼眶里流出来。我们都很难过,要是有一点办法,谁愿意把自己的同志丢下呢!

这天晚上,我们没走出去,转移到新的地方,埋好蹓子,又隐蔽下来。这时,敌人已被我们迷惑住了,找不到我们的踪迹。为了探听情况和寻找吃的,天一亮,杨司令又派我出去了。在林外,我碰上了昨天被敌人冲散的老吴和孙九号。老吴是特卫排的机枪射手,是个傻大胆;九号(他姓孙,当时为了保密,每人都编了号)也是特卫排的战士,打仗也很猛。他俩见了我就问:"司令在哪里?"我没告诉他们,已经分散了一个晚上,谁知道他们叛变了没有?问清了情况,我才把他们领到杨司令跟前。他俩一见司令,就呜呜地哭起来了。杨司令拍拍他们的肩膀,安慰着:"同志,不要难过。你们回来,我们多了两个人,又多了两份力量。革命就像浪潮一样,有时候高,有时候低。现在我们困难,咬牙过去这一阵就好了。"他这样一说,我们都感到好像一下子又增加了不少的同志。

在这个地方,我们住了两天。晚上,我们围着火堆,听他讲革命故事;白天,有时候我们搞柴火,他就一个人坐在火旁边,用他那支三色的铅笔在小本本上写。他写的什么,我也不知道。只知道他喜欢作诗作词。《抗联一军军歌》《中韩民众联合歌》都是他写的。我估计,这工夫他也许是在写诗。

第三天,我们的干粮没有了。有的提出再去找伐木工人要苞米干。杨司令背着两手,在雪地上来回走着,慢慢地摇摇头说:"不能再那样做了,工人的生活很苦,我们不能光讨他们的干粮。"他忽而停住脚步说:"有啦,我们去搞匹敌人的牲口来,你们说不好吗?"我们一听,大家就像吃起骡子肉来。

几年来,我们饥一顿、饱一餐,早把肠胃吃坏了。在最困难的时候,我们不但吃过冻错草、干树叶,而且还吃过蘸水的棉花套子。肠胃里一点油水没有,那里经得住吃这白水煮的骡子肉!到了晚上,大家都拉肚子,没有药吃,只得吃大烟。

第二天刚一亮,敌人几架飞机在树梢上嗡嗡,轰炸又扫射。这个我们不在乎,山林很大,扫射投弹起不了什么作用,只不过吓唬吓唬山雀罢了。杨司令用雪洗完了脸,四处观察了一番,派我出去看动静。这时候他很担心别的部队派"交通"来找不到我们。

我出了林子,迎头碰上一个伐木工人,他拿着一张敌人的传单,问我说:"弟兄,别在这里受罪了,降了'小鼻子'(指日寇)吧,他们……"我用枪把他的话止了。真想给他一枪。可是又怕司令知道不愿意。我拿了传单跑回来,要求司令批准我去枪毙那个瓦解我的工人。司令摆摆手说:"他不是敌人,不过是受敌人的欺骗宣传,杀了他有什么用呢!你也有嘴,应该对他宣传才是。"他说着把那张传单丢到火里烧了。

现在，我们唯一的食物就是骡子肉，但是雪水煮白肉，不加一粒盐，早吃不下了。司令想了个办法：把一根骡子肋骨放到火上烧。烤熟了，他一面吃，一面笑着对我们说："烧的比煮的好吃"。于是，我们都吃起火烧肉来。正在这个时候，敌人又追上来了，我们一面掩护，一面催杨司令转移。敌人向我们喊叫着："投降，投降了有白面大米吃。……"

我和朱文范抡起双把匣子，对着冲上来的敌人猛扫了一阵，一个滚滚到山下去。山下的伐木工人听见枪声，把东西一丢都跑了，我捡了一块苞米干放进衣兜里。这时感到左腿不得劲，伸手一摸，棉裤里湿呼呼的，才知道负了伤。不管怎么样，找司令要紧，我向前爬了几步，就见到了他。他见我负了伤，疼得直哆嗦，叫聂东华掰了块大烟给我吃了止疼。我刚把指甲大的一块大烟放到嘴里，敌人又叫喊着冲上来，我们抵抗了一阵，趁敌人混乱的时候，钻进了林子里。

这次，我们又受到的损失：朱文范左臂受了伤，刘福泰的左手穿了个洞，孙九号也被打掉了一个大拇指。①

这时已是1940年2月12日了，在危险每时每刻都在迫近的紧急关头，杨靖宇最后一次分兵，把生的希望留给了战友：

天一黑，敌人又不敢追了。我们找了个地方隐蔽下来，也不敢生火了。杨司令沉思了半天，把我们叫到跟前，向我们说："看来情况更加紧迫了，我们最好分开走。"我们一听，都哭了。纷纷向他说，要死一块死，要活一块活，无论如何也不能分开，杨司令说："死到一块有什么好处呢？多活一个人，就是一份革命力量。"我躺在雪地上，一句话也不说，抱定决心，只要有一口气，也要保护着杨司令冲出去找到伊主任。这时，杨司令忽然叫道："黄生发"，我听见叫声，勉强站起来。只听他说："我命令你带领刘福泰、孙九号、好宝贝（又作好赛贝，真名洪瑞泰，绰号小老虎——引者注）往回走，去找关系住下养伤，我带朱文范、聂东华去联络伊主任。"这时候，往回走是比较安全的，因为敌人的兵力都往前集中了。找着空子可以钻出去，继续往前走，危险更大。为了缩小目标，我们只得服从命令。最后杨司令给我们规定了将来会面的地点、暗号，还给了我一块大烟，伤口疼的时候好吃。要分手了，我把兜里那块捡来的苞米干偷偷地交给朱文范，并对他说："你要好好保护司令，找个地方把干粮烤给他吃。"

杨司令一一和我们握手，这时候我看见他下巴上密密的胡子，都结了冰。他的眼睛闪着亮光，声音还是坚强的。他说："同志们，为了革命，我

---

① 黄生发：《回忆重围中的杨靖宇将军》，宋晓宏、高峰、傅伟编著：《永久的丰碑——杨靖宇将军资料汇编》，吉林文史出版社2005年版，第294—298页。

们要坚持到底。就是死,也不能泄露党的秘密,也不能向敌人屈服,革命总是会胜利的。"

我们四个人离开杨司令,在雪地上滚爬了一整夜。天快亮的时候,钻到敌人的背后。在我们休息的旁边,就是敌人"讨伐队"曾做过饭的地方,雪地上丢着一些空罐头盒子,我们找了很久,没找到吃的东西。在这里不敢久停,我们拣了个空罐头盒,就往前走。走了不远,我看见一群麻雀在雪地上跳来跳去,心想:能抓只麻雀吃也好呀,求生的欲望,指使着我慢慢地向那群小麻雀爬去。麻雀被敌人"讨伐队"闹得也机灵了,不等我爬到跟前,呼的一声飞上了树枝,也巧,就在麻雀飞开的雪地上,有一小堆大米,看样是敌人的米袋子破了漏下的。不管它,我们围上抓起来就吃。因为米还不算少,我们并把米分装在几个罐头盒里,放上雪,找了个僻静地方,加火烧着吃。这真是很好的一餐啊!可惜米太少了。

第三天头上,我们回到了二路军"交通"负伤隐蔽的地方,但是,他已经牺牲了。手枪没有了,他身旁留下了一堆弹壳,我们都哭了。这时候,我们饿得实在走不动了,有的同志说:"我们死在这里吧,不要再挣扎了。"我想起杨司令对我们说的话:"多活着一个人,就多一份革命的力量。"我说:"怎么能死在这里呢?不,我们要活下去,要去找关系,要活着见到杨司令。"我掰了几块大烟分给大家,让大家吃下去提提精神。然后就鼓励着同志们往前走。我当时坚信:敌人的兵力再多,他们是找不到杨司令的。

我们在大雪的森林里,爬了六天六夜,饿了吃错草、渴了吃把雪,在一天晚上,终于找到了二团派来的"交通"关系。我们冲出重围。[①]

然而,黄生发他们刚刚回到部队,就收到了杨靖宇牺牲的噩耗。无限的悲痛,化作了黄生发继续战斗的无穷力量。东北抗日联军教导旅成立后,黄生发被编入第一营,参加了整训侦察工作,被授予少尉军衔。1945年大反攻之际,黄生发被派到吉林蛟河县,参加了那里的建党、建军、建政工作和以后的解放战争。新中国成立后,黄生发曾在《星火燎原》上发表回忆录《杨靖宇将军在重围中》,为后人留下了杨靖宇最后时刻的宝贵史料。

黄生发等人走后,杨靖宇、朱文范、聂东华以棉絮充饥、白雪解渴,在齐腰深的雪地上又艰难跋涉了三天。2月15日,激烈的战斗再次在五斤顶子打响,这是连日本法西斯自己都认为是"最苦劳的"[②]一战。这天,敌伪"讨伐队"在追踪十几里后,发现了一排脚印。正如岸谷隆一郎所记述的:"按雪上的足迹多少、

[①] 黄生发:《回忆重围中的杨靖宇将军》,宋晓宏、高峰、傅伟编著:《永久的丰碑——杨靖宇将军资料汇编》,吉林文史出版社2005年版,第298—299页。

[②]《日·讨伐杨靖宇座谈会(节录)》,邓来法、贾英豪主编:《杨靖宇纪念文集》,中央文献出版社2005年版,第666页。

幅度、方向等情况，可以判明敌人大体的数量和行动方向。这是敌人也会考虑到这一点，所以，他们不管有多少人走路，留下的脚印象一个人走过留下的一样。但在这种场合下，我们也有足迹的权威者。按雪上被踏得坚实和深的程度，就能知道有多少人走过。"[1] 果然，叛徒、伪警察大队长崔胄峰这个"足迹的权威者"一看，就又进行了一次无耻地出卖："沿这个足迹走，走到一里半地，一定有匪贼。"[2] 敌人立即加速前进，终于发现了"连我们做梦都不忘的杨"。[3]

关于这以后发生的一切，敌伪档案中留下了这样的记载：

> 岸谷：可是，不用说别人了，就是大个子崔君怎么追也没追上杨。杨这时连部下只有三人，两名部下到村里去找粮食已经好几天了。他已经饿了好几天肚子，但逃跑的速度却很快，两手摆动得越过头顶，大腿和屁股的姿势，像鸵鸟跑的那样。但是，终于在山顶追上了。杨利用地物连续射击，我们也伏下应战，这时队副伊藤警尉补在距300米远的前方。对杨的方向大声喊道："归顺吧！"对方喊道："要归顺，立即停止射击。"接着又说："在归顺前我有话要说，你一个人上来吧！""好，我马上就去。"这样喊着，伊藤警尉补就站了起来，就在这瞬间，哒哒哒射来几枪，伊藤"啊"的叫了一声，三发枪弹接连命中胸部，他向前一探身，"扑嗵"倒了下去！
>
> 益子：使的手枪是毛瑟尔式一号手枪，射手恐怕是杨。他是能在200米以内开枪打掉树上苹果那样的名手。因为他手握的是毛瑟尔手枪，射程1000米，真是了不得！
>
> 尹：（一半用日语说）伊藤被打倒了，老崔发火了，就向杨匪追了上去。于是老崔又被打倒（尹君脸带悲壮神色）。
>
> 岸谷：打伤了腿部，不止崔一人，那天在杨的毛瑟尔手枪下战死者一名（这个战死者不是伊藤，伊藤意外的得救了），负伤者六名。我们为了让杨活下去，使他的才能向好的方向转化，才考虑劝他归顺。但眼下情形，不能容赦他出来，于是喊道："哎！射死他。"大家这才一齐射击，于是他受不住而逃走了。完全像巨人那样跑着，最后他终于逃进密林之中。而这时我们一同在雪上找到了杨的血迹，沿着它追去。
>
> 绪方：但糟糕得很，天已经黑了下来。
>
> 益子：于是大家把带来的火柴一根一根地划着，在昏暗中寻着血迹向前

---

[1]《日·讨伐杨靖宇座谈会（节录）》，邓来法、贾英豪主编：《杨靖宇纪念文集》，中央文献出版社2005年版，第667页。

[2]《日·讨伐杨靖宇座谈会（节录）》，邓来法、贾英豪主编：《杨靖宇纪念文集》，中央文献出版社2005年版，第667页。

[3]《日·讨伐杨靖宇座谈会（节录）》，邓来法、贾英豪主编：《杨靖宇纪念文集》，中央文献出版社2005年版，第667页。

走。这时,寒气袭来,疲劳也袭来,加上大家从早晨出发到现在已有十几小时没有饮食,肚里已咕咕作响,还有些痛……

绪方:在雪中啪嗒倒下去的人也出现了,这不是因为找不到杨而灰心丧气,是因为在这一天蹶着屁股跑了15里(日本里)以上山坡路的缘故。一个人啪嗒倒下去之后,就像流行传染病那样猛烈,接着那里、这里都啪嗒啪嗒倒开了。掉队的出现了……这样一来,在早上出发有600多人的讨伐队,不大一会儿就剩300名、200名、100名了。

岸谷:即是这样,我们并没有放慢追击,跨越掉队者的身体向前进军!就是最后剩下一个人,也要追击到底。就这样,15日过去了。到了16日凌晨两点钟,仅仅剩下了50名队员。于是将仅有的火柴,用被冻得失去感觉的手,一根根地划着,小心地寻找着杨的血痕和足迹。真是逃者善于逃,追者也善于追!幸亏后来遇到了给我们送粮食的大卡车,这才得到了救助。

记者:那杨的去向判明了吗?

益子:没有,那一天的搜查是白费了劲儿。[1]

甩掉敌人以后,杨靖宇等三人来到位于朝阳镇至抚松公路南侧的七个顶子一带,在这里,杨靖宇派朱文范和聂东华去附近村屯购买食物,自己在此等候。但也就在这时,敌人已经"确信杨只剩下一个人了,而且受了伤,又饿着肚子,是逃不脱的"[2]。于是加紧缩小包围圈,搜查程度更加密集。18日,朱文范和聂东华在距濛江县城东六公里的大东沟"集团部落"购买食物时被汉奸告密,大东沟伪警防队和特搜班立即出动,朱文范和聂东华在战斗中不幸牺牲,敌人从他们身上搜出手枪、现金、口琴、钢笔和杨靖宇印章等物,越发认定杨靖宇就在附近,于是除进一步压缩包围圈外,还向附近村民发出了"入山打柴绝对不准携带午饭"[3]的禁令,以切断其食物来源。

这时,杨靖宇孤身一人,在规定的时间未见朱、聂返回,遂立即转移。此时的他不仅数日未食,而且重感冒未愈,加之2月15日五斤顶子战斗中左臂所受枪伤,杨靖宇已是伤病累累、身处绝境。然而,就是在这样凶险的环境中,杨靖宇仍以惊人的毅力,与敌人周旋于山岭密林中,长达数日之久。

1940年2月22日,在漫天风雪中,杨靖宇度过了自己人生中的最后一个正月十五元宵节。

---

[1]《日·讨伐杨靖宇座谈会(节录)》,邓来法、贾英豪主编:《杨靖宇纪念文集》,中央文献出版社2005年版,第667—669页。

[2]《日·讨伐杨靖宇座谈会(节录)》,邓来法、贾英豪主编:《杨靖宇纪念文集》,中央文献出版社2005年版,第669页。

[3]《日·讨伐杨靖宇座谈会(节录)》,邓来法、贾英豪主编:《杨靖宇纪念文集》,中央文献出版社2005年版,第669页。

第二节 舍身取义

1940年2月23日上午,杨靖宇来到了距濛江县城西南六公里的三道崴子,在这里,他见到了四个打柴人,杨靖宇见他们都是农民,便向他们宣传抗日救国道理,并拿出钱来,请他们购买两袋白面和一双棉鞋。那些人虽然不知道他是杨靖宇,但从他的言谈举止中已明白他是抗日人员,便劝他说:"你还是投降吧,如今满洲国不会对投降者杀头的。"① 但杨靖宇是"一个忠贞的共产党员——民族革命的战士,为伟大的共产主义理想,为民族的解放事业,头颅不惜抛掉,鲜血可以喷洒,而忠贞不二的意志是不会动摇的,最后胜利的信心是坚定的,日寇威胁利诱的无耻手段,只可以玩弄那些民族败类"。对于杨靖宇来说,功名视若粪土、富贵不啻浮云。他的回答是:"我是中国人,良心不允许这样做,这样做也对不起广大人民。一句话,我是中国人,是不能向外国人投降的!"②

在杨靖宇的劝说下,那几个人同意购买白面和棉鞋,并和杨靖宇约定了见面和送货地点。然而,其中为首的伪牌长赵廷喜在归途中遇见了特务李正新,二人立即一起去保安村伪警察分驻所告密,伪县公署警务科科长王士洪接到保安村伪警察分驻所的上报后,立即报告其主子岸谷隆一郎。岸谷隆一郎接到"保安屯西方约五满里(即华里——引者注)的地点,有一个男子汉向四名在那里打柴的农民说:给弄来两袋白面和棉鞋,高价给你们钱,并拿出一大叠钱给他们看着,还约定了接受的地点"③ 的报告后,从其中"身高五尺七寸、脸长八寸、大眼睛,穿类似军衣的服装和朝鲜鞋"④ 的体貌特征,初步判断此人就是杨靖宇。"但是那时,讨伐队几乎都到外地搜查去了,警察队本部为了应付万一,留下唐大队的一个中队,而在附近部落,仅有崔大队的一个小队,待机行事。而且,大卡车全部派出去了,仅有一台预备车,这个情报必须一刻不能等就得去,在立即与各方面联络的同时,集合本部的益子君、大网警尉补以下19人,便乘大卡车奔赴现场而去。"⑤ 此时已是下午,车行至保安村南一公里左右处时因道路不平停下,在汉奸赵廷喜带路之下,日伪军步行前往约定地点七四三高地,与此同时,伪通化省警务本部调集的五批增援部队也先后赶到,叛徒程斌也亲自到场,总计敌兵力达百余人。这时已超过预定时间,杨靖宇也已离开原预定地点——七四三高地农民窝棚东南一百米处,因此敌人"走到那里一看,好像事先知道我们来似的,在约定的地点,连个人影也没有,但我们却见到留下的大脚印子登上了山,在最先头的人没出声说

---

① 转引自赵俊清:《杨靖宇传》,黑龙江人民出版社2005年版,第514页。
② 转引自赵俊清:《杨靖宇传》,黑龙江人民出版社2005年版,第514页。
③《日·讨伐杨靖宇座谈会(节录)》,邓来法、贾英豪主编:《杨靖宇纪念文集》,中央文献出版社2005年版,第669页。
④ 转引自赵俊清:《杨靖宇传》,黑龙江人民出版社2005年版,第515页。
⑤《日·讨伐杨靖宇座谈会(节录)》,邓来法、贾英豪主编:《杨靖宇纪念文集》,中央文献出版社2005年版,第670页。

话,而是用手比划山那边,意思是'有人影',登时就紧张起来,全体人员分成两班,一班从山顶上,另一班从山半腰偷偷地一齐往前靠,向山那边岩石缺口处的人开枪射击"。① 就这样,杨靖宇被敌人最终包围在三道崴子七〇三高地一带。

最后的战斗开始了,敌人一面猛烈射击,一面发出"你怎么抵抗也没用了,归顺吧!"②"放下武器,保全生命,还能富贵"③的号叫,然而所有这一切都是无用的,杨靖宇早已下定坚决抵抗决心。"当时该地树林繁密,直径5寸左右的小树很多,50米以外不见人影"④,杨靖宇遂以树丛和积雪为掩护,且战且走,"拼死疯狂地应战,双手都持枪乱射起来"。⑤对敌人的射击,杨靖宇报之以仇恨的子弹,敌人的号叫,淹没在杨靖宇"最后胜利是伟大的中华民族的,共产党万岁!"⑥的怒吼中。

经过近半小时的激战,敌人已死伤20余人,占参战总兵力的五分之一,但因敌人具有绝对优势,仍然步步逼近,最近处距杨靖宇仅20米。这时,杨靖宇已被逼到老恶河旁的四九〇高地,敌人也已明白,无论活捉还是劝降都是不可能的,加之已过下午4时,天色已暗,伪通化省警务厅警尉补益子理雄遂下令"干掉他!"⑦这个刽子手留下了如下记述:

> 更进击到30米,他被逼得进退维谷了。这时我方又分成两伙,我带领一名满警到山上,接受山上监视队的指导,最后迫近到20米。这时,我这一伙和别的队,从两面进行射击。大约交战10分钟,不知是那一面所射的子弹命中了,敌人啪嗒一声被击毙了。这是我亲眼看到的。"击毙了,前进!"我用尽力气大声喊着,当跑上去一看,一个身中数弹的大汉仰面倒在地上。从平常看熟了的人像图和这一比较。马上就认出:"这就是杨!"这种预想完全猜中了。又经过杨的部下检验的结果,断明这个汉子并非别人,正是大头目杨靖宇。在断定时,大家都围着尸体忽忽悠悠,转眼间,又像约定的一样,喊叫:"万岁!"接着又哦儿哦儿地哭了起来。⑧

---

① 《日·讨伐杨靖宇座谈会(节录)》,邓来法、贾英豪主编:《杨靖宇纪念文集》,中央文献出版社2005年版,第670页。
② 转引自赵俊清:《杨靖宇传》,黑龙江人民出版社2005年版,第516页。
③ 转引自《杨靖宇将军生平事迹》,《周保中文选》,解放军出版社2015年版,第146页。
④ 赵俊清:《杨靖宇传》,黑龙江人民出版社2005年版,第515页。
⑤ 《日·讨伐杨靖宇座谈会(节录)》,邓来法、贾英豪主编:《杨靖宇纪念文集》,中央文献出版社2005年版,第670页。
⑥ 转引自《杨靖宇将军生平事迹》,《周保中文选》,解放军出版社2015年版,第146页。又据萨苏发现的日军档案《东边道治安肃正工作》,杨靖宇还曾回答敌人说:"虽临难,但我的同志们在各地转战,帝国主义灭亡之日必将到来,我将抵抗到底,无须多说,开枪吧"。见萨苏《最漫长的抵抗》。
⑦ 《日·讨伐杨靖宇座谈会(节录)》,邓来法、贾英豪主编:《杨靖宇纪念文集》,中央文献出版社2005年版,第670页。
⑧ 《日·讨伐杨靖宇座谈会(节录)》,邓来法、贾英豪主编:《杨靖宇纪念文集》,中央文献出版社2005年版,第670—671页。

1940年2月23日16时30分，在吉林省濛江县三道崴子，中共中央"七大"准备委员会委员、中华苏维埃共和国中央执行委员会委员、"东北抗日联军杨司令靖宇"，在他35岁的盛年，"与凶残的日本侵略者进行了最后的战斗，他的鲜血染红了长白山洁白的积雪，他把宝贵的生命献给了中华民族的解放事业"。①

从杨靖宇的遗体上，敌人搜出了3支手枪和230发子弹，其中有毛瑟手枪1支、子弹160发；考尔特二号手枪一支、子弹30发；考尔特三号手枪1支、子弹40发；另有存放在子弹袋中的现金6660元、笔记本4本、怀表1块、钢笔2支、铅笔1支、宣传文稿一叠。②随后，敌人将杨靖宇遗体抬下山坡，经叛徒程斌、张秀峰确认后运回濛江县城，迫令民众医院医生剖腹化验，以期了解在完全断粮的山上，到底是什么东西支撑杨靖宇发挥出了那样超人的斗志，待到腹腔打开，敌人亲眼所见，支持杨靖宇在冰天雪地中战斗到最后一刻的，竟然是草根、树皮、棉絮！面对这天地为之动容的一幕，"观者下泪"③，日本侵略者也为之失色惊恐。最后，程斌按敌人指令，派部下用铡刀将杨靖宇头颅铡下，装入长宽各25公分、高35公分并镶嵌玻璃的木箱内，于24日在濛江县伪警察队本部门口举行"庆功会"后，以汽车送至通化，随后又转送伪都"新京"。

日伪"讨伐队"枪杀杨靖宇后进行反动宣传

从2月24日起，日伪当局开动一切宣传机器，大事"庆祝"。2月26日，伪通化省"协和会"本部在通化师范学校举行"庆祝会"后，将杨靖宇遗首"游街示众"，"宣传：有反满抗日思想的都将如此"。④同日，伪治安部警务厅长谷口名三向伪通化省警务厅及"讨伐队"发出嘉奖电，伪治安部颁发万元赏金。早已不知多少次宣布杨靖宇"被击毙"的敌伪报纸也不惜自打耳光，狂叫"共产匪巨魁杨靖宇被射杀……残余共匪溃灭之期为之不远"⑤。对于自认为除去"心腹大患"的侵略者和汉奸走狗而言，这一切倒也不足为奇。

---

① 中共吉林省委党史研究室、吉林省东北抗日联军研究基金会编：《韩光党史工作文集》，中央文献出版社1997年版，第187—188页。

② 赵俊清：《杨靖宇传》，黑龙江人民出版社2005年版，第516—517页。

③ 《杨靖宇将军生平事迹》，《周保中文选》，解放军出版社2015年版，第146页。

④ 1954年12月8日藤冈文六笔供，《东北"大讨伐"》，转引自赵俊清：《杨靖宇传》，黑龙江人民出版社2005年版，第531页。藤冈文六，日本战犯，原伪通化省协和会本部嘱托，后病死于抚顺战犯管理所。

⑤ 伪《大同报》1940年2月25日，转引自赵俊清：《杨靖宇传》，黑龙江人民出版社2005年版，第518页。

但是不然，且不用说所有这一切并没有也不可能吓倒共产党员和抗联战士，就是大吹大擂的日伪当局自己，心里也未尝不明白这是怎么回事。当杨靖宇遗首送至伪都"新京"时，关东军中将参谋、专司操纵溥仪之责的伪廷"帝室御用挂"吉冈安直兴高采烈地向傀儡皇帝报告："杨靖宇之死，消灭了满洲国的一个大患。"① 但当溥仪问他："土匪有多少？"② 时，吉冈又连忙改口："小小的，小小的有。"③ 即使在伪皇帝面前，实际上的"太上皇"一旦提到杨靖宇和东北抗日联军，尚且如此语无伦次，可见杨靖宇和东北抗日联军"给予整个敌军敌国以精神上的不利影响"是多么深刻、多么重大。

生前的杨靖宇令敌人胆寒，死后的杨靖宇令敌人敬畏。本来，杨靖宇的遗体经敌人断首剖腹后，已草草抛弃于保安村荒冢积雪中，但自杨靖宇牺牲时起，"讨伐"司令官野副昌德不但毫无"立功"喜悦，反倒夜夜梦见杨靖宇站在床前，伸出两只大手索还人头，醒来后头痛难忍。岸谷隆一郎得知后，倒也精通"心病还需心药治"之道，立即电令伪濛江县警务科长王士洪、警察大队长桑文海（均系参加过"二二三"战斗的刽子手），责令将杨靖宇遗体寻回并雕刻木制假头。待一切办妥后，1940年3月5日，以岸谷隆一郎为首的刽子手们，又齐聚杨靖宇灵前，上演了一幕假仁假义的"慰灵祭"丑剧，随后将杨靖宇的假头真身入棺下葬。

3月31日，在三源浦伪警察署，岸谷隆一郎主持了"杨靖宇讨伐座谈会"，这时杨靖宇已牺牲近40天，但三源浦依旧是"讨伐队警戒森严"④，刽子手们因又增加一大笔血债而愈益惊恐。出席者除岸谷本人外，还有伪通化省警务厅警尉补益子里雄和勤务警佐绪方忠雄、伪柳河县副县长古高敏雄，"讨伐"大队长叛徒程斌、王文科、申鳞书、"长岛工作班"班长叛徒胡国臣、原一路军参谋、叛变后任"长岛工作班"参谋的李兴绍、原一路军第一方面军参谋长、叛变后任"长岛工作班"参谋的尹夏泰。记录员为宫本。会场上，日本侵略者虽是七嘴八舌，但提到杨靖宇时却众口一词，当时的记录是这样的：

> 益子理雄：不但有武功，而且有文才……值得十分钦佩。
> 岸谷隆一郎：是个了不起的代表人物。
> 益子里雄：才干不一般，不是一个寻常人物可比的了……他具有那种武功与学识，就会众望所归的了。以他为中心组成一个大团体，当然能赤化而不是贼化了……确实是了不起的呀。

---

① 溥仪：《我的前半生》，群众出版社1964年版，第380页。
② 溥仪：《我的前半生》，群众出版社1964年版，第380页。
③ 溥仪：《我的前半生》，群众出版社1964年版，第380页。
④ 《日·讨伐杨靖宇座谈会（节录）》，邓来法、贾英豪主编：《杨靖宇纪念文集》，中央文献出版社2005年版，第662页。

> 绪方忠雄：是个英雄，但走错了道路！
> 益子理雄：的确是个英雄。①

也是在这个座谈会上，又发生了另外一幕，这一幕的主角，就是在日本侵略者看来应该是"走对了道路"的叛徒程斌：

> 记者：先请谈谈杨的履历和风貌吧……
> 岸谷：这方面程君是最了解的，早先是杨司令的臂膀嘛……（笑声）
> 程：（低着头）不要闹笑话（笑声），对于杨匪，我大概知道一些。②

座谈会上的这一幕，对于周保中1936年7月2日写下的一段话，倒是一个最有力的印证：

> 那些民族革命的堕落分子、革命的叛徒、机会主义的怯懦者，他们屈膝于日本帝国主义之下，摇尾乞怜，苟且偷生。然而日本强盗帝国主义，不能白白的养活他们、恭敬他们，而是必须把他们当猎狗使唤、当驯奴使唤，然后再烹宰和屠戮他们，他们的躯壳成为历史与社会的极可憎恶的蛆堆。③

第三节　化悲痛为力量

日伪当局之所以对杨靖宇的牺牲大事宣传，其重要原因之一，就是希望此事能给东北抗联带来巨大震动，以致军心涣散乃至动摇。在敌人看来："杨靖宇为现存共匪最高领导者，活跃于赤化工作，杨之死，国内赤色分子武装工作完全失去统制力，并组织力。"④为此，伪通化省公署弘报委员会特印制附有杨靖宇遗首铜版照片的传单20万张，以飞机向"全省"散发。岸谷隆一郎也指令："对于有共匪出没的治安不良地区，在要塞地点张贴附有照片的大张传单，以便使共匪众所周知。"⑤

---

① 《日·讨伐杨靖宇座谈会（节录）》，邓来法、贾英豪主编：《杨靖宇纪念文集》，中央文献出版社2005年版，第664页。
② 《日·讨伐杨靖宇座谈会（节录）》，邓来法、贾英豪主编：《杨靖宇纪念文集》，中央文献出版社2005年版，第663页。
③ 周保中：《吉东省委、五军党委、宁安县委书记给与宁安地方工作同志的信》，《周保中抗日救国文集》（上），吉林大学出版社1996年版，第80页。
④ 伪《大同报》，1940年2月25日，转引自赵俊清：《杨靖宇传》，黑龙江人民出版社2004年版，第518页。
⑤ 《岸谷隆一郎致兴安北省警务厅长函》，通省警特密1503号，1940年3月12日，《东北"大讨伐"》，转引自赵俊清：《杨靖宇传》，黑龙江人民出版社2005年版，第518页。

实事求是地说，在杨靖宇牺牲以后的一段时间内，抗联战士和东北人民并不相信，这一方面是因为人民早已熟知杨靖宇足智多谋、善于转败为胜，另一方面也是因为杨靖宇在敌人的宣传中早已"死去"无数次。但随着时间的推移，更由于遗首照片的传播，人们不能不相信，他们心向往之的杨司令，这次真的永远离开了他们。对于和杨靖宇朝夕相处的抗联战友们，这个噩耗尤其痛彻心扉，但是，杨靖宇牺牲给抗联带来的"巨大震动"，却与日本法西斯的预想完全相反，在中国共产党的领导下，抗联战士擦干眼泪、挺起胸膛，继续向日本侵略者勇猛冲杀、继续为抗日救国浴血奋战！

杨靖宇牺牲后，他的亲密战友魏拯民抱病出征，继续指挥南满地区和抗联第一路军的斗争。1940年3月13日至15日，在桦甸头道溜河口，魏拯民主持了中共南满省委和抗联第一路军领导干部会议，同时举行了杨靖宇追悼会，当时参加杨靖宇追悼会的文广魁回忆说：

> 杨司令殉国的不幸消息是在他牺牲时十几天后，我们才知道的。魏拯民副司令召集大家说要开个会。开始，我们还以为又有战斗任务呢。但我们察觉到魏副司令和往常不一样，表情十分庄重。他看队伍集合好了，便缓缓地走到前面，用低沉的声音说，同志们，有一个不幸的消息，今天应该告诉大家。他略停顿一下，接着说，2月23日，我们的杨司令在濛江牺牲了。大家听到后都非常惊讶，简直不敢相信自己的耳朵。因为在我们心目中，总觉得杨司令不会牺牲，即使到了万般无奈时，他也能以出奇的智慧化险为夷。但是我们知道，魏副司令决不会开这种玩笑。突如其来的噩耗，使在场的官兵无不悲痛欲绝。大家摘下了帽子，默默垂下了头，眼泪唰唰地流下来……[①]

举行追悼仪式后，魏拯民为杨靖宇致悼词：

> 杨总司令为革命事业艰苦卓绝地奋斗了一生。他的全部生活是党的生活，他没有个人生活。他是为我们中华民族的解放事业而被日本侵略强盗杀害的，我们要完成杨司令生前未完成的事业。到革命胜利的那天，我们每个人都要问心无愧地站在他的墓前说：靖宇同志，我们在你之后，做了我们应该做的事。我们宣誓，为了我国人民，为了杨司令，我们第一路军全体战士紧密团结，坚决继承杨司令的事业，踏着烈士的血迹，继续奋战，克服一切困难，一定把日本鬼子赶出去！[②]

[①] 转引自赵俊清：《杨靖宇传》，黑龙江人民出版社2004年版，第521页。
[②] 宋晓宏、高峰、傅伟编著：《永久的丰碑——杨靖宇将军资料汇编》，吉林文史出版社2005年版，第69页。

3月25日，刚刚攻克和龙县大马鹿沟木场并全歼伪森林警察队的金日成也从敌人的报纸上得知了杨靖宇牺牲的噩耗，胜利的喜悦荡然无存："我们在报纸上看到杨司令阵亡的噩耗，大概是大马鹿沟战斗刚结束的时候，我是在缴获的报纸上，看到他阵亡的消息的，此后连饭都吃不下去。我和杨司令，民族不同，出身也不同，但我想起同他相逢时的种种情景，仍然久久地暗自流泪"。①

　　魏拯民的悼词，是抗联第一路军战士们共同的誓言和心声，他们踏着杨靖宇和其他烈士的血迹，继续转战长白山区，3月25日，杨靖宇牺牲后仅仅一个月，金日成就指挥第二方面军在和龙县红旗河以北30公里处，伏击了日军前田"讨伐队"，歼敌150余人，缴获机枪15挺、匣枪18支、步枪140支、望远镜2个。警卫旅、第一方面军和第三方面军也歼灭了大量敌人。"不断袭扰伪京图（长春、图们——引者注）路和图佳路南段的铁路动脉，毁列车、断交通、阻击日军，使敌屡受创伤。据关东军宪兵司令部统计，自1940年6月至12月，抗联第一路军共与敌战斗452次，毙伤日伪军181人，1941年2月至5月，第一路军又与敌战斗67次，1942年2月至5月则为37次。"②尽管敌人记录的己方死伤数字是有意压缩了的，但这些便足以证明，抗联第一路军正如魏拯民所指出的："尽管敌人向我们进行疯狂的进攻，但我们却仍然以百折不挠的革命精神，打击了敌人一切的毒计。我们是愈打愈坚强的。"③从另一方面说来，野副昌德的"头疼"已经"扩散"成为整个"关东军"和伪满洲国的"不治之症"。

　　杨靖宇牺牲之际，第二次伯力（周保中称为×城）会议正在筹备中，齐聚伯力的抗联领导同志们，正望眼欲穿的期盼杨靖宇的到来，然而，12月7日，周保中从苏军少将联络员那里得到的，却是"靖宇同志自杀"④（这是当时苏方依据不准确情报作的介绍，以后长期误传杨靖宇自尽殉国即出于此——引者注）的噩耗。悲痛欲绝的抗联战友们，把对杨靖宇的满腔深情倾注在给魏拯民的信中。

　　1941年2月15日，东北抗联第三路军总指挥李兆麟（张寿筏）、总政委金策（1903—1951，抗战胜利后任朝鲜劳动党中央政治局委员、内阁副首相、人民军前线司令官）联名致函魏拯民等，沉痛吊唁杨靖宇牺牲："使我们最痛惜的，就是我们最敬爱的杨靖宇同志光荣长逝！这是我们党的和全中国抗战的极大损失！亲爱的同志们！我们向我们的革命先烈——杨靖宇暨东北无数忠勇战士宣誓：我们必须而且一定的，忠诚的在伟大的共产国际、中共中央旗帜之下，一致的团结起来，为继承我们革命先烈的遗业实现到底而斗争！来永远纪念他们！"⑤

---

① 郑万兴译：《金日成回忆录　与世纪同行》（7—8），中国社会科学出版社1996年版，第71页。
② 吉林省档案馆编译：《东北抗日运动概况（1938—1942）》，吉林文史出版社1986年版，第159、247、348页。
③ 魏拯民1940年4月给中共驻共产国际代表团的报告，《东北抗日联军史料》（上），中共党史资料出版社1987年版，第202页。
④ 周保中：《东北抗日游击日记》，人民出版社1991年版，第543页。
⑤ 中国人民解放军历史资料丛书编审委员会：《东北抗日联军文献》，白山出版社2011年版，第858页。

1941年3月12日，中共吉东省委书记兼抗联第二路军总指挥周保中、中共北满省委书记金策联名致函魏拯民（当时尚不知道魏拯民已牺牲）："期待着你与杨靖宇同志亦能同到×城，但是，失望了！靖宇同志壮烈殉国，失却一抗日人民领导支柱。"①

在东北人民14年抗日救国斗争的历史上，牺牲后得到各省委、各兄弟部队如此之高评价的，唯杨靖宇一人。战友们对他的评价更加有力地证明，杨靖宇是东北抗日联军当之无愧的最高领导人和最优秀代表。

抗联战友们对杨靖宇的怀念，不仅渗透在文字里，更体现在化悲痛为力量的行动中，"杨靖宇同志殉国后，东北抗日游击战争并未熄灭，北满三肇（肇州、肇源、肇东——引者注）及克山、讷河、拜泉等十余县，曾被抗日联军袭击或攻占，哈齐、北黑（北安、黑河——引者注）铁路干线屡被阻断，松花江下游及牡丹江地区的敌伪据点屡受袭取，图佳（图们、佳木斯——引者注）铁路北段三度被炸断，伪满军仍有起义参加抗联的。"②

就在东北抗日联军"坚决继承杨司令的事业，踏着烈士的血迹，继续奋战，克服一切困难，一定把日本鬼子赶出去！"之际，1941年10月26日，党中央在不能最后确认杨靖宇已经壮烈牺牲的情况下，将他和毛泽东、朱德一起，推举为东方各民族反法西斯大会——中国共产党在延安主持召开的唯一一次大型国际性会议——名誉主席团委员，并获得来自中国、朝鲜、越南、泰国、印度、马来西亚、缅甸、菲律宾等54个国家和地区的2000多名代表一致通过。10月27日，中共中央机关报《解放日报》在头版公布了这一消息。

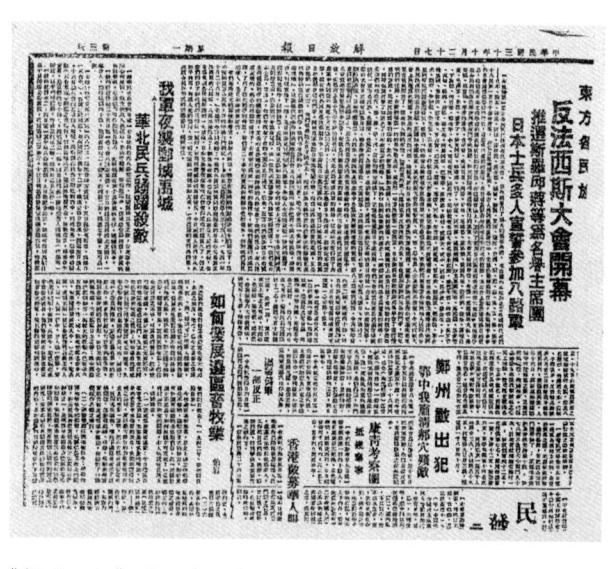

《解放日报》关于东方各民族反法西斯大会开幕的报道

在这33位名誉主席团委员中，有主要反法西斯国家领导人斯大林、罗斯福、丘吉尔、戴高乐、蒋介石；有共产国际总书记、保加利亚人民领袖季米特洛夫；有共产国际"七大"名誉主席、德国共产党主席台尔曼；有共产国际执委会主席团委员、意大利共产

---

① 《周保中抗日救国文集》（下），吉林大学出版社1996年版，第330页。
② 《杨靖宇将军生平事迹》，《周保中文选》，解放军出版社2015年版，第146页。

党主要领导人艾尔科里（即陶里亚蒂）；有共产国际执委会主席团委员、日本共产党主要领导人冈野进（即野坂参三）；有朝鲜抗日独立运动元老金九；有印度和菲律宾民族解放运动领袖甘地、尼赫鲁、奎松；有中国著名爱国民主人士宋庆龄、何香凝、陈嘉庚、司徒美堂；有著名科学家爱因斯坦和文学家萧伯纳、福莱塞（1945年加入美国共产党）。尽管这33位名誉主席团委员中的绝大部分人不能参加大会的具体工作，但作为国际反法西斯统一战线的领导核心和代表人物，他们在政治、外交、舆论等方面所发挥的作用和影响都是不可估量的。其中国际知名的反法西斯战士仅有两人。一位来自西方，就是当时在希特勒集中营中坚贞不屈的台尔曼（后于1944年8月18日被害于布痕瓦尔德集中营），另一位来自东方，就是率领东北抗日联军浴血奋战于白山黑水的杨靖宇。

在杨靖宇牺牲后的第一路军斗争时期，尽管也出现了军需处长全光（即吴成仑，1941年1月29日叛变，后被敌调往关内参加"扫荡"八路军，1945年张家口解放时被俘，不久病死狱中）、第二方面军参谋长林水山（即林宇成，抗战胜利后被捕法办）等无耻叛徒，但更多的是战友们继杨靖宇之后，也把热血洒在了白山黑水间。1940年4月8日，第一路军第一方面军指挥曹亚范牺牲。同年12月7日，第一路军第三方面军指挥、"镜泊英雄"陈翰章（满族）在宁安南湖头小湾湾沟战斗中壮烈牺牲，年仅27岁，周保中曾誉之为"有高度政治思想觉悟和遵守纪律的好干部"①。警卫旅政委韩仁和也于1941年捐躯沙场。

1941年3月8日，在久病冻饿之后，魏拯民（关有维）牺牲于桦甸牡丹岭密营。这位出生于三晋大地的共产党员，在32岁的短暂一生中，有三分之一是在东北抗日斗争中度过的。他曾在辽阳与李兆麟一起参加抗日斗争，以后在哈尔滨和南满长期与杨靖宇并肩战斗，并在陈云领导下参加了中共驻共产国际代表团的工作。他是南满抗日游击根据地和抗联第一路军的创始人和领导者之一，历任共产国际"七大"代表、中共驻共产国际代表团满洲问题委员会委员、中共南满省委书记、第一路军副总司令等职。1940年4月，他抱病起草了给中共驻共产国际代表团的报告，总结了抗联第一路军的战术："以过去我们地区的地形与民众情况为根据，利用大小部队的活动，广泛的配备各地的部队，侦察敌情和地形，征收军用各种应用物质，开辟地方民众组织工作。如以敌情、地形以及其他各种情况，适当的利用大小部队，粮食物资则利用地方组织关系，在这些有利条件下，采用隐蔽的方法，袭击敌人或对准敌之弱点向其进行突击的战术，或夜间由森林中向敌军宿营地加以袭击，或者对敌之营防防所、建筑物等警备薄弱处而加以进攻……的方针。近年来，军中各部队的主要战术，伏击与进攻集团部落、木材厂、小城市等，以解决粮食、物资以及扩充新队员等问题"②。正如金日成赞

---

① 周保中：《回忆陈翰章同志》，《周保中文选》，云南人民出版社1985年版，第268页。
② 魏拯民1940年4月给中共驻共产国际代表团的报告，《东北抗日联军史料》（上），中共党史资料出版社1987年版，第202—203页。文中省略号系原文如此。

誉的，魏拯民是一位"俭朴真诚，待人随和，谦虚认真"①，"严于律己"②的优秀革命家，"是人们永远纪念的崇高而壮丽的一生"③。

针对苏德战争和太平洋战争爆发前后东北地区的敌我态势，东北抗日联军在周保中的主持下，确定了保存实力、培养干部、主力隐蔽整训、开展小部队活动、以战略侦察为斗争重点任务的基本方针。按照这一方针，抗联第一路军人员于1940年底至1941年初陆续越境入苏。1942年8月1日，东北抗日联军教导旅（苏军番号为远东红旗军独立第八十八旅）正式成立，周保中任旅长、李兆麟任政委（1943年苏军实行一长制后改为政治副旅长），原一路军同志被编为教导旅第一营，金日成任营长、安吉任政委（1943年后改为政治副营长）、崔贤任第一连连长。在教导旅时期，周保中一直指挥着原一路军根据地——以通化为中心的东边道地区的斗争。1942年6月15日，在《东北抗日联军游击部队非常时期计划表》中，周保中部署了东边道地区的斗争任务：

辽吉边区东边道区 1 吉南区

游击地区：通化、长白、辑安、临江各县，桦甸、磐石地带。

游击部队番号、领导机关及领导者：金日成率一二路军人员280人作机动暂难规定，第一路军一支队分部郭池山。

附记：1. 东边道是第一路军的老游击区，接近日寇工业中心，过去一路军曾不断的越过鸭绿江东岸进入朝鲜北道边地。在战争爆发时恢复这个区域的活动，这是很有必要的，现在就应该先着重回复基础工作。

2. 郭池山部的人员须加以补充。④

按照周保中的部署，原一路军同志多次组织小部队，深入原根据地发动群众和开展战略侦察。其中仅周保中直接指挥的小部队就有三支。在原一路军活动的辽吉地区，群众性抗日斗争仍在持续。"一九四四到一九四五年上半年，在吉辽地区、伪通化省区，我小部队也有个别袭击活动。甚至在奉吉铁路线和拉滨铁路线，以抗联名义突然出现的自发游击斗争时有所闻。在日寇心脏区伪满'新京'及沈阳、阜新、抚顺、本溪等地，受我党地下活动影响，怠工、罢工、集中营里集体反抗、逃亡等等抗日的政治性事件仍不断发生。燎原的烈火，虽然在一九四二至一九四四年期间，被日寇暂时遏阻，但是更大的燃烧正在新的酝酿着，最后焚毁日本军国主义法西斯侵略者，恢复东北锦绣江山，解放东北人民的

---

① 《金日成回忆录 与世纪同行》（5—6），郑万兴译，中国社会科学出版社1996年版，第328页。
② 《金日成回忆录 与世纪同行》（5—6），郑万兴译，中国社会科学出版社1996年版，第332页。
③ 《金日成回忆录 与世纪同行》（5—6），郑万兴译，中国社会科学出版社1996年版，第341页。
④ 《周保中抗日救国文集》（下），吉林大学出版社1996年版，第557页。

决心和斗志是坚定不移的。"①

这一天终于到来了。1945年，原一路军的同志们，和抗联战友们一起，和苏联红军、八路军、新四军一起，奋起投入对日大反攻的洪流。在中国人民和世界人民的联手打击下，日本法西斯终于无条件投降，伪满汉奸殖民政权随之土崩瓦解。历史的辩证法就是这样无情，1945年9月2日，代表日本军队和大本营签署无条件投降书的日军参谋总长、曾与何应钦签订过入侵华北的《何梅协定》的梅津美治郎，就是当年指挥"东边道大讨伐"的关东军司令官。从1939年到1944年，他蹂躏白山黑水五年之久，在"九一八"以来七任关东军司令官中时间最长、罪恶最重，杀害杨靖宇就是他欠下的最大一笔血债。1944年，他踏着中国人民的尸骨，登上了大将参谋总长的宝座。然而到头来，不可一世的刽子手，最终倒在了中国人民和世界人民的铁拳下。随后，梅津美治郎被远东国际军事法庭定为甲级战犯，于1948年11月12日宣判无期徒刑，但这时的他已是癌症晚期，距东条英机等七名甲级战犯被执行绞刑后不到20天，梅津美治郎便于1949年1月10日病死狱中。

抗日战争胜利后，中华民族和中国人民又面临着两种命运的抉择，为捍卫人民抗战胜利果实，为不使东北沦为国民党反动派和美帝国主义铁蹄下的"二满洲"，为建立和平、民主、进步的新中国，经历过14年苦斗的抗联战士，又在党中央和东北局的领导下，战斗在解放战争的最前线。为更好地发挥抗联同志的作用，1945年12月26日，党中央电令东北局："杨靖宇支队急应成立"②。1946年1月12日，彭真又指示程世才和萧华"迅速负责组织杨靖宇支队"③，这支以原抗联一路军同志为骨干的人民武装组建后，依托以通化为中心的老根据地，积极开展剿匪斗争，发动和组织群众。《东北日报》曾于1946年1月27日发表通讯《杨靖宇支队在战斗中成长壮大》，详细介绍了杨靖宇支队的战绩：

> 抗日联军杨靖宇的部队在中国共产党的领导下，忍受极端的艰苦困难，团结不愿做亡国奴的东北人民，与日寇苦斗了十四年，今天他久经锻炼的部队，举起杨靖宇的大旗，得到了新的发展，又解放了全通化专区（伪通化全省），领导八个县的百万人民翻了身。这支人民军队是在极其困难复杂斗争中发展起来的。
>
> 当通化初告解放的时候，各地伪匪蜂起，失掉主子的伪警"讨伐队"，便打家劫舍，逢人就剥衣服，仅在辑安一个县城里，伪匪就抢劫了一百多万元。人民连路也不敢走，生活在朝不保夕危险中。
>
> 正在这个时候，杨靖宇老部下四十几个人进了通化城，先把煤坑里二百多工人弟兄武装起来，合编成今天杨靖宇支队的基础。

---

① 周保中：《东北人民抗日游击战争概况（草稿）》，《周保中文选》，解放军出版社2015年版，第83—84页。
②《彭真年谱》第1卷，中央文献出版社2012年版，第360页。
③《彭真年谱》第1卷，中央文献出版社2012年版，第371页。

当时伪匪是雄厚的,不但在离通化市外四五十里的地方有一千多伪匪,而且市内的伪警、护路队在作内应,供给外部伪匪弹药,把人民军队的一行一动都透露出去,更厉害的是伪警特务们打入军队内部搞哗变、破坏纪律,使人民怀疑起这支队伍来。在外有强敌、内有奸细的情况下,这支人民军队时时有被扑灭的危险。

杨靖宇支队是忠实为人民服务的,有广大人民的拥护。自从这支人民的军队来了,贫民就有了粮食吃、工人穿上了衣服、市民都享到太平。铁厂子工人没有衣服穿,他们立刻就派部队去送衣服。他们首先在工人贫民中生下根,工人贫民都踊跃参加,这支军队就很快地扩大了,他们虽然一开始就与伪匪作战,得不到安定的休整机会,但他们在保卫人民的战斗中,一面打一面整训,并且源源不断得到补充。他们是从战斗中锻炼壮大并考验了自己。

杨靖宇支队虽然有坚强的政治领导和少而精的骨干,但究竟是新发展起来的,在最初会遇到不少的挫折和打击。由于不熟悉伪匪的战术特点,在苇家河曾受到损失。由于市内伪警的告密,在给铁厂子工人发衣服的回路上中过埋伏,在到临江的东道上被打了截击。但他们很快的接受了经验,研究了土匪的战术,打下了苇家河,发动了二百多个工人,接替了市内二百多伪警的武装,解决了二百多通匪的伪铁路警,发觉了打到内部破坏群众利益的奸细,枪毙在人民面前,挽回了部队的威信,这支队伍便从内部巩固起来。

十一月十五日那天,是杨靖宇支队最危险的一天,也是转危为安奠定大局的一天。那天拂晓有八百多土匪集结抢通化,这时市内多数部队出发剿匪去了,只剩下三个半警卫连,枪声响时,土匪已占领市西北高地,全市就有被洗劫的危险。

杨靖宇支队是经得起考验的,发挥了无比的英勇,司令部命令主力连在次高地阵地死守。这些经过革命锻炼的老战士就没有一个动摇的。市民们赶到火线抢救伤号,更增加了战士们的勇气。枪声把到二道江的部队召回两个连,前来增援来了。与伪匪直打到下午五点钟,伪匪被全部击溃,通化市民得救了。从这次战斗中,市民们更认识了这支军队有力量,都说:"这队伍打不垮,走不了!"投降后一直没有低头的日本人,也都挂出青天白日的国旗,认识了中国人民伟大的力量,从此全市焕然一新。

杨靖宇支队既有灵活的战术,又有严明的军纪和正确的俘虏政策。他们乘由通化溃散的土匪站脚未稳的时候,集中力量打下头道弯子,三天后又击溃集结临江准备再次进攻通化的伪匪,于十二月二日打下辑安、五日打下临江、十五日打下抚松、一月初占领长白,声威震撼全通化专区。伪匪虽然动摇,但是害怕杀头,这里散那里聚,不相信真会给他们回头向善的机会,不了解人民军队不但是能救好人,而且能改造坏人。杨靖宇支队就随时将捉来的俘虏经过训练教育,发给路费打发其回家。被放的土匪向众匪说明对他们的宽大政策，又看见了这支队伍有许多大炮、机枪，回去后对其他土匪发生了很大的影响，伪匪在政治上被摧毁了。远地不了解这支军队的大绅商，也来打听观察这支军队是否能危害自己的生命财产，当他们看到这支队伍住到那里就给房东挑水扫院子、说话很和气、公买公卖，于是把谣言给他们的恐惧消失了，都盼望这支军队赶快去自己那里。二十九日，杨靖宇支队就是这样，没费一枪一弹进了自己的老地区濛江，严明的军纪团结了濛江的士绅，有的大绅商就出头争取土匪，把三百多人说服了携械投诚。他们的宽大优待，使投诚的更相信这支军队（说到那里办到那里！）。

通化全境伪匪目前已大体肃清了，人民开始过着安居乐业的生活。他们总计大小战斗十二次，俘伪匪三百五十人、毙伤四百五十人、投诚和放下武装的千余人，缴获轻机枪十四挺、步枪九百八十二支、短枪一百四十七支、掷弹筒十个、炮一门。他们就在给人民解除最大痛苦——肃清伪匪中，把人民紧紧团结在自己周围。①

在杨靖宇支队的努力下，通化、柳河、辑安、临江、长白、抚松、濛江、安图、桓仁等九个县的匪患全部肃清，昔日不惜身家性命支援抗联的群众，又在解放战争的征途上再立新功。剿匪斗争结束后，杨靖宇支队编入东北民主联军主力部队，先后参加了"三下江南、四保临江"战斗、辽沈战役、平津战役、向全国大进军和抗美援朝战争，至今仍是中国人民解放军的一支劲旅。踏着杨靖宇血迹继续前进的战友们，终于迎来了中国人民昂首屹立的历史春天。

第四节　追寻遗首、惩办元凶

抗日战争胜利了，新中国诞生了，这是包括杨靖宇在内的无数革命先烈用热血浇灌的鲜花。在欢庆胜利的时刻，人民更加缅怀他们。1946年2月14日，在杨靖宇牺牲六周年前夕，根据全县人民的一致意愿，濛江县改名为靖宇县，并于同日发表了《为濛江县易名告各地同胞书》：

抗日烈士杨公靖宇，他是抗日联军的司令，他是一位优秀的共产党员（抗日联军是共产党领导的），他死了已是六年了。他死在我们这个地方、葬在这个地方，我们是永远不会忘记了他的。因为他是死得壮烈、死得有代价的。他的死不是为了别的，而是为了中华民族，特别是咱东北父老的存亡，不愿叫我们当亡国奴，他的死是高度的发扬了中华民族的气节，他是威武不

---

① 宋晓宏、高峰、傅伟编著：《永久的丰碑——杨靖宇将军资料汇编》，吉林文史出版社2005年版，第370—371页。

屈、富贵不移，他是革命先烈、他是民族英雄，他是优秀的中华男儿黄帝子孙。他是英勇的、坚定的、伟大的忠实于国家与民族解放事业的，为全人类谋利益的优秀的共产党员。他是我们民族的好榜样。六年前的今天，他为了中华民族、为了东北的不亡、为救咱东北的父老流尽了最后一滴血。对于他的死，我们既悲愤、又痛心；悲愤、痛心的是他死得太早了。

回忆六年前他的起居生活和工作，他的司令部不是什么洋房、茅屋，而是丛丛的密林、深深的山沟；他铺的不是什么洋毯毡垫，而是乱蓬蓬的一堆野草，常和他的部下围坐在一堆野火边，商量如何进攻敌人、如何坚持东北抗日；他吃的是火烤的豆饼片，渴了他喝几口雪水；晚上天上的星星闪耀着，好像自然界赐予他们的电灯。

自从杨司令死后，日本鬼子在这地方更加猖狂，所行无阻了。出劳工、拔国兵、青年训、出莳、献纳金、采葡萄、打明子，少吃缺穿，饥寒交迫就更加重了，也就随着他的死落到我们身上了。也就是说，杨司令死后，有不少的人民受尽了敌伪的侮辱和拷打，监狱里、刑场上、煤矿里、大道上、壕沟里、明子树下、葡萄蔓里（打明子采葡萄是我们濛江百姓特有的苦衷，别的地方所尝受不到的）（太平洋战争后期，日军物资匮乏，遂强令濛江百姓采摘葡萄以提炼酒石酸、采摘松明以制作火把——引者注），饿死、冻死、跌死、打死、压死、电死、洋狗咬死的人不知有多少呢？

杨司令不愧为我们的救星。杨司令为了我们的存亡而牺牲了，我们悲伤、我们追悼他，祭吊他为国为民的伟大精神是永远活跃于人间的。在日本帝国主义进攻之下、在国民党不抵抗卖国求和妥协的亡国政策之下，杨司令牺牲了！我们忍受了人间少有的十四年地狱生活，我们为永远纪念杨司令，故将濛江县改为靖宇县，以作长久纪念。请大家不要再叫濛江而称靖宇县，来追念抗日救国的先烈杨靖宇司令吧！[①]

与靖宇县命名同时，当地群众还自发捐资重修杨靖宇陵墓，并于2月23日——杨靖宇殉国六周年，也是抗战胜利后的第一个杨靖宇牺牲纪念日——举行落成仪式。在杨靖宇墓前，抗联同志和当地群众放声痛哭，情景极为悲壮。

抗战虽已胜利，但杨靖宇的遗首仍下落不明。为此，党中央和东北局多方设法寻找杨靖宇遗首，终于得知杨靖宇遗首存于长春原关东军司令部大楼，日本投降后该建筑物已改为长春医学院。在东北局社会部的领导下，长春地下党将寻找杨靖宇遗首作为主要工作之一，最终在1948年10月19日长春解放之际成功寻获。对于寻找杨靖宇遗首的经过，刘亚光留下了这样的回忆：

[①] 宋晓宏、高峰、傅伟编著：《永久的丰碑——杨靖宇将军资料汇编》，吉林文史出版社2005年版，第70页。

1948年的长春，国民党的统治摇摇欲坠，全市人民陷入腥风血雨之中。当时，我在市内东二条街开亚光医院。我的老同学李野光是中共中央东北局社会部联络处派往长春的一个地工小组负责人，以东二条街富源长米厂和亚光医院为联络点。李野光与李广德、高博儒、侯建飞等同志经常在我院秘密会面。其间，提出查寻杨靖宇将军遗颅一事。这年的6月3日，富源长米厂遭到破坏，高博儒、李国栋（李野光之兄）二同志被捕，于7月31日遇害牺牲。因此，李野光同志离开长春去九台，到松花江军区前线指挥部汇报工作，由李广德同志负责小组的工作。

在长春解放前夕，我们在分析形势时，李广德同志对我们讲：长春近期就可解放，上级指示我们，要把市内的重要机关、企业、工厂、学校、医院保护好，防止敌人撤退时破坏。这时，我已查明杨靖宇将军遗颅的下落，可是存放杨靖宇将军遗颅的长春医学院，已被国民党骑兵第二旅占据，又查知该旅卫生队设在长春医学院附近。如果能够打入该旅卫生队，就有可能进入医学院，寻机查找杨靖宇将军的遗颅。李广德同志向上级作了汇报，得到批准。不久，由国民党骑兵第二旅军需官王明玉介绍，我打入了该卫生队，当了中尉军医官。

我利用去医学院给国民党军官兵巡诊的机会，多次寻找杨靖宇将军的头颅，均无结果。一次在夜间巡诊时，我乘机潜入解剖学教室，在微弱的手电光照下，经仔细观察，未发现任何迹象。在将要离开出门时，忽然发现尚有一侧室。随即进入。遍寻室内，只见有一大型厨柜，陈列的玻璃罐内装着人的内脏标本，经逐一观察，看到两个大型标本罐，各装一颗人头，用福尔马林浸泡封闭。又经仔细观察，见每个罐上都贴有纸条，一写杨靖宇，一写陈翰章。找到了杨靖宇将军的遗首，我禁不住心中的激动，对烈士的崇敬之情油然而生。随即返回卫生队。

次日黎明，便向李广德同志作了汇报。当天，动员了数名国民党军士兵，雇了车辆，以到医学院拉取医疗器械为名，拉走显微镜、纱布罐、污物桶、聚光灯多个，并拿走装有心、肝、肺、肾与畸形婴儿的标本罐，趁机将装有杨靖宇和陈翰章二位烈士遗首的玻璃罐装入车中，用一些旧纱布覆盖在上面。就这样把两位将军的遗首运到卫生队的前厅。

当日午夜，我和爱人周玮潜入卫生队前厅，将两位将军遗首藏在卫生队五官科门头内。在长春解放的第二天，将两位将军遗首迎入亚光医院，仅安放四天，即由李广德等同志恭送到松花江军区前线指挥部驻长办事处（在东二条建华医院）。[①]

[①]《吉林文史资料》编辑部、政协通化市委员会文史资料委员会编：《回忆杨靖宇将军》1988年，第163—164页。

杨、陈遗首寻回后，东北局特派专车和警卫部队来长春迎请至哈尔滨，但当时铁路交通尚未完全恢复，火车仅能行至五常，于是七位警卫战士轮流手捧装有遗首的玻璃罐，在严寒中步行数日，终于在1948年12月24日将烈士遗首安全护送至哈尔滨，暂时安放在东北烈士纪念馆。陈翰章遗首后于1955年移葬哈尔滨烈士陵园，2013年百年诞辰之际经中央批准迎回家乡敦化与遗骨合葬。

值得指出的是，杨靖宇遗首寻获的整个过程，都发生在东北解放战争激烈进行的时期，参加这一工作的同志，承险担惊、顶风冒雪，付出了巨大的代价，终于寻回杨靖宇将军遗首。

面对杨靖宇的遗首，曾在他引导下走上革命道路的白朗感慨万千，这位经历过抗日战争和解放战争烽火硝烟的革命文学家万万不会想到，自己和杨靖宇的"重逢"会是这样的特殊与震撼！

十六年的日子是长的，许许多多的人和事都已模糊不清了，有的甚而连根忘掉，而伟大的老张却不曾在我的记忆中淡去，每一思及，都还有着深切的感激和悫念，他在时刻地鼓舞我前进、前进、坚决地前进。

"八一五"日寇投降，我得以重返故土，一入东北境内，便听到不少被东北父老传诵着的抗烈名字，然而在这里我找不到我所敬仰的"老张"，行军生活结束以后，曾经到处寻找抗烈的遗绩，也听了不少可歌可泣的壮烈故事，却依然没有老张的名字，就连个张姓的烈士也没听到。难道老张就这样无声无息毫无做为的了结了吗？按照我对他的估计和了解，他虽不一定像杨靖宇将军那样悲惨而壮烈的牺牲了，但是他必然会坚贞不屈、慷慨就义。幸而未死，也终会有一番伟大的作为，同时我还相信，他如活着的话我们定能在东北相逢的。

相逢呵，真的相逢了！然而我见到的却不是老张那个活跃的人物，而是被敌人罪恶的屠刀割下的头颅遗容。看着那照片，真使人悲愤莫名、心胆俱裂。我捧着它，老张的面容迅速地在我眼里扩大起来，最后竟像一座大山一样，庄严魁伟的巍立在我的面前了。回忆好像一面网，把我全部思维都罩在里面了。

这时我才如梦方醒，原来被东北父老最尊敬最爱戴的抗联第一位名将，曾以雪地为床、草根为食，与敌寇血战十余年，最后壮烈牺牲的杨靖宇将军，就是当年教育我、领导我，更教育领导了无数抗日志士、革命青年的"老张"！

我的心真的惋惜极了，但是我没有掉下一滴泪——从接受靖宇同志教育开始，我就变得顽强了。看着靖宇同志那颗伟大的头颅、听着被敌人剖腹的残忍故事，我的悲痛成了对敌人的血海深仇，它使我更加坚定、更加奋勇。

先烈的血，灌溉了革命的花，革命的花已经结下了硕大的果，东北能有今天的形势，靖宇同志也有着不小的功绩，靖宇同志虽未能亲见敌人的溃灭和东北人民的幸福，但也足可安息于地下了。靖宇同志，你是东北之光，你虽死犹荣，现在你伟大光辉的遗容已经高系于烈士纪念馆的壁间了，千万人向你致敬，曾经被你教育领导过的革命青年也将分得其荣呢。①

1949年2月23日，在辽沈、平津、淮海三大战役胜利的凯歌声中，哈尔滨举行了杨靖宇殉国九周年公祭（陈翰章公祭同时举行）。中共中央东北局敬献挽联："将军血战长白山忠贞义烈光党史大军直捣长江南歼彼丑类慰忠魂"。当时已经来到东北解放区参加筹备新政协的李济深、沈钧儒等56位民主人士在祭文中赞誉："杨将军虽死，东北人民得永生矣，是亦杨将军不死也。"5月，郭沫若在参加布拉格拥护世界和平大会后返回北京途中，在哈尔滨参谒东北烈士纪念馆和杨靖宇遗首。当即慷慨悲歌："头颅可断腹可剖，烈忾难消志不磨。碧血青蒿两千古，于今赤旆满山河"②，以志永念。

1949年8月底，新中国成立前夕，东北烈士纪念馆迎来了一位特殊的参观者，他就是当年杨靖宇初到东北时的老上级、这时刚刚秘密访苏回国的刘少奇，陪同他来到东北烈士纪念馆的，是他和何宝珍烈士的女儿刘爱琴，还有蔡和森和向警予烈士的遗孤蔡博。在杨靖宇的遗首前，刘少奇深情地三鞠躬，表达着无限的怀念。直到35年后，蔡博仍对当时的情景记忆犹新：

> 当刘少奇叔叔看到杨靖宇将军的遗首头颅时，神情凝重而严肃。他对我们说：我认识杨靖宇，他身材很魁梧，说话带有河南口音。那时我任满洲省委书记不久，杨靖宇也来到奉天与省委接上了关系，我俩谈了一个晚上，然后把他派到抚顺任特支书记。后来听东北抗联的同志说，他已经牺牲了。杨靖宇是一位在群众中很有影响的民族英雄。然后，他领着我们向杨靖宇将军的头颅三鞠躬，深切表达他对革命先烈的无限缅怀和崇高敬意。③

人民没有忘记先烈，同样没有忘记那些残害英雄的刽子手们。随着抗日战争的胜利和新中国的成立，杀害杨靖宇的凶犯们，终于没有逃脱历史和人民的审判。岸谷隆一郎在杀害杨靖宇后，又被派到热河指挥制造"无人区"，双手再次沾满中国人民的鲜血。1945年日本法西斯战败投降之际，自知穷途末路的岸谷隆一郎杀死家人后自杀身亡。1946年2月23日，在杨靖宇牺牲六周年纪念大会

---

① 白朗：《忆先烈》，宋晓宏、高峰、傅伟编著：《永久的丰碑——杨靖宇将军资料汇编》，吉林文史出版社2005年版，第315—316页。

② 手迹照片见赵俊清：《杨靖宇传》，黑龙江人民出版社2005年版，第529页。

③ 蔡博1984年6月14日在哈尔滨东北烈士纪念馆的谈话记录，转引自王卫东（东北烈士纪念馆原馆长）：《永不忘却的纪念——记党和国家领导人及知名人士拜谒东北烈士纪念馆》，《世纪桥》2013年第5期，第13—14页。

暨新墓落成仪式上，靖宇县民主政府遵照人民的意愿，将"二二三"出卖杨靖宇的汉奸赵廷喜、特务李正新公审处决，以告慰英灵。新中国成立后，在镇反肃反运动中，又捕获惩办了一批残害杨靖宇的凶犯。伪警察大队长唐振东于1950年被处以死刑。"二二三"刽子手王士洪、桑文海于1951年9月8日在靖宇县伏法。1929年在抚顺出卖杨靖宇的内奸范青（胡杰三）于1961年被判处无期徒刑。曾在抚顺逮捕并折磨杨靖宇的日本警察署高等系主任蜂须贺重雄、原伪吉林省"讨伐队"本部领导成员野崎茂作、大汉奸王之佑等日伪战犯被关押在抚顺战犯管理所改造。他们在中国共产党和中国人民的思想教育和宽大政策感召下，如实供述了自己的罪行。1954年8月15日，野崎茂作在审讯中供认：

> 在1939年10月1日成立吉林省"讨伐队"本部，由森警务厅长任本部长（后由村井矢之助继任），以下有渡边政雄、牧芳太郎和我具体领导"讨伐"工作。牧芳领导特搜班，渡边与我领导各"讨伐队"，在桦甸、敦化两地各设"讨伐"本部。两地共有"讨伐"的警察人员2850名。……
>
> 1940年1月6日，我代表森警务厅长出席通化省濛江县由岸谷警务厅长召开的关于"讨伐"射杀杨靖宇将军的讨论会，决定由吉林省出兵到吉林、通化省境，将杨靖宇将军的抗日武装部队追赶到通化省境，进行包围残杀。会后，我回桦甸将约定协助"讨伐"的决定报告给吉林"讨伐队"本部长，并由我起草"协助讨伐计划"。2月10日，命令吉林"讨伐队"出动。命令奉天"讨伐队"500名到间岛省和通化省境，在吉林省、通化省，我命令大蒲柴河"讨伐队"200名、红石砬子"讨伐队"200名、锦州增援"讨伐队"200名，共计600名。并命令吉森"讨伐队"50名和乌畑"讨伐队"150名，深入到濛江县内，在濛江县西北三公里的山地，与杨靖宇将军部队约50名交战两回，击毙18名，掠夺步枪15支。在交战以外的行动中，击毙杨靖宇将军部下68名，烧毁民房15座。在吉林省和通化省境的"讨伐"行动中，击毙杨将军部下20名，烧毁民房20所。在间岛、通化省境的奉天、滨江"讨伐队"，击毙杨将军部下20名，烧毁民房30所。迫使杨靖宇将军率领部下离开山地，退到通化省濛江县城南，终于使杨靖宇将军在1940年2月23日为通化省警察"讨伐队"杀害，这与我的以上活动是有直接责任的。①

此前，同年5月21日，王之佑也在亲笔供词中交代：

> 我是应负致他（杨靖宇——引者注）于死的最大罪行的责任。因为我接

---

① 1954年8月15日野崎茂作口供，《东北"大讨伐"》，转引自赵俊清：《杨靖宇传》，黑龙江人民出版社2005年版，第530—531页。

受这个伪司令官职时，就是受命要与杨靖宇将军为敌的。我到任后的准备行动，也是面对着以杨靖宇将军为领导的抗日力量，就是没有野副昌德的指挥讨伐，也是要予杨靖宇将军以打击的，尤其是在8月开始后的行动上，首先就是采用了断绝食粮的毒辣手段。为断绝抗日军的食粮就连老百姓的生活也不顾了。在搜索无人居住地带的行动中，伪二旅的部队曾给予杨将军部下以损害，迫使杨将军向通化、吉林交界的山林中撤退。我又把伪一、二两旅兵力派到吉林地区，在1940年1月某日于桦、濛交界地，给予杨将军以重大损害，以致杨将军不得已又化整为零，在饥寒交迫中不幸遇难。我虽未杀杨将军，杨将军实是由我而死，杨将军的流芳千古，就是我的遗臭万年。我愿在人民面前俯首请罪。①

东北抗联第一路军的最大叛徒、杀害杨靖宇的主犯之一程斌也得到了应有的惩罚。杨靖宇牺牲后，他也和岸谷隆一郎一起，被派到热河"扫荡"八路军，制造"无人区"，添加着如山的血债。1945年日本投降后，程斌摇身一变，下令枪杀了一批已经放下武器的日军战俘，以这种卑劣手段，给自己戴上"抗日英雄"的假面具，然后率所部伪军投靠蒋介石，受到国民党反动派的重用，历任东北保安纵队大队长、副师长、五十三军（即东北军周福成部）军部高级参谋等职，授少将军衔，在东北反人民内战中又犯下了新的罪行。全国解放后，程斌再次施展"变色龙"的诡计，隐瞒罪恶历史，混入中国人民解放军华北军区军械处，希图潜伏隐蔽，在镇反运动中被识破揭发。经彭真、刘仁批准，于1951年4月28日逮捕归案后解往承德审判，5月12日公审处决。金日成在回忆录中写道："人民法院对这个背弃信念、叛变投敌，给革命带来莫大损失的卑鄙龌龊的败类作出了应有的判决，程斌的命运生动地说明了放弃信念、出卖同志的人将落到什么样的下场。"②

第五节　国葬英灵

新中国成立后，为表彰抗联功勋、弘扬先烈精神、教育子孙后代，经中国人民志愿军归国代表团提议，中央人民政府内务部于1952年批准在通化（当时属辽东省，1954年划归吉林省）为杨靖宇修建陵园，1954年7月正式动工，至1957年秋落成。1957年7月15日，朱德为杨靖宇亲笔题词："人民英雄杨靖宇同志永垂不朽"。8月20日和9月25日，杨靖宇遗骨和遗首分别由靖宇县和哈尔滨移至通化准备合体安葬。《人民日报》于9月26日发布杨靖宇遗首移灵消息。

---

① 1954年5月21日王之佑笔供，《东北"大讨伐"》，转引自赵俊清：《杨靖宇传》，黑龙江人民出版社2005年版，第531页。
② 《金日成回忆录 与世纪同行》（5—6），郑万兴译，中国社会科学出版社1996年版，第571页。

1958年2月23日,中共中央在吉林通化为杨靖宇将军举行公祭安葬大会

1958年2月23日,杨靖宇殉国18周年纪念日。在刚刚落成的靖宇陵园,党中央为杨靖宇举行了国家级的公祭安葬仪式。数以万计的各界群众,冒着严寒,从四面八方涌向英雄安息的地方。这一天,雪后的通化城银装素裹,皎洁的白雪,象征着纯洁的精神。

灵堂里安卧着杨靖宇的遗体,上面覆盖着他为之奋斗终生、最后以鲜血浸染的五星红旗。在牺牲18年之后,杨靖宇高昂的头颅,终于和身躯重新合一。

公祭安葬大会上,毛泽东、周恩来、刘少奇、朱德、金日成等向杨靖宇烈士敬献花圈

灵柩旁的显著位置上，陈放着一个鲜花编织的大花圈，上面的挽词是：

> 靖宇同志永垂不朽
>
> 　　　　　　　　毛泽东　敬挽

党中央、国务院和刘少奇、周恩来、朱德的花圈，也安放在杨靖宇的灵旁。杨靖宇的朝鲜战友、与中国人民患难与共的金日成、崔庸健（东北抗日联军第二路军参谋长、第七军代军长）、金一（东北抗日联军第一路军团政委）、崔贤等也敬献了花圈，他们的联名挽词是：

> 献给中国人民的优秀儿子、热烈的共产主义者和英勇的抗日斗士——杨靖宇同志[1]

公祭安葬大会在哀乐声中开始，参加大会的有中央代表团成员、周保中等抗联老同志、东北三省及河南家乡代表、杨靖宇子女马从云、马锦云（即"躲儿"）等，朝鲜驻长春领事馆领事李承安也参加了大会。主席台正中高悬杨靖宇遗像，两旁是"1905—1940"的生卒年份。各界代表向杨靖宇遗像献花圈，全场肃立默哀。随后，宣读了由杨尚昆、胡乔木、周保中主持起草的党中央悼词。在悼词中，党中央对东北抗日联军和杨靖宇给予了热烈的赞颂：

> 今天，我们来为十八年前为国牺牲的杨靖宇同志安葬，我们全党和全国人民对他表示深切的悼念！
>
> 　中国民族解放和人民革命的胜利是中国人民长期奋斗的结果。一方面有外国帝国主义的侵略和压迫，一方面有勾结外国帝国主义的大地主、大资产阶级的反动统治，在强大的敌人面前，中国人民的解放事业是非常艰难的。东北抗日联军当时面对着中国民族最凶恶的敌人——日本侵略者，处境十分困难，但是他们不屈不挠的斗争到底，充分地表现了中国人民和中国民族在任何敌人面前，在任何困难面前绝不低头的伟大精神。在这场斗争中，许多共产党人和许多爱国志士流尽了他们的鲜血，付出了他们的生命。杨靖宇同志就是在斗争中英勇牺牲了的一个伟大的战士。我们今天来纪念杨靖宇同志，也就是纪念在东北抗日游击战争中光荣牺牲了的一切革命战士。
>
> 　东北抗日联军的斗争是中国共产党领导下的中国人民解放事业中的一个部分。大家都记得，在一九二七年，国民党叛变了革命的时候，中国人民面前笼罩着一片黑暗。这时，只有中国共产党高举着革命的旗帜，向全国人

---

[1]《人民日报》1958年2月24日。

民指出了前进的道路,率领中国人民坚持斗争。卖国的、反人民的国民党统治把中国的事情越搞越糟。一九三一年,日本帝国主义者对东北实行武装侵占。国民党政府采取了所谓不抵抗政策,听任日本侵略者占领整个东北,并且把它的侵略势力向华北和全国发展。这时,也只有中国共产党站到了抗日斗争的最前线。当时,中国共产党中央命令东北地区的党组织坚持抗日斗争,并且派遣了许多优秀党员到东北地区来工作,杨靖宇同志是其中的一个。杨靖宇同志和东北地区领导抗日游击战争的其他共产党人坚决执行党的方针,他们和东北各族人民紧紧地结合在一起,同甘苦,共患难,并且团结了一切爱国的力量,在党中央领导下组成了东北抗日联军,向日本帝国主义侵略者进行了长期的艰苦斗争,给了侵略者以有力的打击。

参加当时东北抗日游击战争的还有许多朝鲜同志。在共同的斗争中,中国人民和朝鲜人民结成了深厚的友谊,这种友谊后来又在共同反对美帝国主义的侵略中得到了进一步的发展。这种在斗争中长期发展起来的友谊是最巩固的、最可宝贵的友谊。

杨靖宇同志的英勇奋斗的一生表现了一个共产党人的崇高品质。他对革命最坚决最勇敢,任何困难不能把他压倒。他对党是最忠实的,时时刻刻都尊重党的组织和党的纪律,他热爱人民,和人民真正打成一片,他善于团结群众,能够把各族人民为共同的事业而团结在一起。这些都是值得我们学习的。

杨靖宇同志牺牲以后的十八年间,中国大地上发生了翻天覆地的变化,中国共产党领导了中国六亿人民,不但已经胜利地完成了民族民主革命,而且已经取得了社会主义革命的伟大胜利,正在进行着伟大的社会主义建设事业,无数的革命先烈在艰难的斗争中毫不踌躇地付出了他们的生命,这就是因为他们深信他们的牺牲能够为后人开辟出一条通向无限幸福的大道。现在我们来纪念他们,就应当用同样的革命毅力,用同样的刻苦奋斗的精神,来把我国的建设事业迅速地向前推进,把我国建设成为一个具有现代工业、现代农业和现代科学文化的伟大社会主义国家。

伟大的民族英雄、优秀的共产主义战士杨靖宇同志永垂不朽!

东北抗日联军的烈士们永垂不朽!

随后,大会又宣读和印发了长达万余字的《杨靖宇将军生平事迹》。该文最后写道:"党所领导的人民子弟兵——东北抗日联军,参加了最后胜利的斗争。靖宇同志所坚持的东北抗日联军的旗帜并未降下,而且更光辉灿烂地更高地飘扬在长白山巅、黑龙江畔。最后失败而受历史惩罚的是侵略者日寇及中华民族的叛徒。"[①]

[①]《周保中文选》,解放军出版社 2015 年版,第 147 页。

在公祭安葬大会上，国防部代表、中国人民解放军沈阳军区司令员邓华上将和东北三省代表先后讲话，对杨靖宇表示深切怀念。杨靖宇生前战友伊俊山以《纪念靖宇、学习靖宇》为题致词，字字句句饱含着刻骨铭心的情感：

那是在1939年末，也是第一路军进入最艰苦的阶段。你在敌人深入林区大举"讨伐"的情况下，率领部队，为了冲破敌人的围剿从河里北上，联系第二、三方面军，转战长白山、松江两岸，后由桦甸到辉南、金川等地与第一方面军和我取得联系。并且将部队的一部分留在当地牵制敌人，一部分随你去抚松。时值临近旧历年关，在前进的途中——濛江，战争更加紧急和频繁。东去不成，又被给养所迫，你不得不折返马屁股山（烈士山——原作者注），因与省委、各方面军和小部队的联系以及安置伤病员的迫切需要，无奈把我留在濛江，并与我约好半月后到马屁股山相会。

分手后不久，我照着定好的日期，在无边的森林中一边搏斗、一边前进。一路上到处都是战争的遗迹。一天的傍晌，我们临近马屁股山。在没腰深的大雪中，我们踏着你的足迹爬上了山顶。山上的尸体引起了我们极大的注意。在尸体中察看着躺在弹坑一边、弹壳之中的是自己的同志。我们怀着悲痛的心情、含着辛酸的眼泪，低着头在血泊中、尸体中慢慢地走着、仔细地看着……在死难的烈士中，我们看到了你的炊事员、你的警卫连、警卫排的18名同志，都为中华民族的解放事业流尽了最后一滴血。到了傍晚的时候了，我们却还不知道你——我们的总司令同志在什么地方。这引起了我们万分的不安。于是便派人利用"打听战争消息"的方法，到四处去探询您的下落。可是，从辉南和金川的老乡口中得到的，只是一些不能令人满意的回答："杨总司令的部队和鬼子打了很多次仗，听鬼子说咱们牺牲了很多人。"还到哪里去打听呢？连我们自己也不知道了。

不料那次接受任务，竟是我和你最后的一次会面。

1940年3月，大约是上旬的一天，西北风像鬼一样在怒吼，雪花像杨絮一样在纷飞，冰雪覆盖着大地，我们怀着焦急的心情，等待着您的来临。然而，那雪花带来了极大的不幸，雪花传来了噩耗——敌人把你被割断的头颅印成"传单"，散布在每个森林、山谷和村庄。

靖宇同志，传单上印着您的名字和头颅，您一脸光辉、坚如泰山；战士们拿到了传单，紧紧地握着、呆呆地凝视着，说不出一句话来。面对您的遗容，回忆着一个月前您还在指挥、领导我们向敌人斗争，您是教育我们、关心我们的总司令。您的名字是一面光辉的旗帜，到处都在传颂您的英雄事迹。想到这里，悲愤的怒火涌上了心头。悲哀夺去了我们往日的歌声和欢乐，同志们的眼泪禁不住夺眶而出，充满了仇恨和悲痛的泪水湿透了拿在手中的"传单"。

从此，我失去了一位最敬爱的领导者和亲密的战友；全军失去了一位坚毅、忠勇、明智的抗日指挥者；中华民族失去了一位卓越的人民英雄、优秀的儿子；党失去了一个忠心耿耿为党的事业艰苦奋斗的模范共产党员。这是全军的不幸，也是中华民族的不幸，这是中华民族解放运动的损失，也是党的事业的巨大损失。

在那悲痛的日子里，一方面感到您英勇殉国是革命事业的巨大损失，是党的损失；另一方面也感到活着的我们——革命者的责任更加艰巨了。是的，我们没有被悲痛征服，而是化悲痛为力量，更加猛烈地去冲击敌人，为死难的烈士们报仇、为争取民族解放的事业加倍努力。在您离开我们的 18 年中，您的同志始终是为了您的遗志——我们的共同理想继续英勇战斗，在您未完的事业中尽了自己应尽的责任和力量。

靖宇同志，您已经离开我们整整 18 年了。在过去的 18 年中，虽然我们不能年年来纪念您，但您那坚贞不屈、视死如归、为战斗而生、为战斗而乐、为战斗而死、为党为民英勇奋斗的伟大英雄气概却给我们留下了不可磨灭的印象。就是那万恶的日寇也不得不在您的友人面前伸起他们沾满烈士鲜血的拇指，称您为："头颅构造特殊的人物"、"不愧是一位人民英雄"。

18 年的时间，说起来不算太短。但在 18 年后的今天，在通化重新隆重举行公祭安葬您的日子里，追忆这 18 年，又不算太长。才仅仅 18 年啊，我们的祖国就发生了史无前例的翻天覆地的变化；在我们党的领导下，不仅打垮了中国人民的三大敌人——日本帝国主义、封建主义、官僚资产阶级，成立了伟大的中华人民共和国，同时又在民主革命胜利的基础上，取得了社会主义革命的胜利，现在全国人民正在党的领导下，以革命的干劲，为建设美好的社会主义祖国而忘我的劳动、飞跃地前进，过去被人歧视、被人奴役、被人压迫的工农劳苦群众，今天已经成为国家的主人、新生活的建设者。俗语说得好："饮水莫忘挖井人"，当我们在和平环境中热情、积极地从事社会主义建设的时候，我们怎能忘记为争取和平、幸福生活而壮烈殉国的靖宇同志和所有的先烈呢？

靖宇同志，18 年来我们一直没有忘却您。当我们被敌人重重包围的时候，当我们受敌人的枪林弹雨袭击的时候，在没有一粒粮食充饥的时候，当我们的革命遭到严重挫折的时候……我们就想起了您，我们的总司令，我们在曲折的革命道路上踏着您的足迹，继续顽强的战斗下去；当祖国飘起五星红旗的时候，当我们在和平从事社会主义建设的时候，我们想起了您，在染着您鲜血的红旗下面，在您铺过路石的社会主义康庄大道上继续奋勇前进。

靖宇同志，您忠于党、忠于人民、忠于中华民族的解放事业、忠于共产主义事业；您善于结合实际贯彻党的政策、决议和指示；您相信人民群众、依靠人民群众、与人民群众建立了亲密的血肉般的联系，为党在人民群众中树立了崇高的威信；您英勇善战、机智灵活、深谋远虑、顾全大局；您对敌人藐视，坚如磐石，具有极大的克服困难的精神；您不仅有高度的军事素养，同时也有卓越的政治远见；既善于治军，又善于做党的工作。您不愧是中华民族的英雄儿女、模范的共产党员，伟大的共产主义战士。

您之所以能为党为人民、为东北抗日联军做出卓越的贡献，是因为您坚决而正确地执行了党的政策和指示。您常说："党是革命者的生命、灵魂，是革命成功的保证。"正因为您有这样高度的党性和崇高的革命英雄品质，您才博得了党和抗联以及广大人民群众的极大信任和敬仰。

抗联一路军是一支国际性的部队。其中有许许多多和我们一起同生死共存亡的朝鲜族同志。您非常重视民族团结和国际主义，您懂得这是战胜敌人的有力保证，您正确的贯彻执行了马列主义的民族原则、党的民族政策。自从您担任了磐石游击队（中国工农红军三十二军南满游击队）的政委以后，中朝民族的团结就更加巩固了。……

靖宇同志，您的一生是战斗的一生，您充满了革命的乐观主义和国际主义精神，您坚毅、沉着、死无惧色。当祖国的天空还密布着乌云的时候，您除了尽力为争取祖国解放而英勇战斗外，还满怀胜利信心地注视着未来，并把这种信心用以感染所有的同志。

您很早就接受了马列主义，并用您青春的热力组织和领导了农民暴动；您以赤胆忠心团结了广大的工人阶级，拜工人阶级为师，视工人阶级为革命的主力，与工人群众同生死共患难，以永远年轻的革命精神、坚强的斗志，组织和领导工人运动，您在以树皮草根充饥、冰雪润喉、以兽皮和褴褛的衣衫半遮体，十数年以森林为家，露宿在冰天雪地中的艰苦条件下，终于创建了抗联第一路军。在战斗中，您身先士卒，对敌人深恶痛绝，对战士对同志真诚热爱，对人民"鞠躬尽瘁，死而后已"。胜利了不骄傲，而是更加提防敌人；失败了您不气馁，而是更加增强了您争取胜利的决心。在敌人流言企图诱降"东边道地区割让给抗日联军单独管辖"的时候，你明智坚定，教导同志们说："一个忠贞的共产党员，民族革命的战士，为伟大的共产主义理想、为民族解放事业，头颅不惜抛掉，鲜血可以喷洒，而忠贞不贰的意志是不会动摇的。最后胜利的信心是坚决的，日寇威胁利诱的无耻手段，只可以玩弄那些民族败类。"是的，山河易改，大自然可以征服，而您的革命意志是永远也磨灭不了的、永远也征服不了的。

您前后5次被捕入狱。在监狱中、在法庭上，您受尽了敌人的严刑拷打。但是，敌人从您脸上得到的是有力的嘲笑；从您口中得到的是无情的讽刺；从您的行动中得到的是顽强的抗争。出狱后，您不白白放过一分钟，马上向组织要工作，在断指裂肤、骨瘦如柴、饥寒交迫的情况下，几十个人眼看着一个布帐篷却支不起来的时候，人们没有力量再支了。是您，咬紧了牙关，面堆笑容吃力地拿起布帐篷。您的行动给同志们带来了无比的力量，我们"万能"的帐篷就是这样在英雄们的手中支起来的。在最后艰苦的年月里，在敌人严密封锁下，你与关内的八路军、抗日联军第二、三路军，及党中央已很久隔绝了联系。但是，您能够按着马列主义原则，正确地执行党的政策，指挥全军战斗，并在摩天岭一场大战中，歼灭了日匪金田全队；在长冈大战中，歼灭蒙古骑兵索旅，打死打伤200余人，缴获全部武装；土口子一场激战，破坏了日本向中国侵略的主要铁路桥梁——辑（集）梅铁路，消灭了日本守备队，占领了土口子日伪工棚，生擒日本经济顾问小林、竹内，解决了我军对日作战的经费，得到大批战利品，并当场分给贫苦农民……。此后从辑（集）安到长白，从松花江上游到鸭绿江东岸——北朝鲜，不断传来我军胜利的消息。然而，由于马屁股山一场激战，您身边只剩下了15名战士。在敌人重重包围濛江林区、封锁大小山口，日夜追击的情况下，您身处绝境、临危不惧，经过五昼夜的苦斗，您身边只剩下了两名战士，敌人仍无耻的诱降，可是您对敌人大笑，怒发冲冠，挺身跃起，高呼："最后胜利是伟大的中华民族的！共产党万岁！"以枪膛仅有的几颗子弹射击敌人，但因敌人兵力过厚、集中火力，您身受数十弹，一直到打完你最后一颗子弹，您为国光荣地牺牲了。

靖宇同志，安息吧！您为中华民族解放事业、为全人类解放事业，在艰苦的革命斗争中，为党为人民贡献了您伟大不朽的生命。但是您没有死，您还活着，您那崇高的革命精神还活在千万战士和亿万人民的心里。您活着的时候，从阶级斗争中感受到了无产阶级的英雄气概；您死后，您无畏的英雄气概又将感染所有战士和人民，您的名字是那样响亮，永远铭刻在人民心上。我们永远以您光辉的一生作为我们学习的榜样，引为模范。学习您为革命忠勇奋斗的伟大精神，并用以鞭策自己，教育革命的后人，让生者在社会主义的康庄大道上飞跃前进，在东风压倒西风的时代里，争取早日把祖国建设成为一个社会主义的强国，早日把共产主义大旗插遍全球。

杨靖宇同志永垂不朽！[①]

杨靖宇在河南时期的战友、时任公安部副部长的徐子荣特献挽诗一首：

> 往昔中原展红旗，
> 汝颍河水映英姿。
> 王楼一别三十载，
> 长使中原怀骥生。

[①] 宋晓宏、高峰、傅伟编著：《永久的丰碑——杨靖宇将军资料汇编》，吉林文史出版社2005年版，第202—206页。

全国解放遇一辰,
始知靖宇即是君。
白山黑水英名在,
丹心碧血照古今。①

　　杨靖宇之子马从云也在大会上讲话,对党和人民的关怀照顾表示感谢,表示了继承先辈遗志、为党和人民奋斗终生的坚定决心。早在解放战争时期,党组织和杨靖宇的战友们,就一直多方寻找烈士亲属。经过徐子荣和杨一辰(1929年刘少奇领导满洲省委时期任省委组织部干事、1932年担任以杨靖宇为书记的哈尔滨市委组织部长)的回忆,最终弄清了杨靖宇的河南确山籍贯。随后杨一辰致函确山县委,确山县委按照信中线索,找到了杨靖宇的儿女,经确认后,由乡公所(乡政府)发给麦子 1000 斤作为临时抚恤。同时向杨靖宇后人告知了杨靖宇在东北的革命经历和已经牺牲的消息。1949 年,已担任中共河南省委组织部部长的杨一辰接见了马从云。以后,马从云被送入开封工农速成中学,1950 年毕业后在郑州铁路局工作,马锦云当时已出嫁,享受烈属待遇。这次,他们受邀参加杨靖宇公祭安葬大会,亲身感受到党和人民对杨靖宇的尊敬缅怀。会前一天,中央代表团、抗联老同志和朝鲜战友,对杨靖宇家属进行了亲切慰问。在工作中,马从云一直是铁路战线的先锋模范,1964 年不幸病逝,年仅 37 岁,遗骨葬于郑州烈士陵园。马锦云以后曾任杨靖宇故居纪念馆名誉馆长,1986 年病逝。杨靖宇的孙辈们也继承了先辈的遗志,在自己的岗位上为党和人民勤恳工作。

　　在各界代表发言和群众瞻仰遗容后,上午 11 时 50 分,中央代表团成员和周保中等抗联老同志为杨靖宇扶灵封棺。伴随着悠扬壮伟的国际歌,杨靖宇永远安息在他战斗到最后一刻的长白山下。

　　在杨靖宇安葬之际,德高望重的革命老人谢觉哉撰文《追悼杨靖宇将军》,发表于 2 月 24 日《吉林日报》,赞誉:"靖宇将军自幼参加革命,毕生奋斗不懈,坚贞不屈,他是党员模范,是民族英雄。在东北开展抗日游击战争的最艰难困苦的岁月里,杨靖宇将军率领东北抗日联军第一路军,转战在长白山区的冰天雪地之中,伐木为营,围火而眠,草根果腹,直坚持到流尽最后一滴血,这种可歌可泣的英勇事迹,奠定了中国人民伟大革命胜利的基础,全国人民当永志不忘……你的精神不死,浩气长存,永远成为鼓舞我们前进的坚强力量!"②

　　连日来,《人民日报》大量发表了杨靖宇的事迹。23 日当天,《人民日报》刊载了姜椿芳的《忆杨靖宇同志》一文。24 日,又在头版显著位置,刊登了党中央给杨靖宇的悼词和杨靖宇公祭安葬大会举行、毛泽东等敬献花圈的新闻通

---

① 转引自赵俊清:《杨靖宇传》,黑龙江人民出版社 2005 年版,第 527 页。
② 宋晓宏、高峰、傅伟编著:《永久的丰碑——杨靖宇将军资料汇编》,吉林文史出版社 2005 年版,第 85 页。

稿。同时刊登了杨靖宇的遗像和《杨靖宇同志简历》。

在与亲密战友永别之际,周保中心潮起伏,撰写了《悼念杨靖宇将军——十八年后公葬之日》的长诗,于2月23日发表于《吉林日报》:

（一）

奴隶人民,求解放,中原揭竿。
初奉命,豪迈忠勇,北伐助战。
只因金陵蒋党叛,人民革命受挫伤。
八一后,工农兵创造,大别山。

（二）

倭寇袭来,炮声响,陷落沈阳!
不抵抗,青天白日,卖我河山!
娇妻美妾鸡狗散,边帅儿郎逃榆关。
丢下了,黎民三千万,受灾殃。

（三）

民族危亡,谁挽救?人心惶惶。
共产党,提出主张,坚持对抗。
将军濛江再受命,先期闯关过辽阳。
振臂呼,工农学商,齐备战。

（四）

卷起辽水,搅松江,游击战酣。
燎原火,地覆天翻,熬敌心脏;
三岛夜夜迎归骨,九州日日现白裳。
贼子叹,侵略图后果,渺渺茫茫。

（五）

倭寇荡净,河山还,万众腾欢。
挺胸膛,气吐眉扬,遥祝天安。
工矿矗立如春笋,重庆三宝豆麦粱。
手挽手,社会主义,跃康庄。

（六）

将军气节,高白山,党员模范。
抛头颅,慷慨激昂,求大解放。
革命斗争为整体,哪管自己存和亡。
千万人,景仰勋绩,永难忘。①

---

① 《周保中文选》,解放军出版社2015年版,第253—254页。

杨靖宇公祭安葬仪式，是新中国成立后纪念东北抗日联军活动中规模最为隆重、评价最为全面的一次，集中宣传了杨靖宇和东北抗日联军的英雄事迹，彰显了杨靖宇和东北抗日联军的伟大贡献和不朽精神，具有极其重要的历史意义，发挥了里程碑式的作用。

第六节　虽死犹生

杨靖宇的重要贡献和历史地位，受到党中央的充分肯定。1985年9月26日，年逾八旬的邓小平亲笔题写了"民族英雄杨靖宇烈士纪念碑"。1995年1月12日，江泽民为河南驻马店杨靖宇故居亲笔题写"杨靖宇将军纪念馆"。在此期间，陈云、彭真、杨尚昆、李长春等老一辈革命家及党和国家领导人也先后为杨靖宇题词。1981年中国共产党建党60周年之际，党中央赞誉杨靖宇是"早年为党为国捐躯的人民军队的杰出将领"之一。2005年中国人民抗日战争和世界反法西斯战争胜利60周年之际，党中央又指出杨靖宇是"中国人民不畏强暴、英勇抗争的杰出代表"之一。

杨靖宇的战友们，写下了大量回忆文章，追思杨靖宇的音容笑貌，追忆杨靖宇的伟大精神。1960年2月3日，在杨靖宇牺牲20周年之际，周保中写下了《松柏常青》一文，文中写道：

> 靖宇同志虽然英年早逝，但在他为党为人民革命事业斗争生活的十六年过程中，表现出一个真正的人、真正共产党员高贵的品质。他爱护党，在党内经常致力有原则性的团结一致，以自己特有的组织性、纪律性来约束自己，来影响和教育在他领导下的同志；他爱护人民，关心人民的疾苦，因此南满广大地区的群众，敬仰他，爱护他，用各种方法在斗争最艰苦的岁月里支持第一路军。靖宇同志对部队干部和战士，爱护周到、热情。平时在思想上、政治上、军事上经常亲自进行教育；就是在战斗中工作中，也尽可能对几乎每个战斗员每个工作人员作必要的照顾。他对部队的纪律要求是严格的，而在生活上和战士同甘共苦，打成一片，因此部队的干部和战士，敬他为师长，爱他如父兄。执行指示和命令，虽赴汤蹈火也不辞。靖宇同志是富有国际主义精神的好榜样，他不仅在第一路军巩固地团结了朝鲜人民革命军和朝鲜人民革命组织——祖国光复会，为着共同的目标，坚决反对日寇；并且还团结了"白俄"义士和日本革命者参加了第一路军，英勇战斗，流下了他们的鲜血。当1938年—1939年间，日寇两次挑起苏蒙边疆冲突时，靖宇同志号召全军战士，把东北游击运动与反对日本进攻苏联的行动结合起来，加紧打击敌人后方。
>
> 松花江源、鸭绿江岸、辽沈以东，洒遍了东北人民英雄战士的鲜血。这一高尚的代价，不是白白付出的，它换回来祖国山河的光复、劳动人民的解

放。今天在长白山脉肥沃的大地上,到处放射出新生祖国社会主义建设的光芒。所有的人们怀念着靖宇同志、怀念着革命战争中英勇牺牲的无数英雄战士。他们崇敬烈士们的奋斗榜样,将鼓起更大的劲头,争取祖国建设事业,出现更大的辉煌灿烂的成就。

靖宇同志的英雄事迹,先烈们的好典范,有如苍松翠柏,四季常青、永不凋谢的矗立在地平线上。①

1995年4月7日,在为赵俊清著《杨靖宇传》所作的序言《抗日英雄杨靖宇》中,韩光写道:

> 杨靖宇治军有方,他领导的部队有以下几个明显的特点:1. 重视政治工作,有严格的军纪,强调官兵一致,密切联系群众,处处为人民着想,是一支党领导下的真正的人民军队。2. 结合斗争实际,贯彻党的抗日民族统一战线政策。早在1933年冬就开始把许多分散的抗日义勇军逐步团结在我军部队周围,发展壮大了抗日武装力量。3. 不断加强队内团结,包括领导核心的团结、官兵团结、中朝民族团结。特别注重与朝鲜抗日武装力量共同对敌。4. 善于运用游击战术打击敌人,在游击战争中不断拓展抗日活动区域,巩固扩大抗日武装斗争中取得的成果。5. 注意创建抗日游击根据地,使武装斗争的开展有可靠的依托,在敌强我弱、毫无外援的形势下,能够坚持长期的斗争。
>
> 据我看来,以上各点都是较为突出的。由于杨靖宇能够不断采取各种措施增强部队战斗力,其所部在东北抗日游击战争中,是尽人皆知的一支英勇善战、令日伪当局心胆俱寒的队伍。
>
> 在那战争年代,杨靖宇指挥抗联部队消灭了大批敌人有生力量,取得了辉煌战绩。这些战绩极大地唤醒了东北人民争取民族解放的觉悟。广大民众坚信,只要有杨靖宇等领导的抗日队伍的英勇抵抗,中国就不会亡,日本侵略者就终将被赶出中国大地。
>
> 我在与杨靖宇的接触中,感到他确实是个博学多才的卓越的政治、军事领导者。他随身带有从中央红军那里传来的几本游击战争小册子,经常阅读研究。他还常常用《孙子兵法》里"声东击西""出其不意""兵不厌诈""围魏救赵"等谋略来解释一些战斗、战役,总结经验教训,教育干部和战士。因此,同志们都非常信服和钦佩他。在与之接触中,我深深地感到杨靖宇自身有许多值得学习的高贵品质。他忠实于党和人民,始终对革命前途充满信心;他待人热情,谦虚谨慎,遇事同大家商量,并尊重别人的意见;他艰苦朴素,密切联系群众,与群众同甘共苦;他坚韧刚毅,有勇有谋,不怕任何

---

① 《周保中文选》,解放军出版社2015年版,第153页。

艰难险阻。他的这些高贵品质，在抗联部队和当地人民群众中，形成了一种凝聚力。他深受人民爱戴，人们把他看成是"东北人民有希望、有信仰、能有把握收复失地的民族英雄"（巴黎《救国时报》，1935年6月30日）。①

杨靖宇在东北领导的抗日武装斗争表明：在民族危难时刻，是中国共产党人以民族利益为最高利益的；广大东北人民是不甘屈服于日本帝国主义强权统治的；中华民族是有与自己的敌人血战到底的英雄气概，并最终要取得胜利的。

1940年2月23日，杨靖宇与凶残的日本侵略者进行了最后的战斗，他的鲜血染红了长白山洁白的积雪。他把宝贵的生命献给了中华民族的解放事业。杨靖宇虽死犹生。因为他和他创立的业绩代表着一个时代，同时更是中华民族不甘屈服于帝国主义的顽强反抗精神的具体、生动的体现。杨靖宇同志的光辉业绩将永垂史册。如同古往今来，一切为民族为人民做出卓越贡献的人物总会受到后人的怀念一样，杨靖宇自然也得到了一代又一代人的缅怀与敬仰。

在向杨靖宇表示敬意的名人中，有一个特殊人物值得一提。他就是经教育改造成为新人的溥仪。1957年6月8日，在由抚顺战犯管理所组织参观哈尔滨期间，溥仪曾在东北烈士纪念馆杨靖宇遗像前忏悔认罪。他在日记中写道："当我听到馆里的负责干部在给我们所作的专题报告中，介绍杨靖宇将军的抗日奋战英勇牺牲的壮烈事迹时，不但使我忍不住双泪齐流，同时简直觉得自己的这个身子，真是龌龊不堪和渺小得不像个样子，觉得自己在今日存在是多余的、不应该的。因而使我形成为一种茫然自失的状态。抗日英雄能那样的出生入死，能那样的不怕艰难危险，到底是为了什么？因为他们始终并没有想办自己的事，所以才能够拿冰天雪地当作涵育抗日杀敌的练武场，拿草根树皮当作保卫祖国的军粮，真是无时无地不在关怀着整个民族的前途命运、关怀着世界正义人类的前途命运的。在将军英勇牺牲之后，就连穷凶极恶的敌人，当看到在将军的胃袋中满装着尚未消化的草根树皮残渣时，也不能不低下头暗中称羡。将军的肉体固然消逝了，可是将军的精神却永远地活在六亿人民心中。"②

几十年来，杨靖宇的光辉事迹，一直是各革命博物馆、纪念馆陈列的主要内容，1948年10月10日，在东北局、东北民主联军总部和罗荣桓、周保中的领导和关心下，东北烈士纪念馆对外开放，这是第一个陈列抗联和杨靖宇事迹的大型博物馆。至今，杨靖宇生平事迹仍是东北烈士纪念馆的主要陈列内容之一。新中国成立后，在中国革命博物馆（今与中国历史博物馆合并为中国国家博物馆）、

---

① 中共吉林省委党史研究室、吉林省东北抗日联军研究基金会编：《韩光党史工作文集》，中央文献出版社1997年版，第186—188页。
② 《爱新觉罗·溥仪日记》，天津人民出版社1996年版，第77页。

杨靖宇将军殉国地纪念牌楼

中国人民革命军事博物馆、中国人民抗日战争博物馆、通化靖宇陵园暨东北抗联纪念馆、本溪东北抗联史实陈列馆中,都以显著地位陈列了杨靖宇的遗像、遗物和事迹。1967年在吉林发现的杨靖宇印章至今仍陈列于中国人民革命军事博物馆。人民网于2006年建立了杨靖宇网上纪念馆。杨靖宇在家乡河南确山(今驻马店市)的故居也于1966年被辟为纪念馆。靖宇县于1980年杨靖宇殉国40周年之际修建了朱德为杨靖宇题词手迹碑。1989年又修建了由陈云题写的"杨靖宇将军殉国地"牌楼。

除博物馆陈列宣传外,还创作、出版了大量记载杨靖宇事迹的出版物和文艺作品。《中国新民主主义革命史》(胡华著)、《中国共产党烈士传》(华应申主编)、《中国共产党历史》第1卷、《中国人民解放军军史》《星火燎原》《中国抗日战争史》《东北抗日联军斗争史》《中共党史人物传》《神圣抗战》《中国大百科全书》等,都以显著篇幅记述了杨靖宇的事迹。《东北抗日联军第一路军军歌》和《中朝民众联合抗日歌》被收入萧三主编的《革命烈士诗抄》,成为代代相传的爱国主义和革命传统教材。著名木刻艺术家古元为《革命烈士诗抄》创作了杨靖宇木刻像。2016年建党95周年之际出版的《中国共产党的90年》也记述了杨靖宇的事迹。

关于杨靖宇的研究,在东北抗日联军人物研究中最为深入,在全国党史人物研究中也名列前茅。早在1940年,陕甘宁边区就已将魏东明著《东北抗日领袖杨靖宇》一文定为高小国语教材。[①]1946年5月7日,《解放日报》在第4版发表署名郑昌的《东北抗日烈士传略 杨靖宇同志》。同年还出版了纪云龙所著的《杨靖宇与抗联第一路军》一书。1949年,杨靖宇之子马从云将妹妹马锦云历经艰险保存下来的杨靖宇在河南开封省立第一工艺学校读书时的照片和两篇作文稿转

---

① 《周保中文选》,解放军出版社2015年版,第202页。

交杨一辰，随后又由杨一辰上交中央革命博物馆筹备处。1950年7月1日，杨一辰在《河南日报》发表《民族英雄模范共产党员杨靖宇同志》一文。1958年8月，在周保中、伊峻山、张瑞麟、王传圣、黄生发主持下，由张麟执笔的《杨靖宇传》写成，11月由天津人民出版社出版，后于1960年9月和1979年出版第2版和第3版，总计发行300万册以上，并于1963年出版盲文版。1979年10月，为纪念中华人民共和国成立30周年，中国青年出版社出版《红旗飘飘》精选本第1辑，收入张麟著《杨靖宇同志的故事》，后于1984年出版第2版，总计发行近30万册。1960年，为纪念杨靖宇殉国20周年，吉林人民出版社将周保中等的回忆文章汇编为《松柏常青》一书。1994年7月，赵俊清著《杨靖宇传》由黑龙江人民出版社出版，2005年再版，全书50余万字，是迄今为止最为详尽全面深入的一部杨靖宇传记。2005年杨靖宇诞辰100周年之际，吉林文史出版社又出版了近百万字的《永久的丰碑——杨靖宇将军资料汇编》一书。

2001年6月出版的《中国共产党简史》，详细记述了杨靖宇壮烈牺牲的事迹："东北抗日联军主要领导人杨靖宇（第一路军总司令兼政治委员）在1940年2月与日军的战斗中牺牲后，残暴的敌人割下他的头颅，剖开他的腹部，发现他的肠胃里竟全是枯草、树皮和棉絮，没有一粒粮食。敌人为之震惊。"[①]

2005年，在纪念中国人民抗日战争暨世界反法西斯战争胜利60周年之际，中宣部等单位主办的《永远的丰碑》栏目两次介绍杨靖宇生平事迹，赞誉他是东北抗日联军的创始人和领导人，并收入学习出版社出版的《永远的丰碑》连环画。5月4日，在香港立法会"反对日本篡改历史教科书"动议辩论发言时，议员蔡素玉身着唐装，诵读杨靖宇的《中朝民族联合抗日歌》和李兆麟的《露营之歌》。[②]2014年，解放军出版社将黄生发的回忆录《杨靖宇将军在重围中》改编为连环画《转战密林》，作为《星火燎原》百集系列连环画之一出版发行。

2009年，为纪念中华人民共和国成立60周年，中共中央宣传部、中共中央组织部、中国人民解放军总政治部、中共中央文献研究室、中共中央党史研究室等单位联合举办了"100位为成立新中国作出突出贡献的英雄模范人物和100位新中国成立以来感动中国人物"评选活动，于7月20日公布了候选人名单，杨靖宇入选候选人。此后，中央和各地新闻媒体再次广泛宣传了杨靖宇的事迹。参加投票的群众达1亿多人。9月10日，"100位为成立新中国作出突出贡献的英雄模范人物和100位新中国成立以来感动中国人物"评选揭晓，杨靖宇入选。

2009年9月14日，党和国家领导人胡锦涛、习近平等集体接见了部分"双百"人物及家属代表并合影留念。党中央举行了"双百"人物代表座谈会。杨靖

[①] 中共中央党史研究室：《中国共产党简史》，中共党史出版社2001年版，第67页。
[②] 香港《文汇报》2005年5月5日。

宇之孙、靖宇县县长助理马继民作为家属代表之一参加了上述活动。

2009年9月23日，时任中共中央政治局常委、国家副主席的习近平在哈尔滨视察期间，特意参观了东北烈士纪念馆，瞻仰了杨靖宇的遗像遗物。2014年7月7日，在卢沟桥中国人民抗日战争纪念馆举行的"七七"77周年纪念活动中，中共中央总书记、国家主席、中央军委主席习近平在杨靖宇遗像前驻足致敬。

"十冬腊月天，松柏枝叶鲜，英雄杨靖宇，长活在人间。"

"洒热血，遍地红，杨靖宇，是英雄，万古千秋留英名，永远活在人心中。"

杨靖宇，功高长白的不朽国魂，"表现了一个共产党人的崇高品质"。他的鲜血浸染在五星红旗上，他的精神活在亿万人民的奋进中。

大事年表
（1905—1958年）

1905年
- 2月13日　杨靖宇生于河南省确山县古城乡李湾村（今属驻马店市驿城区），取名马顺清。父亲马锡龄，母亲张君，妹妹马爱。

1910年
- 7月29日　杨靖宇之父马锡龄病逝。

1913年
- 入李湾村私塾读书，启蒙教师刘景臣为其取名马尚德，字骥生。

1919年和1920年
- 两次投考确山县立小学，终被录取。

1920年
- 在"五四"运动影响下，与全校同学一起参加抵制日货斗争，坚决抵制反动当局和校方的压力，终于将奸商贩运的日货全部销毁。

1922年
- 杨靖宇由家人做主，与汝南水屯农家姑娘郭莲结婚，育有子马从云、女马锦云（小名马躲）。

1923年
- 8月　高小毕业，考入开封河南省立第一工业学校。入学考试时作文《劳工神圣论》。

1924年
- 就读于河南省立第一工业学校，期间，与进步教师李清庵、贺光吾（中共党员）、刘梦真接触，阅读《新青年》《向导》，初步了解马克思主义。在校期间，作文《与友人论修学方法书》，主张学习方法应注重"旁博访咨，遇有先觉之老成，虽寄宿异己，亦不妨负笈屈求，犹如孔子云我非生知之者，好古敏以求之者也。事有未达，必详细参考，勿妄以臆度。逢较劣己者，务静心恭询，犹如论语孔文子敏而好学，不耻下问是也"。在校期间，作文《战区灾民生还时之感想》，痛斥"竟国贼盘踞要津，咕嗫图谋，攫取人民血汗之金钱，供一己之糜费。开骨丸法贿选之后径，作狼狈为奸之先河。既无爱国观念，复刍狗人民，愚昧世界潮流，以致全国骚然。犹不知足，反无辜开衅，假借共和之面具，作盗跖之行为，使烽火连天，战声交耳，穷兵黩武之风莫此为甚"，矛头直指盘踞河南的直系军阀、"贿选总统"曹锟。

1925 年

- 6 月至 7 月　得知上海"五卅"惨案爆发后，杨靖宇担任学校代表，领导全校同学募捐、讲演、清查英日"仇货"，积极声援上海人民的反帝爱国斗争。号召"起来吧，同胞们！全中国人民都站起来，举起铁拳，拯救我们的祖国，拯救自己的命运！"
- 7 月以后　因开封当局责令各校提前放假，杨靖宇被同乡同学推为主任，率 20 余名确山籍同学返回家乡，兴办夜校、讲演宣传，启发农民群众的革命觉悟。

1926 年

- 1 月　共青团在开封的外围组织河南青年社、青年学社、青年救国团、青年公社合并为青年协社，杨靖宇担任河南第一工业学校协社组织领导成员。
- 7 月至 10 月　北伐战争爆发后，杨靖宇遵照党团指示，积极宣传北伐战争的伟大意义，号召同学们投身反帝反封建斗争。险遭军阀当局逮捕。
- 秋　经张耀昶、姚建宇介绍加入共青团。
- 10 月　遵照党团指示，杨靖宇作为团组织骨干，辍学返回家乡，与小学同学、共产党员张家铎一起，组织发动农民运动。回到家乡后，杨靖宇向母亲和乡亲宣传"苏联的穷人是国家的主人，工人农民当家作主，咱们现在也要照他们那样做"，经多方努力，争取了东北乡红枪会等一批农民武装，控制了大部分农村。

1927 年

- 2 月 15 日　在张耀昶、杨靖宇主持下，确山县农民协会在洪沟庙镇玉皇庙正式成立。杨靖宇在成立大会上讲话，介绍农协筹备经过和意义。并被70余名与会代表一致推选为农民协会执委会委员长。

■ 2月15日至17日　在杨靖宇等指挥下，农民自卫军和红枪会会员手持大刀长矛包围县城，迫使县知事王少渠保证约束军阀部队，不许下乡勒索百姓。北京、天津、武汉各大报均报道此次斗争。

■ 3月中旬　遵照中共驻马店特支的决定，杨靖宇和其他同志举行秘密会议，研究部署农民暴动，配合北伐军进军河南。会议确定于4月4日（农历三月初三）举行武装示威（当地称为"亮牌"），届时高举农会犁头大旗，口号为"打倒帝国主义""打倒军阀""打倒贪官污吏""打倒土豪劣绅""反对苛捐杂税""欢迎北伐军"，要求清算四大劣绅、清查县政府账目。

■ 4月4日至6日　在杨靖宇等领导下，确山各地2万余群众齐聚县城东关大操场"亮牌"，杨靖宇在会上发表主旨讲话，并以群众代表身份与县知事王少渠谈判，迫使王少渠答应群众提出的惩办四大劣绅、取消苛捐杂税、不再派车拉夫、清查县府账目、释放无辜被捕群众等要求。

■ 4月6日至8日　因王少渠放走四大劣绅和军阀部队开枪打死两名农民军战士，中共驻马店特支决定立即举行武装起义，杨靖宇被党组织指定为攻城指挥部三名成员之一。在杨靖宇等指挥下，五万群众激战三天，于8日深夜攻入城内，歼敌200余人并活捉王少渠。

■ 4月11日　国民党确山县党部成立，其成员实际均为共产党员和共青团员，杨靖宇以共青团员身份担任执委。

■ 4月19日至23日　国共合作的武汉国民政府派于树德（时为中共党员）率团前来确山慰劳，听取杨靖宇的汇报，向确山县农民协会赠送"革命先锋"锦旗。在汇报时杨靖宇等表示："我们不要县长，我们要搞个新式的政权组织，现在河南还没有委员会，我们要建立一个分工负责的委员会。"关于委员会名称，杨靖宇等拟用宪政委员会，后经于树德提议定名为临时治安委员会。

■ 4月24日　杨靖宇和于树德及其他暴动领导人一起，出席确山县县民代表大会，大会选举产生"确山县临时治安委员会"，委员七人，常委三人（由委员互选产生），杨靖宇被选为常委、委员。这是河南省第一个由中国共产党创建和领导的革命政权。

■ 5月至6月　杨靖宇和确山县临时治安委员会一起，全力支援武汉国民政府北伐，特别是发动群众为北伐军运送物资，配合歼灭奉系军阀主力的临颍大战。北伐军攻克开封和郑州后，杨靖宇为祝捷大会手书对联："庆今日克复郑汴澄清黄河水，祝他年直捣幽燕扫尽长城灰"。

■ 上半年　杨靖宇和其他同志一起，编写了记述农民起义经过的唱词《打确山》，歌中唱道："日头出来红满天，受人欺侮怎心甘。要是不想当牛马，拼命和他干一番……到底群众力量大，八军劣绅都胆寒。"

■ 6月6日 经中共驻马店特支批准，杨靖宇由李则清介绍，加入中国共产党。

■ 7月4日 在大革命失败前夕，确山土豪劣绅纠集反动武装攻打县城，杨靖宇等率县治安大队200余人同十倍于己的敌军激战一日后，突围撤往刘店、洪沟庙一带农村活动。重新建立的反动政权悬赏千元"通缉"杨靖宇等共产党员。

■ 7月上旬 杨靖宇等在刘店双桥村召开会议，总结确山暴动的经验教训。会议指定杨靖宇和张家铎负责驻马店地区的群众工作。此后，杨靖宇与在西北军孙连仲部任营长的共产党员孙金宣一起开展兵运工作，并恢复了县东部和北部的农民协会。

■ 10月初 杨靖宇被中共豫南特委任命为驻马店办事处组织委员。

■ 10月中旬 杨靖宇等在刘店双桥村张立山家打谷场秘密集会，听取传达"八七"会议精神和省委关于武装暴动的决议，豫南特委书记王克新出席会议，并与大家一起研究确定了暴动计划。会后，杨靖宇在洪沟庙和刘店一带发动群众、筹集武器、镇压土豪劣绅。

■ 10月底 杨靖宇等驻马店办事处成员在刘店北吴庄秘密集会，部署暴动计划。

■ 11月1日 杨靖宇等领导农民群众举行起义，经数小时激战，歼灭土豪劣绅、军阀部队团长李广化组织的反动民团，解放刘店镇。

■ 11月3日 在中共豫南特委书记王克新的主持下，确山县农民代表大会在刘店召开，组建县革命委员会和农民革命军，杨靖宇被推举为县革委会委员和农民革命军总指挥。同日，王克新主持建立了中共确山县委，杨靖宇任县委委员。此后，杨靖宇率军民镇压土豪劣绅、开仓放粮、宣传革命道理，并严辞拒绝了军阀部队的收编和劝降阴谋。

■ 11月6日 杨靖宇率部迎击进攻刘店的军阀部队，毙敌五人，终因缺乏联络和子弹耗尽而撤退。此后，根据县委决定，杨靖宇率部转移至豫南地区，在确山、汝南、信阳、罗山等县开展活动，打击土豪劣绅，没收钱粮，救济贫民，震撼了该地区的反动统治，为开展土地革命运动创造了有利条件，部队也恢复发展至百余人。

■ 11月13日 杨靖宇指挥农民革命军攻克土豪张天真大院，张天真事前闻风潜逃，护院家丁被农民革命军缴械。杨靖宇将张家剥削存粮分给农民群众，召开群众大会宣传革命道理。鼓励群众："对于劣绅土豪，你们应自己起来把他打倒，力量不够，我们可以帮助。"此后，杨靖宇率部活动于明港（位于信阳、确山交界处）、汤凹、汝南、刘店等地，消灭反动民团，镇压土豪劣绅，救济贫苦百姓，壮大革命武装。

- **11月中旬**　豫南特委驻马店办事处、确山县委、县农民革命军总指挥部举行联席会议，王克新主持、杨靖宇参加。会议确定加紧发动群众、组织游击战争、建立农村革命政权，"找一形势甚佳，可占可守之根据地点作为经常争斗之中心……设法与四望山打通一条直接联络的道路"。会后，杨靖宇被豫南特委和确山县委任命为农民革命军司令部成员，仍兼任总指挥，主持部队整顿工作，清除奸细坏分子，提高部队素质和战斗力。
- **12月2日**　杨靖宇率部在汝南王楼迎击军阀部队，王克新重伤牺牲，杨靖宇腿部负伤，经组织安排离队，在汝南、驻马店等地隐蔽治疗。

1928 年

- **春节后**　杨靖宇尚未痊愈，即向确山县委提出归队要求，旋被任命为豫南特委委员，从事武装斗争的组织工作。
- **3月27日**　杨靖宇最后一次回乡探亲，鼓励已饱受反动当局摧残的亲人"不要担心，革命总会成功的"。并给刚出生五天的女儿起名"躲儿"（1958年改名马锦云）。
- **5月**　遵照豫南特委决定，杨靖宇以特委巡视员身份到信阳巡视工作，这时，信阳党组织被破坏已逾一年，到达信阳后，杨靖宇在当地同志的协助下，以学生、工匠等身份为掩护开展工作，至月底已重新登记党团员80余人。在此期间，杨靖宇还研究了《孙子兵法》。
- **7月**　中共河南省委常委、组织部长黎光霁来信阳巡视，任命杨靖宇为信阳县委书记。
- **7月8日至10日**　杨靖宇主持召开县委扩大会议，讨论工作报告，研究今后工作方针。与会者16人。
- **7月12日至13日**　杨靖宇主持召开活动分子会议，部署信阳工作。与会者12人。
- **7月13日**　杨靖宇和黎光霁研究罗山工作，决定按照行动大纲积极发展农村斗争。鉴于白色恐怖严重，杨靖宇接受黎光霁的建议，使用化名张贯一。

1929 年

- **3月**　信阳党组织因叛徒出卖再遭破坏，杨靖宇机智脱险返回开封，向省委反映"组织技术糟糕，而党内尚不注意这种严重问题"。
- **4月至6月**　由中央派来河南主持工作的史文彬派杨靖宇去永城巡视指导工作，杨靖宇到永城后，纠正了当地工作中的错误。离开永城后，杨靖宇化名周敏，被党组织派到洛阳、开封工作，其间两次被捕，因未暴

■ 6月　杨靖宇受河南党组织派遣，去上海参加党中央举办的干部训练班，听取周恩来、李立三等讲授"六大"精神。结业后被分配到全国总工会工作。在此期间致函私塾同学李士芳，表示："革命总会成功的！"

■ 7月　党中央鉴于中东路事件后的形势，将杨靖宇派往东北工作。杨靖宇于月底抵达满洲省委所在地奉天（今沈阳），接上组织关系后，由满洲省委书记刘少奇派往抚顺担任特支书记，开展工人运动。其间并担任满洲省委常委。

■ 7月底至8月30日　杨靖宇克服各种困难，与抚顺工人阶级多方接触，迅速打开工作局面，散发大量革命传单，组织工人开展反对工头、改善待遇的斗争，参加者80余人。日本侵略者供认"自1929年共产党分子潜入煤矿以来，工人思想显著恶化"，已形成"事变的前兆"。在群众工作中，杨靖宇与工人同甘共苦，亲如兄弟，指出："在白区做工人运动，不能于工人之外，必须职业化在工人之中，和工人同寝、同食、同作、同息，才能很好地了解工人的要求，领导工人斗争，组织与教育工人，自己才能得到最好的掩护。"

■ 8月16日至19日　在杨靖宇领导下，抚顺煤矿工人举行罢工，反对日本资本家裁员，要求提高工资、改善待遇。杨靖宇教育罢工工人要求"大家要团结起来、相信自己的力量"，"我们要有步骤地干，要掌握主动权，打击敌人要打在节骨眼上"。罢工四天后，日本资本家被迫接受工人要求。

■ 8月30日　因叛徒出卖，杨靖宇被抚顺日本警察署逮捕，此后一连数日受到残酷刑讯，几次死而复生，始终坚贞不屈，日本警察也不得不承认杨靖宇"意志非常坚强，不谈抚顺组织"。

■ 9月11日　日本侵略者在其机关报《奉天日日新闻》第2版刊登杨靖宇等七人被捕的消息和照片称："全满赤化的阴谋暴露，中国共产党员被一网打尽。"

■ 9月19日和26日　以刘少奇为书记的中共满洲省委两次向党中央报告抚顺党组织被破坏、杨靖宇等人被捕的消息，报告记述说："被捕领袖被严刑拷打，现在生死不明"，"现在对于这些同志音信无法打听，一时没有释放的希望"。

■ 9月9日　抚顺日本警察署以"违反治安维持法"为名，将逮捕的共产党员和工人骨干"引渡"给抚顺县公安局，引渡文件中称杨靖宇（张贯一）"为该党头目"，但因杨靖宇刑伤过重，又染赤痢，引渡时间被迫推迟。

■ 9月28日　杨靖宇被日本警察署"引渡"给抚顺县公安局。

■ 10月3日　抚顺县公安局长刘克羽向县知事张克湘呈递报告："日警署引渡人犯张贯一一名。当该犯人入所之时即身负重伤，现伤痕虽属稍愈，惟又添患头痛之症，病势甚沉重，恐有危险。"但反动当局仍于当日对杨靖宇进行了审讯。杨靖宇机智应对，没有暴露自己的真实身份。

- 10月中旬　杨靖宇在抚顺地方法院"出庭受审"，他解开上衣，露出日本侵略者刑讯的伤痕，痛斥国民党反动派的东北地方当局"作为官府不仅不能保护中国人民的生命安全，反而在替日本人来审判我"。令法官们张口结舌，只得支吾搪塞收场。
- 10月底至1930年2月6日　杨靖宇被解往沈阳，交辽宁省高等法院审理，12月15日被以"反革命嫌疑罪"起诉，1930年2月6日被判处有期徒刑一年半。
- 1930年2月至1931年4月　杨靖宇被囚禁于辽宁第一监狱，期间，团结难友、争取看守，为被地主老财诬陷的贫农赵小六洗雪冤屈，领导难友在1931年春节展开绝食斗争，争取应得福利，并在看守李景等人协助下，秘密阅读革命书报。

1931年

- 1月21日至2月4日　国民党当局对"自首"的共产党人实行"大赦"，杨靖宇因拒绝"自首"，被定为"怙恶不悛之共产党人"，未获赦免。
- 4月　杨靖宇刑满出狱，立即找到党组织接头并要求工作，满洲省委组织部长（后任省委书记）何成湘决定派杨靖宇去哈尔滨工作，此后，杨靖宇被安排到党的外围组织互济会开设的旅店居住，并向互济会报告了狱中同志的情况，三天后，敌人从互济会同志的笔记本上发现杨靖宇的姓名、地址，再次将他逮捕，在半年多的关押期间未进行任何审讯。
- 9月18日　日本侵略者自行炸毁南满铁路柳条湖段，炮击沈阳城和东北军驻地北大营，挑起侵华战争。在危急时刻，杨靖宇沉着冷静，机智应变，制止了部分难友贸然暴狱的企图。
- 11月　党组织利用"九一八"事变后形势的急剧变化，将杨靖宇等同志营救出狱。杨靖宇出狱后，立即前往哈尔滨，请求满洲省委分配工作。随后，中共中央政治局委员、满洲省委书记罗登贤与杨靖宇谈话，传达目前形势和任务，任命杨靖宇担任全满反日总会党团书记兼哈尔滨市道外区委书记。
- 年底　杨靖宇在前任全满反日总会党团书记冯仲云的配合下，广泛开展哈尔滨群众工作，发动市郊工农群众、革命士兵，组织抗日救国会，动员工农青年和学生、知识分子参加义勇军。

1932年

- 年初　日本侵略者以进攻和诱降的双重手法，阴谋消灭江桥抗战的马占山部。杨靖宇洞悉敌奸，亲赴松浦领导呼海路员工转移机车、拆毁桥梁、递送情报，挫败了敌人的阴谋。

- **1月底至2月5日** 日本侵略军进攻哈尔滨，杨靖宇领导市民群众积极支援守城义勇军将士。2月5日，哈尔滨沦陷后，杨靖宇不顾白色恐怖，仍在群众中广泛开展抗日宣传，扩大秘密反日会组织。在杨靖宇和其他同志的努力下，广泛激发了群众抗日自救的爱国情绪，开始了发动人民武装游击战争的实际准备。

- **2月** 杨靖宇协助时任中共满洲省委军委书记的周保中起草《发动群众抗日救国组织人民武装进行游击战争提纲》，意识到"中国民族的危机与中日的民族矛盾，将因东北被占领，而扩大加深，阶级矛盾将推到次要地位。但解决这一民族矛盾，反抗日寇侵略，必以中国共产党和他所领导的工农劳动人民群众的力量为主流，东北尤其是如此。东北人民迫切需要并且有条件武装自己，拯救自己，对日寇进行较长期的游击战争"。

- **3月至4月** 为抗议日本帝国主义炮制伪"满洲国"的阴谋，杨靖宇领导哈尔滨市党团组织和反日会，发动群众开展罢工、罢课、罢市、集会、破坏日伪"庆典"等各种形式的斗争，沉重打击了刚刚出笼的汉奸殖民政权。

- **4月** 杨靖宇在哈尔滨与新任满洲省委秘书长尚钺（聂树先）会面，了解家乡情况。

  杨靖宇送别被派往吉东工作的周保中。周保中表示："与君相处几个月，胜读马列多年书。"杨靖宇答："我们是反对旧礼教的，但是可以这样了解，把'天降大任于斯人也'，改作'劳动人民之寄希望于共产党，党的寄望于共产党员也，必先苦其心志，劳其筋骨，饿其体肤，行拂乱其所为'，那些在革命斗争中，经不起考验而临阵脱逃的，有如朝露见阳光即散失，有如秋草经风霜即枯萎；一个普通的人都应该讲究'富贵不能淫，贫贱不能移，威武不能屈'，何况是共产党员呢？党员对党的革命事业必须具备鞠躬尽瘁，死而后已的精神。"

- **5月** 杨靖宇被中共满洲省委任命为哈尔滨市委书记，不久又担任满洲省委候补委员、委员，同时不再担任全满反日总会党团书记。在此期间，杨靖宇组织尔滨市委印发传单，向广大群众揭露国际联盟"李顿调查团"姑息日本侵略者的本质，在三十六棚机车车辆厂、道外皮鞋厂、毛线厂、各中学及呼（兰）海（伦）铁路沿线组建党组织和抗日救国会。组织和领导文化战线的抗日斗争，培养了金剑啸、罗烽白朗夫妇等一批东北文化战士。并在哈尔滨团市委成立大会上发表讲话，鼓励青年积极参加抗日斗争。其间几次引起日寇特务的追踪，因机智沉着而脱险。

- **7月12日** 杨靖宇参加满洲省委扩大会议，传达贯彻党中央"北方会议"的"左"倾指导思想。在这一历史背景下，杨靖宇参加了对罗登贤的错误批判，但在发言中也提出了"发动满洲游击战争，必须有具体布置""工人运动应加强"等重要思想。

- 8月至9月　哈尔滨暴雨引发水灾，日伪当局不但不整修江堤，反而克扣难民口粮、宣扬封建迷信，借以趁火打劫。杨靖宇遵照满洲省委的指示，和魏拯民、杨一辰等一起，深入难民中宣传。在杨靖宇领导下，由灾民中的积极分子率领，2000余名灾民包围了日伪当局设立的"水灾非常委员会"，迫使日伪当局答应改善灾民的饮食、居住、卫生条件并不许打骂灾民。斗争胜利后，在水灾难民中组建了党组织和抗日救国会。

- 9月2日　中共满洲省委将杨靖宇领导哈尔滨水灾难民斗争胜利的消息上报党中央。

- 9月　中共满洲省委决定撤销哈尔滨市委，杨靖宇调任省军委书记。

- 11月2日　中共满洲省委在给中央的报告中记述杨靖宇说："这个同志，政治上在满表现得最坚决的。曾坐过五次牢，在工作上表现是很艰苦、深入与努力。只是大的政治问题方面了解得少一点，这是长期牢狱生活而缺少训练的关系。他是省委候补委员，河南人，知识分子，担任哈尔滨市委一个时期的工作，在政治上各方面都比较有大的进步"。

- 11月初　遵照中共满洲省委的决定，杨靖宇以省委特派员身份到吉（林）海（龙）铁路沿线巡视并整顿党所创建的磐石、海龙等地的游击队。途中，杨靖宇在吉林短暂停留，与吉林支部书记李维民（新中国成立后任鞍山市市长）研究吉林支部工作，致函满洲省委建议改吉林支部为特支，直属省委领导。此议被满洲省委采纳。

- 11月中旬　杨靖宇抵达磐石后，立即与游击队员广泛接触，向战士们宣传"群众是游击队的命根子"，很快在队员群众中建立威信，被誉为"庄严的政治家"。在杨靖宇主持的游击队党组织扩大会议上，合并整编磐石、海龙游击队为中国工农红军第三十二军南满游击队，确定部队任务为在磐石、伊通等地开展游击战争、开辟游击区、创建根据地。随后，杨靖宇率队从桦甸返回磐石，途中向群众广泛宣传抗日道理。返回磐石后，杨靖宇主持整顿，纯洁了部队。

- 11月　杨靖宇主持召开中共磐石县"三大"，批判了当时任磐石中心县委书记全光在执行抗日统一战线政策中的缺点和错误，改组了县委，提出了新任务。杨靖宇在会上指出："我们每一个共产党员必须正确看到，东北的革命形势由于中日民族矛盾的尖锐化，出现了蓬勃发展的高潮。在这个高潮中，当然也出现有局部的暂时的低潮。这是由于地区不同、条件不同所决定的，但作为一个革命者，必须要经得起形势的严峻考验，去进行艰苦的群众工作。那种要放弃武装领导，正表明这些人看不到革命形势发展的前途，那种要退出根据地，另寻别路的想法，是错误的。"

■ 11月至1933年1月下旬　杨靖宇在李红光陪同下，巡视伊通、双阳、磐石、桦甸、海龙、金川各地，深入检查党组织和人民武装，多次召开地方党、反日会、游击队代表会议，正确估计当地情况，采取实际措施，改善了抗日的军民关系。在海龙巡视期间，杨靖宇主持将中共海龙县委领导的工农反日义勇军改编为"中国工农红军第三十七军海龙游击队"，任命王仁斋和刘山春为队长和政委。该部以后发展为东北抗联第一军第三师。

1933年

■ 1月7日　中共满洲省委致函磐石中心县委和游击队，高度评价"在省委代表×××（即杨靖宇——引者注）的正确领导下，将过去磐石党领导的义勇军从土匪化的队伍挽救过来，开始了一个大的转变，成立了红军三十二军南满游击队，在不到一个月的时间里获得了许多成绩……这些成绩是磐石党和游击运动今后发展的基础与前提"。

■ 1月25日　中共满洲省委致函杨靖宇（化名乃超）并磐石中心县委和游击队，指示："乃超同志应该部分的时间留磐石工作，以一部分时间指导海龙工作，目前不应回省委"。

■ 1月底　杨靖宇和李红光从海龙回到磐石，与团省委巡视员刘过风一起主持部队整顿。杨靖宇主持召开了磐石县委会议、游击队特支扩大会议和全体队员追悼烈士大会，号召"我们未死的同志们应脚踏着死者的血迹走上前去，完成革命伟大任务"，重新组建了部队领导班子，杨靖宇本人留队任代理政委，从这时起，"杨靖宇"一名开始采用。在此期间，杨靖宇率部先后袭击蛤蟆河子、老爷岭、庙岭等地，毙伤日寇30余人、伪军20余人，击毁日军铁甲车一辆，并向广大群众分发了粮食衣物等战利品。

■ 1月30日　杨靖宇率部在大坑（地名）与日寇指挥的伪军千余人激战一日，歼敌20余人，击毁敌机关枪，是为南满四战四捷之第一捷。

■ 2月　杨靖宇以满洲省委特派员身份在西安（今辽源）煤矿视察工作，其间用两小时向煤矿中的党员介绍了中央苏区的基本情况和三次反"围剿"斗争的胜利。

■ 2月27日　杨靖宇率部在砖庙子（地名）与700余名伪军激战三小时，歼敌20余人，是为南满四战四捷之第二捷。战后，日军将被杨靖宇部队两次击败的汉奸土匪"东江好"部缴械，伪军毛作彬团被迫一度反正（后又投敌）。

■ 3月底　杨靖宇率部在杨宝顶子（地名）与配备机枪大炮的700余名日军守备队激战半日，歼敌20余人，击毙守备队长，是为南满四战四捷之第三捷。

- 4月21日　杨靖宇以红军游击队总部名义致函毛作彬,通报敌情,研讨共同作战问题。
- 4月底　杨靖宇率部在大泉眼(地名)与敌激战,歼敌40人左右(含击毙日军6人),是为南满四战四捷之第四捷。
- 5月　杨靖宇和周保中在桦甸漂河口子聚会讨论辽吉地区的工作。
- 5月15日　中共满洲省委在哈尔滨举行扩大会议,传达贯彻中共驻共产国际代表团以党中央名义发给东北的《一·二六指示信》,通过《关于执行反日统一战线与争取无产阶级领导权的决议》,杨靖宇此前已被确定为省委执委,并被通知参加会议,但因军务繁忙,路途遥远,杨靖宇到达哈尔滨时会议已结束。到达哈尔滨后,杨靖宇秘密居住在省委宣传部工作人员姜椿芳家中,学习研究《一·二六指示信》。
- 5月28日　满洲省委书记李实(魏抱一)和李耀奎、何成湘等领导同志在姜椿芳家向杨靖宇传达了《一·二六指示信》和满洲省委会议决议精神,研究了在南满地区贯彻两个文件的措施,杨靖宇向满洲省委汇报了游击区的工作。会议决定将"中国工农红军第三十二军南满游击队"改编为"东北人民革命军第一军独立师"。并正式指定杨靖宇为省委驻南满代表。
- 5月28日　遵照杨靖宇的指示,打入伪军的地下党员曹国安、宋铁岩、张瑞麟率领伪满军五旅第十四团迫击炮连,于端午节之夜在吉海铁路烟囱山起义,改编为南满游击队迫击炮大队。
- 5月31日　杨靖宇化名张贯一向满洲省委递交报告,汇报南满政治经济状况和党的工作。在宣传鼓动部分将"翻印中央苏区党的上级党部公开文字(对日宣战通电等等)经常散发"列为首位。这是现存抗联文献中首次提到毛泽东著作。
- 6月15日　中共苏区中央局机关刊物《斗争》第26期发表《南满赤色游击队的新胜利——冲破日本帝国主义的四次进攻(满洲通讯)》一文,详细介绍了当年1月至4月杨靖宇率领南满游击队与日寇作战及四战四捷的经过。这是中共中央党报党刊上第一次介绍杨靖宇部队的抗日斗争。
- 6月25日　杨靖宇指挥南满游击队联合义勇军赵、马两团攻打位于磐石、伊通两县交界处的大兴川伪军兵营,歼敌10余人,迫使伪军于次日放弃营房逃走。
- 7月12日至13日　杨靖宇指挥南满游击队联合义勇军共千余人进攻伊通县营城子镇。
- 7月18日　杨靖宇指挥南满游击队联合义勇军马团进攻小城子(今明城镇)、老爷岭伪军兵营并破坏吉海铁路老爷岭段。
- 7月20日　杨靖宇指挥南满游击队联合义勇军攻打吉林第七、八两区,歼敌30余人。

- 7月下旬　杨靖宇在桦甸八道河子主持南满反日联合军参谋部成立大会,并被一致推举为参谋部政委。
- 8月13日至19日　杨靖宇指挥南满游击队联合义勇军攻打东集昌子(今呼兰镇),并在哑吧梁子伏击敌军运输车队,重创日伪军。
- 8月15日　在杨靖宇主持下,南满游击区党和游击队代表会议在磐石玻璃河套召开,决定成立东北人民革命军第一军独立师。
- 9月18日　在"九一八"事变两周年之际,以杨靖宇为司令(师长)兼政委的东北人民革命军第一军独立师在磐石成立,杨靖宇草拟颁布了《东北人民革命军独立师政纲》。
- 9月18日　东北人民革命军第一军独立师发表《成立宣言》,宣告:"磐石赤色游击队过去、现在和将来,都为驱逐日本一切海陆空军出满洲、收复东北而战,为中国民族独立解放与国土完整而战,为推翻'满洲国'统治,建立民众自己的政权而战,为东北三千万民众的利益而战。"
- 10月27日　杨靖宇带病率部进军辉发江南。
- 11月15日　杨靖宇指挥部队在金川汉龙湾击退前来突袭的伪军邵本良部,满洲省委巡视员金伯阳在战斗中牺牲。
- 11月24日　杨靖宇指挥部队攻克邵本良伪军据点三源浦,击毙日本驻伪满通化"领事馆"总稽查。
- 12月2日　杨靖宇以化名乃超向满洲省委提交报告。
- 12月23日　杨靖宇指挥部队攻克邵本良伪军据点凉水河子。
- 本年　杨靖宇积极学习毛泽东军事思想。

1934年

- 1月中旬　杨靖宇指挥部队联合义勇军攻打临江县八道江镇。
- 1月22日至2月1日　中华全国苏维埃第二次代表大会举行,杨靖宇在大会上以化名张冠一当选为中华苏维埃共和国中央执行委员会委员。
- 2月5日左右　杨靖宇指挥部队在临江县报马桥与邵本良部伪军交战。
- 2月21日　遵循《一·二六指示信》精神,杨靖宇在吉林省临江县三岔子附近的城墙砬子(今属江源县)主持召开抗日义勇军首领会议。会议通过的抗日联合宣言宣布:"我们一致拥护中国共产党的坚决抗日主张,不分见解、信仰,枪口一致对外。"从这时起开始使用"东北抗日联军"的名称。
- 2月22日　中共中央向满洲省委发出指示信,信中过分夸大抗日统一战线内部的阶级矛盾,要求东北党组织贯彻六届五中全会的"左"倾方针,指示信还对杨靖宇进行了不点名的错误批评,称"磐石人民革命军与宋司令毛团组织的联合军总司令部,其结果是上层勾结代替了下层统一战线，而至于完全破产。这些错误，都必须迅速的纠正过来"。使东北抗日斗争再次受到"左"的严重干扰。

■ 2月底　杨靖宇率部挺进桓仁，在老秃顶子山区仙人洞一带活动。28日元宵节之际，杨靖宇在军民联欢会上讲话，宣传抗日道理。

■ 本月　周保中在宁安八道河子将东北人民革命军第一军独立师成立宣言交给李范五，并指出："这个宣言是在中共满洲省委召开扩大会议传达贯彻《一·二六指示信》之后产生的。听说这个宣言发布以后，许多抗日部队主动地找到杨靖宇，有的要与杨靖宇订攻守同盟共同抗日，有的要求人民革命军收编他们。可以肯定地说，南满的抗日队伍必将出现一个迅速发展壮大的新局面。这第一条联合一切抗日武装，共同进行反日斗争。不分政治派别和信仰，一律联合起来共同反日，这就充分地体现了广泛地抗日统一战线。"

■ 3月至5月　杨靖宇率抗联部队在临江、金川等地主动出击，毙伤日伪军60余人。

■ 4月23日　韩光以化名小孟向满洲党团省委提交《磐石巡视报告》(即《南满抗日游击运动》)，记述杨靖宇的抗日活动。

■ 4月　杨靖宇和义勇军首领、东北抗日联军总指挥部副指挥赵铭思(报号"赵参谋长")联名发布《东北抗日联军总指挥部布告》。

■ 5月4日　杨靖宇、李红光在六道江附近黑瞎子沟独立师营地与义勇军领导人王凤阁(1937年被俘就义)会谈，达成协同作战、共同抗日的协议。

■ 夏　杨靖宇率部南下辽吉边境，在东丰、西丰、濛江、兴京等地广泛团结义勇军共同抗日。

■ 6月21日和24日　杨靖宇指挥部队联合义勇军攻打临江县七区六道江镇、兴京县红庙子。

■ 7月2日　杨靖宇指挥部队联合义勇军攻克兴京县城。

■ 7月12日至月底　杨靖宇指挥部队联合义勇军先后攻打濛江县城、桓仁八里甸子伪警署和日军守备队、四道岭子、大清沟等地，其中7月23日八里甸子战斗俘日军守备队队长以下30余人。

■ 9月16日　根据杨靖宇的部署，第一军独立师第三团在通化二密河干沟伏击日军车队，毙大佐司令铁板以下28人。

■ 本月　杨靖宇组织起草了给满洲省委的《关于南满游击区和人民革命军活动情形的报告》。

■ 9月至11月　杨靖宇率部在桓仁八宝沟、兴京库仓沟、大北沟、金川等地接连与敌作战。

■ 秋　杨靖宇在桓仁海清伙络(地名)向群众宣传抗日革命道理。

■ 11月5日　中共南满第一次代表大会在吉林临江县四道二岔(一说二道

阳岔沟里的四岔）举行，杨靖宇以满洲省委代表资格在会上作了国际国内形势报告。

- 11月7日　在十月革命17周年之际，东北人民革命军第一军正式成立，杨靖宇任军长兼政委。
- 11月13日　满洲团省委傅世昌（傅天飞）在《南满人民革命军关于司令部最近活动情形报告》中，记述了杨靖宇与以梁世凤为司令的朝鲜革命军（独立军）联合作战的情况："在政治上对我们的主张十二分欢迎，并要联合作战。"
- 11月下旬至12月15日　杨靖宇指挥部队先后在通化三岔河、柳河元宝顶子、金川三区、柳河孤山子镇、临江秃尾巴沟、柳河三源浦、临江石人沟等地与日伪军作战。
- 12月10日　杨松（吴平）在宁安县委扩大会议上作《关于"左"倾关门主义错误及目前工作任务问题》的报告，指出："最近，杨靖宇领导的东北人民革命军第一军在粉碎日伪冬季'大讨伐'中，多次击溃日伪军，攻占了几十个城镇。"
- 12月29日　杨靖宇就军事和干部问题向满洲省委提交报告。

1935年

- 1月8日至26日　杨靖宇指挥部队联合义勇军先后在临江红土崖、金川大荒沟等地与敌交战，最多时一星期作战九次，毙伤伪军百余，捣毁日本伐木场一个，截断通化至山城镇交通。
- 3月15日　按照杨靖宇的部署，李红光率第一军一师部队在柳河县驮腰岭伏击敌车，活捉并处决民愤极大的铁杆汉奸、伪通化县长徐伟儒。
- 3月22日至5月中旬　杨靖宇指挥部队联合义勇军，先后在临江红土崖街、金川八里哨、大椅山、临江珍珠门、金川夹皮沟、桓仁砬子沟、兴京东昌台和罗圈沟、二道荒岭、三道沟、砂子沟、大清沟等地与日伪军作战，歼敌数百人。在5月16日桓仁歪脖望战斗中，杨靖宇指挥部队开展政治攻势，促使伪军停止战斗并暗中掩护抗联部队撤退。
- 5月底　杨靖宇召集第一军军部、南满特委、一师师部联席会议，并追悼于5月12日牺牲的李红光。
- 6月至7月　杨靖宇在病中派遣二师部队兵分两路，分赴磐石、东丰、西丰、桦甸、濛江、抚松、长白等地活动，并打通与东北人民革命军第二军的联络。
- 8月1日　中共驻共产国际代表团以中国苏维埃政府和中共中央的名义，发表由杨松起草的《为抗日救国告全体同胞书》（即《八一宣言》），明确指出："抗日则生，不抗日则死，抗日救国，已成为每个同胞的神圣天职！"提出组建国防政府和抗日联军的主张，热切赞誉"尤其是我东北数十万武装反日战士在杨靖宇、赵尚志、王德泰、李延禄、周保中……等民族英雄领导之下，前仆后继的英勇作战，在在都表现我民族救亡图存的伟大精神，在在都证明我民族抗日救国的必然胜利"。

- 8月20日　杨靖宇指挥部队联合义勇军在柳河与清源交界的黑石头伏击伪军，歼敌70人左右。在杨靖宇感召下，伪军俘虏10余人参加人民革命军，此后伪军混成第六旅又有50余人反正抗日。
- 9月11日　杨靖宇指挥部队和农民自卫队在金川与临江交界的旱葱沟伏击伪军，歼敌一个连，缴获大批军需品。战斗结束后，杨靖宇召集被俘伪军官眷属座谈会，教育她们劝说亲人激发爱国天良。日伪官方《盛京时报》称："此役交战异常激烈，为剿匪以来未有之恶战。"
- 10月4日　东北人民革命军第一、二军在濛江那尔轰附近的老龙岗于家沟会师，杨靖宇在会师大会上讲话："我人民革命军向以抗日救国为天职，四年来与日匪血战，屡获胜利。今日得与东满二军接头，更为光荣。因我两军战士，均奋勇冲锋，方有今日两军之会晤。此后，我东满、南满游击区打成一片，一、二、三、四、五、六军与各抗日军，共同组织东北抗日联合军，更能集中力量、统一领导，顺利地打击日匪。"
- 10月11日　以陈云为领导核心的中共驻共产国际代表团由杨靖宇领衔，发表《东北抗日联军呼吁一致抗日通电》。
- 10月至11月　杨靖宇率部转战于辑安、桓仁、通化、宽甸一带，多次与日伪军交战，并在桓仁老秃顶子清除了打入部队内部的奸细。

1936年

- 1月9日　中共驻共产国际代表团在巴黎出版的《救国时报》刊发抗联一军一团胡育来函。
- 1月13日　杨靖宇指挥部队在通化大泉源附近与敌作战，毙日军队长以下12人。
- 2月2日　以陈云为领导核心的中共驻共产国际代表团向共产国际执委会书记处递交书面报告，把出版杨靖宇文集作为宣传东北抗日斗争的首要工作。
- 2月20日　以陈云为领导核心的中共驻共产国际代表团发表《东北抗日联军统一军队建制宣言》，这个宣言由杨松起草，杨靖宇、王德泰、赵尚志、李延禄、周保中等署名。
- 2月20日　周保中和魏拯民联名致函中共驻共产国际代表团，信中指出："杨靖宇等南满同志，经过二、五军关系要求与吉东党及远东直接交通，并且南满党要求建立省委分局。照现在中央的新指示，将有魏拯民同志于到达安图整顿东满党新基础后,将直往南满援助该方面党组织的改建工作。"

- 2月26日　杨靖宇指挥部队夜袭伪军第七团团部所在地热水河子,俘敌50余人,缴获大批军需品。
- 4月3日　杨靖宇以东北人民革命军第一军大队部"刘大队长"名义,与暗中支援抗联的辑安头道崴子伪警察署长谈话了解敌情。
- 4月5日　杨靖宇指挥部队在辑安二道崴子伏击伪奉天教导队骑兵团,歼敌50余人,战斗结束后,杨靖宇以"刘大队长"名义,向俘虏进行抗日爱国教育。
- 4月8日至15日　杨靖宇指挥部队在辑安哈塘沟与敌交战,捣毁台上伪警察署和花甸子伪警察分驻所。
- 4月30日　杨靖宇指挥部队在本溪县梨树甸子伏击伪军邵本良部,毙敌百余人,邵本良负伤后化装逃走。
- 6月底　中共南满"二大"在第一军河里后方基地惠家沟密营召开,以《救国时报》为材料来源,杨靖宇在大会上做了有关国内外形势的报告。会议决定将东北人民革命军第一军改编为东北抗联第一军。
- 6月14日　上海《救亡情报》发表《全国各界救国联合会成立大会宣言》,指出,关外义勇军依然在杨靖宇诸领袖的指挥下,和敌人作殊死斗争,表明中国人民决计不能容忍日本帝国主义的侵略,而且表示中华民族有力量反抗一切的侵略,争取民族解放的最后胜利!
- 6月30日　《救国时报》转载《民族英雄杨靖宇》一文,赞誉杨靖宇是"东三省第一个执行游击战术的人""东北反日反帝战争的坚决领导者""伏罗希洛夫一样的世界伟大人物之一"。
- 6月至11月　为打通与东征红军的联系和试图开辟辽西新游击区,杨靖宇组织抗联第一军第一、三两师主力两次西征,一度挺进至辽阳一带,并在摩天岭战斗中歼敌140余人。终因敌众我寡及天气原因未果,但仍有力牵制了南满日寇,支援了吉东和北满的斗争。
- 7月5日　杨靖宇和魏拯民一起,在金川河里后方基地惠家沟主持召开东南满党军领导干部会议,史称河里会议,魏拯民传达了共产国际"七大"精神和以陈云为领导核心的中共驻共产国际代表团的指示。会后,东北抗联第一军和第二军合编为东北抗联第一路军,杨靖宇任总司令兼政委、王德泰任副总司令、魏拯民任总政治部主任(王德泰牺牲后改任副总司令)。其他重要领导成员有第二军参谋长陈龙、第二军第五师参谋长陈翰章、第二军第六师师长金日成等。活动地区西起辽、沈,南达安东(今丹东),北至长图铁路,东至鸭绿江地区,共约40余县。
- 7月8日　杨靖宇指挥部队在金川大荒沟白家堡伏击日军,全歼一个小队。

《救国时报》发表题为"东北义军捷报频来，杨靖宇部屡挫日伪"的报道。文中写道："东北抗日联军策略地之鸭绿江沿岸，我义军于青纱帐起时，人轻马快，杀贼益见英勇，而联军总司令杨靖宇之威名，亦更震慑敌胆。"

■ 7月16日　周保中在日记中记述全歼伪军邵本良部战斗，赞誉为"除东边道之大害，去日贼极有力之狗腿"。

■ 本月　满洲省委在向中共驻共产国际代表团汇报抗联斗争时说："军长老杨——他的履历，中央知道的很清楚。他的政治水平工作能力，不仅在南满首屈一指，在全东北也是最强的一个。自他到南满以来，工作有很大成绩，始终毫不懈息地努力。在队内、地方、党内、南满人民中，信仰威信均极好，自己一举一动，个人行为，亦为全体所钦敬。在忠实于党及坚决执行党的决定这一点上，比特委书记更要强些。在运用游击战术方面，一年来也有很大进步。这表现于（1）已经不至于作冒险的战争，对于保护干部上也已充分注意。（2）开始自动地学会运用机动的战术。（3）不硬攻实打，不死守旧区，南满各活动部队相当能互相响应，正因为老杨有这些进步，所以自秋到今年以来，第一军损失较其他各军要少得多，而胜利反而要多些，游击区更要扩大些。在运用统一战线方面，最近已开始获得很大成绩。但是老杨的身体，诚如《救国时报》所说，是弱了！而且最不好是摆子病，在他给士兵讲话到一点钟以上，往往要休息半天才能继续讲下去。"

■ 本月　杨靖宇率部在白家堡子吊祭7月15日被日寇集体屠杀的370余名爱国同胞。

■ 8月4日　杨靖宇指挥部队在浑江大转弯处伏击伪军邵本良部，不久又在回头沟战斗中最后歼灭伪军邵本良部，邵本良负伤后逃回奉天死去。

■ 8月12日　杨靖宇亲笔致函《救国时报》，并同第一军全体同志一起为该报捐款1300元。

■ 本月　杨靖宇在宽甸、桓仁一带发展义勇军左子元、于万利、高维国部加入抗联第一路军。在改编于万利部为一路军直属独立旅的大会上，杨靖宇讲话说："从今天起，独立旅就是在中国共产党领导下的一支抗日救国队伍，是人民子弟兵。我们这支队伍要有铁的纪律，绝不允许损害人民群众的利益。我们大家戮力同心起来抗日，是要解放东北三千万苦难同胞，把日本强盗从我们这块土地上赶出去。只要一天不把日本侵略者赶出去，我们的斗争就一天也不会停止。"在此期间，杨靖宇从左子元处得到萧军在鲁迅指导下、以东北人民革命军战斗生活为主题写出的小说《八月的乡村》，爱不释手，挑灯夜读。

■ 9月18日　杨靖宇指挥部队攻克宽甸县集镇大荒沟。

- 9月29日　杨靖宇指挥部队在大错草沟公路伏击日军运粮车队，毙伤日军21人，焚毁汽车9辆。
- 10月　杨靖宇指挥部队在桓仁外三堡战斗中毙伤日军大队长以下30余人。
- 10月30日　《救国时报》发表题为《杨靖宇部义军飞快发展》的报道，文中写道："东北抗日联军第一军总司令杨靖宇，领导第一抗日联军，屡败日军。据大陆报讯，由于农民之帮助和拥护，杨部义军，人数益增，声势日盛。"
- 秋　杨靖宇在和战士们一起推荞麦时说："咱们的朱总司令还不和大家一样吗？同志们把他的扁担藏起来，不让他上山打柴，可是，他以后在扁担上写上'朱德的扁担'五个大字，从此，谁也不敢动了。咱们领袖都这样做，我又有什么特殊的呢？"
- 10月至1937年2月　杨靖宇率军部直属部队在宽甸县四平街天桥沟密营休整，亲自主办随营学校，以《救国时报》为教材，学习党的路线方针政策。
- 11月15日　《救国时报》第67期发表杨靖宇致《救国时报》的信。
- 11月30日　《救国时报》第69期头版头条刊登鸣谢启事称："当本报经费极端困难之时，连年喋血抗日于白山黑水间之东北人民抗日联军第一军慨将巨款见惠，更使本报同人倍加感激。"
- 本年　杨靖宇创作《东北抗日联军第一路军军歌》和《西征胜利歌》及反映日寇屠杀东北人民、东北人民奋起抗争的话剧《王二小放牛》。

1937年

- 1月6日左右　杨靖宇收到由中共驻共产国际代表团发来的纪念建党15周年文件，其中包括陈潭秋在1936年《共产国际》杂志第7卷4、5期合刊上发表的《第一次全国代表大会的回忆》一文，文中指出："在党内外斗争中锻炼出来的党的、苏维埃的、红军的优秀领袖，如我们最敬爱的毛泽东、朱德，以及其他同志，正在领导着中国人民作伟大的有历史意义的斗争。"
- 1月16日　杨靖宇致函陈潭秋，寻求加强同代表团的联系。
- 2月27日　杨靖宇指挥部队在四平街战斗中重创日军中岛"讨伐队"，随后向桓仁老秃顶子密营转移。春节后又转移至桓仁、辑安交界地带。
- 4月　第一军军部所在地流行伤寒，杨靖宇多方设法照料患病同志治疗休养。
- 5月至6月　杨靖宇率军部直属部队在桓仁、宽甸一带多次与敌交战。
- 6月15日至28日　杨靖宇在宽甸密营主持召开第一军军党部扩大会议。在报告中指出："要了解队伍健强与否，主要靠党的工作如何而决定的。

党是生命线。"指示开展创建模范党部运动。

- 7月7日　日本侵略军向驻守北平近郊卢沟桥的中国第二十九军挑衅，中国守军奋勇还击，全国总抗战爆发。
- 7月10日　《救国时报》发表通讯《小英雄口中的杨靖宇》。记述杨靖宇"不怕困难、不怕牺牲、舍身救国、坚持抗日到底的精神"。
- 7月16日　杨靖宇及部队在兴京永陵黄土岗遭到日伪军500余人的化装袭击，杨靖宇指挥部队沉着应战，歼敌40余人，随后杨靖宇率部转移至清原县沙河子，与第三师王仁斋部会合。不久又返回兴京、桓仁、宽甸一带。
- 7月25日　杨靖宇以东北抗联第一路军总司令部、全体将士名义发表《为响应中日大战告全体同胞书》，号召"中国人大联合起来，暴动起来，响应中日大战，驱逐日寇滚出中国。"
- 8月7日及以后　杨靖宇指挥部队在兴京、宽甸多次袭击日伪军。
- 8月10日　杨靖宇以东北抗联第一路军总司令部名义发表《为响应中日大战告满军同胞书》，号召伪军："当此抗日救国良机，万不要再受日寇利用，自残骨肉，应勒马悬崖，陡举义旗，参加东北抗日联军，为祖国独立而战，以雪耻辱而谢国人。"
- 8月20日　杨靖宇署名发布《东北抗联第一路军总司令部布告》，再次号召："我东北全体同胞，应在全国总动员之下，凡系中国人生应抛弃过去旧仇宿怨，亲密联合，响应中日大战，暴动起来，打倒日本帝国主义，推翻傀儡政府'满洲国'，为独立自由幸福之中国而奋斗。"
- 9月13日　杨靖宇指挥部队攻克兴京第五区马架子和小堡两个"集团部落"。
- 10月31日　杨靖宇指挥部队在小佛爷沟伏击日军，毙伤日军大队长（毙）以下40余人，参战伪警全部投降。
- 11月下旬　杨靖宇在本溪南营房附近大石湖部署抗联部队配合全国抗战、冲破1937年冬季敌人"大讨伐"，并于次年春天开展游击斗争。
- 12月4日至5日　杨靖宇指挥部队在本溪大石湖、老边沟与日伪军530人激战两天，歼敌近百人。
- 12月上旬　杨靖宇指挥部队捣毁桓仁雅河口日军兵站仓库，缴获大米数千斤和大批罐头香烟。
- 12月9日至14日　中共中央政治局在延安举行会议，中共驻共产国际代表团在抗联工作报告中对杨靖宇予以高度评价，指出杨靖宇在东北干部中从各方面来看均首屈一指，东北人民誉之为诸葛孔明。
- 12月13日　中共中央政治局通过《关于召集党第七次全国代表大会的决议》和《关于中共驻国际代表团工作报告的决议》，高度评价代表团"对满洲与华侨工作的直接领导和进行国际宣传等，是满意的完成了党中央与共产国际所给与他们的任务"。决定成立以毛泽东为主席的七大准备委员会,委员有周恩来、朱德、张闻天、刘少奇、任弼时、陈云、董必武、杨靖宇等25人。

- 12月13日　毛泽东和全体政治局委员在任命杨靖宇为"七大"准备委员会委员的文件上签字。
- 12月20日　周保中向抗联第七军作关于抗联概况的报告,指出:"第一军的干部:军长杨靖宇,'足智多谋,英勇善战'的抗日救国革命家——这是南满一带人民所称道赞扬的。敌人也很怕他,因此不断用各种阴狠卑鄙手段,总想祸害杨靖宇同志,可是杨同志为人机警,又得群众拥护,而第一军军队内部亦较巩固,所以没有敌人所想象的事发生"。

1938年

- 1月中旬　杨靖宇率部离开桓仁,转移至辑安老岭地区活动。
- 3月12日　中共中央党刊《解放》第32期发表毛泽东2月同合众社记者王公达的谈话,指出:"中国共产党和东三省抗日义勇军确有密切关系。例如有名的义军领袖杨靖宇、赵尚志、李红光等等,他们都是共产党员,他们的坚决抗日艰苦奋斗的战绩,是人所共知的。那里也是民族统一战线,除共产党员外,还有其他的派别及各种不同的军队与民众团体,他们已在共同的方针下团结起来了。"
- 3月13日　杨靖宇指挥部队袭击通(化)辑(安)铁路老岭隧道工程,解放劳工1700人,造成日伪损失20万日元,被日伪当局称为"东边道肃正史上最巨大的一章"。
- 3月14日至5月17日　杨靖宇连续指挥部队袭击通辑铁路,毙伤日伪军数十人。
- 4月初　杨松在《解放》第34期发表《论七年来东北抗日游击运动的经验和教训》,赞誉杨靖宇"不怕困难,正确执行抗日民族统一战线政策,纠正过去的错误,很快的改善了与各抗日友军之关系,早在1933年冬就曾成立抗日联军总指挥部,联合各抗日部队,共同击溃敌人的讨伐,没有中敌人挑拨离间和各个击破的奸计"。
- 4月26日　杨靖宇派20名手枪队员化装袭击太平沟伪警察署,俘伪警20余人,罪大恶极的日本指导官被群众公审处决。与此同时,杨靖宇还积极开展伪军工作,争取一批天良未泯的伪人员暗中支持抗日。至夏季,开辟了以大东岔、八宝沟为中心,方圆百余里的游击根据地。
- 5月1日　杨松在《解放》第38期发表《再论七年来东北抗日游击运动的经验和教训》,赞誉杨靖宇和王凤阁是东北抗日民族统一战线的典型。
- 5月初　杨靖宇在辑安五道沟与魏拯民率领的二军部队会合。杨靖宇在欢迎大会上讲话:"共产党这条蛟龙就是锁不住、斩不断的,独立旅行军八个月,走了四个'省',战胜了千难万苦,终于来到南满。敌人想把我们割成一块块,是永远办不到的。现在形势很好,关里八路军、新四军打了很多大胜仗。我们在东北的任务,不但要扯住日本人的后腿,而且要配合关内作战,最后胜利一定属于中国人民。"

■ 5月11日至6月1日 杨靖宇和魏拯民一起主持抗联第一路军总部与中共南满省委高级干部联席会议,史称第一次老岭会议。会议期间,杨靖宇创作了《中韩民族联合抗日歌》。

■ 本月 毛泽东发表《抗日游击战争的战略问题》,将杨靖宇创建的长白山抗日根据地置于全国抗日山地根据地之首。誉为"抗日游击战争最能长期支持的场所,是抗日战争的重要堡垒"之一。

■ 6月12日 杨靖宇指挥部队在家什房子沟伏击伪军索景清旅,歼敌110余人。

■ 6月19日 杨靖宇和魏拯民指挥部队兵分三路,突袭土口子隧道工程等通辑铁路重点项目,毙俘敌90人,解放劳工700余人,造成日伪直接经济损失22万日元。日伪当局称"6月19日是通辑线建设史上用血染成的最悲惨的日子"。

■ 6月24日 杨靖宇再次指挥部队袭击土口子隧道工程,全歼敌警备队,解放劳工250人,日本工人福健一夫参加抗联,与中国人民并肩战斗近两年半,后于1940年11月牺牲于东宁二道沟。

■ 6月25日 杨靖宇指挥部队袭击东岗辑安铁路工区和伪军骑兵第五团团部,毙日军警备队长等10余人,迫使铁路停工2个月。

■ 7月5日至1939年1月16日 杨靖宇连续指挥部队袭击通辑铁路工程。

■ 7月中旬(一说9月下旬) 杨靖宇在辑安老岭大阳沟密营主持中共南满省委和抗联第一路军领导干部紧急会议,史称第二次老岭会议。会议决定将抗联第一路军所属部队改编为三个方面军,实行分区作战,一路军总司令部"及时派人去关内与中共中央取得联络,并获得指挥"。

■ 8月4日 杨靖宇指挥部队在通辑公路长岗段伏击伪军索旅,歼敌百余人。群众誉为长岗大捷。连同此前战果,号称"满洲剿匪之花"的伪军索旅被全歼。

■ 8月中旬 杨靖宇主持在辑安蚂蚁河上游六道阳岔成立少年铁血队。并和铁血队小战士共度中秋,勉励他们"坚决把日本帝国主义赶出中国,让三千万东北同胞和全国人民一道过上团圆的日子"。

■ 9月26日 杨靖宇和魏拯民率部离开辑安,经通化向桦甸前进。

■ 10月6日 杨靖宇指挥部队攻袭通化六道沟、七道沟和郝家街三处敌人据点。

- 10月6日　杨靖宇指挥部队与伪军交战7小时。
- 10月17日　杨靖宇指挥部队徒涉浑江，转移到临江岔沟地区。
- 10月18日　在发现敌人用飞机散发传单，以"东边道归你管辖"指名诱降后，杨靖宇向全体战士宣读敌传单，严正声明："一个忠贞的共产党员——民族革命的战士，为伟大的共产主义理想，为民族的解放事业，头颅不惜抛掉，鲜血可以喷洒，而忠贞不二的意志是不会动摇的，最后胜利的信心是坚定的，日寇威胁利诱的无耻手段，只可以玩弄那些民族败类。东边道若归了我们，日本人可就得滚蛋了。"
- 10月18日至19日凌晨　杨靖宇率所部400余人与敌军血战一日，歼敌80余人，击毙伪军团长1名，成功突围，是为岔沟突围战。
- 11月5日　中共六届六中全会（扩大）致电"东北抗日联军杨司令靖宇转东北抗日联军的长官们、兵士们、政治工作人员们"，热情赞誉东北抗联是"在冰天雪地与敌周旋七年多的不怕困苦艰难奋斗之模范"。
- 11月25日至月底　杨靖宇在濛江南泊子与金日成会晤，并主持将抗联第二军第六师改编为由金日成任指挥的第一路军第二方面军。杨靖宇对朝鲜同志的贡献予以高度评价。
- 11月底至12月初　杨靖宇率部离开南泊子，在桦甸、濛江、抚松交界的蒿子湖与追击伪军激战，随后转移至桦甸老金厂西部老营沟活动。
- 年末　杨靖宇在桦甸老营沟宿营地召开会议，向魏拯民、韩仁和、伊俊山、方振声等一路军重要干部传达了党中央致敬电。
- 本年　日本关东军宪兵司令部绝密文件《满洲共产抗日运动概况》记载："现仍统治东边道且作为中共东北党最高领袖之杨靖宇与中国的中共中央长期全民抗日战争相呼应……尽管由于前半期满军警继续加强部署治标工作，和特别工作班（队）彻底地强化思想谋略工作，但他们仍对恢复祖国之失地而执迷不悟，和梦想在中国进行长期彻底抗日全民战争之最后胜利一定是属于中国，且仍怀有一线希望，还坚持坚定的抗日信念，誓为抗日救国战线献身而直至最后一人。对一心纠合在此种坚定信念下燃起旺盛果敢斗志之同志，孜孜不倦地逐步积蓄抗日力量之杨靖宇一伙，应注意他们之动向，且现状已不容许片刻偷安"，并将杨靖宇和周保中合称为"中共东北党两大支柱"。
- 本年　在国共合作的国民政府军事委员会政治部（陈诚、周恩来、郭沫若分任正副部长和第三厅厅长）主持下，《伪满的真相》一书出版，其中记述东北抗日斗争的"革命运动"一节记载："第一军军长杨靖宇，活动区域在辽宁省的安东、长白、庄河、通化、凤城、临江、柳河和吉林省的磐石、濛江、桦甸等县。"

1939 年

- 1月18日 杨靖宇指挥部队在桦甸大柳树河子夜袭敌军宿营地，毙伤敌百余人，次日又用机枪击落敌机一架。
- 1月24日 杨靖宇指挥部队在桦甸大碇子袭击伪警察队，歼敌30余人。随后又击退追击伪军200余人。
- 1月25日 杨靖宇率部抵达老营沟口宿营地，随后在大愣场一带与二军四师崔贤部会师。
- 2月18日 杨靖宇在老金厂密营春节联欢会上讲话。
- 2月中旬至3月上旬 杨靖宇和魏拯民在桦甸头道溜河密营主办党员干部训练班，讲授全国抗战形势、党中央关怀东北抗日斗争、中国革命性质、抗日战争持久战理论等。
- 3月14日 杨靖宇指挥部队夜袭桦甸木箕河林场，毙敌10余人，俘敌百余人，木场工人参加抗联者70余人。
- 3月16日 杨靖宇指挥部队在八道河子与追击敌伪军800余人激战7小时，歼敌80余人，战后杨靖宇率部急行军一星期，袭击"集团部落"多处。
- 4月7日 杨靖宇指挥部队夜袭敦化大蒲柴河镇，歼敌50人左右。
- 4月9日至11日 杨靖宇指挥部队在小蒲柴河、大蒲柴河、柳树河子多次与敌交战，歼敌近百人。
- 4月14日 伪满"治安部"颁布《康德六年度治安肃正要纲》，悬赏万元捕杀杨靖宇。
- 4月19日 《新华日报》以《东北义勇军袭击敌垦区》为题，发表大蒲柴河战斗消息。
- 4月下旬 杨靖宇在辉南石道河子第一路军总司令部干部会议上讲话，指出："我们在这里坚持下去就能牵制敌人的一部分力量，对关内抗日战争有利；如果我们转移走了，这里的抗联没有了，敌人就会乘机宣传抗联被消灭了。这样对群众影响肯定不会好，特别是敌人会更加集中兵力到关里去，给党中央增加压力。我们力量虽然不大，但是在这里打下去，起码能拖住敌人一部分力量，支援全国抗日战争。"
- 5月4日 杨靖宇指挥部队在老营沟口附近南山、西山伏击伪军运输队，俘敌30余人，缴获物资一批，杨靖宇在战斗中右腿负伤。随后被护送到桦甸、濛江交界处的密营养伤20余日。
- 5月9日 杨靖宇以"大队部"名义致函第一方面军指挥曹亚范。指示："我们应乘满洲统治逐渐削弱时机，加强部队训练和第一方面军的活动，补充武器弹药"，在部队内加紧政治教育训练、袭击敌矿山铁路、吸收矿工和森林工人入队，在原王凤阁部活动地区和鸭绿江沿岸山区活动，鼓

- 5月　杨靖宇利用养伤时间，认真学习毛泽东的《论持久战》。指示部队加紧游击活动和政治宣传。
- 6月初　杨靖宇伤愈后，指挥部队在桦甸夹砬子、关门砬子、错草顶子与敌交战，歼敌200余人。
- 6月10日　中共中央东北工作委员会和杨松派联络员、原抗联第一军人员李光（化名李义广）从延安赴东北寻找杨靖宇，未果。
- 7月7日　为纪念"七七"事变两周年，杨靖宇以中共南满省委和抗联第一路军总政治部名义，发表《告东北中国同胞书》和《告伪满军中国籍全体官兵同胞书》。
- 7月　杨靖宇指挥部队多次袭击敌"集团部落"。
- 8月至9月　杨靖宇指挥抗联第一路军部队收集给养，并夜袭辉南县大场院村，缴获日本"开拓团"和伪军仓库全部物资。
- 8月　伪通化省警务厅在《康德六年度通化省秋冬季肃正讨伐计划》记载："治安状况至今未能基本安定，根本原因是成为东边道癌瘤的杨靖宇等团匪未能除掉。该股团匪共有约九百名，另有在其领导下的约七百名。他们都以赤化为宗旨，标榜反满抗日，拼死进行顽抗，不知何时止熄。"并确定杨靖宇和曹亚范"为第一打击目标"。
- 9月30日　杨靖宇在桦甸头道溜河口与魏拯民会合。
- 本月　杨靖宇在桦甸活动期间教育战士："毛主席、党中央知道我们，全国人民知道我们。毛主席去年作了《论持久战》的重要报告，这个报告已经传到了我们东北。毛主席分析了全国抗战的形势。毛主席还提到我们东北农民参加抗日武装斗争。毛主席说，如果全国农民也都像这样组织起来，就能使日本军队一天忙二十四小时，使之疲于奔命。当然我们面前的困难是很大的，但我们能战胜它。东北这么大，这是我们的家乡。现在不是日本军队包围着我们，而是日本军队被中国人包围着。他们跑不掉了，一定要完蛋。"
- 10月1日至5日　杨靖宇和魏拯民主持中共南满省委、抗联第一路军主要负责人会议，确定一路军部队化整为零，坚持长白山区抗日游击战争。遵照会议精神，杨靖宇率军部直属部队和第一方面军活动于桦甸、濛江、抚松一带。
- 11月　杨靖宇在桦甸、濛江交界处的密林中指挥部队整训二十多天，在此期间主持翻印《防御飞机和毒气须知》，审阅魏拯民起草的《群众知识读本》，并以第一路军总司令部名义发表《告安光勋、程斌、胡国臣转降队书》《为世界大乱群起救国告东北同胞书》《告满军、宪兵、警察、自卫团中国籍全体同胞书》，指出："日贼正处在四面八方应战的难局，步步坠入崩溃死亡的末路。"
- 11月22日至12月26日　杨靖宇在濛江、临江指挥四百余人的部队,与日伪军五千之众连续作战,其间先后向第一、第二方面军部队传达了头道溜河口会议精神。
- 本年　日本关东军宪兵司令部绝密文件《满洲共产抗日运动概况》记载:"东北抗日联军第一路军匪帮,在以中共中央委员杨靖宇为最高领导者,以及魏拯民、陈秀明、韩仁和、陈翰章等优秀领导干部统制之下。匪徒数量经常保持一千有余。杨自率司令部进行游击。同时将其属下匪帮分编为三个方面军,据有山岳密林之地利而为所欲为,不仅对部落(村庄)、矿山、警备机关进行袭击掠夺,且胆敢以伪装投诚而谋杀日本人之高级官吏或迎击移动中之日本军部队等活动。""东北抗日联军第一路军系统匪帮接续前期以东边道一带为游击区,继续进行凶猛之活动。杨靖宇等抗日意识坚强之干部、党员,团结一致,抗拒严峻之军警讨伐,利用讨伐之漏洞,断然袭击部落、警备机关,疯狂奔走于宣传抗日。"据该文件统计,自1939年6月至12月,抗联第一路军共与敌交战276次。在这个文件中,日本关东军宪兵司令部还将杨靖宇率领的抗联第一路军开辟的东边道抗日游击根据地和李兆麟率领的抗联第三路军开辟的北安、龙江抗日游击根据地并称为"满洲国治安整顿之癌瘤"。

1940年

- 1月1日至9日　杨靖宇指挥部队在临江、濛江与敌多次交战。
- 1月11日　杨靖宇指挥部队分兵,尽可能使其他部队摆脱敌人追击。
- 1月18日至21日　杨靖宇指挥部队在濛江与敌多次交战。
- 1月29日　杨靖宇指挥部队在濛江、辉南交界的四方顶子西坡马屁股山与敌交战。战斗结束后,杨靖宇对警卫员、少年铁血队指导员王传圣说:"我不能离开队伍,道理很简单,因为我如果离开了队伍,这个队伍就会慢慢解散,我在这个队伍,这个队伍就不能散,就能同日本侵略军坚持打下去。"
- 1月31日至2月7日　杨靖宇指挥部队在濛江与敌多次交战,至2月7日身边仅15人。在此期间,杨靖宇与周保中派来的交通员(后牺牲)谈话,阅看了周保中的信。并对警卫员黄生发等人说:"就是我们几个人牺牲了,革命还是会胜利的!"
- 2月7日至11日　杨靖宇将15名战士分为两路突围,身边仅剩7人。
- 2月12日　杨靖宇等7人与敌遭遇,战斗结束后,杨靖宇表示:"多活一个人,就多一份革命力量,死在一块有什么好处?"决定黄生发带3名伤员回返,从敌人缝隙中冲出去(后黄生发等4人成功脱险)。杨靖宇带警卫员朱文范、聂东华继续前行与第二方面军会合。临别之际，杨靖宇叮嘱大家："现在环境这样恶劣，为了革命，我们要坚持到底。就是死，也不能向敌人屈服。革命，不管遇到多大困难总是会胜利的。"

- 2月15日　杨靖宇在五斤顶子与敌交战，毙伤敌7人。
- 2月18日　朱文范和聂东华在战斗中牺牲。此后五天，杨靖宇只身与敌周旋。
- 2月23日　杨靖宇在吉林濛江县被汉奸出卖，孤身与百余敌军战斗，歼敌20余人后，于下午4时30分壮烈殉国，年仅35岁。
- 3月12日　在率部攻克和龙大马鹿沟木场伪森林警察队后，金日成从缴获的敌伪报纸上得知杨靖宇牺牲的噩耗，"久久地暗自流泪……此后连饭都吃不下去"。
- 3月13日至15日　魏拯民在桦甸头道溜河口主持南满省委及一路军干部联席会议暨杨靖宇追悼大会。
- 4月8日　杨靖宇亲密战友、抗联第一路军第一方面军指挥曹亚范被叛徒杀害。
- 12月7日　周保中从苏方通报中得知杨靖宇牺牲的消息，当时误传为"自杀"。
- 12月8日　杨靖宇亲密战友、抗联第一路军第三方面军指挥陈翰章在敦化南湖头小湾湾沟战斗中牺牲。
- 本年　陕甘宁边区将魏东明著《东北抗日领袖杨靖宇》一文定为高小国语教材。

1941年

- 2月15日　东北抗联第三路军总指挥李兆麟（张寿篯）、总政委金策致函魏拯民等，沉痛吊唁杨靖宇牺牲："使我们最痛惜的，就是我们最敬爱的杨靖宇同志光荣长逝！这是我们党的和全中国抗战的极大损失！亲爱的同志们！我们向我们的革命先烈——杨靖宇暨东北无数忠勇战士宣誓：我们必须而且一定的，忠诚的在伟大的共产国际、中共中央旗帜之下，一致的团结起来，为继承我们革命先烈的遗业实现到底而斗争！来永远纪念他们！"
- 3月8日　杨靖宇亲密战友、共产国际七大代表、中共驻共产国际代表团满洲问题委员会委员、中共南满省委书记、东北抗联第一路军副总司令魏拯民因久病冻饿在吉林桦甸夹皮沟密营逝世，年仅32岁。
- 3月12日　中共吉东省委书记兼抗联第二路军总指挥周保中、中共北满省委书记金策致函魏拯民，沉痛吊唁："靖宇同志壮烈殉国，失却一东北人民抗日领导支柱。"

- 10月26至30日　东方各民族反法西斯大会在延安举行。杨靖宇和毛泽东、朱德一起被推举为大会名誉主席团中仅有的三位中共成员。

1942年

- 11月　南满铁道株式会社编写的《通辑线建设工事志》记载："昭和十三、十四的两年间（即1938年、1939年）通辑线建设工程期间的匪情极为严重，加上重叠的山岳地带，给警备带来很多困难。沿线的匪团大多是共匪，以杨靖宇为首领的约600人的集团最顽固且极凶暴，由于他们无休止地疯狂干扰工程，以致使工程遭到数十次袭击，受害很大。"
- 本年　抗联教导旅编写《抗联第一路军略史》，记述杨靖宇事迹。

1944年

- 伪满警察协会出版由岗部善修撰写的《满洲国治安小史》记载："满洲事变后，在磐石附近活动的中国共产党县委组织了武装游击队，并称为红军，到大同二年（1933年）9月，成为全满之首的东北人民革命军第一军，军长杨靖宇，在磐石首先暴动，同年10月，南下侵入奉天省内之金川、柳河、清原各县。""康德元年（1934年）春，南下侵入省内共匪，曾使东边道的治安感到忧虑。当时以杨靖宇为首的共匪，驻在东边道东北部的柳河、金川、辉南各县。""第一军杨靖宇等则侵入兴京、本溪、清原等境，其势渐次扩大。"

1945年

- 8月28日至10月10日　毛泽东赴重庆谈判，陈龙以警卫秘书名义随行负责安全保卫工作，在重庆期间，毛泽东利用每日清晨散步时间，听取陈龙汇报东北抗日联军和杨靖宇、魏拯民、周保中事迹。
- 9月2日　日本法西斯无条件投降，世界反法西斯战争暨中国人民抗日战争最后胜利。
- 12月26日　中共中央电令东北局迅速建立杨靖宇支队。

1946年

- 1月12日　彭真电令程世才、萧华迅速负责组建杨靖宇支队。
- 1月16日　在陈云主持下，冯仲云撰写《东北抗日联军十四年苦斗简史》，自本日起在《哈尔滨日报》和《北光日报》连载，后由哈尔滨青年出版社出版单行本，书中记述了杨靖宇的事迹。
- 2月13日　中共中央发言人就东北现势和中共对东北主张答新华社记者问，指出："自去年八月苏军开入后，各地民众即纷纷武装起来消灭敌伪。

从抗日联军保存下来的部队和干部，此时最为活跃，发展亦极迅速，前抗日联军领袖周保中指挥下的部队已有数万人，分布在东满北满，并成立了杨靖宇支队。"

- 2月14日　濛江县改名为靖宇县，同时发表《为濛江县易名告各地同胞书》，赞誉杨靖宇"是革命先烈，他是民族英雄，他是优秀的中华男儿黄帝子孙。他是英勇的、坚定的、伟大的忠实于国家与民族解放的事业的，为全人类谋利益的优秀的共产党员，他是我们民族的好榜样"。
- 2月19日　根据中共中央指示，东北民主联军杨靖宇支队正式成立。
- 2月23日　靖宇县委、县政府暨各界群众集会纪念杨靖宇牺牲6周年，杨靖宇陵墓同时落成。大会将出卖杨靖宇的汉奸特务赵廷喜、李正新公审处决。
- 2月27日　中共吉林省委作出宣传杨靖宇、李红光事迹并收用其旧部的决定，指出杨靖宇和李红光是东北解放的先驱。
- 3月18日　《解放日报》发表胡乔木、田家英《东北问题的历史真相》一文，赞誉杨靖宇为"永垂不朽的民族英豪"。
- 5月7日　《解放日报》在第4版发表署名郑昌的《东北抗日烈士传略 杨靖宇同志》。
- 本年　周保中和金日成向穆青介绍杨靖宇事迹。
- 本年　纪云龙著《杨靖宇与抗联第一路军》一书出版。

1947年

- 7月3日　《人民日报》发表廖承志在建党26周年大会上的讲话，赞誉杨靖宇是"中华民族最优秀的儿女，无产阶级忠诚的战士，我们党最宝贵的领导的干部"之一，"表现的无产阶级气节，一切为党牺牲、赴汤蹈火的精神，应永远为我全党同志学习的楷模"。

1948年

- 1月1日　东北局通过《关于前东北地下党组织之党员与抗联干部的决定》，指出："前东北地下党组织之党员与抗联干部同志们，在党中央领导与抗日救国的总的政策之下，曾在极艰难复杂环境中对日本帝国主义和伪满洲国进行了长期的残酷的英勇斗争，曾得到东北人民的爱戴。八一五东北光复初期，又协同苏联红军及八路军新四军最后击败日寇，解放了东北，是中国党光荣历史不可分的一部分。杨靖宇同志等和一切为反抗敌伪而英勇牺牲的东北人民无名英雄们是永垂不朽的，应该永远纪念他们。重视东北党和人民十四年长期艰苦斗争的历史，研究其成功和失败的经验教训，这对于目前爱国保田自卫战争是有裨益的。"

- 10月10日　东北烈士纪念馆在哈尔滨对外开放，杨靖宇事迹作为重点陈列内容。
- 12月24日　在解放长春时找到的杨靖宇、陈翰章遗首运抵哈尔滨，移入东北烈士纪念馆保存。

1949 年

- 2月23日　哈尔滨各界公祭杨靖宇和陈翰章。中共东北局敬献挽联："将军血战长白山忠贞义烈光党史，大军直捣长江南歼彼丑类慰英魂"。李济深、沈钧儒等56位民主人士在祭文中写道："杨将军虽死，东北人民得永生矣，是亦杨将军不死也。"
- 5月　郭沫若在参观东北烈士纪念馆并瞻仰杨靖宇遗首后赋诗《咏杨靖宇将军》。文曰："头颅可断腹可剖，烈忾难消志不磨，碧血青蒿两千古，于今赤旆满山河。"
- 8月下旬　刘少奇访苏回国途经哈尔滨，参观东北烈士纪念馆并向杨靖宇遗首三鞠躬，回忆说："我认识杨靖宇，他身材很魁梧，说话带有河南口音。那时我任满洲省委书记不久，杨靖宇也来到奉天与省委接上了关系，我俩谈了一个晚上，然后把他派到抚顺任特支书记。后来听东北抗联的同志说，他已经牺牲了。杨靖宇是一位在群众中很有影响的民族英雄。"
- 本年　杨靖宇战友杨一辰（时任河南省委组织部长）接见杨靖宇之子马从云，并将杨靖宇子女保存的杨靖宇照片及作文稿送交中央革命博物馆筹备处。

1950 年

- 7月1日　杨一辰在《河南日报》上发表《民族英雄模范共产党员杨靖宇同志》一文。
- 本年　杀害杨靖宇主凶之一、伪警察大队长唐振东在镇反运动中被捕枪决。

1951 年

- 3月9日　哈尔滨各界公祭杨靖宇和李兆麟，冯仲云、李延禄讲话。
- 4月28日　经彭真、刘仁批准，杀害杨靖宇主凶之一、大叛徒、原抗联第一军第一师师长、日伪"讨伐队"队长、国民党第五十三军少将高参程斌在北京被捕，5月12日在承德公审处决。
- 6月24日　中共河南省委宣传部编写《杨靖宇将军的家庭及童年、学生时代》。
- 7月1日前后　为纪念中国共产党成立30周年，中央人民广播电台广播了《中国共产党员杨靖宇的故事》。人民出版社再版了华应申编《中国共产党烈士传》，收入杨靖宇传记。
- 9月8日　杀害杨靖宇主凶之一、伪通化县警务科长王士洪、警察大队长桑文海在靖宇县被公审处决。

1952年
- 中央人民政府内务部批准在通化兴建杨靖宇烈士陵园，1954年7月正式动工，1957年7月竣工。

1953年
- 1月1日　周恩来在参观东北烈士纪念馆时向杨靖宇致敬。

1955年
- 7月17日　杨靖宇四婶母谈杨靖宇出生日期。
- 9月6日　宋庆龄为《中国青年报》撰文《源源不断地供给孩子们精神食粮》，文中赞誉连环画《杨司令的少先队》是"在纯洁的、幼小的心灵上种下优良品质的种子……给孩子们多么好的影响"的优秀作品。

1957年
- 7月15日　朱德为靖宇陵园题词"人民英雄杨靖宇同志永垂不朽"。
- 8月20日和9月25日　杨靖宇遗骨和遗首分别由靖宇县和哈尔滨市移至通化准备合体安葬。《人民日报》于9月26日发表杨靖宇遗首移灵消息。
- 12月22日　经杨尚昆、胡乔木、曾三（中央档案馆馆长）审阅的《杨靖宇将军生平事迹》由周保中改写定稿。

1958年
- 2月23日　中共中央在吉林通化为杨靖宇举行万人公祭安葬仪式，毛泽东、周恩来（当时在国外）、朱德、刘少奇、金日成、崔庸建、金一、崔贤等敬献花圈。中央代表团和周保中等抗联老同志参加仪式。中共中央在悼词中高度评价："东北抗日联军当时面对着中国民族最凶恶的敌人——日本侵略者，处境虽然十分困难，但是他们不屈不挠的斗争到底，充分地表现了中国人民和中国民族在任何敌人面前决不低头的伟大精神。在这场斗争中，许多共产党员和许多爱国志士流尽了他们的鲜血，付出了他们的生命。杨靖宇同志就是在斗争中英勇牺牲了的一个伟大的战士。我们今天来纪念杨靖宇同志，也就是纪念在东北抗日游击战争中光荣牺牲了的一切革命战士。东北抗日联军的斗争是中国共产党领导下的中国人民解放事业的一个部分。""杨靖宇同志和在东北地区领导抗日游击战争的其他共产党人坚决执行党的方针,他们和东北各族人民紧紧地结合在一起,同甘苦共患难,并且团结了一切爱国的力量,在党中央领导下组建了东北抗日联军,向日本帝国主义侵略者进行了长期的艰苦斗争,给了侵略者以有力的打击。参加当时东北地区的抗日游击战争的还有许多朝鲜同志。在共同的斗争中,中国人民和朝鲜人民结成了深厚的友谊。""杨靖宇同志的英勇奋斗的一生表现了一个共产党人的崇高品质,他对革命最坚决最勇敢,任何困难不能把他压倒。他对党是最忠实的,时时刻刻都尊重党的组织和党的纪律,他热爱人民,和人民真正打成一片。他善于团结群众,能够把各族人民为共同的事业而团结在一起。这些都是值得我们学习的。"

■ 2月23日 《吉林日报》发表周保中的长诗《悼念杨靖宇将军——十八年后公葬之日》。周保中在诗中赞誉:"将军气节,高白山,党员模范。抛头颅,慷慨激昂,求大解放。革命斗争为整体,哪管自己存和亡。千万人,景仰勋绩,永难忘。"

■ 2月24日 谢觉哉在《吉林日报》上发表《悼念杨靖宇将军》一文,赞誉:"靖宇将军自幼参加革命,毕生奋斗不懈,坚贞不屈,他是党员模范,是民族英雄。在东北开展抗日游击战争的最艰难困苦的岁月里,杨靖宇将军率领东北抗日联军第一路军,转战在长白山区的冰天雪地之中,伐木为营,围火而眠,草根果腹,直坚持到流尽最后一滴血,这种可歌可泣的英勇事迹,奠定了中国人民伟大革命胜利的基础,全国人民当永志不忘……你的精神不死,浩气长存,永远成为鼓舞我们前进的坚强力量!"

■ 2月24日 《人民日报》头版刊发党中央给杨靖宇的悼词和公祭安葬仪式的新闻报道。同时发表杨靖宇遗像和简历。

■ 8月 在周保中、伊峻山、张瑞麟、王传圣、黄生发主持下,由张麟执笔的《杨靖宇传》写成,11月由天津人民出版社出版。

后 记

在杨靖宇将军诞辰110周年和殉国75周年,又逢中国人民抗日战争暨世界反法西斯战争胜利70周年之际,我们将《杨靖宇传》奉献给读者,以表缅怀。杨靖宇将军是东北抗日联军主要创建人和领导人之一、伟大的抗日民族英雄、优秀的共产主义战士、"100位为新中国成立作出突出贡献的英雄模范人物"之一。他的生平事迹,是中共党史、中国革命史特别是中国人民抗日战争史的重要组成部分。追记革命先烈的丰功伟绩,对于发扬我军的优良传统,教育和激励后人,具有重要意义。

辽宁是杨靖宇将军组织民众抗日的主要地域,为此,2013年4月辽宁社会科学院地方党史研究所和抚顺社科院联合立项编写《杨靖宇传》,并组成编委会。辽宁社会科学院地方党史研究所副研究员尚金州和抚顺社会科学院原党史研究室主任刘畅承担了书稿执笔工作,尚金州负责统稿。辽宁社会科学院地方党史研究所所长张洪军负责本书的统筹和书稿审定工作。本书已被列为辽宁省社会科学院重点建设学科(东北近现代史)项目。编委会荣幸地聘请著名抗联史研究专家、黑龙江省党史研究室原副主任、《杨靖宇传》作者赵俊清为本书顾问,他一直关注本书写作情况,并给予热情指导和宝贵协助。中共辽宁省委宣传部、辽宁社会科学院对本书的编写非常重视,梁启东副院长就出版事宜做了具体工作,在此一并表示感谢。

抚顺是杨靖宇从事建党工作和东北抗日活动的重要地区之一。1929年7月,杨靖宇被时任中共满洲省委书记刘少奇派到抚顺,担任中共抚顺特支书记,这是杨靖宇到东北工作后,第一次被委以重任;"九一八"后,杨靖宇又在抚顺、辽东地区战斗达六年之久,其境内的三块石地区就是他创建的抗日游击根据地之一,至今还保留有抗联将士用过的"石头碾子""地窖子""窝棚"等遗址和遗迹;在一些参天大树上还可依稀见到当年刻写的"打倒日本帝国主义""中国共产党万岁"等标语。本书编写得到了抚顺县委的大力支持,编委会成员曾多次到三块石地区搜集资料、考察遗址和遗迹,获得了大量的第一手资料。

在党中央的关怀重视下,经过老战士和几代学者的共同努力,杨靖宇将军生平事迹的研究成效斐然,这其中有三部著作具有里程碑式的意义:其一是由杨尚昆、胡乔木、周保中起草的《杨靖宇将军生平事迹》，这篇文章以党中央的悼词为指导，构建了杨靖宇研究的基本框架，其史实和论述至今仍具有指导意义和参考价值。其二是由张麟撰写的《杨靖宇》，这是杨靖宇研究中最具影响的通俗读物，广泛宣传了杨靖宇的英雄事迹和伟大精神。其三是由赵俊清撰写的《杨靖宇传》，这是迄今为止在学术意义上最为完备的杨靖宇传记。史料丰富、论述深刻，集中体现了20世纪80年代至21世纪初期的关于杨靖宇将军的研究成果，受到党史学界和社会上的一致好评。本书的写作，与前辈们奠定的基础是不可分割的，没有他们所做的一切，就没有本书的写作和问世。在此，谨对诸多前辈学者致以崇高敬意。

限于作者现有条件和能力水平，本书可能存在不少缺点和不足，欢迎读者批评指正。

本书编委会

2015 年 8 月